"十二五"职业教育国家规划教材
经全国职业教育教材审定委员会审定

普通高等教育"十一五"国家级规划教材
2007年上海普通高校优秀教材一等奖

复旦卓越·21世纪管理学系列

市场营销学教程

（第二版）

王 妙　梁玉杰　主编

复旦大学出版社

内容提要

本书是"十二五"职业教育国家规划教材,也是普通高等教育"十一五"国家级规划教材,并且是上海市精品课程的配套教材。本书第一版获得2007年上海普通高校优秀教材一等奖。与本书配套出版的,还有《市场营销学实训》以及"市场营销学教材课件"。在本教材的精品课程网站上,提供颇丰的教学资料供资源共享。

市场营销学课程是一门实践性很强的课程。本书力求理论和实践相结合,注重针对性、可操作性,并在准确阐明营销基本理论基础上,突出学科新发展。本教材作了改革尝试,以学生为中心,注重实践能力培养,把"基本理论与前沿理论"、"理论知识与实践能力"、"课堂导学与课外自学"融为一体,方便学生的学习。本教材还有针对性地对接营销职业标准和岗位技能要求,设计了系列营销技能训练科目,并对每项训练作了具体的指导和提供范文参考。

本书可作为高等院校相关专业的教科,也可供企业营销人员阅读参考。

第二版前言 Preface

市场营销学课程是一门实践性很强的课程。通过学习该课程不仅能够使学生理解、把握市场营销的基础理论和专业知识,而且还能帮助学生运用营销理论,投入市场的实践活动,去寻找问题、分析问题和解决问题,使学生真正了解企业营销活动,掌握营销岗位所需要的基本技能。

教材(第一版)编写注重专业知识与技能训练相结合。教材对理论表述简单扼要、深入浅出、通俗易懂;突出实践能力培养,设计了系列营销技能训练科目,并对每项训练作了具体的指导和提供范文参考。教材编写还突出学科的新发展,独立设计了"前沿研究"、"案例"栏目,介绍近年来市场营销理论的最新发展和企业独创性的营销案例。教材(第一版)对传统的市场营销学教材的内容、结构、版式都作了改革尝试,改革的整体设计是以学生为中心,便于帮助他们学习,把"基本理论与前沿理论"、"理论知识与实践能力"、"课堂导学与课外自学"融为一体。为此,教材(第一版)问世后,得到营销学界专家、学者和广大师生的认可和支持。教材发行量较大,共印制12批次。教材(第一版)2006年被评为普通高等教育"十一五"国家级规划教材;2007年获上海普通高校优秀教材一等奖,并作为2006年和2010年上海市精品课程的配套教材;2011年获全国商业科技进步三等奖。

2014年,本书再度被评为普通高等教育"十二五"国家规划教材。面对21世纪知识经济和经济全球一体化的挑战和高职学生就业入职的挑战,更应出版能够符合职业教育规律和高端技能型人才成长规律的高质量教材。本教材旨在原有教材的良好基础上进行第二版修订,使其更能体现高职教育特色和人才培养目标。第二版主要修改之处为:

1. 教材修订的明确定位。 教材(第二版)以现代服务业营销的高端技能型人才培养为抓手,对教材的结构、版式作了全面修订。以"营销入门"、"市场分析"、"市场开发"、"营销策划"四大基本技能培养来构建教材的内容体系;遵循职业教育规律,立足高职学生的学习基础,从便于学生的学习出发,完善教材的基础理论、实践应用、前沿研究、案例、练习思考。

2. 注重实践能力培养。 教材(第二版)有针对性地对接营销职业标准和岗位技能要求,注重学生实践能力的培养,完善了"实践运用"科目。对营销技能训练作了具体指导,提出了技能训练的任务和要求,安排相应的实践训练内容,帮助学生掌握营销岗位技能。

3. 强调学科的基础性。 教材(第二版)遵循高职教育的"必需、够用"的理论教学要求,对现代市场营销学的基本概念和原理进行梳理与界定,在准确阐明市场营销学基础理论的前提下,力求理论表述简单扼要、深入浅出、通俗易懂,适应高职层次学生的学习。

4. 突出学科的新发展。 现代市场营销学理论在不断地发展和创新,我国企业的营销实践活动也有众多的创新内容。教材(第二版)增加了新内容——第十四章"市场营销的新策略",把近年企业运用成功的营销新策略加以总结整理,引入再版教材;还对每章的"前沿研究"、"案例"进行更换补充。

5. 配套精品课程教学。 本主编主持的市场营销学课程两度被评为上海市精品课程,本教材是作为上海市精品课程的配套教材。教材(第二版)作为构建网络教学资源库的重要组成部分,尤其是课程实训的内容能够提供远程实训指导和学习参考,在网络课程教学中发挥了更大的作用。

根据教材(第二版)特点,本书可作为高等院校相关专业的教材,也可供企业营销人员阅读参考。

教材(第二版)是在编写组集体讨论及第一版分工的基础上进行修改的,上海商学院李仉辉编写了第十四章,上海交通大学梁玉杰负责全书各章"前沿研究"、"案例"的更换补充;全书由王妙、梁玉杰负责统稿,并进行修改定稿。

本书的编写和修订借鉴了国内外营销学者的有关研究成果,限于教材体例未能一一说明,在此一并表示衷心的谢忱。对本书的参编者在其执笔的章节中引用自己已发表的述作,一律不再加注。

由于受作者水平、能力所限,对本书存在的欠妥和不足之处,恳求广大读者批评指正。

王 妙

2014 年 2 月

第一版前言

市场营销学课程是一门实践性很强的课程。通过该课程的学习,不仅能够使学生理解、把握市场营销的基础理论和专业知识,而且还能帮助学生运用营销理论,投入市场的实践活动,去寻找问题、分析问题和解决问题,使学生真正了解企业营销活动,掌握营销岗位所需要的基本专业技能。为了更好地实现高校人才培养目标,加强学生实践能力的培养,我们编写了此书。本书在编写的过程中力求理论和实践的结合,注重针对性、可操作性,突出以下四个特点:

1. 强调营销基本理论。本书对现代市场营销学的基本概念和原理进行了梳理与界定,在准确阐明市场营销学基本理论的前提下,要求理论表述简单扼要、深入浅出、通俗易懂。

2. 突出学科新发展。面对21世纪知识经济和经济全球一体化的挑战,现代市场营销学理论在不断地发展和创新,我国企业的营销实践活动也有众多的创新内容。本教材专门独立设计了"前沿研究"、"案例"栏目,介绍近年来市场营销理论的最新发展和企业独创性的营销案例,提高教学与学习水平。

3. 教材改革尝试。本书对教材的内容、结构、版式都作了改革尝试,整体教材的设计是以学生为中心,便于帮助他们学习。本书不同于一般教材,专门设计实践运用、前沿研究、案例、练习思考等内容,把"基本理论与前沿理论"、"理论知识与实践能力"、"课堂导学与课外自学"融会于教材一体。全书把13章内容分为四大篇,除了总目录外还设篇目录,篇目录为每一篇主要内容的目录。这样,对教材各部分的内容及其相互联系更为清晰明了。

4. 注重实践能力培养。本书在第四—十三章中都设计了一节实践能力培养的内容。它要求学生把学到的理论知识运用到营销实践中去,学会发现问题、分析问题、解决问题,这正是我国高校课程改革的方向。本教材对每章实践能力的培养作了具体的指导,提出相应内容的实践课业,对课业的实践价值、理论指导、训练程序和训练内容等都有具体要求。这些内容都是作者8年来教学实践的探索和总结。

根据教材特点,本书既可作为高等院校相关专业的教科书,也可作为企业管理等在职人员的专业培训教材。

本书由王妙主编,朱瑞庭、刘艳玲任副主编,共同负责本书的框架构建。具体分章编写如下:刘艳玲(第一、二、三章及案例);王妙(第四、五、六、七、八、九、十、十一);王颖(十

二、十三章);朱瑞庭(全书各章的前沿研究);全书由王妙负责统稿,并进行修改定稿。

本书在写作与出版过程中,得到了上海商学院和复旦大学出版社有关领导的支持与帮助,并参考和吸收了国内外理论工作者的有关研究成果,在此一并表示衷心的谢忱。

由于时间仓促及受作者水平、能力的限制,本书难免有不足之处,恳请读者批评指正。

王 妙

2005 年 4 月 18 日于上海

目录

第一篇 绪 论

第一章 市场营销学概述 ... 3
- 第一节 市场营销学的产生与发展 ... 3
- 第二节 市场营销学的研究对象和内容 ... 5
- 第三节 市场营销学的核心概念 ... 9
- 前沿研究 深度营销与4Cs和4Rs理论 ... 12
- 案 例 日本企业成功的营销组合 ... 13
- 练习与思考 ... 15

第二章 企业营销观念 ... 16
- 第一节 企业营销观念的演变 ... 16
- 第二节 现代营销观念的核心 ... 22
- 第三节 现代营销观念的发展 ... 26
- 前沿研究 卖家具,更卖生活方式 ... 30
- 案 例 东方商厦南东店"精准营销" ... 31
- 练习与思考 ... 32

第三章 企业营销管理 ... 33
- 第一节 企业营销管理 ... 33
- 第二节 企业营销计划 ... 36
- 第三节 企业营销组织 ... 39
- 第四节 企业营销控制 ... 43
- 前沿研究 我国百货业必须"自主经营" ... 45
- 案 例 三株公司营销管理的失败 ... 46
- 练习与思考 ... 48

第二篇 市场分析

第四章 市场分析技术 ... 51
- 第一节 市场营销信息系统 ... 51

第二节　市场营销调研 …………………………………………………… 55
　　第三节　市场营销预测 …………………………………………………… 64
　　第四节　市场营销调研技术的实践运用 ………………………………… 70
　　前沿研究　互联网市场营销调研 ………………………………………… 80
　　案　　例　痛殇TCL ……………………………………………………… 81
　　练习与思考 ………………………………………………………………… 82

第五章　市场营销环境分析 ……………………………………………… 83
　　第一节　市场营销环境概述 ……………………………………………… 83
　　第二节　微观营销环境分析 ……………………………………………… 85
　　第三节　宏观营销环境分析 ……………………………………………… 89
　　第四节　企业应对营销环境影响的对策 ………………………………… 96
　　第五节　市场营销环境分析的实践运用 ………………………………… 100
　　前沿研究　借助人口城市化，促进国内消费需求 ……………………… 102
　　案　　例　雷利自行车公司的衰落 ……………………………………… 103
　　练习与思考 ………………………………………………………………… 104

第六章　顾客购买行为分析 ……………………………………………… 106
　　第一节　购买行为分析概述 ……………………………………………… 106
　　第二节　消费者购买行为分析 …………………………………………… 110
　　第三节　生产者购买行为分析 …………………………………………… 120
　　第四节　购买行为分析的实践运用 ……………………………………… 125
　　前沿研究　"看电视"到"用电视" ……………………………………… 127
　　案　　例　"康师傅"成功的秘诀 ………………………………………… 128
　　练习与思考 ………………………………………………………………… 130

第三篇　市　场　战　略

第七章　市场发展战略 ……………………………………………………… 135
　　第一节　市场发展战略概述 ……………………………………………… 135
　　第二节　市场发展战略评估 ……………………………………………… 139
　　第三节　市场发展战略分析 ……………………………………………… 142
　　第四节　市场发展战略的实践操作 ……………………………………… 145
　　前沿研究　战略性新兴产业切勿盲目"催熟" …………………………… 148
　　案　　例　健康循环经济的金锣样本 …………………………………… 149
　　练习与思考 ………………………………………………………………… 151

第八章 目标市场战略 … 153
第一节 市场细分 … 153
第二节 目标市场选择 … 160
第三节 市场定位 … 166
第四节 目标市场战略的实践运用 … 170
前沿研究 市场定位中的"专业化"与"多元化" … 172
案 例 海尔的目标市场营销战略 … 173
练习与思考 … 175

第九章 市场竞争战略 … 177
第一节 市场竞争概述 … 177
第二节 市场竞争者分析 … 180
第三节 市场竞争战略分析 … 185
第四节 市场竞争战略的实践运用 … 197
前沿研究 差别化竞争的"个性化价值"研究 … 199
案 例 "美的"风扇6.18电商大战告捷 … 201
练习与思考 … 202

第四篇 营销组合策略

第十章 产品策略 … 207
第一节 整体产品策略 … 207
第二节 产品组合策略 … 218
第三节 产品市场生命周期策略 … 222
第四节 新产品开发策略 … 226
第五节 产品策略的实践运用 … 231
前沿研究 硝烟弥漫的"客厅争夺战" … 234
案 例 80岁"老字号",活力犹如"80后" … 235
练习与思考 … 236

第十一章 价格策略 … 238
第一节 价格概述 … 238
第二节 企业定价的目标 … 242
第三节 企业定价的策略 … 244
第四节 企业定价的方法 … 250
第五节 企业定价的实践操作 … 256
前沿研究 "理解价值"定价法 … 259
案 例 上海大众"帕萨特"的定价策略 … 260

练习与思考 ………………………………………………………………… 261

第十二章　分销渠道策略 ………………………………………………… 263
　　第一节　分销渠道概述 …………………………………………………… 263
　　第二节　中间商分析 ……………………………………………………… 269
　　第三节　分销渠道策略 …………………………………………………… 276
　　第四节　分销渠道策略的实践运用 ……………………………………… 284
　　前沿研究　上海百货业"协同营销"对策 ……………………………… 286
　　案　　例　生鲜电商——众品 …………………………………………… 289
　　练习与思考 ………………………………………………………………… 290

第十三章　促销策略 ……………………………………………………… 292
　　第一节　促销和促销组合 ………………………………………………… 292
　　第二节　人员推销策略 …………………………………………………… 296
　　第三节　广告促销策略 …………………………………………………… 300
　　第四节　营业推广策略 …………………………………………………… 306
　　第五节　公关促销策略 …………………………………………………… 308
　　第六节　促销策略的实践运用 …………………………………………… 310
　　前沿研究　公关促销 ……………………………………………………… 314
　　案　　例　品牌捆绑促销 ………………………………………………… 315
　　练习与思考 ………………………………………………………………… 316

第十四章　市场营销的新策略 …………………………………………… 318
　　第一节　网络营销策略 …………………………………………………… 318
　　第二节　数据库营销策略 ………………………………………………… 324
　　第三节　定制营销策略 …………………………………………………… 328
　　前沿研究　虚拟试衣间渐成时尚 ………………………………………… 331
　　案　　例　凯迪红黄蓝网络社区 ………………………………………… 331
　　练习与思考 ………………………………………………………………… 333

参考文献 …………………………………………………………………… 335

第一篇 绪 论

市场营销学概述
市场营销学的产生与发展
市场营销学的研究对象和内容
市场营销学的核心概念

企业营销观念
企业营销观念的演变
现代营销观念的核心
现代营销观念的发展

企业营销管理
企业营销管理
企业营销计划
企业营销组织
企业营销控制

第一章 市场营销学概述

 **学习目标**

学完本章,你应该能够:
1. 了解市场营销学的产生与发展
2. 理解市场营销学的研究对象和内容
3. 掌握市场营销学的核心概念

 基本概念

| 市场营销 | 营销组合策略 | 需求 | 市场 |
| 产品 | 交换 | 营销者 | |

市场营销学是一门建立在经济科学、行为科学、现代管理理论基础上的综合性应用学科。市场营销学的形成和发展是商品经济高度发展的产物,它的理论和方法是企业实践经验的总结和概括,又被用于指导企业的营销实践。了解市场营销学的产生与发展,把握其研究对象、内容和核心概念是学习市场营销学的入门基础。

第一节 市场营销学的产生与发展

市场营销学作为一门学科萌生于 20 世纪初期,形成于 20 世纪中叶,成熟于 80 年代,目前仍在不断发展之中。近百年来,随着社会经济的发展,市场营销学发生了根本性的变化,从传统市场营销学演变为现代市场营销学,其应用从营利组织扩展到非营利组织。营销实践证明,正确运用市场营销学的原理、方法和技巧,可以使企业以最小的营销资源,获取最大的经济和社会效益,增强市场的竞争能力,实现企业的营销目标。

一、市场营销学的产生与发展

市场营销学译自英文"Marketing"一词,其意是指企业的市场买卖活动,即企业的市场营销活动。市场营销学不是观念的产物,而是企业活动的产物。市场营销学的产生和发展与企业的市场营销活动是紧密联系在一起的,企业营销实践活动为市场营销学的成长提供了条件,市场营销学的发展又被用于指导企业的营销实践。20世纪初,随着商品经济的高度发展,市场营销学首先在美国从经济学中分离出来,逐步发展成为一门独立的学科。市场营销学的发展大体经历了创建时期、应用时期、变革时期和发展时期四个阶段。

(一) 市场营销学的创建(20世纪初至20年代)

19世纪末到20世纪初,各主要资本主义国家经过工业革命,生产力迅速提高,市场规模急剧扩大,供求关系也逐步变化,市场由卖方开始向买方转化,市场营销活动日益成为影响企业效益的重要因素。与此相适应,市场营销学在美国开始创立。

1904年,W·E·克罗西在宾夕法尼亚大学开设了"产品市场营销"课程;1910年,R·S·巴特勒在威斯康星大学开设了"市场营销方法"课程。1912年,哈佛大学教授赫杰特齐出版了第一本销售学教科书 Marketing,标志着作为一门独立学科的市场营销学的建立。这本教材同现代市场营销学的原理、概念不尽相同,主要研究推销术和广告术,而且研究活动仅限于在某些大学的课堂,并未引起社会的重视,也未应用于企业营销活动。

(二) 市场营销学的应用(20世纪20年代末至40年代末)

在1929—1933年,资本主义国家爆发了严重的经济危机,生产过剩,产品大量积压。如何刺激消费者的购买欲望,就成了企业和市场学家们认真思考和研究的课题。市场营销学也因此从课堂走向了社会实践,并初步形成体系。

这期间,美国相继成立了全国市场营销学和广告学教师协会(1926年)、美国市场营销学会(1936年),通过这些社会机构来研究市场营销问题。1932年,克拉克和韦尔达出版了《美国农产品营销》一书,对美国农产品营销进行了全面的论述,指出市场营销目的是"使产品从种植者那儿顺利地转到使用者手中"。在此期间,市场营销学开始为工商企业提供咨询服务,咨询内容包括广告、推销员培训、开拓流通渠道、加强促销等。理论与实践的结合促进了企业营销活动的深入,同时,也促进了市场营销学的发展。但这一阶段的市场营销研究,仍局限于产品的推销、广告宣传、推销策略等。

(三) 市场营销学的变革(20世纪50年代初至60年代)

这一时期称为市场营销学的变革时期,这是从传统的市场营销学转变为现代市场营销学的阶段。20世纪50年代后,随着第三次科技革命的发展,劳动生产率空前提高,社会产品数量剧增,花色品种不断翻新,市场供过于求的矛盾进一步激化,原有的只研究在产品生产出来后如何推销的市场营销学,显然不能适应新形势的需求。

霍华德在出版的《市场营销管理:分析和决策》一书中,率先提出从营销管理角度研究市场营销理论和应用,从企业环境与营销策略两者关系来分析营销管理问题,强调企业营销必须适应外部环境。麦卡锡在1964年出版的《基础市场营销学》一书中,对市场营销管理提出了新的见解。他把消费者视为一个特定群体,即目标市场,强调企业必须制定正确的市场营销组合策略,以适应外部环境的变化,满足目标顾客的需求,实现企业经营目标。

市场营销学的这一变革,使企业的营销观点从"以生产为中心"转为"以消费者为中心",市场成为生产过程的起点而不仅仅是终点,营销也就突破了流通领域,引伸到生产领域及消费领域;市场营销活动不仅是推销已经生产出来的产品,而是通过消费者的需要与欲望的调查、分析和判断,通过企业整体协调活动来满足消费者的需求。

(四)市场营销学的发展(20世纪70年代至今)

近几十年来,市场营销学在它的基本理论、学科体系、传播领域等方面都有着重大的发展,这主要是由于科学技术的日益进步、社会政治经济情况的不断变化、企业市场营销实践的不断发展所推动的。

这一期间,整个学科提出了管理导向理论,强调市场营销学应该重点研究营销管理中的战略和策略问题,许多市场学家提出了"社会营销"、"大市场营销"理论,这些理论大大丰富和发展了市场营销学。市场营销学还紧密地结合经济学、哲学、心理学、社会学、数学及统计学等学科,形成为一门综合性的边缘应用科学,并且出现了许多分支,如消费心理学、工业企业营销学、商业企业营销学等。进入20世纪90年代以后,关于市场营销网络、政治市场营销、市场营销决策支持系统、市场营销专家系统等新的理论与实践问题开始引起学术界和企业界的关注,成为市场营销学研究的热点。

进入21世纪,互联网的发展和应用,推动着网络营销的迅猛发展。相信这些新观念、新方法,必将把现代市场营销学推向一个新的发展阶段。

二、市场营销学在我国的传播与应用

新中国成立之前,我国虽曾对市场营销学有过一些研究,但仅限于几所设有商科或管理专业的高等院校。在半殖民地半封建的旧中国,市场经济十分落后的情况下,市场营销学的传播与应用必然受到严重阻碍。在新中国成立后的一段时间,由于片面强调计划经济,市场营销学的研究一度中断。

从1978年党的十一届三中全会到1992年党的十四大期间,党中央提出了对外开放、对内搞活的总方针,从而为我国重新引进和研究市场营销学创造了有利的环境。但是,由于存在对社会主义经济能不能运用市场机制、在多大程度上可以运用市场机制的问题,因此始终没有从理论上根本解决。直到90年代以后,才明确提出把企业经营推向市场,市场营销学才开始真正走向全面应用的阶段。

如今,市场营销学已成为各高校经管类专业的必修课,市场营销学原理与方法也已广泛地应用于各类企业。由于各地区、各部门之间生产力发展不平衡,产品市场类型有别,加之各部门经济体制改革进度不一,各企业经营机制改革深度不同等,市场营销学在各地区、各部门、各类企业的应用程度不尽相同。因此,市场营销学的思想和理论要作为企业营销活动的指南,充分发挥理论的指导作用还需要进一步研究和学习。

第二节 市场营销学的研究对象和内容

市场营销学是研究市场营销活动及其规律的科学。它的研究对象是企业在动态市场上如何有效地管理其市场营销活动,提高企业的经济效益,求得生存和发展,实现企业的目标。因此,市场营销学的全部研究内容是以产品适销对路、扩大市场销售为中心而展开的,并为此提供理论、思路和方法。

一、市场营销学的研究对象

任何一门学科都有其特定的研究对象。市场营销学是为指导企业营销活动而发展起来的应用性学科,所以市场营销学的研究对象是企业的市场营销活动及其发展规律,即市场营销活动。

什么是市场营销?西方市场营销学者从不同角度及发展的观点对市场营销下过不同的定义。例如,E. J. Mccarthy 把市场营销定义为一种社会经济活动过程,其目的在于满足社会或人类需要,实现社会目标,这是从宏观角度对市场营销的定义。还有一些定义是从微观角度来表述的,如 Philop Kotler 对市场营销所下的定义是:市场营销是指企业的这种职能,即"认识目前未满足的需要和欲望,估量和确定需求量大小,选择和决定企业能最好地为其服务的目标市场,并决定适当的产品、劳务和计划(或方案),以便为目标市场服务"。

以上对市场营销的表述虽然各自侧重不同,但都是围绕着市场营销的核心,即企业必须面向顾客,企业的经营活动必须"以顾客为中心"开展,提供满足消费者需求的产品和服务。因此,市场营销是指企业为满足消费者需求和实现企业目标,在不断变化的市场环境中,综合运用各种营销策略,把满足消费者的产品和劳务送达给消费者的一系列整体性活动。

这一定义指出了市场营销与推销或销售具有本质的区别:① 市场营销是企业的系统管理过程,而推销或销售仅仅是市场营销过程中的一个环节;② 市场营销是以满足目标顾客的需求为中心的,而推销或销售是以销售现有产品为中心的;③ 市场营销的出发点是市场需求,而推销或销售的出发点是企业;④ 市场营销采用的是整体营销手段,而推销或销售主要采用人员推销、广告手段;⑤ 市场营销是通过满足客户的需求来获取利润,而推销或销售只是通过增加产品销量来获取利润。

二、市场营销学的研究内容

一门学科的研究内容是由其研究对象决定的。市场营销学是建立在经济科学、行为科学和现代管理理论基础之上的应用科学,其研究内容具有综合性、客观性、应用性的特点。在市场营销学的发展过程中,其研究对象在不断修正,为此研究内容也不断从 4Ps →6Ps →10Ps 深化发展。

1964 年,美国伊·杰·麦卡锡教授首先将市场营销学的研究内容概括为易于记忆的"4Ps"。"4Ps"理论认为影响企业经营的诸因素中,市场营销环境是企业不可控制的因素,而产品、价格、分销和促销等这些因素是企业可以控制的变量,可以组成一个系统化的营销组合策略,以适应外部环境的变化,满足目标顾客的需求,实现企业经营目标。

营销组合策略是市场营销学研究的重点。营销组合策略是指综合运用企业可控制的一组营销变量,实现其营销目标。具体表现为,企业营销实践中综合运用的产品策略

(product)、价格策略(price)、分销策略(place)和促销策略(promotion),简称"4Ps"。对4Ps策略的研究,构成了企业营销研究的四大支柱如图1-1所示。

营销组合策略是市场营销学研究的核心内容,4Ps理论现今仍是企业实施有效营销的指南。以长虹"精显王"背投彩电营销为例。在长虹推出背投彩电之前,索尼、东芝、飞利浦等品牌很早就在中国市场推出了大屏幕的背投彩电,但发展缓慢,其中很重要的一个原因是背投彩电播放效果不佳,图像闪烁厉害,行结构线明显,而且使用寿命很短。这些因素制约了背投彩电在中国的大规模推广和普及。长虹在分析中国电视机市场需求特点的基础上,制定了相应的4Ps策略以满足中国消费者的需求,开拓中国的市场。

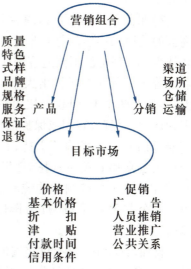

图1-1 4Ps结构示意

1. 产品开发

长虹专门针对中国PAL电视制式,开展广泛的国际技术合作和自力更生,设计研发出全球首创的60/75赫兹数字变频逐行扫描背投彩电,使图像亮度提高了30%,极大地改善了画质,彻底消除了传统背投彩电亮度低、清晰度差、可视角小等缺陷。另外,长虹还将"精显王"背投彩电设计成家电、信息(IT)、音响"三合一"的新型家电产品,使得长虹"精显王"背投彩电成为最适合于中国市场的背投彩电产品。同时,长虹在"精显王"背投彩电营销过程中把服务作为一个产业环节来做,实行"背投保养师"一对一全程贴心服务工程,厂家对顾客不只提供仅限于产品本身质量的单向静止服务,而且提供双向增值服务,把着力点由产品转到顾客身上。

2. 产品价格

长虹"精显王"背投彩电的价格采用的是"满意"定价,又称"均匀"定价。即在新产品刚进入市场的阶段,将价格定在介于高价和低价之间,力求使买卖双方均感满意。这种价格策略既可避免因高位定价而带来的市场风险,又可消除低位定价而影响品牌形象和经济效益;既能使企业获取适当的平均利润,又能兼顾消费者利益。

3. 分销渠道

建立现代化的"渠道营销"。例如,成立背投彩电工程直销小组,成功进军商用(企事业、科研、军事等单位的办公会议以及科研使用)、教育领域,同时对酒店宾馆、娱乐场所等背投彩电消费大户进行重点跟踪和寻访;为进一步拓宽市场营销渠道,最大限度地推动产品的销售,采取了全员营销的策略,让所有员工都成为"精显王"背投彩电的兼职促销员;为更好地激励经销商,实行"保利销售"政策(经销商以不低于进货价的价格出售产品之后,凭销售发票、顾客联系方式到公司取得一定额度的返利);充分利用设在全国各地的近万家特许经销商和区域代理商,将便捷的产品销售及服务延伸到全国各个角落。

4. 产品促销

采用了大量的事件营销、广告宣传。长虹在2001年度11月份、2002年度的多个月份,媒体广告超过家电业内的广告巨无霸——海尔,成为当时市场上品牌曝光率最高的企业之一。

20世纪80年代以后,国际上贸易保护主义盛行,政府干预倾向加强,企业面临着高额的关税和形形色色的非关税壁垒。国际经济政治环境的这一变化,使许多专家学者认为4Ps理论已不能适应现代诡谲多变的营销环境。1984年,美国著名的市场学家菲力普·科特勒首次提出大市场营销理论,称为"6Ps"理论,就是在原有的4Ps基础上,再加上两个P,即政治权力策略(power)与公共关系策略(public relations)。"6Ps"理论认为,要打入封闭或保护的市场,首先应该运用政治权力策略,得到有影响力的政府部门和立法机构的支持;其次,还须运用公共关系策略,利用各种传播媒介与社会广大公众搞好关系,树立良好的企业和产品的形象。大市场营销理论突破了市场营销环境是不可控制的传统看法,认为企业应该积极、主动地去影响环境,运用政治力量和公共关系手段,打破国际或国内市场上的贸易壁垒,为开拓新的市场扫清障碍。

譬如,日本企业在打进美国市场初期,很少与美国的公司进行正面冲突,而是寻找薄弱环节,甚至从美国公司尚未到达的市场先行突破,求得一席之地。然后,它们就像"滚雪球"一样进行战略推进,建立它们的产品基地和巩固市场阵地,以便在将来某时与美国竞争者进行正面对抗或直接竞争。随着正面进攻"猛烈战斗"的日益加剧,必然遭到美国公司的强烈反击,于是就产生了"贸易摩擦"。日本企业或是周旋于当地社团、政府,或是吸引大量本来属于美国企业的零售网,或是改善工厂中美国员工的待遇等。采用各种方式和途径,以减弱美国竞争者的反击力量,减少乃至消除摩擦。有时也通过种种骚扰,使对手士气低落,以便最后作出让步。当"贸易摩擦"激烈到企业无法运用自己的力量来消除时,最后只有通过政府的外交手段来解决。

1986年,菲力普·科特勒又进一步提出了"10Ps"理论,即在"6Ps"基础上再加上战略性的"4Ps":市场研究——探索(probing)、市场划分(partitioning)、优先——择优选定目标市场(prioritizing)、产品定位(positioning)。科特勒用"10Ps"理论全面概括了市场营销学的研究内容。他认为,麦卡锡的"4Ps"仅仅是市场营销战术,其目的是在已有的市场中提高本企业产品的市场占有率,它们的组合是否得当,是由战略性的"4Ps"决定的。还要加上"政治权力"和"公共关系"策略,企业营销不仅要提高市场占有率,而且还要打进和占领新的市场。现代市场竞争越来越激烈,新的需求不断出现,任何企业不可满足于现有市场占有率,应该发现和开发新新市场。

中国"海尔"海外发展获得成功,证明了在现代营销中运用"10Ps"理论是极其重要的。在国内家电市场竞争十分激烈时,海尔公司运用战略性的"4Ps"转向海外市场,而且开发的是美国、西欧各国、日本等发达国家的市场。海尔凭借分布在世界各地的10个信息站、6个设计分部反馈的市场需求和本土化设计,加紧研制开发具有最新技术的适合世界当地消费者需求的家电产品,海尔产品以其高科技、高适用性符合各国环保要求,投放国际市场后大受欢迎,从而提升了海尔品牌的知名度、美誉度,拉动了海尔产品对国际市场的出口,国际市场份额迅速扩大。以海尔空调为例,2000年的出口额比1999年同期增长175%,出口国家达到130个,目前已有1/4的产品出口海外。

第三节 市场营销学的核心概念

任何一门学科都有其特定的概念系统,其中最为基本或核心的部分称之为核心概念系统。认真理解和掌握这些核心概念,对于学好市场营销学具有重要意义。

市场营销是个人和集体通过创造并同别人进行交换产品和价值,以获得其所需所欲之物的一种社会过程。具体可以表达为:营销产生于人们的需要和欲望,需要和欲望是要由产品来满足的;营销者面对市场开展营销活动,实质上就是使潜在交换成为现时进行的一系列活动;为了使营销活动有效,营销者必须对其进行管理。可见,这一定义包含了市场营销学的以下核心概念。

一、需要、欲望和需求

人们有各种需要、欲望和需求,市场营销学是从需要、欲望和需求开始研究的。

1. 需要

人的需要(needs)是指人们因为某种欠缺没有得到满足时的心理感觉状态。例如,人们为了生存,需要食物、衣服、房屋等生理需要,以及安全、归属感、尊重和自我实现等心理需要。需要是抽象的概念,它们存在于人类自身和所处的社会环境,不表现为某一具体满足物。因此,市场营销者不能创造这种需要,而只能适应它。

2. 欲望

欲望(wants)是指想得到某些基本需要的具体满足物时的愿望。不同背景下的消费者欲望有所不同,如中国人饿了想吃大米饭,而美国人需要食物则想要一个汉堡包。人的欲望受社会因素及机构因素,如职业、团体、家庭、教会、商业公司等影响。因而,欲望会随着社会条件的变化而变化。市场营销者能够影响消费者的欲望,如建议消费者购买某种产品。

譬如,在电子商务举步维艰的日子里,亚马逊网上书店推出了创新、大胆的促销策略:为顾客提供免费的送货服务,并且不断降低免费送货服务的门槛。到目前为止,亚马逊已经3次采取此种促销手段。前两次免费送货服务的门槛分别为99美元和49美元,2002年8月亚马逊又将免费送货的门槛降低一半,开始对购物总价超过25美元的顾客实行免费送货服务,以此来促进销售业务的增长。免费送货极大地激发了人们的消费热情,使那些对电子商务心存疑虑、担心网上购物价格昂贵的网民们迅速加入亚马逊消费者的行列,从而使亚马逊的客户群扩大到了4 000万人,由此产生了巨大的经济效益,亚马逊网上书店2002年底开始盈利。

3. 需求

需求(demand)是指对具有支付能力,并且愿意购买某种物品的欲望。当人们具有购买能力时,欲望才能转化为需求。许多人都想要一辆宝马轿车,但只有极少数人能够并愿意购买。因此,市场营销者不仅要了解有多少消费者欲求其产品,还要了解他们是否有能力购买。

作为市场营销者还应注意的是，现在没有需求，并不等于将来没有需求。在市场营销中，我们把暂时没有购买力或购买欲望不强的情况称之为潜在需求。随着购买力或购买欲望的提高，潜在需求可以转变为有效需求，如我国不少人随着收入的增长引起的购车热，就是一个典型的例子。对市场营销者而言，不但要学会分析当前需求，还应放眼未来，发现潜在需求，并能采用有效的方法把它开发出来，使之成为有效需求。

二、产品

人们是靠产品来满足需求的。从营销角度对产品下的定义是，任何能用以满足人类某种需要与欲望的东西都是产品。产品包括有形与无形的、可触摸与不可触摸的，如冰箱、彩电、汽车等属于有形产品。与有形产品一同出售的服务也是产品。

服务的传送还可以通过其他载体，如人、地、活动、组织和观念等来提供。当我们感到烦闷时，可以到音乐厅欣赏歌星唱歌（人），到北京去游玩（地），到健身房跳操（活动），参加俱乐部活动（组织），或者接受一种新的意识（观念）。此外，知识、智慧、创意也是产品。在我国春秋战国时期，以苏秦、张仪为代表的纵横家们已经把智力当作商品一样出售，他们"待价而沽"，"争名者于朝，争利者于市"。

产品的定义让我们认识到，创意、开发产品，不在于为了消费者拥有它们，更在于产品能提供的服务。产品实体是服务的外壳，市场营销就是提供产品实体中所包含的利益和服务，让消费者的需要得到更大的满足。

三、价值和满足

消费者面对众多的产品是如何选择的，这就有必要引入价值这个概念。市场营销学上的价值，是指消费者对产品满足各种需要的程度评估，而不是产品本身价值的大小。消费者可以把产品按最喜欢的到最不喜欢的次序排列，位于顶端的，即最喜欢的那个产品就是最理想的产品，这个产品对他来说价值最大。为此，每一个可选择产品的价值取决于它与理想产品的接近程度。也就是说，现有产品越接近理想产品，则这个产品的价值也就越大。

四、交换与交易

产品只有通过交换才能使市场营销产生。人们可以通过自给自足或自我生产方式，或通过偷抢方式，或通过乞求方式来获得产品，但这些都不是市场营销。只有通过等价交换，买卖双方彼此获得所需的产品，才产生市场营销活动。可见，交换是市场营销的核心。交换是指通过提供某种东西作为回报，而与他人换取所需产品或服务的行为。企业的一切市场营销活动都与交换有关系，都是为了实现企业提供的产品或服务与目标消费者之间的交换。一旦交换不出去，产品就会积压，企业就无法继续再生产，就会出现生存危机。

交换需要以下条件：① 至少要有交换双方；② 每一方都要有对方所需要的、有价值的标的；③ 每一方都要具有沟通信息和传送交换物的能力；④ 每一方都可以自由地接受或拒绝对方的交换条件；⑤ 每一方都认为与另一方进行交易是适当的或称心如意的。只有具备了上述条件,才有可能发生交换行为。

市场营销学中的交换应被看作是一个过程而不是一个事件。如果双方正在进行谈判,并趋于达成协议,这就意味着他们正在进行交换。一旦达成协议,就意味着发生了交易行为。交易是交换活动的基本单元,是由双方之间的价值交换所构成的。

一次交易包括以下内容：至少有两个有价值的事物、买卖双方同意的条件、协议时间和协议地点等。由于交易很容易因曲解协议条款或蓄意破坏协议而引起争执,所以要借助法律规章来支持和强制交易双方执行协议。

五、市场

市场有狭义和广义之分。狭义市场是指买卖双方进行交换的场所；广义市场是指那些有特定需要或欲望,而且愿意并能够通过交换来满足这种需要或欲望的全部顾客。市场营销学研究的市场是广义市场,这个市场的大小取决于人口数量、购买力、购买欲望三个因素。这三个因素是相互制约、缺一不可的,只有三者结合起来才能构成现实的市场,并决定着市场的规模和容量。例如,一个国家或地区人口众多,但收入低、购买力差,则不能构成容量很大的市场;反之,该地区经济发达,但人口稀少,也同样不能构成大的市场;或者人口多、购买力强的条件都具备,但人们对该产品购买欲望不高,也不能形成大的市场。

市场可以根据不同的标准划分为多种类型。市场营销学一般根据两种标准划分：一是根据购买者的身份,划分为消费者市场、生产者市场、中间商市场和政府市场。不同的市场有不同的需求和购买行为,这就要求企业营销按照特定的市场制定相应的市场营销策略。二是根据产品或服务的具体用途,划分为生活资料市场、生产资料市场、技术服务市场、金融市场、房地产市场、旅游市场等。企业营销应该依据不同类型市场的需求和购买特点,制定特定的营销策略。

六、营销与营销者

营销是指与市场有关的经济活动。具体地说,就是企业围绕满足消费者需要,获取最大利润开展的总体经营活动。营销活动的范围十分广泛,从流通领域的商品销售活动到整个社会再生产领域,包括生产、交换、分配、消费的一切活动环节。

营销者是指希望从他人那里得到资源,并愿意以某种有价之物作为交换的所有人。营销者可以是卖方,也可以是买方。如果买卖双方都积极寻求交换,则双方均称为市场营销者,这种营销称做相互营销。

七、营销管理

营销管理是指为实现营销目标,对整个营销活动,包括营销计划的编制、执行,营销手段的采用,分销渠道的选择,产品价格的制定等进行控制、调节。任何营销活动在实践过程中都会发生偏差,影响营销目标的实现。所以,营销管理是市场营销活动不可缺少的重要环节。

前沿研究

深度营销与 4Cs 和 4Rs 理论

当前,我国百货商场的经营者都在抱怨生意越来越难做。问题关键在于现代商场营销的内在矛盾及深层次问题并没有得到根本性解决,仍然以竞争为基准、以销售额为核心目标,尚未真正进入以顾客为基准,以"深度营销"赢得市场、赢得消费者的营销战略研究阶段。为此,要走出中国百货商场的经营困境,必须从实践出发,研究现代商场的深度营销。深度营销最直观的理解就是抓住"深"字做营销。然而,这个"深"字却有丰富的内涵,是新的营销课题,值得我们去研究。

深度营销的目标是赢得顾客"心度"最大化,它与一般营销目标不同。一般营销是以赢得商场"利润"最大化为目标的,追求的是交易,商家通过与顾客的交易获得利润,考虑的是如何使每一笔交易的收益最大化。而深度营销是以赢得顾客"心度"最大化为目标的,追求的是顾客,商家是从与顾客长期、良好的关系中获利的,考虑的是如何维系顾客关系,与顾客有效合作。

我国百货商场的营销实践证明,不同营销目标下的商场营销行为和营销业绩是截然不同的。为了赢得"利润"最大化,商场只考虑从消费者那里多赚钱,商家往往不顾一切地增加销售收入,降低营销成本,甚至为了追逐利润,不惜损害消费者的利益。而在赢得顾客"心度"最大化目标下,商场必须采用深层、精细、有创意的营销策略,提供满足顾客需求的产品,提升顾客的满意度;提高商场的品牌声誉,保持顾客的忠诚度;有效与顾客沟通,建立和谐的顾客关系。一句话,就是让消费者对你的商场和品牌心动。显然,只有在赢得顾客"心度"最大化的营销目标下,才能保证百货商场长期而稳定的收益。

赢得顾客"心度"最大化是由 4Cs 和 4Rs 理论导入的市场营销理论新观点。企业如何实施有效营销?早在 20 世纪 50 年代末,美国营销大师伊·杰·麦卡锡就提出 4Ps 理论,强调市场营销的 4 个基本要素通过组合策略,以优质的产品、合理的价格、适当的分销渠道,加上必要的促销手段,来赢得企业"利润"最大化。4Ps 一直被人们奉为营销理论的经典,并以此指导着企业营销实践。然而,随着社会经济的发展,消费者个性化日益突出,市场竞争日趋激烈,以 4Ps 指导企业营销实践显然是远远不够的。

20 世纪 80 年代,美国市场学家劳特朋提出了 4Cs 理论,即 customer(顾客)、cost(成本)、convenience(便利)、communication(沟通)。4Cs 理论认为,现代营销不能仅把产品、价格、分销、促销看作是影响消费者购买、赢得企业利润的营销手段;而应该站在满足消费者需求角度上,注重 4 个"C"的营销,让每一种营销工具都能够传递和满足消费者的最大利益,赢得顾客"心度",这是现代营销的根本。所以,深度营销目标必须以 4Cs 理论为指导,把营销目标提升为赢得顾客"心度"最大化。为此,在当前百货商场营销中,不应先考虑能够提供什么商品,而是先要了解、研究、分析顾客的需要和欲求,根据顾客需求来组织商品销售;不应先急于给商品定价,而是先研究顾客满足需求愿意付出多少成本,即顾客的购买成本;不应先选择销售渠道及其策略,而是先考虑如何为顾客提供最大的购物便利;不应再是商场单向的促销和劝导顾客购买,而是通过与顾客进行积极有效的双向沟通,建立基于共同利益的顾客关系。

4Cs 理论强调以消费者需求为导向,但忽视了市场经济所要求的竞争导向,还是被动地适应顾客需求。因此,企业需要从更高层次上,以更有效的方式建立和谐的顾客关系,真正赢得顾客"心度"最大化。20 世纪 90 年代,美国营销专家舒尔兹提出 4Rs 理论,即 related(关联)、reflect(反应)、relation(关系)、reward(回报)。4Rs 理论强调,现代营销应该以竞争为导向,通过关联、反应等方式与消费者形成和谐的顾客关系,让关系双方获得最大利益,形成强劲的企业竞争优势。所以,深度营销必须从战略高度,确立赢得顾客"心度"最大化的营销目标。为此,当前百货商场营销应该从抢占市场份额转变为建立和谐的顾客关系,使单纯交易的业务变成对消费者负责的责任,把对营销要素组合的管理提升为注重顾客关系的管理;在回报消费者的同时,使商家也得到回报,带来长期、稳定的营销收益。

案 例

日本企业成功的营销组合

许多获得成功的日本企业,都花费许多时间、精力和资金去分析市场机遇,并对目标市场作深入的了解,研究消费者心理,摸清组织市场营销的活动规律。例如,索尼公司在进入美国市场之前,就先派出由设计人员、工程师以及其他人员组成的专家组先去美国,考察、研究如何设计其产品以适应美国消费者的爱好。然后,还招聘美国工业专家、顾问和经理等人员,帮助"索尼"分析如何进入市场。在仔细地研究分析市场机遇、确定目标市场后,日本的企业将着手制定以产品、价格、分销、促销、公共关系和政治权力运用等内容的市场营销组合策略:

产品策略。先碰到的就是来自美国和欧洲国家强大竞争者的对抗,因为,那时世界市场主要是由美国和欧洲国家霸占。其次,就当时的日本产品而论,无论是技术上,还是在全球性销售网络上,都比不上美国和欧洲的产品。此外,日本还要努力消除人们第二次世界大战前对日本产品质量低劣的印象。但是,日本的企业寄希望于利用其劳动力价格便宜的优势,可以在产品的价格上与欧、美相抗衡。为此,在 20 世纪 50 年代后期和 60 年代期间,为了打入世界市场,日本各企业特别强调产品的设计具有低成本、高质量和创新性。从目前日本进入国际市场情况来看,也可以证明它们仍然着重突出这 3 点。

日本企业以产品开发战略和市场开发战略为重点,进行目标市场渗透,一旦在某国市场取得了立足点,就努力扩大其产品的生产线,以便增加产量,扩大销售额,日益增加对整个市场的控制范围。以丰田公司向美国市场渗透为例,即表现为产品推出的连续性和不断扩大生产线。

日本的许多企业,一向是以增加产品的花色品种进行市场开发。它们根据消费者的不同要求、爱好和收入水平,不断地变换产品的型号、花色和品种。例如,坝农公司以生产 AE—135 单镜反光照相机为基础机型,生产出种类繁多、特点功能不同的照相机,使其销售额猛增。坝农公司这种向市场纵深不断猛烈推进的策略,是日本许多企业的共同特点。每当一种新产品投入市场时,另一种新产品正在研制之中。此外,日本各企业的产品更新换代非常快,其速度几乎是德国(德国是产品更新换代较快的国家之一)的两倍。例如,在 70 年代期间,丰田汽车制造公司可以同时向美国汽车市场提供 82 种产品,而其他国家则只能提供 48 种或 31 种型号的汽车。

不断地改进产品质量,是日本企业获取成功的又一大特征。日本企业对不断改进产品的质量倾注了大量心血,它们经常与消费者保持联系,甚至不惜花费大量钱财和许多宝贵时间,通过各种渠道,不断地了解和虚心听取顾客对产品提出改进质量的意见;把质量当作企业的生命,已成为日本企业全体员工的群体意识。一项研究表明,日本产品质量已胜过美国产品。70 年代中期,美国执世界计算机工业之牛耳时,日本尚属无名之辈。但近几年,日本却成为美国在计算机工业发展上的主要威胁者。

价格策略。日本企业在进入国际市场时,一直采用一种所谓的"市场份额"价格策略。这种策略就是采用较低的进入市场价格,以便取得一部分市场并进而达到长期控制该市场。为此,日本人总是将价格订得比竞争者低。它们乐于在最初几年里受点损失,把这种损失视为对长远市场发展的一种投资。这样做使日本在过去几年中,被指责为"产品倾销"。此情形在美国的小汽车等产品市场上,表现得尤为明显。日本的小汽车以省油、低价等优点大量涌进美国市场,1990年已占美国小汽车市场的约30%,使美国的汽车工业招架不住。最后,美日双方都以官方身份进入"对抗阶段",对簿于公堂,美国作出了对日小汽车限量进口的决定。

分销策略。 日本企业想打进美国市场,但当初日本的产品质量形象低劣、声誉不佳。而且,许多企业没有产品销售渠道。何况,即使了解美国的销售渠道,也不能公开地加以利用。为此,日本企业采取了以下几种措施:

(1) 集中全力选好进入市场的突破口。它们不是采取全线出击,一下子占领全部市场,而是选中该市场的某一地区、某个批发商或某种类型的消费者,先打进去,站稳脚跟后再逐步扩大。例如,丰田汽车公司首先选择了加利福尼亚市场,通过该地区了解到美国市场的特点、消费者的爱好,以及取得和美国批发商、经销商打交道的经验。在"突破口"取得成功,而后全面进入美国市场。日本电视机进入中国市场的步骤:先找经销商销售12英寸、16英寸黑白电视机,而后销售彩色电视机,再后在中国合资建厂。

(2) 精心挑选有效的销售渠道和能干的批发商。

(3) 对某些特殊产品,直接与用户联系,建立独立的销售机构。

(4) 利用竞争者的销售网络进行销售。即在打入某国市场后,利用该国中间商或生产者的牌号或商标销售日本的产品。当其产品打入市场并占有一定地位时,就逐步建立自己的产品牌号形象,形成自己的销售渠道,最后取而代之。

促销策略。 日本企业在进入某个市场时,十分注意与批发商的友好合作,向他们提供各种帮助,付给较优厚的酬金,激发中间商经营日本产品的积极性。日本企业坚持"经销者利益第一,本企业利益第二"的原则,始终与中间商保持友好商务关系。日本企业还大量投入金钱和精力,开展广告宣传,推进和提高产品的市场声誉,扩大销售额。

公共关系策略。 日本企业的公共关系开展得颇具风格,有力地扩大了企业的知名度。例如,日本汽车公司在进入美国市场后,所有的公司都积极地致力于美国的社会服务,抽出人力、物力和资金,从事那些看起来和本职工作毫不相干的社会服务工作,并与当地社区建立了亲密关系。日产汽车公司在田纳西州自建立工厂的第一天起,便成立了义务活动小组和研究西方问题的捐款委员会,经常向当地的慈善机构捐赠钱物,还组织当地的居民到工厂参观和组织当地中学生每学期到工厂体验一天的工厂生活等。这许许多多的活动和亲善态度颇得当地社区居民的好感。这也是日本企业打入美国市场的竞争策略的重要因素。美惊呼日汽车商竞争有方,而美国的汽车公司却对此无能为力!

政治权力策略。 历史记录表明,日本的企业在打进美国市场初期,很少与美国的公司进行正面冲突,而是寻找薄弱环节,甚至从美国公司尚未到达的市场先行突破,求得一席之地。然后,它们就像"滚雪球"一样,进行战略推进,建立它们的产品基地和巩固市场阵地,以便在将来某时与美国竞争者进行正面对抗或直接竞争。随着正面进攻"猛烈战斗"的日益加剧,必然遭到美国公司的强烈反击,于是就产生了"贸易摩擦"。日本企业或是周旋于当地社团、政府,或是吸引大量本来属于美国企业的零售网及小型企业,或是改善工厂中美国员工的待遇等,采用各种方式和途径,以减弱美国竞争者的反击力量,减少乃至消除摩擦。有时也通过种种骚扰,使对手士气低落,以便最后迫使对手作出让步。当"贸易摩擦"激烈到企业无法运用自己的力量来消除时,最后只有通过政府的外交手段来解决。近两年来,日美进行的"东京回合"谈判就是有力的佐证。

案例思考题

1. 日本的企业和产品为什么能打入各国市场,有什么秘诀?
2. 日本的企业在营销组合策略上有何特点?

练习与思考

(一) 名词解释
市场营销　　营销组合策略　　需求　　市场　　产品
交换　　营销者

(二) 不定项选择
1. 从营销的角度看待市场，市场是由(　　)有机组成的总和。
   A. 人口　　　B. 购买力　　　C. 购买欲望　　　D. 场所
2. 下列营销策略中，属于"4Ps"的是(　　)。
   A. 产品策略　　B. 价格策略　　C. 分销策略　　D. 促销策略
3. 战略性的"4Ps"是由(　　)提出的。
   A. 克拉克　　B. 韦尔达　　C. 麦卡锡　　D. 科特勒
4. 下列概念中，属于市场营销学核心概念的是(　　)。
   A. 需求　　　B. 产品　　　C. 市场　　　D. 经营

(三) 问答题
1. 有人说市场营销就是推销，这种理解对吗？为什么？
2. 从理论与实践的结合上，阐述市场营销学研究内容的发展。

第二章 企业营销观念

 学习目标

学完本章,你应该能够:
1. 描述企业营销观念的演变过程
2. 明确现代营销观念与传统营销观念的区别
3. 理解现代营销观念的核心是满足消费者需要
4. 了解现代市场营销观念的发展

 基本概念

营销观念	生产观念	产品观念	推销观念
市场营销观念	社会营销观念	顾客让渡价值	绿色营销
形象营销	关系营销	全员营销	

企业的营销活动是在特定的营销观念指导下进行的。营销观念就是企业从事市场营销活动的思想观念体系,西方企业界又称之为经营哲学,它概括了一个企业的经营态度和思维方式。营销观念是企业营销活动的指南,营销观念的正确与否直接影响着企业营销战略和策略的制定,制约着企业、顾客和社会三者关系的正确处理,关系到企业经营的开拓创新和营销目标的实现。可见,营销观念是企业的灵魂。企业在营销活动中,必须要认清营销观念的重要性,了解企业营销观念的演变过程,强化现代营销观念的灌输,树立正确的企业营销观念,以适应现代经济的发展,在激烈的市场竞争中立于不败之地。

第一节 企业营销观念的演变

一、企业营销观念的演变过程

市场营销观念是在一定的社会历史条件下产生的,并随企业外部环境的变化而变化。支配当前企业营销活动的现代营销观念,是随着社会经济的发展和市场形势的变化不断演变的。从西方经济发达国家的情况分析,现代企业营销观念经历了五个阶段的演变过程。

(一) 生产观念

生产观念是指导销售者行为的最古老的观念之一。这种观念产生于20世纪20年代前,其主要表现是"我生产什么,就卖什么"。企业经营哲学不是从消费者需求出发,而是从企业生产出发。这种观念立足于两个重要前提:第一,消费者的注意力只集中在是否买得起和价格便宜与否上;第二,消费者并不关注同类产品还有非价格差异,如质量、花色品种、造型、外观等差异。譬如,美国汽车大王亨利·福特是生产观念的首倡者,他曾傲慢地宣称:"不管顾客需要什么颜色的汽车,我只有一种黑色的。"

生产观念是在卖方市场条件下产生的。在资本主义工业化初期以及第一次世界大战末期和战后一段时期内,由于物资短缺,市场产品供不应求,生产观念在企业经营管理中颇为流行。各企业将工作重点放在如何有效利用生产资源及提高劳动生产率,以获得最大产量及降低生产成本上。在这种观念的指导下,生产和销售的关系必然是"以产定销"。

(二) 产品观念

产品观念也是一种较早的企业经营观念。随着西方资本主义迅速成长,市场规模急剧扩大,科学技术的进步使得大规模生产成为可能,市场已开始由卖方市场向买方市场转变。人们生活水平已有较大提高,消费者已不再仅仅满足于产品的基本功能,而开始追求产品在功能、质量和特点等方面的差异性。因此,产品观念主张企业应不断致力于产品的改进,设法使包装、价格更具吸引力,改善分销渠道,以便引起消费者的注意。

但也应当注意,产品观念有其片面性,产品的质量与功能不应当是营销者头脑中的质量与功能,而应当是顾客头脑中的质量与功能,忽视后者就会陷入"营销近视症"的误区。

譬如,美国一家制造捕鼠器的公司,组织力量花了若干年时间研究了老鼠的吃、活动和休息等各方面的特性,终于制造出了受老鼠"欢迎"的一种新型捕鼠器。新产品完成后,屡经试验,捕鼠效果确实不错,捕鼠率百分之百。同时与老式捕鼠器相比,新型捕鼠器还有外观大方、造型优美、安全、可重复使用等优点。但这么好的东西却没有达到预计的销售业绩,什么原因呢?经过调查,并非在销售策略上有什么失误,而是在研制产品时没有考虑到消费者的需求。由于购买、安装该新型捕鼠器的买主一般是家庭中的男性,而清理捕鼠器的任务却是见死鼠就害怕、恶心的家庭主妇。主妇们担心捕鼠器不安全,会伤害到人,结果许多家庭主妇只好将死鼠连同捕鼠器一块丢弃,留下来吧又该放在哪儿呢?另外,留得捕鼠器的存在,又容易引起有关老鼠的可怕观念。所以,该产品宣传的"可重复使用的优点"对消费者而言实则是缺点。总之,该捕鼠器公司以产品观念为指导,没有充分考虑消费者的需求,导致其失败。

(三) 推销观念

推销观念(或称销售观念)产生于20世纪20年代末至50年代前,是为许多企业所采用的另一种观念,表现为"我卖什么,顾客就买什么"。它们认为,除非企业极力推销和促销,否则消费者将不会踊跃购买公司的产品。

自从产品供过于求,"卖方市场"转为"买方市场"以后,推销观念就被企业普遍采用。许多企业家感到,即使有物美价廉的产品,也未必能卖得出去;许多企业也从过去的"酒香不怕巷子深"发展到"王婆卖瓜,自卖自夸"。前些年在我国,"全员推销"几乎被奉为成功之路。

在现代市场经济条件下,推销观念被大量用于推销那些冷门产品,即购买者一般不会想到要去购买的产品或服务,如保险、坟地等。许多企业在产品过剩时,也常常奉行推销观念,如百货公司的"清仓大减价"、"买一赠一"活动。

这种观念虽然比前两种观念前进了一步,开始重视广告术及推销术,但其实质仍然是以生产为中心的。推销的目的是将产品销售出去,至于售后消费者是否满意则一概不予考虑。

(四) 市场营销观念

市场营销观念是作为对上述诸观念的挑战,而出现的一种新型的企业经营哲学。这种观念是以满足顾客需求为出发点的,即"市场需要什么,就生产和销售什么","能卖什么,就生产什么"。导致企业的一切行为都要以市场的需要作为出发点,而又以满足市场的需要为归宿。

尽管这种思想由来已久,但其核心原则直到20世纪50年代中期才基本定型。二战后,科技革命进一步兴起,军工转民用,生产效率大大提高,生产规模不断扩大,社会产品供应量剧增。高工资、高福利、高消费政策导致消费者购买力大幅度提高,需求和欲望不断发生变化,企业间的竞争进一步加剧。

许多企业认识到,必须转变经营观念,才能求得生存和发展。在这种情况下,产生了市场营销观念,认为实现企业各项目标的关键,在于正确确定目标市场的需要和欲望,并且比竞争者更有效地传送目标市场所期望的物品或服务,进而有效地满足目标市场的需要和欲望。

市场营销观念的出现,使企业经营观念发生了根本性变化,从"以产定销"的模式中转变为"以销定产"或"以需定产",即生产和经营顾客需要的产品,在此基础上实现利润。

市场营销观念同推销观念有何差别?

哈佛大学教授西奥多·莱维特曾对推销观念和市场营销观念作过深刻的比较,指出:推销观念注重卖方需求,市场营销观念则注重买方需求。推销观念以卖方需求为出发点,考虑如何把产品变成现金;而市场营销观念,则考虑如何通过制造、传送产品以及与最终消费产品有关的所有事物,来满足顾客的需要。前者是由内而外的顺序,后者是由外而内的顺序,两者的区别如图2-1所示。

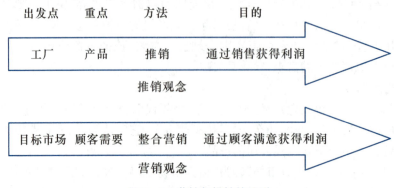

图2-1 营销与推销的区别

（五）社会市场营销观念

社会市场营销观念产生于20世纪70年代,是对市场营销观念在新形势下的修正和补充,是新的发展。70年代以后,西方市场环境发生了很大变化。以美国为例,70年代后出现了环境恶化、资源缺乏、通货膨胀、失业率提高等一系列问题,许多工商企业为了营利,片面强调迎合消费者的需要,而忽视了社会的长远利益。

有些企业的产品在广受消费者欢迎赚了大钱的同时,往往会造成较大的社会成本,而企业在这方面往往没有承担相应的社会责任。某些保健品,外包装越做越大、越漂亮,如一包仅50克重的西洋参片被包装为数倍体积大的礼盒,里面塞满了充填物,其目的仅仅是让消费者购买时的一刹那产生"该礼品显得量多、大方、气派"等感觉。但是企业却没有考虑一下,环境废弃物会有多少,白白增加的运输成本、运输的油耗浪费、仓储与货架陈列空间的占用成本又有多少?

这些问题的出现,说明了有些企业在服务和满足消费需求方面可能干得很出色,但却忽视了消费者个人需求与社会长期利益之间的矛盾,这样就产生了许多问题。在这种背景下,诸如"人类观念"、"明智的消费观念"、"生态准则观念"等新观念就应运而生,这些新观念一定程度上修正了市场营销观念,菲利浦·科特勒将这些新观念统统称之为"社会市场营销观念"。社会市场营销观念就是要求企业不仅要坚持市场营销导向,以满足顾客(客户)的消费需求为己任,并以此获取利润,而且要兼顾顾客(客户)的长远利益。因此,企业在制定营销战略和策略时,要权衡三方面利益,即企业利益、消费者需要和社会利益。企业在营销活动过程中要承担社会责任,充分有效地利用人力资源、物力资源,在满足消费者的需求、取得合理利润的同时,要保护环境、减少公害,维护一个健康和谐的社会环境,以不断提高人类的生活质量。

从西方企业营销观念的演变来看,企业的市场营销观念的演变是由外部市场环境变化引起的,每一个新观念的产生都是企业适应外部环境变动的结果。随着我国社会主义市场经济的发展,人们的生活方式、价值观念、消费观念正在或将要发生深刻的变化,因此,我国企业的市场营销观念也要不断更新。

二、现代市场营销观念与传统市场营销观念的根本区别

根据对西方企业营销观念演变的五种营销观念的分析,我们可以把生产观念、产品观念和推销观念称为传统市场营销观念;把市场营销观念和社会市场营销观念称为现代市场营销观念,这是两类完全不同的经营思想体系。现代市场营销观念与传统市场营销观念的根本区别在于以下几点。

1. 营销导向不同

在传统营销观念支配下,企业营销导向是产品。企业生产什么,就推销什么,不考虑消费者的需求和欲望,目的是把已生产出来的产品卖出去,甚至强买强卖,危害顾客的利益。

在现代市场营销观念支配下,企业营销导向是市场需求。企业营销活动的出发点和归宿点都围绕着消费者需要。为此,企业坚持在产品或项目开发之前就要进行营销调研、需求评价、可行性分析,然后再决定产品开发与否;企业不仅要研究顾客的现实需求,而且要研究他们的潜在需求,以便引导和开发市场;企业不是简单地把产品销售给顾客,

而且要让顾客达到满意为止。

2. 营销重点不同

在传统营销观念支配下，企业以自我为重点，一切都围绕着企业自身利益。企业的营销战略和策略的制定，不善于对消费者需求变化及竞争态势及时作出反应。当企业与社会和消费者利益发生冲突时，往往采取单方面维护企业利益的措施。

在现代营销观念支配下，企业以消费者利益为重点，真正实行"顾客第一"、"用户至上"，一切营销活动都必须为消费者带来利益，全心全意为顾客服务。企业注重对消费者需求的研究，能够对市场的变化作出及时的反应。当企业与社会和顾客发生利益冲突时，能妥善处理三者关系，自觉维护社会和顾客的利益，保持企业良好形象。

3. 营销手段不同

传统营销观念指导下的企业营销手段，主要靠推销和促销。企业认为，只要向消费者说好话，就会产生购买行为；只要进行狂轰滥炸式广告宣传，顾客就会产生信任感。为此，企业不惜重金投入广告宣传、公关活动和推销活动。

而现代营销观念指导下的企业营销手段是整体营销。所谓整体营销，是指营销不仅仅是营销部门的事，而是企业内部所有部门的事，企业内部的产品开发、生产制造、技术研究、质量管理、营销服务等等都以市场为向导。现代市场营销观念已扎根于企业的各个部门，整个企业对市场需求的任何变化都能及时、有效地作出反应。

4. 获利方法不同

在传统市场营销观念指导下，企业的获利方法是追求最大的销售额以获取最大利润。企业往往注重一次性交易的成功，热衷于一锤子买卖，急功近利、利大大干、利小小干、无利不干，甚至于强行推销，损害消费者利益。

在现代市场营销观念的指导下，企业着眼于开拓市场、占领市场、提高市场占有率而获取长期利润。要求企业注重于赢得消费者信任，只要有利于开拓市场，不计较一时一地的得失。持此观念的企业致力于取信于消费者的工作，注重产品质量和服务质量，在顾客中树立起产品信誉和企业良好形象，赢得大批忠于企业的消费者。

三、现代企业营销观念体系

现代企业营销观念是一个体系，作为企业从事市场营销活动的指导思想，是由一系列营销观念组合而成的，每一个营销观念都是这个观念体系的具体表现。为了适应社会经济的发展，更有效地开展企业营销活动，企业必须树立以下的现代营销观念。

（一）市场观念

现代市场营销要求企业在营销活动中树立市场观念。所谓市场观念，就是指企业营销一切要为顾客（客户）利益着想，满足消费者的需要，真正做到"顾客第一"、"客户至上"。

自1984年以来，我国工商企业就提出"顾客第一"、"顾客是上帝"、"信誉至上"等口号。当初，许多企业并不理解这些口号的含义，经过20年的改革开放和1992年以来社会主义市场经济的实践，企业界才真正明白"顾客第一"、"顾客是上帝"是企业尊重需求、适应需求的体现。

现代企业的市场观念的实质，就是以消费者的需求为导向来决定企业的营销方针，企业的出发点和归宿点都以消费者需求为中心。

（二）创造需求观念

现代企业面对知识经济的挑战，要树立创新营销新观念，根据市场环境变化创造性地为企业捕捉发展新机会。大凡成功的企业无不渗透着营销决策者们独具匠心、生动活泼的思维创新，尤其突出在创造需求的营销观念方面。

现代市场营销观念的核心是以消费者为中心，认为市场需求引起供给，每个企业必须依照消费者的需要与愿望组织商品的生产与销售。几十年来，这种观念已被公认，在实际的营销活动中也备受企业家的青睐。

然而，在很多领域，如生物制品、电子产品、通讯产品等，顾客对自身需求不可能充分认识，如果一味强调以顾客信息为中心，企业就始终居于被动受支配地位，无法创造新的市场。中国移动通信集团公司副总经理鲁向东说过一句话：满足需求是本能，创造需求才是本事。

可见，创造需求观念要求企业在营销实践中突破现实需求的限制，主动出击，通过改变人们的价值观念和生活方式，或主动参与新生活方式的设计，使人们形成新的欲望，并转化为新的需求，从而实现企业营销利益的最大化。

（三）权变观念

权变观念的基本思想是：企业要营利要发展，必须综合考虑影响企业营销效果的环境变数，并把它作为指导企业营销活动的基本依据，有效地确定不同企业或同一企业在不同阶段的营销导向，指导企业成功地开展营销活动。

譬如1984年，菲利浦·科特勒在美国西北大学凯洛格管理研究生院校友会上，提出了"大市场营销"概念就是权变观念的体现。科特勒指出，在新的形势下，企业管理当局不仅必须服从和适应外部宏观环境，而且应当采取适当市场营销措施，影响外部宏观环境；企业为了成功地进入特定市场和（或者）在特定市场经营，在战略上兼施并行经济的、心理的、政治的和公共关系的技巧，以赢得若干参与者的合作；企业的市场营销战略，除了"目标市场"和"4Ps组合"之外，还必须加上"政治力量"和"公共关系"的"6Ps组合"。

（四）战略观念

战略观念是指企业为了长期的生存和发展，必须树立着眼未来、立足长远的观念，能够高瞻远瞩地围绕企业的战略目标不断开拓创新。"人无远虑，必有近忧"，企业从事营销也必须有长远的打算，否则，就会在各种威胁面前惊慌失措，难以应付未来挑战。

树立战略观念是时代对企业营销决策者的客观要求，现代企业面临着复杂多变的营销环境和广阔的国际、国内市场，营销决策者就要运用自己的胆识和智慧高瞻远瞩地为企业运筹帷幄，决胜千里。所以，具有战略观念是一个营销管理决策者应具备的根本素质。

（五）竞争观念

竞争是市场经济的客观规律，任何企业都回避不了。企业在营销实践中树立竞争观念，是适应市场经济客观规律的必然行为。

竞争观念是指企业要树立优胜劣汰的营销意识，主动迎接市场的挑战，在市场上勇于竞争、善于竞争，不断提高竞争技术和艺术。企业要正确认识现代企业竞争的特点。

由于信息产业的发展,促使各国经济迅速与国际市场接轨,就是欠发达国家,近20年来也迅速参与国际市场的竞争,这使企业竞争的范围不断扩大,竞争的结构日益深化。这种变化带来当代竞争的新特点:竞争已由原来传统的比资本、比技术、比实力的较量,转入到比战略、比胆识、比毅力、比智慧的智能型竞争。营销管理决策者和广大营销人员的知识、智慧、经验,已成为企业竞争中的重要资源条件。

(六) 文化营销观念

文化营销观念是指企业成员共同默认并在行动上付诸实施,从而使企业营销活动形成文化氛围的一种营销观念。它反映的是现代企业营销活动中,经济与文化的不可分割性,企业应善于运用文化因素来实现市场制胜。例如,"孔府家酒"之所以能誉满海外,备受海外华人游子的青睐,不仅在于它的酒味香醇,更在于它满足了海外华人思乡恋祖的文化需要。

第二节 现代营销观念的核心

现代市场营销的核心观念是"以消费者为中心",把"满足消费者需要"作为企业营销活动的出发点和归宿。

众多企业经营活动的实践,使企业家们认识到树立并奉行正确的经营指导思想对企业生死攸关。正确的经营指导思想的体现——市场营销观念的核心——是满足消费者的需求。因此,企业的营销管理,即以消费者需求为中心进行的管理,在现代市场营销学中被称为"需求管理"。它明确了企业的营销管理"管"什么:管理需求,以管理需求的思想来指导企业的营销活动。"需求管理"理论被学者及企业家接受。但在现实的营销活动中,企业要真正牢固地树立"管理需求"这种企业营销活动的指导思想,贯彻与实施市场营销观念,则必须付出艰苦的努力,要做大量的转化工作,主要有以下几个方面。

一、"满足消费者需求"的内涵

营销观念的核心是满足消费者需求,始终坚持"消费者需求第一"的原则,这是它与旧观念的区别所在,也是企业经营中应牢固树立的观念。"满足消费者需求"包含着丰富的内涵,只有全面理解,才能真正贯彻在企业营销实践中。

1. 满足消费者对某一种产品的全部需求

通常,消费者对某一种产品的需求是多方面的,并不仅限于产品直接的、表面的使用价值。例如同是糕点产品,当消费者购买用来作礼品的糕点,不仅要求产品卫生,本身质量好、色香味俱佳,还要求有精美的包装和适当的价格,与消费者日常生活中作为早饭的糕点要求的耐饥、营养、实惠有很大差别。作为经营者,要考虑到消费者对一种产品的全部需求,才有条件实施整体产品策略。

2. 满足消费者不断变化的需求

消费者对产品的需求永远不会停留在一个水平上,它是随生产的发展、产品的发展而不断变化的。昨天的需求不是今天的需求,今天的需求也不能被认作明天的需求。企业经营者要看到作为消费者需求的这种变化,研究这种变化及规律性,为适应这种变化而开发、生产和经营最适合消费者需要的新产品。关于产品经济生命周期的研究,实际上就是从另一角度研究一种产品市场需求变化的周期,以探讨消费者对某产品什么时候需求强度最大、什么时候需求减退,以及消费者需求的变化特点,以适时地调整企业的市场行为。

3. 满足不同消费者的需求

消费者不是清一色的产品需求者,而是各具特性的、具体的、活生生的人。由于他们个性不同、所处地位不同,他们对产品的需求也就不同。进行有效的市场细分,满足不同层次消费者的需求,就能开拓企业的市场,获得较好的经营成果。除此之外,还要满足消费者的不同需求。消费者的需求呈现出一定的层次性、顺序性,营销人员需要做大量的调查研究工作,才能搞清消费者不同层次的需求与商品和服务的关系,有针对性地提供商品和服务。

二、实现"顾客让渡价值的最大化"

"满足消费者需求"并非是一种口号,要求企业营销部门和营销人员应具有吸引和保持顾客、使顾客满意的能力,具体表现为在企业营销实践中实现"顾客让渡价值的最大化"。顾客让渡价值是指顾客价值与顾客总成本之间的差额部分。顾客让渡价值越大,顾客感到购买产品或服务所获利益越高,就会感到越满意。显然,顾客让渡价值最大化是满足消费者需要,实现顾客满意的最有效途径。在市场营销实践中,消费者是比较"顾客价值"和"顾客成本"来进行选择购买的。

(一) 顾客价值

假设小张想买一辆小轿车,他购买轿车主要用作上下班的交通工具,因此他希望这辆车能提供一定程度的可靠性、耐用性和良好的性能、优质的服务。他比较了A、B两种汽车。结果发现A的产品价值较高,所提供的服务如礼品、保养等也令人满意,而且A的销售人员、公司形象均优于B。综合起来,他认为A所提供的顾客价值较高。

顾客价值是指顾客期望从某一企业所给定产品或服务中获得的所有利益,包括产品价值、服务价值、人员价值、形象价值。

(1) 产品价值。是指由顾客从所购产品的质量、功能、规格、式样等因素中所产生的价值。产品价值的高低是顾客选择产品时,所要考虑的首要因素。

(2) 服务价值。是指企业向顾客提供满意服务所产生的价值,即购买后的利益保证和追加。例如,产品的使用培训、安装、维修,以及精神利益,如服务态度、情感沟通、心情愉悦等等。

(3) 人员价值。是指顾客对企业所接触的人员或营销人员或管理者的知识、教养、素质、服务态度等方面的评价,以及这些人员对顾客提供的服务和帮助,使顾客感受到亲和力。

(4) 形象价值。是指顾客对产品品牌形象或企业形象的心理认同,对企业知名度、美誉度的赞赏,感到购买产品或劳务对自己的品味、地位和人生价值是一种体现。

(二) 顾客成本

根据对顾客价值的比较,小张是否一定购买A车呢?不一定,因为他还要对与A和B交易所产生的顾客成本进行比较。

顾客成本是指顾客购买产品或服务的支出,包括货币成本、时间成本、体力成本和精神成本。

(1) 货币成本。是指以货币表示的产品价格,是顾客购买所支付的货币量。

(2) 时间成本。是指顾客购买产品或服务所要付出的时间,如超市设在居民区,就是为了减少顾客购买的时间成本。

(3) 体力成本。是指顾客购买产品或服务所消耗的体力,如网上购物、送货上门,均可节省顾客购买的体力成本。

(4) 精神成本。是指顾客购买产品或服务所消耗的精力和心理承受力,如某些产品的购买有一定的风险,就会增加顾客购买的精神成本。

(三) 顾客让渡价值最大化

小张最后会选择哪辆车呢? 在比较"顾客价值"和"顾客成本"后,小张必然是选择顾客让渡价值最大的产品。

顾客让渡价值是指顾客价值与顾客总成本之差。顾客让渡价值越大,越能使顾客满意。顾客是让渡价值最大化的追求者,他将从那些他认为能提供最高顾客让渡价值的企业购买产品。

顾客让渡价值概念的提出,为企业经营方向提供了一种全面的分析思路。企业要让自己的产品为顾客接受,必须全方位、全过程地改善生产管理和经营,通过改进产品、服务、人员与形象来增加顾客价值;同时还应设法降低顾客购买的总成本,真正体现满足消费者需求的营销观念,也是企业使消费者满意,吸引顾客购买的有效手段。

三、顾客满意和顾客忠诚

顾客让渡价值的概念告诉我们,顾客的购买选择和行为取向在哪里。但如何能保持住顾客,就取决于购买后的评价,即他是否感到满意。

(一) 提高顾客满意度

满意是人的心理感觉状态,它来源于顾客(客户)对某品牌产品或服务所设想的期望与最终的绩效所进行的比较。也可以说,顾客(客户)满意水平是预期期望与最终绩效差异的比较。一个顾客的满意程度存在三种可能状态,一种是绩效不及期望,顾客产生不满意;一种是绩效与期望相符,顾客满意;还有一种是绩效超过期望,顾客十分满意。

据有关资料统计,一般来说,公司会流失80%极不满意的顾客,40%有些不满意的顾客,20%无意见的顾客和10%的一般满意的顾客。但是,公司只会流失1%—2%高度满意的顾客。高度满意和愉悦创造了一种对品牌情绪上的共鸣,而不仅仅是一种理性偏好,正是这种共鸣创造了高度的顾客忠诚。据美国消费者事务办公室的调查,一个高度满意的顾客会告诉另外的5个人。美国汽车的调查显示,一个高度满意的顾客会引起8笔潜在生意,其中至少有一笔成交。所以,公司应努力超越顾客期望,而非仅仅满足顾客。

为此,企业要提高顾客的满意度,就应该深入了解顾客(客户)对企业的产品、服务、价格、信息沟通的期望是什么,从而提供针对性系列服务,让顾客(客户)的期望与绩效相符并略有超出,使顾客(客户)满意,甚至十分满意。

我国"海尔"公司在提高顾客满意度上做出了示范。2003年,海尔推出了服务新举措——

海尔"全程管家365",全国20 000名海尔家电"全程管家"一年365天为用户提供全天候上门服务。海尔"全程管家365"的具体内容包括:售前上门设计;售中咨询导购、送货到位;售后安装调试、电话回访、指导使用、征询用户意见,并及时反馈到生产开发部门,不断提高产品的设计。另外,根据用户的预约为用户提供上门维护、保养等服务。消费者只需拨打海尔24小时服务热线0532-8939999,即可预约海尔"全程管家"为消费者提供一站到位式的服务。

(二)培育忠诚顾客

企业经过营销努力,使顾客(客户)达到满意,这样,就能不断地培育出忠诚顾客。据相关资料统计,多次光顾的顾客可以为企业带来20%—80%的利润,固定客户数目增长5%,企业的利润则增加25%。忠诚顾客是那些对企业品牌满意或十分满意的顾客。忠诚作为信任、偏爱的一种心理状态,会产生持续的购买行为。培育顾客忠诚对企业的利益至关重要。据统计,公司如果能降低5%的顾客损失率,将会增加25%—85%的利润,而公司开发一个新顾客所耗费的成本大概相当于保持一个现有顾客的5倍。

忠诚顾客的特点是只购买本公司产品,不购买竞争对手的产品,重复购买本公司的产品,带来相关公众购买本公司产品。所以,若企业不懈努力培育忠诚顾客,企业的市场资源必然丰厚。英国营销学专家默林斯通和尼尔任法科克曾对培育忠诚顾客列表作出分析,见表2-1。

表2-1 忠诚的心态和行为

忠诚的态度、信念和愿望	行 为
信任你胜于信任你的竞争对手	从你处购买
了解你胜于了解你的竞争对手	从你处买得多,并只从你处买
与你在一起感到惬意,胜于你的对手	终止其他供应安排,需购买时最先考虑你的产品
你比你的竞争者更好地理解我	向你询问信息,关注你的信息(通过媒介、面谈等)
想更多地了解你,对你的竞争对手则不然	向你提供有关自己的特点及需求方面的信息
想告诉你更多,对你的竞争对手则不然	为你提供管理关系的资源
想知道你能为我做些什么,对你的竞争对手则不然	加入你的俱乐部,只要有合适的机会就告诉你,我是你的俱乐部成员
想从你处购买东西	比从你的竞争对手处要多(更强的忠诚是"我只从你这儿购买")
携带你的俱乐部标志(如俱乐部卡)	对你的奖励、促销反应更强烈
当你的产品出现问题时,我应该让你知道,而不是去找你的竞争对手	向其他潜在顾客推荐或公开宣传你的产品,并及时支付
相信你会很好地处理这些问题,但对你的竞争对手就没有这种信任	有问题及时通知你,有成果也及时通知你
相信你会特殊对待我,因为我是你的好顾客	为适应你而调整购买/使用程序,定期从你处重复订货

(三) 追踪测量顾客的满意度

提高顾客的满意度之所以成为营销经理们关注的问题,除了顾客导向原则之外,还因为信息技术在营销活动中的运用,使企业研究顾客、把握顾客的各种信息资料更有效、更准确。

为了提高顾客满意度,培育更多忠实顾客,企业要运用电子计算机技术,不断进行调查、分析、追踪测量顾客的心理和消费观念的变化,具体可以采用以下几种方法。

(1) 顾客满意调查。设计问卷调查表,直接征询顾客对企业产品、服务、价格等方面的意见、建议,了解他们的满意度状况。

(2) 建立顾客抱怨或建议系统。例如,松下、夏普、我国的小天鹅公司都建立了一种称之为"顾客热线"的免费电话,从而方便顾客咨询、建议和抱怨,这些信息为公司提供了很多好的改进意见,并能使公司更迅速地解决问题,令顾客满意。

(3) "幽灵"购物法。这种方法是公司雇用一些人装作购买者,他们在购买公司和竞争者产品过程中考察发现的问题和缺陷。这些"幽灵"购物者还可以故意设置麻烦来检测营销人员如何处理抱怨,借以提高营销人员的服务状况。

(4) 对失去顾客进行分析。企业失去顾客就是失去市场,因此,企业必须分析、研究顾客流失的原因,并及时改进方法,重新争取顾客。

第三节　现代营销观念的发展

一、绿色营销观念

20世纪中叶后,世界各国经济大都进入高速增长时期,整个人类经济活动方式演化成高消费、高生产、高耗竭(自然资源),哪里有需求,哪里就有供给。这种以市场为导向的经济活动模式,创造了巨大的物质财富的同时,把人类与自然关系的矛盾推向了顶峰,为人类埋下了巨大的生存危机:人口爆炸、生态环境恶化、资源耗竭。

譬如,广东湛江是著名的产虾区,全国5条虾当中有两条产自湛江。湛江虾"游"遍了全国,打出了品牌。2003年,湛江虾塘面积已发展到30万亩,新开发虾塘5 000多亩。对虾养殖业成为沿海农村经济的支柱产业。但由于对虾养殖发展过快,高位池养虾过于集中,放养密度过高,加上养殖污水未经处理便直接排入河海,目前,已造成局部海域水质恶化,虾塘发病面积上升,甚至出现虾塘绝收现象。

面对新的挑战,人类意识到要改变原有的生产与消费方式,走可持续发展之路,于是提出了可持续发展观。越来越多的人们萌生了绿色理念,对环境保护日益关注,绿色消费日益兴起。20世纪80年代以来,伴随着各国消费者环保意识的日益增强,世界范围内掀起了一股绿色浪潮,绿色工程、绿色工厂、绿色商店、绿色商品、绿色消费等新概念应运而生,许多绿色环保组织也相继成立。在这股浪潮冲击下,绿色营销观念也就自然而然地相应产生。

所谓绿色营销,是指企业以环境保护观念作为其经营哲学思想,从充分利用资源的角度出发,通过研制开发产品、保护自然、变废为宝等措施,来满足消费者绿色消费需求,从而实现营销目标。企业开展"绿色营销"必须在产品、价格、分销、促销的各个环节贯彻"绿色原则",做到安全、卫生、无公害等,其目标是实现人类的共同愿望和需要——资源的可持续利用与保护和改善生态环境。

譬如,美国安利公司早在创建之初就意识到环保问题的重要性,并确立了对保护环境的承诺。安利公司生产的第一款产品——乐新多用途浓缩清洁剂,采用的就是浓缩配方和可生物降解的表面活性剂。多年来,环保已经成为安利的一大优良传统,成为安利经营和发展战略的重要组成部分。除了安利绿色环保的产品,安利对环保的承诺还体现在努力减少生产过程对环境造成的污染,而这一种污染正是制造业造成全球范围环境恶化的主要原因。事实上,正是由于安利在爱护环境方面的不懈努力,为安利赢得了社会的尊重和认可。

绿色营销观念与以前的营销观念相比,其产生背景有很大区别,它的产生既不根源于市场,不是源于竞争,也不是源于消费者,而是源于人与自然关系冲突的条件。与社会营销观念相比,虽然社会营销观念强调要处理企业利益、消费者利益和社会利益三者关系,也涉及环境问题,但没有把生态环境问题、自然保护问题像绿色营销观念一样列为首要考虑的问题。20世纪80年代末90年代初,一场以保护环境、保护地球为宗旨的环境保护运动(也称绿色运动)在全球兴起高潮。1992年6月,联合国召开环境与发展大会,通过了有关环境保护的公约、宣言和行动纲领,标志着绿色运动的发展进入了新阶段。

绿色营销观念对市场营销观念的发展主要有以下几个方面。

1. 营销服务的对象从消费者扩展到"消费者和社会"

在绿色营销观念指导下,企业在满足消费者需要的同时,其行为还必须符合环境保护的要求,符合社会合理、有序发展的要求。当消费者的需要与社会需要相冲突时,企业的营销不能损害社会的利益,不能破坏人类环境的良好状态,而应妥善地处理好这些矛盾,协调好两者关系。

2. 绿色营销使企业的营销目标变为追求可持续发展

"可持续发展"是当代社会发展的一条永恒的原则。这一原则要求,人类社会的发展和经济的增长必须控制在自然资源和社会环境能够支撑和实现的范围内,这就要求人类消费也是"可持续消费"。绿色营销就是在可持续消费前提下从事营销活动。企业的营销目标在追求充分满足消费需求的同时,提高消费质量、减少物质消耗的数量,以降低人类资源的消耗程度,使消费达到可持续增长的要求。

3. 绿色营销要求企业必须维护和推进绿色消费

绿色消费是一种成熟的消费观念,是指消费者在可持续消费的前提下承担社会责任。企业在绿色营销观念指导下,应维护和推进这一消费方式。为此,企业必须做到:① 决不生产或经营危害消费者或者他人健康的产品;② 在生产经营或处置产品时,防止污染,避免损害自然环境;③ 在生产经营、使用或处置产品时,不可大量、过高比例地消费资源;④ 不可过度使用资源,如产品标准过高或使用寿命过短,从而造成不必要的资源浪费;⑤ 不允许使用从濒临危险种类或恶化环境获得的原料生产产品;⑥ 决不允许残忍地开发国家保护的珍奇动植物产品;⑦ 不能对其他国家(或地区),尤其是发展中国家施加或转移污染环境的项目或产品。

二、形象营销观念

形象营销起源于 CI。CI 又称企业形象识别系统,它最早产生于美国,是高速公路背景下的企业营销行为。当初,它只是以扩大企业和产品认知程度为目的,20 世纪 60 年代后期传入日本,日本人对 CI 有自己独特见解,认为要树立企业良好形象,不仅要扩大对企业的认知度,更重要的是让广大消费者能对企业产生好感和信赖。为了获取消费者的好感,企业不仅要在外在视觉识别上下功夫,更重要的是树立正确的经营理念和积极开展各种社会活动,提供可靠的产品和优质的服务。日本人将企业形象识别称为 CIS 战略。

我国企业在 20 世纪 80 年代末引入企业形象识别策划。特别是 1992 年党的十四大确立了社会主义市场经济体制的改革目标之后,国家实施了一系列方针政策,积极稳妥地把企业推向市场。企业在市场经济条件下从事营销活动,逐步认识到,要适应市场经济条件下的宏观环境,必须展示企业的整体形象。一些有超前意识的企业决策者率先导入 CIS 设计,这样形象营销观念在我国就产生了。

形象营销的目的在于使企业在社会公众中树立良好的形象,使广大公众对企业产生一致的看法和认同,以赢得消费者的信赖和好感,从而达到预期的营销目标。形象营销观念就是企业强化整体形象意识,重新塑造企业形象,以形象力来全面提高企业的竞争力。重视企业形象,树立形象营销观念的必要性。

1. 形象营销观念适应现代市场经济的客观要求

现代市场经济是高度发达的商品经济,面对广阔的国际、国内市场,竞争结构和竞争程度相当复杂和激烈。在这种情况下,产品的品牌商标形象和企业形象变得比产品本身价值更为重要。

2. 形象营销观念适应当代科学技术发展的客观需要

处在高科技突飞猛进的时代,随着科学技术的进步,产品之间的技术含量差异日益缩小。所以,产品在性能、寿命、可靠性方面的技术指标几乎都"大同小异",在这种科技水平下,产品形象和企业形象在消费者的心目中起着至关重要的作用。

3. 形象营销观念适应人们的消费心理的变化

随着人们生活水平的提高,人们的消费观念、消费心理已发生了深刻的变化。人们购物不仅仅是满足生理需要,而且是满足心理的需要。社会经济越发展,人们生活水平越高,人的心理、精神上的满足感要求越强烈,而良好的企业形象和名牌产品体现了企业和产品的文化品位,以满足消费者变化了的心理需要。

4. 形象营销观念适应当代竞争的客观需要

企业形象力是企业综合的竞争力。这种力量在于能争夺消费者的情感,获取消费者的偏爱。企业的良好形象是企业产品质量、品牌商标、优质服务,营销战略、策略和艺术的综合体现,集中反映了企业经营管理水平和整体素质。因此,企业形象是企业重要的无形资产,而且在企业营销战略中,这一无形资产随着时间的推移不断增值。由此可以说明,企业形象是现代企业在竞争中极其重要的手段。

三、关系营销观念

20世纪90年代,关系营销的概念兴起。随着社会经济条件的发展,特别是市场竞争的日益激烈和市场营销组合策略的广泛运用,人们逐渐发现,许多精心策划的市场营销组合计划在实施过程中困难重重,难以达到预期的目标。于是,西方企业界和学术界一批颇具发展眼光的人士大胆地突破传统市场营销框架的桎梏,积极寻求适应当代竞争要求的营销理论和方法,关系营销学就此脱颖而出。

所谓关系营销,就是把营销活动看成是一个企业与消费者、供应商、分销商、竞争者、政府机构及其他公众发生互动作用的过程,其核心是建立和发展与这些公众的良好关系。

关系营销以系统论为基本指导思想,将企业置身于社会经济大环境中来考察企业的市场营销活动,认为企业是社会经济系统中的一个子系统,企业营销是一个与消费者、竞争者、供应商、分销商、政府机构和社会组织发生互动作用的过程,正确处理与这些个人和组织的关系是企业营销的核心,是企业成败的关键。因此,关系营销视目标顾客(客户)以及相关组织等方面的关系为企业市场营销的关键变量。这样,就把握了现代市场竞争的特点,被西方舆论界视为"传统营销理论的一大变革"。

关系营销相比于传统的市场营销组合有较大区别,主要表现在:① 传统营销的核心是交易,企业通过诱使对方发生交易并从中获利,而关系营销的核心是关系,企业通过建立双方良好的互惠合作关系从中获利;② 传统营销的视野局限于目标市场上,而关系营销所涉及的范围则包括顾客、供应商、分销商、竞争对手、银行、政府及内部员工等;③ 传统营销关心如何生产、如何获得顾客,而关系营销强调充分利用现有资源,强调保持现有顾客。

关系营销要求企业作为开放的系统从事市场营销活动,需要与外界保持各种联系,也需要内部各层次、各部门员工的共同努力。

四、全员营销观念

当企业之间的市场竞争进入争夺顾客资源阶段,就需要企业内部各个部门协调一致,全过程、全方位地参与整个企业的营销活动,使顾客满意程度最大化,这就是全员营销兴起的背景。在全员营销观念指导下,企业要做到以下几个方面。

(一) 全员参与营销

全员营销概念的关键是协调企业内部所有职能来满足顾客的需求,要让企业内部所有部门、全体员工都为顾客着想,大家在营销观念、质量意识、行为取向等方面形成共同的认知和准则,一心一意为顾客提供优质产品与优质服务,从而进一步提高顾客的满意度。

全员参与营销活动并不是要求企业的全体人员都离开本职工作去搞销售,而是要求企业员工以认真负责的态度做好本职工作,清楚知道企业目标对本职工作的要求,明白本职工作是企业整体营销活动的一部分。例如,IBM公司的会计员、原材料采购员,都懂得他们的工作是如何帮助顾客,他们在礼貌接待和应答顾客方面都受过训练和受到激励。

(二) 内部营销与外部营销配合一致

全员营销观念要求企业由内及外实行全方位营销。企业内部营销是指领导者要视员工为顾客,通过培训、激励来提高员工的满意度。员工满意度提高了,才能更好地为顾客服务。企业内部营销还要求树立相互服务意识,上道工序(流程)视下道工序(流程)为顾客,强化内部环节服务,只有内部营销与外部营销相互配合,才能形成全员营销的优势。

(三) 职能部门配合一致

企业内部研究开发、采购、生产、财务和人事务部门协调争取顾客,才称得上是全员营销。职能部门的配合要做到:

(1) 协调分配资源。公司内部的人、财、物与发展资源是有限的,在企业内部争取顾客,才能达到最大限度地利用资源和赢得市场。

(2) 相互沟通,共同协作。各部门间实现了横向沟通,才能相互配合、协调一致。反之,相互推诿,或者封闭信息,将产生重复劳动,加大信息成本、滋生矛盾,造成效率低下。

(3) 必要的让步取得一致。为了达到不断开拓的目的,有时某些部门必须牺牲本部门的短期利益。例如,为了支持新产品进入市场,生产部门可能必须降低现有的成熟产品的生产量,以适应新产品的生产。

20世纪80年代以来,西方企业在营销实践中,还产生过"全球营销观念"、"整合营销观念",近年来,又出现"网络营销观念"等等。这些观念的产生,都源于企业内外环境的变化,使得企业在营销活动中思想观念不断更新,以求得与外部环境达到最佳平衡。随着科技进步和生产力发展,社会经济将不断演变和发展,企业为了适应变化了的新环境,营销观念也将随之变换,又会演变出一些新观念。所以,企业的营销观念是随着环境的变化而不断更新的,每一次更新,都会使企业营销从理论到实践得以提高,从而引导企业营销上一个新水平。

前 沿 研 究

卖家具,更卖生活方式

某国际知名家居品牌致力于营造轻松、自在的购物氛围,是全球250多家卖场的共同特征。在这个环境中,你也可以自由、放松地享受生活氛围。立体展示、透明化的信息、亲身体验……该品牌用心打造每一个营销环节,给人们的购物之旅带来不少乐趣。

"设计精良、美观实用"与"老百姓买得起",在当前的家居市场,几乎是一个悖论,可这一家居企业实实在在做到了。除木制家具外,还有陶土、金属、玻璃、硬纸等制品,小到杯子、刀叉,大到组合家具,其产品简约、精美、时尚、温馨,搭配丰富的色彩,不矫揉造作。在这里,所有的产品想象丰富、大胆创新,没有浓郁的工业化产品感觉,取而代之的是人性化。在满足人们物质、生理需要的同时,也满足了人们对美感的需求,这就是该企业创造的家居文化。这种风格也确实能够打动大多数顾客的心,激起人的购买欲望。

为了贯彻实现以上风格,希望自己的品牌以及自己的专利产品能够最终覆盖全球,该企业一直坚持由自己亲自设计所有产品并拥有其专利,每年有100多名设计师在夜以继日地疯狂工作,以保证"全部的产品、全部的专利"。因此,它的设计推陈出新的频率很高,总是能够引领时代潮流。该企业的设计理念是"同样价格的产品,谁的设计成本更低",设计师在设计中竞争焦点常常集中在是否少用一个螺钉或能否更经济地利用一根铁棍上,这样不仅有降低成本的好处,而且往往会产生杰出的创意。"简约",永远是该企业所追求的审美情趣。

对于发达国家的中产阶级,该品牌的家具不仅有着匠心独具的设计,而且价廉物美。为了节约物流成本,所有的家具采用平板包装,顾客必须自己动手来组装。对于热衷DIY的年轻夫妇,其家具不仅便于搬运,而且乐趣无穷。当然,对于没有动手天赋的顾客,工作人员可以代劳,但等候时间可能比较长。该品牌的设计理念融合了简洁和实用,体现了对生活细节的关怀。设计师们并不偏好使用昂贵的材料,也不在乎家具看上去是否高档,但他们确实关心家中所有的杂物是否能够恰到好处地摆放,烛光晚餐是否温馨浪漫或者沙发是否足够缓解一天的疲劳。

该品牌的成功充分证明了,以顾客需求为中心的市场营销理念对企业经营管理的重要作用,关键在于对顾客需求的把握。在这种管理理念指导下,营销已从单纯的企业职能活动,上升为一种竞争哲学。

案　例

东方商厦南东店"精准营销"

走进装修一新的上海东方商厦南东店,只见这里每个楼面都多了一名特殊身份的服务人员——"宾客助理",从问路到退换货,"宾客助理"可以提供一揽子解决。按理说,东方商厦南东店早已在6楼建立了宽敞明亮的客户服务中心,为何它们还舍得拿出土寸金的营业面积,开辟这样一个服务项目呢?南东店副总经理钱苏扬告诉记者:"金融危机以来,零售业面临新的挑战,我们的对策是把客户服务做得更细、更透,而不是一味地打促销牌。因为我们赚的不是吆喝是买卖,要的不是人流是实实在在的提袋率。"

在商家传统思路中,总爱把"客流量"作为判断生意好坏的主要指标,但"精准营销"理念强调的却是有效购买——"光看不买"越多,反而影响整个购物环境。"会员制"营销,就是被国际零售业公认为最能提高顾客忠诚度、提升有效购买的营销手段之一。东方商厦南东店经过多年维护,已经拥有了5万名VIP顾客。从客流上看,5万名VIP客户仅占南东店日客流量的百分之十,可他们贡献了整个商厦年销售额的逾40%,且呈日益增大之势。2005年会员销售占商场销售额的比例为15.46%,2008年则上升至了44.87%,2009年上半年销售形势严峻,但VIP销售占比比去年同期上升了2.05%。

为了让这些VIP顾客手中的"金卡"更加"成色"十足,商家不光在积分兑换上做到真品真价,而且还组织开展各种旅游回馈活动,赴近郊摘桃子、赴南湖参加"红色之旅"、赴海南休闲度假……VIP活动搞得有声有色。东方商厦南东店还在沪上百货业同行中,最早引进了国际上流行的IPVA视频客流分析系统,利用详尽的客流特征分析报表和客流数据对比报表,为企业运营和管理提供了有力支撑。

此外,东方商厦南东店委托专业公司开展的客户调查,也把精细化管理发挥到了极致。调查显示,南东店的顾客群中,90%是上海本地顾客,10%是外地顾客,本地顾客主要分布在黄浦、浦东、杨浦和虹口4个区,其中60%坐地铁过来的,6%是驾车族。有了这份报告,它们摆脱了传统的"南京东路上消费者以外地游客为主"的老观念,在制定营销计划时,向黄浦、浦东、杨浦、虹口4个区的楼宇和社区大量发放DM广告;同时在引进商品时,更加注重品牌的性价比,此次新装修的同时调整品牌,它们把一些设计师品牌集中在一道,在厅房装修时更加注重文化表现力,销售额节节攀升。

案例思考题

1. 东方商厦南东店"精准营销"的核心理念是什么？分析其基本内容。
2. 请联系本案例资料，谈谈应该向"东方商厦南东店"学习什么？

练习与思考

（一）名词解释

生产观念　　　　产品观念　　　　推销观念　　　　市场营销观念
社会营销观念　　顾客让渡价值　　绿色营销　　　　形象营销
关系营销　　　　全员营销

（二）不定项选择

1. 社会营销观念强调（　　）利益的协调一致。
   A. 社会　　　B. 银行　　　C. 公众
   D. 消费者　　E. 企业
2. 大市场营销观念强调的6Ps组合包括（　　）。
   A. 4Ps　　　　　　　　　　　　B. Power
   C. Public Relations　　　　　　D. Package
3. 关于市场营销观念，下面说法正确的是（　　）。
   A. 主要表现是"我生产什么，就卖什么"
   B. 主张公司应不断致力于产品的改进，设法使包装、价格更具吸引力，改善分销渠道，以便引起消费者的注意
   C. 市场需要什么，就生产和推销什么
   D. 生产和经营顾客需要的产品，在此基础上实现利润
4. 下列内容中，属于"顾客价值"的是（　　）。
   A. 产品价值　　B. 服务价值　　C. 价值消费　　D. 人员价值
5. 企业开展"绿色营销"必须贯彻"绿色原则"的环节是（　　）。
   A. 产品　　　　B. 价格　　　　C. 分销　　　　D. 促销

（三）问答题

1. 市场营销观念与推销观念有何区别？
2. 现代营销观念与传统营销观念的根本区别是什么？
3. 现代营销观念体系包括哪些观念？
4. 如何理解"满足消费者需求"？
5. 简述"顾客让渡价值"的内容。
6. 绿色营销观念对市场营销观念的发展表现在哪些方面？
7. 形象营销观念作为企业营销指导思想的必要性体现在哪些方面？
8. 关系营销观念具有哪些特征？

第三章 企业营销管理

 **学习目标**

学完本章,你应该能够:
1. 了解企业营销管理的过程
2. 掌握企业营销计划制定的基本步骤和内容
3. 明确各类企业营销组织的优缺点
4. 理解企业营销控制的基本内容

 基本概念

市场营销管理　　　　企业营销管理过程　　　企业营销计划
企业营销组织　　　　企业营销控制

在现代市场营销观念指导下,企业的营销活动要与复杂多变的营销环境相适应,全方位地满足顾客的需要,并通过这种满足需要来实现企业的营销目标。为此,企业营销活动需要实施全面管理。在企业营销活动中,企业要正确分析市场机会,选择目标市场,设计相适应的营销策略,制定切实可行的营销计划,建立合理、高效的营销组织,对营销计划的执行实施有效的控制。

第一节　企业营销管理

一、企业营销管理的实质

美国市场营销协会(AMA)于1985年对市场营销管理下了较为完整和全面的定义:市场营销管理是规划和实施理念、商品、劳务设计、定价、促销及分销,为满足顾客需要和组织目标而创造交换机会的过程。

这一定义指出了企业营销管理包括以下内容:
(1)市场营销管理是一个分析、计划、执行和控制的过程。
(2)市场营销管理涵盖组织的理念、商品和劳务。

(3) 市场营销管理是以交换为基础进行管理。

(4) 市场营销管理目标是全方位地满足顾客的需要,并通过满足这种需要达到企业的营销目标。

从市场营销管理的定义可以知道,企业在开展市场营销活动过程中,一定要设定一个在目标市场上预期要实现的交易水平。然而,实际需求水平是在不断变化的,可能会低于或高于企业预测的需求。那么,市场营销管理的任务就是为促进企业目标的实现,不断地调节需求的水平、时机和性质。所以,市场营销管理的实质就是"需求管理"。

二、企业营销管理过程

在传统营销观念指导下,企业以生产或产品为中心,首先安排生产计划,再在生产计划的基础上制定销售计划,然后付诸实施。企业管理活动侧重于对企业内部的管理和控制,比较多地强调内部活动的有序和有效。而随着以消费者需求为中心的现代营销观念的确立,企业的经营管理的程序和内容也相应发生了变化,要从满足消费者需求这个目标出发,企业管理活动侧重于对营销活动的管理和控制,要求建立一套系统的营销管理程序。

企业营销管理过程是市场营销管理的内容和程序的体现,是指企业为达成自身的目标,辨别、分析、选择和发掘市场营销机会,规划、执行和控制企业营销活动的全过程。企业通过营销管理过程,使企业的营销活动与外界环境的发展变化相适应,在不断地调节过程中发展壮大自己。企业市场营销活动是一项系统工程,其管理过程则是用系统的方法发现、分析和选择市场机会,进而把市场机会转化为有利可图的企业营销机会。

企业市场营销管理过程,如图 3-1 所示,包含着四个相互紧密联系的步骤:分析市场机会,选择目标市场,确定市场营销策略,市场营销活动管理。

图 3-1 企业营销管理过程

(一) 分析市场机会

市场需求和市场竞争的发展变化,使得任何企业都不可能永远依靠现有产品和市场长久地发展,必须寻找新的市场机会,分析市场机会是企业营销管理的第一步骤。所谓市场机会,是指可以做生意赚钱的机会,即市场尚未满足的需求。

在竞争激烈的买方市场,有利可图的营销机会并不多。为了获得一个市场机会,企业营销人员必须对市场结构、消费者、竞争者行为进行调查研究,识别、评价和选择市场机会,这是企业营销管理基本的和首要的任务。

现代市场营销学认为,哪里有消费者的需求,哪里就有市场机会。消费者的需求是广泛存在的,市场机会也可说随处可见。许多优秀企业家总结出:"企业市场机会=顾客没有被满足的需求"。有的进一步提出,市场机会就是消费者在满足需求的过程中尚存的遗憾。消费者感到的缺憾之处、不便之处,便是企业的新的市场机会。哪个企业由于本身具备某种或多种特殊条件或专长,使其在利用某个"市场机会",从事某方面的生产和经营上比其他竞争者具有优势,这个企业便能获得较多的"差别利益"。

企业营销人员不仅应该善于通过发现消费者现实的和潜在的需求,寻找各种"环境机会"(亦即市场机会),而且应当有通过对各种"环境机会"的评估,确定对本企业最适当的"企业机会"的能力。

营销人员对企业市场机会的分析、评估,首先是通过有关营销部门对市场结构的分析、对消费者行为的认识和对市场营销环境的研究。除此之外,还需要对企业自身能力、市场竞争地位、优势与弱点等进行全面、客观的评价。在这个过程中,还要检查市场机会与企业的宗旨、目标和任务的一致性。

(二) 选择目标市场

对市场机会进行评估后,企业要做好进入市场的准备。进入哪个市场或者某个市场的哪部分,这就涉及研究和选择企业目标市场问题,这是企业营销管理的第二步骤。目标市场的选择是企业营销战略性的策略,是市场营销研究的重要内容。企业该如何选择目标市场?以中国粮油食品进出口总公司(简称粮油公司)为例,来分析目标市场的选择。

粮油公司自20世纪60年代向日本出口冻鸡,销路一直很好,到70年代中期日本冻鸡市场竞争激烈,出口呈下降趋势。主要原因一是日本国内肉鸡产量增加,二是美、泰等国厂商也向日本出口冻鸡。粮油公司根据不同目标市场的不同需求,从消费习惯加以区分,认为日本冻鸡市场有三种不同需求:净膛全鸡、分割鸡(分部位)、鸡肉串半成品。其中后两种需求增长很快。再区分不同的购买者,大致也有三类:饮食业用户,团体用户(食堂、伙食团等)和家庭购买者。这三类购买者对冻鸡的品质、规格、包装和价格的要求不尽相同。饮食业用户对鸡的品质要求较高,对价格相对于家庭主妇来说不太敏感,但要求严格按重量包装,规格应整齐划一,同等级鸡公差不能超过25克,这类买主进货批量较大;团体用户对品质要求不如饮食业高,对重量分级相对松些,对包装要求不高,但希望买到比较便宜的产品;家庭主妇多是到超级市场、零售店选购,对鸡的品质、外观要求甚高,她们要求塑料袋的透明度高,以便一眼看清冻鸡的颜色、特点,同时要求合适的价格,这类购买者挑选性最强。粮油公司根据上述对需求的三种区分方法,把日本冻鸡市场划分为若干个细分市场,粮油公司认真分析了每个细分市场的特点、需求趋势和竞争状况,并根据本公司优势,成功地选择了饮食业用户和团体用户为自己的目标市场,在经营中大获成功。

(三) 确定市场营销策略

企业营销管理的第三步骤是确定市场营销策略。企业营销管理过程中,制定企业营销策略是关键环节。企业营销策略的制定具体体现在市场营销组合的设计上。市场营销组合是为了满足目标市场的需要,企业对自身可以控制的各种营销要素,如质量、包装、价格、广告、销售渠道等的优化组合。

企业可控制的市场营销因素有很多,重点应该考虑产品策略、价格策略、渠道策略和促销策略,即"4Ps"营销组合。

产品策略是指企业向目标市场提供的商品或劳务。其中,包括产品的实体、形状、形态、内在质量、款式、包装、规格、型号、商标、厂牌、售前、售中及售后服务,供、退货条件及保证等具体方面。

价格策略是指出售给购买者的商品或服务的价格。其中,包括商品价目表所列价格、各种折扣、支付期限、付款方式、信用条件等。

渠道策略是指企业向目标市场提供商品时,所经过的环节和活动及至向顾客提供商品的场所。其中,包括销售渠道和方式,各种中间环节及供货的区域、方向,商品实体的转移路线和条件等。

促销策略是指企业通过各种形式与媒体进行宣传企业和商品、与目标市场进行有关商品信息的沟通的所有活动。其中,包括人员销售方式、公共关系活动、广告和特种推销方法等。

市场营销组合是为实现企业战略的营销策略,它具体谋划企业为实现总的战略目标所采用的手段、方法和行动方案,以贯彻营销战略思想。"4Ps"中的每一个方面的因素都是这个组合体的一部分,不可分割开来。

市场营销组合体现了系统管理思想,具有整体性、多变性及协调性等特点。一个好的市场营销组合的制定和实施,不仅需要科学的方法,而且需要丰富的营销活动实践经验。

随着市场营销学研究的不断深入,市场营销组合的内容也在发生着变化,从"4Ps"发展为"6Ps",近年又有人提出了"4Cs"为主要内容的市场营销组合。针对产品策略,提出应更关注顾客的需求与欲望;针对价格策略,提出应重点考虑顾客为得到某项商品或服务所愿意付出的代价;并强调促销过程应是一个与顾客保持双向沟通的过程。

(四)市场营销活动管理

企业营销管理的最后一个程序是对市场营销活动的管理。在对市场机会分析、选择目标市场、进行渠道市场营销策略等实际操作与运行中,都需要进行管理,都不能离开营销管理系统的支持。对市场营销活动而言,需要以下三个管理系统支持。

(1)市场营销计划。现代营销管理,既要制定较长的战略规划,决定企业的发展方向和目标,又要有较为具体的市场营销计划,以具体实施战略计划目标。

(2)市场营销组织。营销计划制定之后,需要有一个强有力的营销组织来执行营销计划。根据计划目标,需要构建起一个高效的营销组织结构,还需要对组织人员实施筛选、培训、激励和评估等一系列管理活动。

(3)市场营销控制。在营销计划实施过程中,可能会出现很多意想不到的问题。因此,需要一个控制系统来保证市场营销目标的实施。营销控制主要包括对企业年度计划控制、企业盈利控制、营销效率控制等。

营销管理的三个系统是相互联系、相互制约的。即市场营销计划是营销组织活动的指导,营销组织负责实施营销计划,而实施的情况和结果又受控制,保证计划得以实现。

第二节 企业营销计划

所谓企业营销计划,是指在对企业市场营销环境进行调研分析的基础上,制定企业及各业务单位对营销目标,以及为实现这一目标所应采取的策略、措施和步骤的明确规定和详细说明。

市场营销计划在企业的计划体系中，处于极其重要的地位，企业内部的各种计划，如财务计划、生产计划、人力资源计划等都要围绕营销计划来开展。例如，生产计划要根据营销部提供的营销计划，来决定生产哪种产品、生产多少、何时完成；财务计划也要根据营销计划，做好资金调拨和准备。

值得注意的是，制定企业营销计划应始终与企业发展战略方向保持一致。例如，企业发展战略中，把建立跨行业、跨地区、跨国界的企业集团作为发展目标，那么，营销计划就应当根据这一战略方向来制定，在计划中就应当充分体现这一战略思想。

一、企业营销计划的类型

1. 按计划时期的长短划分

按计划时期的长短划分，可分为长期计划、中期计划和短期计划。长期计划的期限一般5年以上，主要是确定未来发展方向和奋斗目标的纲领性计划；中期计划的期限1—5年；短期计划的期限通常为1年，如年度计划。

2. 按计划涉及的范围划分

按计划涉及的范围划分，可分为总体营销计划和专项营销计划。总体营销计划是企业营销活动全面、综合性的计划；专项营销计划是针对某一产品或特殊问题而制定的计划，如品牌计划、渠道计划、促销计划、定价计划等。

3. 按计划的程度划分

按计划的程度划分，可分为战略计划、策略计划和作业计划。战略性计划需要考虑哪些因素会成为今后驱动市场的力量，可能发生的不同情境，企业希望在未来市场占有的地位及应当采取的措施；策略计划是对营销活动某一方面所做的策划；作业计划是各项营销活动的具体执行性计划，如某一次具体促销活动的计划，其特点是非常细致和具体，对活动的目的、时间、地点、活动方式、费用预算等都有详细的说明。

营销战略计划仅仅是企业营销企划工作的始点，它引导制定更周密、完整的具体计划以完成组织的目标。各部门、各业务单位、各项产品和目标市场都必须制定进一步的策略计划或业务计划。企业营销计划是指导和协调市场营销活动的主要工具，是企业市场营销顺利进行、取得良好经济效益的前提。企业要想提高市场营销效能，必须学会正确地制定市场营销计划。

二、企业营销计划的内容

不同企业的市场营销计划详略程度不同，但多数市场营销计划应包括以下八个方面的内容。

（一）计划概要

计划概要是对主要营销目标和措施的简短摘要，目的是使高层主管迅速了解该计划的主要内容，抓住计划的要点。例如，某零售商店年度营销计划的内容概要是："本年度计划销售额为5 000万元，利润目标为500万元，比上年增加10%。这个目标经过改进服务、灵活定价、加强广告和促销努力，是能够实现的。为达到这个目标，今年的营销费用要达到 100 万元,占计划销售额的 2%,比上年提高 12%。"

(二)目前营销状况

这部分主要提供与市场、产品、竞争、分销,以及宏观环境因素有关的背景资料。具体内容有:

(1)市场状况。列举目标市场的规模及其成长性的有关数据、顾客的需求状况等,如目标市场近年来的年销售量及其增长情况、在整个市场中所占的比例等。

(2)产品状况。列出企业产品组合中每一个品种近年来的销售价格、市场占有率、成本、费用、利润率等方面的数据。

(3)竞争状况。识别出企业的主要竞争者,并列举竞争者的规模、目标、市场份额、产品质量、价格、营销战略及其他的有关特征,以了解竞争者的意图、行为,判断竞争者的变化趋势。

(4)分销状况。描述公司产品所选择的分销渠道的类型及其在各种分销渠道上的销售数量,如某产品在百货商店、专业商店、折扣商店、邮寄等各种渠道上的分配比例等。

(5)宏观环境状况。主要对宏观环境的状况及其发展趋势作出简要的介绍,包括人口环境、经济环境、技术环境、政治法律环境、社会文化环境,从中判断某种产品的命运。

(三)机会与风险分析

这一部分是对计划期内企业的某种产品所面临的主要机会和风险、企业的优势和劣势,以及主要问题进行系统分析。所谓机会,是指企业营销环境中所存在的对企业营销有利的因素,即企业可取得竞争优势和差别利益的市场机会;而风险,是指企业营销环境中对营销不利的因素。

此外,企业还应辨别其优势和劣势。所谓优势,是指企业的目标和资源,包括资金、技术、设备、分销、品牌等在某类产品的生产和经营中所具备的有利的条件;反之,在上述方面不利的条件,即为劣势。

在分析了机会与风险、优势与劣势的基础上,企业就可以确定在该计划中所必须注意的主要问题。

在分析中,必须把机会与风险的分析与企业的优势与劣势分析结合起来进行,这样才能真正给企业带来盈利的机会,回避可能遇到的风险。一个市场机会能否成为企业的营销机会,关键在于这个机会是否与企业在目标和资源方面的优势相匹配,如果在这方面恰是企业的优势,那么就应当充分发掘和利用这个市场机会,否则就不能贸然上马。因此,在计划中要对市场机会和风险进行科学、详细的预测、分析和判断。

(四)拟定营销目标

拟定企业的目标是市场营销计划的核心内容。企业管理者在分析市场营销活动现状和预测未来的机会与威胁的基础上,必须对营销目标作出决策。在这里应建立两种目标,即财务目标和营销目标,这些目标要用数量化指标表达出来,要注意目标是否实际、合理,并应有一定的开拓性。

(1)财务目标。财务目标即确定每一个战略业务单位的财务报酬目标,包括投资报酬率、利润率、利润额等指标。

(2)营销目标。财务目标必须转化为营销目标。营销目标可以由以下指标构成,如销售收入、销售增长率、销售量、市场份额、品牌知名度、分销范围等。

(五) 营销策略

营销计划的这一部分是表述企业将采用的营销策略,包括目标市场选择和市场定位、营销组合策略等。明确企业营销的目标市场,即企业准备服务于哪个或哪几个细分市场,如何进行市场定位,确定何种市场形象;企业在其目标市场上,拟采用什么样的产品、渠道、定价和促销策略。

(六) 行动方案

营销策略说明的是企业管理人员为了达到营销目标,而将采取的总的营销内容。为此,必须对各种营销策略具体的实施制定详细的行动方案,即阐述以下问题:将做什么?何时开始?何时完成?谁来做?成本是多少?例如,营销管理人员想通过加强促销活动来提高市场占有率,执行这一策略必须制定相应的促销行动方案,如决定广告题材、确定广告媒体及其费用开支、参加交易会、展销会等。

整个行动计划可以列表加以说明,表中应具体说明每一时期应执行和完成的营销活动的时间安排和费用开支等,如每项营销活动何时开始、何时完成、何时检查、费用多少等,使整个营销战略落实于行动,并能循序渐进地贯彻执行。

(七) 营销预算

营销预算是指开列一张实质性的预计损益表。在收益的一方,要说明预计的销售量及平均实现价格,预计出销售收入总额;在支出的一方,说明生产成本、实际分销成本和营销费用,以及再细分下去的明细支出,预计出支出总额。最后得出预计利润,即收入和支出的差额。企业的各业务单位编制出营销预算后,送上层主管审批,经批准后,该预算就是材料采购、生产调度、劳动人事以及各项营销活动的依据。

(八) 营销控制

营销计划的最后一部分是检查和控制,用以监督计划的进程。为便于监督检查,具体做法是将计划规定的营销目标和预算按月或季分别制定,营销主管每期都要审查营销各部门的业务实绩,检查是否实现了预期的营销目标。凡未完成计划的部门,应分析问题说明原因,并提出改进措施,以争取实现预期目标,从而使企业营销计划的各个部门的目标任务都能落实,保证整个计划能井然有序并卓有成效地付诸实施。

第三节　企业营销组织

所谓市场营销组织,是指企业内部涉及市场营销活动的各个职位及其结构。管理离不开组织,市场营销管理自然也离不开特定的组织结构。设计一个适应企业特点和环境变化的营销组织结构,是执行企业营销计划,实现营销目标的前提和基础。

一、企业营销组织的任务

有效执行市场营销计划的前提,是企业必须设计一个能够实施营销计划的合理、高效的营销组织。如果现有的营销组织妨碍营销计划的实施,则必须下决心对组织结构作相应调整使之相匹配。

有效执行市场营销计划,还必须在组织中配备优秀的管理人员和营销人员。营销组织通常由一位营销副总经理负责,这是营销部门的领军人物,他能否合理安排营销力量、协调企业营销人员的工作,能否与公司其他职能部门,如生产、财务、研发、采购和人事等的管理人员配合,对于满足目标顾客的需要,保质、保量地完成市场营销计划起着很重要的作用。当然,光有将军是不够的,还要有优秀的士兵。只有配备合格的营销人员,充分调动他们的工作积极性和创造性,增强其责任感和奉献精神,把计划任务落实到具体部门、具体人员,才能保证在规定的时间内完成计划任务。

二、企业营销组织形式

多年来,市场营销从一个简单的销售功能演变成一个复杂功能的整体活动,营销组织结构也随之不断发生演变。目前常见的营销组织形式有以下几种。

(一) 功能性营销组织

这是最常见的市场营销机构的组织形式,是在营销副总经理领导下由各种营销职能专家构成的功能性组织,具体结构如图 3-2 所示。

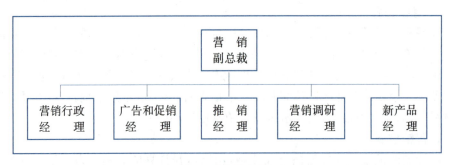

图 3-2 功能性营销组织

功能性组织的主要优点是管理简单。但是,随着产品的增多和市场扩大,这种组织形式会暴露出很大的缺点。由于没有一个人对一项产品或一个市场负全部的责任,因而每项产品或每个市场制定的计划欠完整,有些产品或市场就很容易被忽略。另外,各个职能部门为了各自利益容易发生纠纷。

(二) 地区型营销组织

在全国范围内组织营销的企业往往按地理区域组织其推销人员。例如,许多公司把中国大陆分成华东、华南、华北、西南四大区域,每个区域设一区域经理,区域经理根据所管辖省市的销售情况再设若干地区销售经理,地区销售经理下再设若干地方销售经理/主任,每个地方经理/主任再领导几位销售代表。

由上可见,这种模式明显增加了管理幅度。但在推销任务复杂、推销人员对利润影响很大的情况下,这种分层是很有必要的。

(三) 产品或品牌管理组织

生产不同产品或品牌的公司往往需要设立产品或品牌管理组织。这种组织并没有取代功能性管理组织,只不过是增加一个管理层次而已。其基本做法是,由一名产品主管经理领导,下设若干个产品大类(产品线)经理,产品大类(产品线)经理下再设几个具体产品经理。

产品经理的任务在于制定产品计划并设法付诸实施,管理检查其执行结果,采取纠正行为。具体而言,这个职责可细分以下几项任务:① 制定产品长期竞争策略;② 制定年度销售计划并进行销售预测;③ 策划广告活动;④ 激励销售人员和经销商对产品的兴趣和支持;⑤ 搜集市场信息,提出产品改进意见;⑥ 与公司其他部门和外界进行沟通和协调。

譬如,产品管理最初是由美国宝洁公司于1927年率先采用的。当时公司推出一种camay香皂,但销售业绩较差。一名叫麦古利的年轻人在一次会议上提出,如果公司的销售经理把精力同时集中于camay香皂和lvory(宝洁的一种老牌香皂)的话,那么camay的潜力就永远得不到充分发掘。同时,他提出了"brand man"(品牌人)的概念,一个品牌人应该有一个销售小组的帮助,每一个宝洁品牌应当当作一个单独的事业经营,与其他品牌同时竞争。麦古利赢得了宝洁高层的支持,随后,他的成功表现使公司认识到产品管理的巨大作用。之后,宝洁便以"产品管理体系"重组公司体系。"产品(品牌)经理"体制帮助宝洁公司从以产品为中心的运营机制中解放出来,不是从产品而是从产品之外的价值上使公司获得持续增长能力。到目前为止,宝洁的TIDE洗涤剂已畅销40多年,浪峰牙膏也行销30多年,佳美香皂已行销60多年,而象牙肥皂已经行销110年以上。宝洁成为全球产品管理的典范,这一体制也推广到了包括银行、旅游等几乎所有行业。

(1) 产品或品牌管理组织的优点。在于:① 产品经理可以协调其所负责产品的营销组合策略;② 产品经理能及时反映该产品在市场上出现的问题;③ 由于有专门的产品经理,因而即使不太重要的产品也不会被忽视掉。

(2) 产品或品牌管理组织的缺点。在于:① 由于产品经理需要经常同生产、研发、采购及其他营销部门合作,容易造成部门冲突;② 产品经理较易于成为他所负责产品的专家,但很难成为公司其他功能的专家;③ 产品管理系统的成本往往比预计的高;④ 产品经理的流动性导致该产品营销规划缺乏连续性,严重影响产品的长期竞争力。

(四) 市场型营销组织

当企业把一条产品线的各种产品向不同的市场进行营销时,可采取这种组织模式。例如生产电脑的企业,可以把目标客户按不同的购买行为和产品偏好分成不同的用户类别,设立相应的市场型组织结构,如图3-3所示。

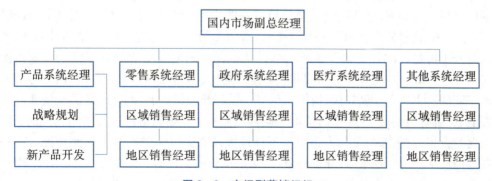

图3-3 市场型营销组织

市场型组织的优点在于,企业的市场营销活动是按照满足各类不同顾客的需求来组织和安排的,这有利于企业加强销售和市场开拓。其缺点是,和产品型组织一样,存在权责不清和多头领导的矛盾。

(五) 产品-市场管理组织

生产多种产品并向多个市场销售的企业,在确定营销组织结构时,既可以采用产品管理型,也可以采用市场管理型;还可以建立一种既有产品经理,又有市场经理的两维矩阵组织,如图3-4所示。

图3-4 产品-市场管理组织

然而,这样的组织结构管理费用太高,而且容易产生内部冲突。比如,各个产品在市场上的定价是由市场经理,还是产品经理来决定?如何组织销售人员?是按人造丝、醋酸纤维等产品品种分别组织销售队伍,还是按男装、女装等市场来分别组建队伍?

以上介绍了五种基本的市场营销组织形式。应该看到,市场营销组织没有尽善尽美的,即使现在的组织结构较为理想,但随着企业的发展和环境的变化,市场营销经理也需对组织进行相应调整,以适应市场的需要。

三、建立以营销为主体的企业组织结构

任何方式的企业内部管理结构都是由一定的经营指导思想决定的。不同的市场观念,在企业内部组织机构设置以及各职能部门的相互关系上都体现出明显的不同。在传统的经营思想指导下,企业组织机构的设置一般为生产部门、财务部门、人事部门、营销部门,生产部门、财务部门和人事部门在前,营销部门处于次要的位置。企业组织的这4个部门分工清楚,呈"分立式",各部门都是从本部门的职责要求出发考虑工作安排的。同时,每一个部门中,又分为不同的职能单位。这样,不同部门和职能单位有着不同的想法和不同的努力方向。例如,营销部门负责人强调开发新产品,而且商品的质量要高、价格要低,交货时间要短;生产部门负责人强调要有一个准确的销售量的估计,主张少做轻率仓促的设想;财务部门负责人则喋喋不休地大谈资金紧张的难题。凡此种种,使企业的各部门经常出现互相掣肘、扯皮现象,其结果从总体上抵消了企业营销活动的效率。

企业要贯彻现代市场营销观念,必然要改变传统的内部组织结构及其职责,建立起

新的体现市场营销观念的组织机构,以保证其正常运行。在新的市场观念下,企业各个部门都以满足消费者需求为目标去安排自身的工作任务,建立一个以市场营销部门为核心部门的整体系统,市场营销部门担负各部门之间的协调工作,运用市场营销观念制定企业的经营计划。在这种结构中,一般从市场营销部门的人员中选取市场营销副总经理,并由市场营销副总经理负责统一协调各部门之间的行动,实施整体营销。在这种结构中,市场营销副总经理必须在最高层决策中占有重要的位置,对企业决策有较大的发言权。

第四节　企业营销控制

所谓营销控制,就是市场营销管理者用以跟踪企业营销活动各个环节的一套工作程序,其目的是确保营销活动按计划运行。在执行市场营销计划的过程中,当出现意外情况和问题时,企业需要有一套反馈和控制程序,以确保营销目标的实现。所以,在实施企业营销计划过程中,不仅需要积极执行,而且还要有效控制,努力实现计划目标。营销控制是企业营销管理的一个重要职能,也是实施企业营销计划的一项必要措施。企业营销控制主要有年度计划控制、盈利能力控制、营销效率控制和企业营销审计。

一、年度计划控制

年度计划控制是由企业高层管理人员负责的,旨在检查年度计划目标是否实现,一般可用四种方法检查计划执行绩效。

1. 销售差异分析

销售差异分析就是要衡量并评估企业的实际销售额与计划销售额之间的差异情况。

譬如,某公司在苏州、无锡、常州3个地区的计划销售量分别是2 000件、1 500件、1 000件,总计4 500件,而实际总销量是3 800件,3个地区分别是1 200件、1 400件、1 200件,与计划的差距分别为-40%、-6.7%、$+20\%$。通过分析可知,苏州是造成困境的主要原因,因而应进一步查明苏州地区销量减少的原因。

2. 市场占有率分析

市场占有率能反映企业在市场竞争中的地位,是最基本的销售目标之一。根据企业选择的比较范围不同,市场占有率一般分为三种:

(1) 全部市场占有率,即企业的销售额(量)占行业销售额(量)的百分比。

(2) 目标市场占有率,即企业的销售额(量)占其目标市场总销售额(量)的百分比。

(3) 相对市场占有率,即企业的销售额(量)和几个最大竞争者的销售额(量)的百分比。

3. 营销费用率分析

是指销售费用对销售额的比率,还可进一步细分为人力推销费用率、广告费用率、销售促进费用率、市场营销调研费用率、销售管理费用率等。

4. 顾客态度追踪

是指企业通过设置顾客抱怨和建议系统、建立固定的顾客样本或者通过顾客调查等方式,了解顾客对本企业及其产品的态度变化情况。

二、盈利能力控制

盈利能力控制一般由财务部门负责,旨在测定企业不同产品、不同销售地区、不同顾客群、不同销售渠道,以及不同规模订单的盈利情况的控制活动。盈利能力的指标包括资产收益率、销售利润率和资产周转率、现金周转率、存货周转率和应收账款周转率、净资产报酬率等,如某公司产品在北京、上海、武汉三大城市销售损益情况见表3-1。

表3-1 ××公司各区销售损益情况　　　　　　　　　　(单位:元)

项　目	北　京	上　海	武　汉	合　计
销售收入	400 000	450 000	300 000	1 150 000
销售成本	240 000	270 000	180 000	690 000
销售毛利	160 000	180 000	120 000	460 000
营销费用				
推销费	50 000	80 000	60 000	190 000
广告费	40 000	40 000	35 000	115 000
物流费	30 000	31 000	36 000	97 000
费用总额	120 000	151 000	131 000	402 000
净利润	40 000	29 000	−11 000	58 000
销售收益率	10.00%	6.44%	−3.67%	5.04%

由表可知,北京获利能力最高,净利润和销售收益率均为第一,上海次之,武汉最低,亏损11 000元。

企业要取得较高的盈利水平和较好的经济效益,一定要对直接推销费用、促销费用、仓储费用、折旧费、运输费用、其他营销费用,以及生产产品的材料费、人工费和制造费用进行有效控制,全面降低支出水平。

三、营销效率控制

假如盈利分析发现公司在某些产品、地区或市场方面的盈利不佳,那接下来要解决的问题是寻找更有效的方法来管理销售队伍、广告、促销和分销。

1. 销售人员效率

各销售经理可用一些指标考核和管理销售队伍,提高销售人员的工作效率。这些指标有:① 销售人员日均拜访客户的次数;② 每次访问平均所需时间;③ 每次访问的平均收益;④ 每次访问的平均成本;⑤ 每百次销售访问预购的百分比;⑥ 每月新增客户数目;⑦ 每月流失客户数目;⑧ 销售成本对总销售额的百分比。

2. 广告效率

为提高广告宣传的效率,经理应掌握以下统计资料:① 每种媒体接触每千名顾客所花费的公告成本；② 注意阅读广告的人在其受众中所占的比率；③ 顾客对广告内容和效果的评价；④ 广告前后顾客态度的变化；⑤ 由广告激发的询问次数。

3. 营业推广效率

为了提高促销效率，企业应注意的统计资料有：① 优惠销售所占的百分比；② 每一单位销售额中所包含的陈列成本；③ 赠券回收率；④ 因示范引起的询问次数。

4. 分销效率

主要是对分销渠道的业绩、企业存货控制、仓库位置和运输方式的效率进行分析和改进，提高分销的效率。

四、企业营销审计

营销审计是对一个企业或一个业务单位的营销环境、目标、战略和活动，所作的全面、系统、独立和定期的检查，其目的在于决定问题的范围和机会，提出行动计划，以提高企业的营销业绩。营销审计可由企业内部人员来做，也可聘请外部专家进行。

营销审计是营销战略控制的主要工具。一次完整的营销审计活动的内容是十分丰富的，概括起来包括六个大的方面：

(1) 营销环境审计。主要包括宏观环境，如人口统计、经济、生态、技术、政治、文化；任务环境，如市场、顾客、竞争者、经销商、公众等。

(2) 营销战略审计。包括企业使命、营销目标和目的、战略等。

(3) 营销组织审计。包括组织结构、功能效率、部门间联系效率等。

(4) 营销制度审计。包括营销信息系统、营销计划系统、营销控制系统、新产品开发系统。

(5) 营销效率审计。包括盈利率分析、成本效率分析等。

(6) 营销职能审计。对营销的各个因素，如产品、定价、渠道和促销策略的检查评价。

前 沿 研 究

我国百货业必须"自主经营"

面对市场的严峻挑战，中国百货业何去何从？当前，百货商场营销的当务之急是克服消极悲观、好大浮躁、急功近利的心态，注重"特色营销"的战略思考。应该扬长避短，造就百货商场的营销优势；应该创新务实，精心打造自己的营销特色。

在百货商场经营实践中，"特色营销"是很难设计、很难奏效、很难持久的，其原因是与当前百货商场普遍采用"厂商联营、柜台租赁、商品代销"为主的经营模式有直接关系。据有关对我国主要城市的30家百货商场调查资料所示，采用"厂商联营"模式的商场约占80%，这说明"厂商联营"已经成为百货商场的主流经营模式。

百货商场采用"厂商联营"的理由在于：(1) 可以规避商场自营的风险。商场通过与供应商签订"保底倒扣"协议，获得营业收益，保证商场的基本运行费用和利润。(2) 可以实现低成本经营运作。商场可以依据其市场定位,组建众多的品牌供应商进店开设专卖店、专卖柜,这既能发挥众多品牌专卖的集聚效应,又能节省大量的采购资金。商场还可以统一推出强力度的宣传促销活动,将各个品牌专柜的单独力量凝聚成强大的促销攻势,而这些高额的宣传促销费用都分摊到供应商身上,不必商场承担。

采用"厂商联营"对于当前仍陷于严峻挑战的百货商场来说不乏为最有效的、最精明的举措,能使百货商场在市场搏弈中处于较强势的地位。然而,"厂商联营"是否作为中国百货商场的经营趋势? 值得深思。实践证明,"厂商联营"并非战略之策,它不利于"特色营销"的打造。

不利于打造"商品特色"。 "厂商联营"体现的是商场与供应商之间松散、脆弱的合作关系。百货商场把经营风险和费用都推卸给供应商,使其利润空间太狭小了,一旦有更适合的场所,他们就会撤柜,解除合作协议,这对商场打造商品特色来讲威胁很大。在具体经营中,百货商场只负责遴选品牌,而品牌进店后,供应商是根据自己的销售情况、库存积压情况和销售回款情况,来考虑商品上架的款式和数量的,对商场需要打造的"商品特色"是缺乏掌控力的。

不利于打造"服务特色"。 商场"服务特色"的打造,关键在于在第一线工作的营业员技能、素质的全面提升。然而,当前商场营业员多数是由各供应商负责招聘、薪酬等相关工作,而商场只负责具体的日常管理。营业员的归属模糊恰恰造成了管理的难题,商场对营业员缺乏控制力。在经营中,常常出现退货换货困难、服务态度不到位等问题,顾客感到不满意,商场信誉大受影响。由于供应商不介于具体管理,对营业员缺乏引导、关心,导致士气低下,人员流动频繁。显然,"厂商联营"对营业人员缺乏有效的管理所产生的影响,是不利于商场打造"服务特色"的。

不利于打造"特色营销"的管理能力。 "特色营销"是商场的营销战略,需要掌握科学管理技术与创新来运作。然而,"厂商联营"却限止了商场经营的内涵发展,只要与供应商针对扣率及其合作条件进行谈判,而不用涉及整体经营业务的深度操作。这种经营模式对管理人员业务水平的要求大大降低,使得商家不需要提高管理和技术水平就可以坐收渔利。"厂商联营"也导致了百货商场的无差异化营销,各供应商为应对品牌竞争,过度使用打折、赠券等促销方式,陷入价格战难以自拔,这无疑阻碍了商场"特色营销"战略的实施。

为此,百货商场要实施"特色营销"战略,必须转变"厂商联营"的经营思路,必须对现有的经营模式进行改革,走"自主经营"的特色之路。百货商场只有自主经营,才能获得真正的经营掌控力,才能培养高素质员工队伍,才能有效保证"特色营销"战略的实施。

案 例

三株公司营销管理的失败

三株公司在短短三四年里就把三株口服液的销售额做到 80 多亿元,但是 1997 年底三株公司销售状况却已颓势,而且三株公司 1997 年大规模多样化经营决策的失误更加速了其繁荣的衰落。1998 年结束,曾令人拍案叫绝的"三株现象"已成昨日黄花。三株公司旋风式的成功,曾让很多人内心充满着崇敬和迷惑之情,自由落体式的垂落又使人冷静地作面壁式的思考。三株公司,成也营销,败也营销。三株公司的营销模式缺陷是无法在原模式的框架内解决的,其影响是根本性的、是观念性的、是终结性的。

1. 三株公司营销模式的数量偏执性

三株公司营销模式具有的最明显的特点就是数量偏执性。在一定程度上讲,数量偏执性甚至可以看作三株公司的价值观。数量偏执性对三株公司这种民营性质的公司来讲,几乎是很难逃避的模式特点。因为目前在中国的金融市场上,民营公司很难筹集到能够进行规模经营的资金,只有通过滚雪球式逐步发展。这样,从公司一成立就必须通过开发市场、销售产品赚取资金,进而扩大规模,实现逐步发展,这就必然导致以追求销售规模为主要导向。

2. 营销人员受短期利益驱动,市场投机心理过强

三株公司营销模式的数量偏执性最终以评价标准的形式体现在人员的奖惩与升迁考核方面,集中体现在三株公司单纯"以市场论英雄"的用人思想上。这里的"市场",在实际中主要是指或者等同于销售规模,而且是近期的销售量。各级营销人员无法从长远考虑市场的开发和培育,都以急切的心理完成按月递增的销售任务,否则就可能"下课"或被淘汰。而任务往往却是人为规定,而不是基于市场预测,这就使得三株公司营销模式产生了先天性"病灶"——短期利益驱动。

3. 对市场的过度开发

市场过度开发的根本原因同样在于三株公司营销模式的数量偏执性。三株公司市场过度开发主要表现在:一是大面积地、没有轻重缓急地、不考虑投入产出地推进市场网络的建设,结果是尚未成熟的市场受到掠夺式的开发,而且开发战线过长,无论是人力或财力都无法保证重点市场持续而有效的渗透,后续销售缺乏市场支持;二是对各种市场都采取超密集的地毯式搜刮,对后续市场的培育与发展几乎是毁灭性的;三是过头宣传,通过过头宣传而增加的销售显然是暂时的,而且具有一定程度的欺骗性,严重地影响后续销售。这些都是三株公司在短暂辉煌后销售规模迅速下滑的重要原因。

4. 过高的营销费用

三株公司无处不在的庞大的营销网络和对市场高密集度的开发方式,需要很高的营销费用作支撑,单是子公司一级的营销费用就占到其销售收入的30%以上。因此,在市场开始下滑后,便出现了少数子公司、市场部(分公司)当期销售收入不足营销费用开支的现象。

5. 过快僵化的管理体制

迅速发展的公司逐渐出现僵化趋势几乎是普遍规律,三株公司毫不例外。尽管三株公司内部人员竞争也十分激烈,但是伴随三株公司的发展,那些曾经取得骄人一时的营销业绩的功臣也就多了起来,一批新的功臣托浮起上一批的旧功臣,整个组织体系是由功臣构成的金字塔结构。这样,僵化的趋势也就在所难免,那些曾被批评的国有企业现象最终落到了自己头上。

6. 高层人才瓶颈问题

三株公司大规模的实践,及其拔苗促长的用人机制,在短期内培养了很多能够独当一面的中下层经理,但是这种方式却无法在短期内培养出高级人才。因为对高层人才的素质要求和对中下级人才素质的要求,存在着质的区别。

7. 人员流动过度频繁

人员流动过度频繁是三株营销模式运行的必然结果。这缘于目标任务过高,在三株公司存在"产品没有淡旺季"的观点,目标任务总是以很高的比例增长,完不成任务就会下岗或被淘汰。

总之,三株公司败在营销管理上。尽管"三株现象"已经成为历史,但是它的影响仍然存在,三株公司的营销失败对成长型的公司具有一定的借鉴意义。

案例思考题

1. 三株公司营销管理的失败违背了现代营销管理的哪些原理?
2. 三株公司营销管理的失败给中国民营企业的发展有什么启示?

练习与思考

(一) 名词解释

市场营销管理　　企业营销管理过程　　企业营销计划
企业营销组织　　企业营销控制

(二) 不定项选择

1. 企业营销管理过程包括的步骤是(　　)。
   A. 分析市场机会　　　　　　　B. 选择目标市场
   C. 开发新产品　　　　　　　　D. 确定营销策略
   E. 营销活动管理

2. 企业常见的营销组织形式有(　　)。
   A. 功能性组织模式　　　　　　B. 地区型组织模式
   C. 产品或品牌管理组织模式　　D. 市场型组织模式
   E. 产品—市场管理组织模式

3. 产品或品牌管理组织的优点在于(　　)。
   A. 产品经理可以协调其所负责产品的营销组合策略
   B. 产品经理能及时反映该产品在市场上出现的问题
   C. 由于有专门的产品经理,因而即使不太重要的产品也不会被忽视掉
   D. 产品管理系统的成本往往比预计的高

4. 营销审计活动的内容包括(　　)。
   A. 营销环境审计　　　　　　　B. 营销战略审计
   C. 营销组织审计　　　　　　　D. 营销制度审计
   E. 营销效率审计　　　　　　　F. 营销职能审计

5. 营销效率控制包括(　　)。
   A. 销售人员效率　　　　　　　B. 广告效率
   C. 营业推广效率　　　　　　　D. 分销效率

(三) 问答题

1. 一份完整的企业营销计划应包括哪些内容?
2. 如何才能使营销计划达到预期效果?

第二篇 市场分析

市场分析技术
　　市场营销信息系统
　　市场营销调研
　　市场营销预测
　　市场营销调研技术的实践运用

市场营销环境分析
　　市场营销环境概述
　　微观营销环境分析
　　宏观营销环境分析
　　企业应对营销环境影响的对策
　　市场营销环境分析的实践运用

顾客购买行为分析
　　购买行为分析概述
　　消费者购买行为分析
　　生产者购买行为分析
　　购买行为分析的实践运用

第四章

市场分析技术

 **学习目标**

学完本章,你应该能够:
1. 了解市场信息的作用及其特征
2. 理解市场营销信息系统的构成与企业信息来源
3. 把握市场营销调研的内容、程序、方法和工具
4. 明确市场预测的内容、程序和方法
5. 掌握市场营销调研的实践技能

 基本概念

市场信息	市场营销信息系统	市场营销调研
资料调查法	实地调查法	市场预测

现代营销观念把市场看作营销活动的起点,要求企业在产品开发或项目上马之前,必须及时搜集、准确分析、迅速利用市场信息。市场信息是营销决策的基础,为保证市场信息的准确性、即时性,企业必须建立一个规范、系统、完善的现代市场营销信息系统。市场营销信息系统离不开营销调研和预测的支持,需要运用科学营销调研与预测方法进行市场需求的分析,把握市场需求的趋势。

第一节 市场营销信息系统

在现代社会里,信息是主要战略资源,及时掌握市场信息是一切营销活动的第一要务。而从我国现状看,不少企业往往只注重资金、原料、机器和人力,而忽视了重要的无形资源——信息;很多企业经常抱怨正确的市场信息不足,而错误或失实的信息太多;有些重要的市场信息因传输不及时而失效。为此,企业营销一定要重视市场信息工作,重视市场营销信息系统的建立。

一、市场信息与企业营销

(一) 市场信息的作用

市场信息是指市场经济运行过程中,真实反映各种事物发展变化的实际状况、特征、相关关系等的各种消息、资料、数据和情报的总和。市场信息在企业营销中,显示出日益重要的作用,主要体现在以下几个方面。

(1) 市场信息是营销活动的起点。企业营销必须根据顾客需要,从产品定价、促销、分销渠道等方面全方位开展活动。市场营销的这些活动,无疑都是以市场信息为起点的。观察市场、了解市场、确定目标市场、选择目标市场策略、掌握市场动态,是企业进行有效营销的必要活动,也是掌握信息的重要手段。

(2) 市场信息是营销决策的前提。"运筹帷幄,决胜千里",企业不依靠大量、准确的市场信息,就无法进行正确、有效的营销决策。为此,决策的科学化要求企业建立现代化的信息处理系统,并以此作为指导企业营销决策活动的前提。

(3) 市场信息是营销管理的基础。管理离不开市场信息。企业不仅要及时掌握市场供求的信息,还要系统搜集有关科技、工艺、设备、质量、财务等方面的信息。没有这些信息作为基础,营销管理无从下手,就成了无本之木。

(4) 市场信息是营销沟通的条件。企业必须使自身的营销活动与市场营销环境相协调,在协调中求生存、谋发展。为此,企业必须与外界环境进行营销沟通,市场信息是企业营销沟通的重要条件。只有通过大量的信息交流,才能有效地了解、掌握市场环境,改善企业与外界环境的各种关系,使之统筹兼顾、相互协调。

(二) 市场信息的特征

企业营销要求管理者接触、搜集大量的市场信息,并使这些信息真正转化为企业的资源,为企业的营销决策所有效利用。为此,营销管理者必须了解市场信息的特性,把握市场信息运行的规律,做好市场信息的管理工作。市场信息的主要特征可以归纳为:

(1) 时效性。任何信息所表明的都是一定时间内所发生的事情。市场环境瞬息万变,有效的市场信息必须是及时、准确的,信息一旦过时,就没有利用的价值,甚至会有反作用。因此,信息的利用必须要讲究时间效应,谁能最早掌握某种信息,谁就最有可能取得经营上的成功。

(2) 分散性。市场信息量大、面广,各类信息五花八门,十分广泛、庞杂。这就需要企业广泛开辟信息渠道,从各类信息中筛选出对自己有用的信息;需要建立市场信息系统,借助科学的手段对市场信息进行综合分析。

(3) 可压缩性。信息可以被人们依据各种特定的需要,进行搜集、筛选、整理、概括和加工,并可建立相应的信息系统对大量的信息进行多次加工,增强信息自身的信息量。

(4) 可存贮性。信息可以通过体内存贮和体外存贮两种主要方式被存贮起来。体内存贮是指人通过大脑的记忆功能把信息存贮起来,体外存贮是指通过各种文字性的、音像性的、编码性的载体把信息存贮起来。

(5) 系统性。由于企业在营销活动中会受到众多因素的影响和制约,因而仅仅取得杂乱无章的信息是无济于事的。企业必须连续、多方面地搜集、加工有关信息,分析它们之间的内在联系,提高它们的有序化程度。只有这样的信息,才是企业可以直接运用的信息。

(三) 市场信息的类型

市场信息可以分为原始资料和二手资料两种。

1. 原始资料

原始资料是指当前为某种目的而搜集的资料,又称第一手资料。大部分市场营销调研方案需要搜集原始资料,搜集原始资料的费用虽高,但比较准确、实用。

2. 二手资料

二手资料是指现成的市场信息资料。企业通常先借助二手资料来开展调研,如果可以达到目标,就能省去搜集原始资料的费用,从而降低成本、提高效率。

为此,企业应善于利用二手资料来进行营销调研,只有在现成的二手资料已过时、不完整,甚至不可靠的情况下,才去搜集原始资料。

二、市场营销信息系统

(一) 市场营销信息系统的含义

企业营销决策和计划的制定,是以掌握充分而准确的信息为基础的,这就需要一套科学的信息管理方法,建立系统、规范的程序来搜集、整理和分析信息,这一程序可以通过市场营销信息系统来完成。菲利普·科特勒为市场营销信息系统所下的定义是:由人、机器和程序组成,为营销决策者搜集、分析、评估和分配所需要的,及时、准确的信息。营销信息系统强调了三层含义:① 它是人、机器和计算机程序的复合体;② 它提供恰当、及时和准确的信息;③ 它主要为营销决策者服务。

市场营销信息系统是现代企业管理的中枢神经,它使企业与外界保持紧密的联系,并综合各种内、外信息,对企业的各项决策起着引导作用,并监督、协调企业各部门的计划和执行。

(二) 市场营销信息系统的构成

不同行业和规模的企业,营销信息系统的具体构成会有所差异,但基本的框架大致相同。一般是由内部报告系统、营销情报系统、营销调研系统和营销分析系统构成,如图4-1所示。

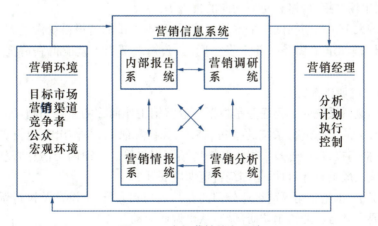

图4-1 市场营销信息系统

1. 内部报告系统

内部报告系统是营销信息系统中最基本的子系统,有些企业把它称为内部会计系统或订货处理系统。它的主要作用是报告企业的订货、销售、库存、费用、现金流量,以及应付、应收账款等方面的数据资料。其主要工作内容是"订单—发货—收款"的不断循环,随着现代化手段和技术的运用,这个循环的速度越来越快。例如,美国施凯利公司销售经理可以随时了解其400家经销商中任何一家的经销状况,并在几秒钟内测出完成预期计划的每一个数据。营销人员经常需要和使用的企业内部信息有:① 与销售活动有关的信息,如产品系列、区域和顾客等方面的销售情况;② 当前的销售额和市场占有率与历史上最好年份的比较信息;③ 与产品存货量有关的信息,如生产的进度安排和销售中与购买行为的衔接;④ 与产品相关的信息,如各种产品、区域的销售利润表、销售费用统计表等。

2. 市场营销情报系统

市场营销情报系统的主要作用,是向营销决策部门提供外部环境发展变化的情报信息。因此,市场营销情报系统可以定义为,公司营销人员用以了解有关外部营销环境发展趋势信息的各种来源与程序。它与内部报告系统的区别在于:它主要提供外部营销环境变化的信息资料,而内部报告系统提供的是企业内部的销售、库存、财务等信息。市场营销情报系统的信息来源于:

(1)销售人员。公司的销售人员与其他任何人相比,他们在搜集营销信息上处于有利的地位。公司的营销经理必须对销售人员说明情报搜集的重要性,并要求定期填写情况汇报表,提供企业需要的信息或发现的新情况。

(2)中间商。中间商处于供应商和消费者之间,对产销信息均有着充分的了解,企业通过建立与中间商的伙伴关系和信息通路,可得到有关产品、消费、竞争等方面的重要情报。

(3)派出营销人员直接调查。例如,派出企业营销人员到零售商处了解顾客对产品的反映;考察中间商的合作状况;购买竞争者产品,搜集其有关信息等。

(4)市场购买信息。企业还可以从市场购买信息,如市场调研公司出售的关于品牌市场占有率、市场规模、价格和交易动向的报告等。

国外一些大公司的情报网几乎遍及全球,如日本丰田的情报系统渗透到美国的每个小城镇,丰田汽车无论在哪条公路上发生问题,公司总部当天就能得到情报并及时作出反应。

3. 市场营销调研系统

市场营销调研系统的主要任务是根据企业营销工作面临的主要问题,即对某项具体的营销决策有关的信息进行系统的搜集、整理、分析和研究,并作出专题报告,如市场调查报告、产品推广报告、广告效果报告和销售预测报告等。与前两个信息管理系统不同,营销调研系统一般具有针对性,是围绕特定课题展开的。

一般情况下,小型公司可请企业外部的专门机构和人员,来设计及执行调研项目;大型公司则需要设立自己的营销调研部门,从事调研活动。

市场营销调研系统设置的必要性,在于内部报告系统和营销情报系统在其职能范围内都难以提供足够的信息,这就需要组织专门的力量或委托专门市场调研公司进行有针对性的调查。市场营销调研在西方国家是十分受到重视的,据一项调查表明,美国73%的大型企业设置了正式的营销调研部门,其组成人员包括调查专家、统计专家、行为科学专家等专业人才,其规模大至几十个人。在我国,市场营销调研也已引起越来越多的企业重视,当然相比发达国家还是有很大差距的。

营销调研部门一般是在市场营销副总经理的领导下开展调研工作的,有关市场营销调研的内容与程序将在下一节详细介绍。

4. 市场营销分析系统

市场营销分析系统是分析营销数据的统计模型和统计数据,即用一些先进的技术和方法来分析市场营销信息,以更好地进行营销决策。国外一些大公司普遍采用营销分析系统来分析和解决营销中存在的问题,当然对一些具有较高技术性的方法还未能全部采用。

市场营销分析系统中,拥有两组工具,即统计库和模型库。统计库中,包括一系列统计过程,帮助分析者了解一组数据中彼此之间的相互关系及统计的可靠性。该数据库可以帮助管理者了解影响企业产品销量的最重要的变数以及影响程度,如提高20%的促销预算费用,可以使销售额增长多少等。模型库则是一系列的数学模型,利用这些数学模型,管理部门可以作出更加科学的决策。

经过营销分析系统科学处理的信息,有相当一部分具有重新使用的价值。因此,初次使用后的信息可以进入贮存状态。计算机进入营销系统后,可将信息编码放入计算机贮存系统中。为了使处于贮存状态的信息能够及时、方便地提取使用,需要建立一套完整的查找方法和手段,即信息检索。目前有多种检索方式,尤其是计算机及其网络是一种高效率的信息检索方式,代表了营销信息检索的发展趋向。计算机对信息处理的显著特点是,它能够实现大量的综合性处理,从而提高信息的综合性和准确性。

第二节 市场营销调研

企业营销的目标是要满足顾客的需要。为了实现这一目标,要求企业营销人员必须了解和研究市场,必须运用科学的手段进行市场营销调研。

一、市场营销调研的类型与内容

(一)市场营销调研的概念

市场营销调研是指企业运用科学的方法和手段,对企业的营销环境及其发展趋势进行有目的、有计划的调查研究,为市场预测和企业营销决策提供依据。

市场营销调研实质上就是取得和分析整理市场营销信息的过程。市场信息作为除资金、原料、机器和人才之外的第五项资源,在企业营销中具有举足轻重的地位。市场营销调研是企业营销的基础,认真做好这一工作,对于企业把握消费者需求,制定正确的产品、价格、分销渠道和促销策略,选择目标市场,保持和扩大市场占有率,达到企业的营销目标都具有重要作用。

因此，无论西方国家，还是我国的许多企业都十分重视市场营销调研，十分注意运用先进的信息技术和信息手段，建立自己的信息系统和信息网络，为企业提供最新的市场信息及其分析，给企业带来巨大效益。美国的企业，通常将销售额的 0.02%—1% 作为营销调研的预算。

（二）市场营销调研的类型

根据调研目标的不同，市场营销调研大致可分为以下三种：

（1）探索性调研。指企业对需要调研的问题尚不清楚，无法确定应调查哪些内容，因此只能搜集一些有关资料分析其症结所在，再作进一步调研。其所要回答的问题主要是"是什么"。

（2）描述性调研。指通过调研如实地记录并描述，如某种产品的市场潜量、顾客态度和偏好等方面的数据资料。其所要回答的问题主要是"何时"或"如何"。

（3）因果分析调研。即为了弄清原因与结果之间的关系调研，如研究降价 10% 能否使销售额上升 10%。它所要回答的问题主要是"为什么"。

一般来说，应先进行探索性调研，然后再进行描述性调研或因果分析调研。

（三）市场营销调研的内容

市场营销调研的内容主要有以下几方面：

（1）市场调研。市场调研的目的是为了了解市场状况，发现企业的潜在市场，为企业今后制定市场营销策略提供可靠的资料。市场调研的内容包括：经济形势和货币稳定情况、市场销售潜在容量、市场供应量、进出口量及其发展趋势。

（2）消费者调研。消费者需求是企业一切活动的中心和出发点。因此，营销调研应该以消费者为重要内容，其调研的主要内容有：消费者数量、消费者的地区分布、消费者的购买动机与购买行为、消费者的品牌偏好、消费者购买数量，以及消费者对本企业产品的设计、性能、包装有哪些改革要求等。

（3）产品调研。产品调研的目的是能够按消费者的需要不断推出新产品，其调研内容有：产品设计、产品功能及用途、产品品牌或商标、产品包装、产品的生命周期、产品销售服务及产品开发。

（4）价格调研。价格调研的目的是为了制定正确的定价策略，调研内容有：影响企业定价的因素、产品需求弹性、不同的价格策略对产品销售的影响及新产品价格策略。

（5）销售渠道调研。企业需要了解中间商情况，建立合理的销售渠道来完成企业营销目标。销售渠道调研主要内容是中间商的信誉及实力，以及需要多少个中间商。

（6）促销手段调研。通过对广告及其他促销手段的调查，可以制定本企业产品的最佳促销策略。调研内容一般包括广告媒体、广告效果、广告费用、推销人员分配情况，以及如何选择推销方式。

（7）竞争状况调研。企业要在市场上站住脚，保持和扩大市场占有率，必须对市场竞争情况进行调查，包括竞争对手的市场占有率、产品特点及服务特色等。

（8）宏观环境调研。社会的经济、政治、文化环境对企业营销具有不同程度的影响，因而也是营销调研的重要内容。具体包括：国家经济发展状况对市场的影响，政府的有关方针、政策和法令等对市场的影响，世界政治环境对国内市场的影响，本地区民族构成、宗教信仰、教育程度、文化水平的状况对消费者的影响。

二、市场营销调研的程序

市场营销调研要取得成功,从而能够及时、准确、经济地提供市场营销信息及其分析,必须遵守合理的调研程序。市场营销调研一般要经过五个步骤:确立调研目标、制定调研计划、搜集信息、分析信息、提出调研结论,如图4-2所示。

图4-2 营销调研程序

(一)确立调研目标

市场营销调研是一项有目的的活动,调研的第一步要求确立调研目标。市场营销调研的问题很多,调研人员应从实际出发进行全面分析,根据问题的轻重缓急列出调研问题的层次,将企业经营中迫切需要解决的问题放在首位,作为市场营销调研要解决的问题。问题调研的侧重点可以多种多样,这就要求企业对问题规定要适合,既不要太宽,也不要太窄。

在调研问题明确后,应确立具体的调研目标。即在探索性调研、描述性调研和因果性调研三种目标之间作出选择。调研目标很重要,它决定了调研的项目和内容。选择调研目标时,还需考虑费用能否得到支持。

(二)制定调研计划

调研目标确定后就要制定调研计划,这是市场营销调研的第二步。调研计划是指导市场调研工作的总纲,一个有效的调研计划应包括以下几方面的内容:信息来源、调研方法、调研工具、调研方式、调研对象、费用预算、调研进度、培训安排等,见表4-1。

表4-1 调查计划内容

调查计划	
信息来源	第二手资料、第一手资料
调研方法	询问法、观察法、实验法
调研工具	调查表(问卷)、仪器设备
调研方式	重点调查、抽样调查
调研对象	(具体)
费用预算	劳务费、问卷费、差旅费、设备使用费
调研进度	(具体)
培训安排	(具体)

(三)搜集信息

调研计划得到批准后,调研人员就可以执行调研计划。营销调研的重要任务是搜集信息,这是市场营销调研的第三步。具体工作如下:

(1)确定资料的来源。搜集第一手资料时,应明确资料是来源于用户、中间商、企业推销员,还是企业协作单位、同行竞争对手或专家等。搜集第二手资料时,应明确资料是来源于企业内部的报表资料、销售数据、客户访问报告、销售发票、库存记录,还是来源于国家机关、金融机构、行业组织、市场调研或咨询机构发表的统计数字,或院校研究所的研究报告、图书馆藏书或报纸杂志。

(2) 确定搜集资料的方法。搜集第一手资料应明确是采用访问法、观察法或实验法,还是多种方法并举。搜集第二手资料时,也应明确采用何种方法,如直接查阅、购买、交换、索取或通过情报网委托搜集。

(3) 设计调查表或问卷。搜集第一手资料时,一般需要被调查者填写调查表或问卷。其设计合理与否,直接关系到资料的准确性。因此,必须设计出合理、规范的调查表或问卷。

(4) 抽样调查设计。企业在市场调研中普遍采用抽样调查,即从被调查的总体中选择部分作为样本进行调查,再用样本特性推断总体特性。为了科学地进行抽样调查,必须设计出合适的抽样方法和样本容量。

(5) 现场实地调查。组织调研力量,采用各种方式到现场获取资料。现场调查工作的好坏,直接影响到调研结果的正确性,必须由经过严格挑选并加以培训的调查人员按规定进度和方法搜集所需资料。

(四) 分析信息

分析信息是市场营销调研的第四步,其主要目的为:分析得到信息的渠道是否可靠,分析信息内容的准确性,分析信息间的相互关系和变化规律。信息分析的一般过程包括整理审核、分类编码、统计制表。

(1) 整理审核。整理审核是为了发现资料的真假和误差,达到去伪存真的目的。对调查资料要检查误差,审核调查资料是否可靠。

(2) 分类编码。分类编码是为了使资料便于查找和利用。将调查资料按一定标准先进行分类,再进行编号。

(3) 统计制表。统计制表是通过表格形式表示各种调查数据,反映各种信息的相关经济关系或因果关系。经过制表的调查资料针对性强,便于研究和分析,提高了调查资料的适用性。

(五) 提出调研结论

市场营销调研的最后步骤是对营销调研结果作出准确的解释和结论,撰写成营销调研报告。调研报告是对问题的集中分析和总结,也是调研成果的反映。营销调研报告可以分专题报告和综合报告两类。

(1) 撰写调研报告应掌握的原则。是:① 内容真实客观;② 重点突出而简要;③ 文字简练;④ 应利用易于理解的图、表说明问题;⑤ 计算分析步骤清晰,结论明确。

(2) 营销调研报告的内容。包括:① 调查过程概述,亦称摘要;② 调查目的,又称引言;③ 调查结果分析,它是调查报告的正文,包括调查方法、取样方法、关键图表和数据;④ 结论与对策;⑤ 附录,包括附属图表、公式、附属资料及鸣谢等。

三、市场营销调研的方法

营销调研方法选择是否合理,将直接影响调研结果。为此,合理选用调研方法是营销调研工作的重要环节。依据信息来源不同,可分为实地调查法和资料调查法两种类型。

(一)实地调查法

实地调查法是针对第一手资料,是直接取自调研对象的原始资料的搜集方法。基本方法有询问法、观察法、实验法。

1. 询问法

询问法是以询问的方式搜集市场信息,是通过向被调查者提出问题,以获得所需信息的调查方法。按调查者与被调查者之间的接触方式的不同,询问法可分为走访调查、信函调查和电话调查三种基本形式。

(1) 走访调查。走访调查是调查者走访被调查者,当面向被调查者提出有关问题,以获得所需资料。走访调查根据调查者和被调查者人数的多少,可分为个别走访和小组座谈等形式。走访调查的优点是:

第一,真实性。走访获得的资料,其真实性较高,回答率也较高。

第二,灵活性。走访调查时,可以按调查问卷发问,也可以自由交谈;可以当场记录,在取得被调查者同意后,也可录音;如发现被调查者不符合样本要求,可立即终止访问或在统计时予以删除。

第三,直观性。走访调查可以直接观察被调查者所回答的问题是否客观、准确,而其他询问调查方法则无观察核对的机会。

第四,激励性。有些被调查者对走访调查甚感兴趣,因为有向他人发表意见的机会,以达到个人情绪上的满足,或与他人讨论问题以获得知识上的满足,具有激励效果。

走访调查也有缺点,如调查费用较高,被调查者有时受调查者态度、语气等影响而产生偏见等。

(2) 信函调查。信函调查是调查者将所拟订的调查表通过邮局寄给被调查者,要求被调查者填妥后寄回。此法的优点是:调查范围较广泛;被调查者可以不受调查者的影响,没有偏见;调查费用较低;被调查者可以有充分的时间考虑作答。信函调查的缺点是:回收率低;时间花费较长;填表者可能不是目标被调查者,致使真实性差;回答问题较肤浅。

(3) 电话调查。电话调查是调查者根据抽样要求,在样本范围内,用电话按调查问卷内容询问的一种方法。此法的优点是:迅速及时;资料统一程度高;对有些不便面谈的问题,在电话调查中可能得到回答。电话调查的缺点主要是对问题不能深入进行讨论分析,调查经常受到限制。

2. 观察法

观察法是指调查者在调查现场观察,或借助一定设备观察被调查者行动的一种调查方法。此法的特点在于被调查者并不感到他正在被调查。

观察法用于市场调查有以下几种形式:

(1) 顾客动作观察。例如,某电视机厂的调查人员,亲自观看用户选购电视机的情况,观察吸引用户购买有哪些事项,以便提出改进措施,扩大销售。

(2) 店铺观察。通过站柜台或参加展销会、试销会、订货会,观察商品购销情况、同行业同类产品发展情况,以获得所需资料。

(3) 实际痕迹测量。即观察某事物留下的痕迹。例如，在几种报纸上做广告，广告下面有一张条子或表格，请读者阅后将条子或表格剪下寄回企业，企业从回条中可知，哪种报纸上刊登广告最为有效。

观察法的优点是被调查者的一切动作均极自然，所搜集的资料准确性较高。其缺点是不能了解被调查者的心理感受，有时需要作较长时间的观察才能得到结果。

3. 实验法

实验法是从影响调查问题的若干因素中，选择一两个因素，将它们置于一定的条件下进行小规模试验，然后对实验结果作出分析，研究是否值得大规模推广的一种调查方法。例如，在影响销售量的几个因素中，企业可根据需要选择包装和价格两个因素进行试验，也可以选择促销活动和广告宣传等。通过实验能直接体验营销策略的效果，这是其他方法所不能提供的。

实验法尤为适用于商品在改变品种、包装、价格、商标、广告策略时的效果测定。需要注意的是企业采用实验法时，实验时间不宜过长，否则会影响正式推出时的效果，被竞争对手模仿，或采用抵制性的措施等。对于新产品应用实验法，目前已创造出不少方式，有：

(1) 试用。即将试制的新产品送给有关单位或人员试用，用户将使用情况反馈给企业，这有利于生产单位提高产品质量和进行销售预测。

(2) 试销。企业先生产一小批产品，有计划地投放预定市场，摸清销路，再决定生产方式、生产规模。试销可在企业的门市部进行，也可以在企业委托的商店进行。

上述三种实地调查方法，究竟采用哪一种或结合使用，主要视调查的问题或所需要资料而定。例如，要调查消费者的态度，则以采用询问法为好；要介绍新产品或改变老产品的包装、价格等，则以采用实验法为好；要客观了解用户对产品的注意、偏好情况，则以采用观察法为好。

(二) 资料调查法

资料调查法也称文案调查法，是针对第二手资料，对现成的市场信息资料的搜集方法。

1. 资料调查的优点

市场营销调研一般是首先考虑运用资料调查法搜集第二手资料。因为实地调研法虽有利于企业获得客观性、准确性较高的资料，但其周期较长、花费较大，而资料调查法则可以以较快的速度和较低的费用得到第二手资料。因此，资料调查一般是市场调研必不可少的前道工序。只有当资料调查不能充分满足资料需要时，才应考虑采用实地调查。当然，资料调查也有不足，主要的不足就是适时性差。资料调查的运用，要注意了解和掌握所搜集资料的作用和信息来源。

2. 资料调查的作用

(1) 为实地调查提供背景资料。实地调查前，需要对整个形势有充分认识，这在很大程度上依靠第二手资料来提供。

(2) 某些情况下可替代实地调查。例如在新产品开发调研中，用第二手统计数据和新、旧产品技术性能数据进行对比分析后，有时也能得出调研结论。

（3）为调查有关市场提供资料。如果有许多细分市场在考虑之列，在通过代价很高的实地调查去了解这些市场以前，资料调查可以提供充足的信息来确定最有希望调查的市场。

（4）可用于市场趋势分析和对总体参数的估算。因为实地调查通常用抽样的方法进行，用这种方法对了解总体参数有困难。例如，要了解市场总的潜量有多少，就要用市场统计资料来提供情况，然后用趋势分析的方法来推算总体。

（5）可以为企业营销决策提供依据。在许多情况下，现成资料比实地调查的资料作用大得多，企业的营销决策需要了解企业概况，如历史沿革、财务结构、生产技术以及职工现状，它们主要通过企业的统计资料来反映的。

3. 资料调查的信息来源

资料调查是对第二手资料进行搜集，第二手资料的来源主要有内部资料和外部资料。内部资料主要是企业内部市场营销信息系统所搜集的资料，外部资料是企业外部的单位所持有或提供的资料。

搜集二手资料时，应注明资料是来源于企业内部的报表资料、销售数据、客户访问报告、销售发票、库存记录，还是来源于国家机关、金融机构、行业组织、市场调研或咨询机构发表的统计数字，或院校研究所的研究报告、图书馆藏书、报纸杂志。

四、市场营销调研的工具

市场营销调研仅有方法还是不够的，必须借助科学的调研工具——抽样调查和调查问卷。为了保证市场营销调研的有效性，市场调查工作需要做好抽样调查设计和调查问卷设计两个技术性问题。

（一）抽样调查设计

在市场调查过程中，由于市场范围大，调查对象复杂，使得采用全面调查这种方式难以实施。故在通常情况下，采用非全面调查——抽样调查的方式进行营销调研。抽样调查是指从局部的调查中，得出有关整体的结论。局部调查的对象称为样本，从中抽取样本的那个整体叫做总体。通过对样本的调查，可以用样本的特性来推断总体的特性。例如，一家化妆品生产企业打算对商店进行一次调查，以测定经销商对其产品的潜在兴趣，那么，它调查的总体就是所有化妆品商店，样本则是能代表这一目标市场所有销售化妆品的商店（总体）的典型代表。

抽样调查设计是采用抽样调查必须掌握的一个重要技能。由于抽样调查是根据样本的特征推算总体的特征，因此抽样调查设计是否科学、合理，直接关系调查结果的准确性。抽样调查设计包括以下三项内容。

1. 抽样对象设计

一个适当的抽样对象并不总是很明显的。例如，要想了解家庭购买家具的决策过程，究竟调查丈夫、妻子，还是全体家庭人员？对此，调研人员要认真作出选择。

2. 样本大小设计

大样本当然比小样本提供的结果更可靠，但大样本的调查成本高，而且往往没有必要。只要抽样方法正确，即使样本不足总体的1%，也同样能提供可靠的调查结果。因

此,确定样本大小时,既要考虑样本的足够代表性,又要考虑费用和时间的节约。样本大小一般与以下两类因素有关:

(1) 调查总体特性的差异。当总体特性差异不大时,样本数目可少一些;相反,当总体特性差异很大时,样本数量就要多一些,否则,误差会过大。例如,调查零售商店的销售量,如果所调查的商店其销售量差异不大,选取少数样本即可;如果销售量差别很大,就需要选取较多的样本。

(2) 调查结果的准确度。一般而言,调查所要求的准确度越高,所需选择的样本数量就越多;反之,就可少一些。

3. 抽样方法设计

抽样方法设计可以对随机抽样和非随机抽样这两类方法进行考虑和运用。

(1) 随机抽样。随机抽样是指总体中每一个个体都有机会被选作样本。随机抽样完全排除人们的主观选择,因而代表性强。其优点是可以通过设计分析,估计出样本的代表性程度,从而可确定由样本调查结果推算总体特征时产生的误差大小。这种抽样误差在抽样调查中是难以避免的。随机抽样虽然可以判断抽样误差,但费时费钱,不太方便,因而仅在定期市场调查中使用。随机抽样的常用方法有以下两种:

第一种,简单随机抽样。即总体中每一个个体都有均等的机会被选作样本。简单抽样一般要先给总体中的每一个个体都分别编号,然后采用抽签(包括用机器摇出号码或掷骰子)或查乱数表的方法,随机抽取编号,编号所代表的个体即为样本,直到从总体中抽取的样本达到事先规定好的数量。

第二种,分层随机抽样。即对总体按一定特征分组,然后从各组中随机抽取一定数量的样本。分层抽样并无一定的标准,这要根据调查的目的和要求而定。例如,调查企业或商店时,可按销售额分层,也可按职工人数分层;调查消费者时,则可按收入、家庭人口数、年龄、教育程度等分层。

(2) 非随机抽样。非随机抽样是指在总体中不是每一个个体都有机会被选作样本。非随机抽样是根据一定的标准来选取样本的,总体中每一个个体抽取的机会是不相等的。其不足是无法估计抽样误差,所以应用范围是受限制的。一般在对调查总体没有足够了解的情况下,或当总体太大时,可采用非随机抽样。非随机抽样虽不能判断抽样误差,但它省钱省时、应用方便,因而在市场调查中常被应用。非随机抽样的常用方法有以下三种:

第一种,任意抽样。即调查人员根据方便,任意选择样本。例如,在街上任意找几个行人询问其对某产品的看法和印象。此方法调查结果的误差很大,但由于简便、省钱,因而在市场调查中常被采用。

第二种,判断抽样。即调研人员根据自己或专家的经验,来判断有哪些个体作为样本。此方法运用时,要求判断者必须对总体特征有充分的了解。选择样本如果发生判断偏差,则极易产生抽样误差。一般而言,判断抽样法通常适用于总体的构成单位极不相同,而样本数很小的情况。

第三种,配额抽样。即先将总体分组,并规定各组的样本配额,然后由调查人员按照每一组的配额,用判断抽样的原则决定具体样本。配额抽样实质上就是分层判断抽样法。

(二) 调查问卷设计

市场营销调研本质上是一种信息沟通。调查问卷是市场调查基本的、有效的调查工具，它可以作为调研人员与被调查者之间信息沟通的桥梁。调查问卷主要用于第一手资料的搜集。

调查问卷或称调查表，是由向被调查者提问并征求意见的一组问题所组成。调查问卷设计就是根据调研目的，将所需调研的问题具体化，使调查者能顺利地获取必要的信息资料，并便于统计分析。问卷设计质量的高低，将直接影响问卷的回收率，影响资料的真实性和实用性。为此，要求调研人员仔细地研究问卷，掌握问卷设计的技能。

1. 调查问卷的内容

调查问卷通常由三个部分构成，即被调查者项目、调查项目和调查者项目。

(1) 被调查者项目。主要包括被调查人的性别、年龄、文化程度、职业、家庭状况等。这些项目的设置目的主要是便于日后查询，有些项目对分析研究也很有用处。例如，不同的年龄、性别、职业等对不同的商品有不同的需求，对研究不同消费者构成有一定参考价值。应根据调查目的，有针对性地选择被调查者项目。

(2) 调查项目。是将所要调查了解的内容，具体化为一些问题和备选答案，两者组合就是调查项目。通常，在所列项目中，要给出若干个答案供被调查者选择填写。

(3) 调查者项目。主要包括调查人员的姓名、工作单位及调查日期等。这些项目主要为明确责任和方便查询而设。

2. 调查问卷的结构

调查问卷的结构可分为三个部分：① 表头，作为问卷的开头语，说明调查的目的和意义，以及感谢被调查者的合作；② 表体，是调查问卷的正文，即被调查者项目和调查项目；③ 表脚，包括填表说明、必要的注释和调查者项目等。

3. 调查问卷的类型

调查问卷可以分为开放式问卷和封闭型问卷。

开放式问卷是指问卷所提的问题没有事先确定答案，由被调查者自由回答。这类问卷可以真实地了解被调查者的态度与情况，但调查不易控制，五花八门的答案很难归纳统计。

封闭型问卷是指问卷内的题目调查者事先给定了可供选择的答案或范围。这些问卷虽然呆板，但便于归纳统计。在问卷调查中，用得较多的是封闭型问卷，尤其在拦截式调查中只能运用这种类型的问卷。

4. 问卷设计的原则

(1) 必要性原则。调查问卷的设计是为了取得满意的结果，因此，除属于引导启发答复的问题以外，所列项目都应是调查课题所必需的。

(2) 准确性原则。所提问题的界限要明确，提问用词要准确，要避免使用含糊不清、过于专业化的语句。同时，一个项目只能包含一个层次的内容，否则会影响被调查者对问题的正确理解以及答案选择的准确性。

(3) 客观性原则。所提问题要客观，不要提出一些带有引导性和倾向性的问题。即不要提出带有向被调查者提示答案方向或暗示调查者观点的问题。

(4)可行性原则。对所提的问题,被调查者能够根据常识或经验选择答案,而不是依靠其记忆或计算作答。提问的设计可适当安排少量趣味性问题,以融洽一下调查气氛。对令人困窘且调查又必要的问题,应设计"间接引问句"。提问的设计要注意逻辑性与顺序性,即所有项目应按其内容的逻辑联系顺势排列,提问可按先易后难顺序排列。

总之,若能设计出一份简短、明了、可行的市场调查问卷,就能收到事半功倍的调研效果;反之,调查问卷设计疏忽或不妥,即使调研人员历尽千辛万苦,也难以获取必要的可靠信息。

第三节 市场营销预测

市场营销预测是指企业在市场营销调研获得一定信息资料的基础上,针对企业的实际需要,运用一定的科学方法和预测模型,预测未来一定时期内市场需求及变化趋势,为企业营销决策提供科学依据的一系列活动。市场营销预测是营销决策过程的重要阶段,企业营销必须研究市场营销预测。

一、市场营销预测的作用

营销预测、营销调研、营销决策三者是紧密相连的,营销调研是营销预测的基础,营销预测是营销决策的依据,营销调研和预测的目的都是为了提高企业营销决策的科学性和精确性。市场营销预测的作用主要体现在以下几方面。

1. 营销预测为企业战略性决策提供依据

通过营销预测,可以对消费者需求和消费者行为等变化趋势作出正确的分析和判断,确定企业的目标市场。通过营销预测能够把握市场的总体动态和各种营销环境因素的变化趋势,从而为企业确定资金投向、经营方针、发展规模等战略性决策提供可靠依据。

2. 营销预测是企业制定营销策略的前提条件

企业营销的最终目的是为了获取利润。企业要实现自己的利润目标,就需要在产品、定价、分销、促销、原料采购、库存运输、销售服务等方面制定正确的营销策略。然而,正确的营销策略制定取决于相关市场情况的准确预测。

3. 营销预测有利于提高企业的竞争能力

在当前激烈的市场竞争中,企业与竞争对手的优劣势是在不断变化的。通过及时、准确的预测,企业就能掌握市场发展和变化的规律,以便企业扬长避短、挖掘潜力,适应市场变化,提高自身的应变能力,增强竞争能力。企业不仅应预测自己产品的市场份额,还应预测市场同类产品、替代产品等未来发展趋势。同时,还必须预测竞争对手产品、市场的发展趋势,以便企业采用相应的竞争策略。

二、市场营销预测的特点

市场营销预测在企业营销决策中之所以具有这么重要的作用,是由其自身特点决定的。市场营销预测具有以下特点。

1. 连贯性

营销预测具有一定的连贯性。连贯性是指把未来的发展同过去和现在联系起来。市场是一个连续发展的过程,未来的市场是在现在市场的基础上发展起来的。因此,人们可以依据搜集到的过去和现在的市场资料推出将来的市场变化。

2. 相关性

市场需求的变化和国民收入水平、市场价格变动指数、消费需求结构等因素密切相关,存在着相互制约、相互依存的关系。这一特点可使人们通过影响市场需求的各项变化因素,来预测市场需求量的增减。

3. 类推性

营销预测具有类推性。类推性是指市场上各事物之间存在某种类似的结果和发展模式。所以,人们就可以根据已知事物的某种类似的发展模式,类推未来某个预测目标的发展模式。

三、市场营销预测的内容和类型

(一) 营销预测的内容

凡是能够影响企业营销的各种因素都应属于预测之列,为此,营销预测的内容十分广泛。一般情况下,营销预测有以下主要内容。

1. 市场需求潜量的预测

市场需求潜量是指在一定时期和特定区域内,全体买方对某项商品的最大可能购买量。通过对市场需求潜量的预测,企业就有可能掌握市场的发展动态,以便合理地组织自己的经营活动,如确定目标市场、筹措资金、订购原料、规划生产等。

2. 企业销售的预测

企业销售预测是企业对生产的各种产品销售前景的判定,包括对销售的品种、规格、价格、销售量、销售额、销售利润及其变化的预测。通过销售预测,了解消费者需求的新动向,研究开拓市场,这是企业制定和实施价格策略,选择分销渠道和销售促进策略的重要依据。

3. 市场占有率的预测

预测本企业所经营的商品销售量在整个市场商品销售总量中所占的比例,这就是通常说的市场占有率的预测。企业从市场占有率增加或减少的预测中,可以判断市场需求、市场竞争和企业经营发展状况,采用相应的市场竞争策略,保证企业经营目标的实现。

4. 企业所需资源的预测

企业经营需要的资料主要是物质资源。通过对所需资源的预测,可以对资源的市场供应状况及其变化趋势、降低资源消耗的可能性、资源的价格变化、代用材料发展状况等进行准确判断,以便企业根据自身能力,合理地进行生产布局,搞好新产品开发或老产品改造。

(二) 营销预测的类型

从不同角度考察,市场营销预测可分为不同的类型。按预测的范围,可划分为总体预测和具体预测;按预测的时间,可划分为长期预测、中期预测、短期预测和近期预测;按预测的方法,可划分为定性预测和定量预测。

1. 总体预测和具体预测

总体预测涉及面广,它是粗线条、综合性地对总体或总量的预测。例如,企业对国内某一地区总体市场状况的预测等,其目的是了解该市场总体供求情况,为企业确定经营方向、制定营销战略规划提供依据。

具体预测涉及面窄,是较细致、专业性地对个体或分项的预测。例如,企业对自己产品销售量的预测,或对自己产品市场生命周期的预测等,其目的是为企业制定相应的营销策略提供依据。

2. 长期预测、中期预测、短期预测和近期预测

长期预测(5年以上的预测)、中期预测(1—5年的预测)、短期预测(一季度至一年的预测)和近期预测(一周至一季度的预测)。实际上,期限并无统一的标准,不同的企业对时间界限的划分是不尽一致的。

3. 定性预测和定量预测

定性预测又称质的分析,是以人们的直觉或经验作出主观判断,粗略地预见事物的发展趋势,或估计出一个概数。定量预测是根据调查得到的数据资料,运用数学方法对未来市场营销变化作出量的估计。在营销预测实际工作中,往往要求将两类方法结合运用,才能得到科学、准确的预测数据。

四、市场营销预测的程序

市场营销预测应遵循一定的工作程序,有计划、按步骤进行,才能收到良好的效果。营销预测程序的主要步骤如下。

1. 确定预测目标

确定预测目标就是明确要预测什么,达到什么目的。预测目标一般是根据企业要解决的问题去确定的,包括预测的项目(即要解决的具体问题)、地域范围要求、时间要求、各种指标及其准确性要求等。预测目标是进行其他预测工作的依据。

2. 分析整理资料

根据预测目标进行市场调查,对市场调查所搜集的资料进行认真的核实与审查,去粗取精、去伪存真,并进行归纳分类、分析整理,分门别类地编号保存,力争使之系统、完整、准确,为营销预测做好资料准备。

3. 选择预测方法

根据预测目标和资料情况,选择可行的预测方法。在营销预测过程中,仅仅使用一种方法进行预测不太多见,也不太可靠。通常,企业以定性和定量的预测方法同时进行预测,或以多种预测方法互相比较印证其预测结果,这样可使预测的准确度提高。

4. 建立预测模型

进行定量预测时,往往要建立预测模型。预测模型是以数学方程式表达的各种变量之间的函数关系,它抽象地描述企业市场营销活动中各种因素、现象之间的相互关系。根据预测模型,运用数学方法,或借助于电子计算机,作出相应的营销预测。

5. 编写预测报告

对预测结果进行检验、评价之后，应编写预测报告。一般要求营销预测结果简单、明了，并要求对预测过程、预测指标、资料来源等作出简明的解释和论证。报告应及时传递给决策者，以便营销决策之用。

五、市场营销预测的方法

市场营销预测的方法很多，归纳起来可分为定性预测方法和定量预测方法。预测方法运用很具体，内容很多，可以作为一门独立的学科进行具体阐述，所以本书只作简单介绍。

(一) 定性预测方法

定性预测方法是指通过市场调查，依据调查数据和直观材料，结合人们的经验加以综合分析，作出判断和预测的一种方法。它是以市场调研为基础的经验判断方法。定性预测方法的主要优点是：简便易行，一般不需要先进的计算设备，不需要高深的数学知识准备，易于普及和推广。但因其缺乏客观标准，往往受预测者经验、认识的局限，而带有一定的主观片面性。因此，定性预测方法一般适用于资料缺乏的情况，如新产品市场销售趋势预测等。定性预测的具体方法有以下几种。

1. 厂长（经理）评判预测法

由企业的厂长（经理）把与营销有关或熟悉市场情况的各部门主管人员（包括市场营销、生产、产品开发与研究、财务等副厂长或副总经理）召集起来，让他们对未来的市场发展趋势或某一重大营销问题提供情况、发表意见、作出判断。然后，厂长（经理）将各种意见汇总，进行分析研究、综合处理，得出预测结果。

这种方法的优点是简单、迅速、及时、经济。如果能发挥管理层集体的智慧，则预测结果有一定可靠性，不需要大量统计资料，适合于不可控因素较多时的营销预测，若市场情况变化，可及时修改。但是，这种预测极易受主观因素影响，尤其易受权威人士的影响，若使用不当，往往会造成重大决策失误。

为此，运用这种预测方法要求：① 预测前，厂长（经理）必须熟悉营销环境因素的变化趋势，如产业结构、政策与法规、消费需求、科技与竞争、环境保护及企业内部等因素的变化态势；② 厂长（经理）必须精通预测的科学原理、方法与程序，能从各种意见信息中，科学地筛选出有效信息，从而作出正确结论；③ 参与人员至少应熟悉营销的某一方面情况；④ 在讨论中，必须发扬民主精神，创造良好的讨论气氛；⑤ 可以采用加权平均法，即对不同人员的评分给予不等的权数。此种方法通常用于营销方向性问题的粗略预测，可作其他预测方法的补充。

2. 营销人员意见预测法

营销人员包括销售、采购、促销、市场调研等人员。由于他们直接参与各种营销活动，所以对顾客、协作者和竞争厂家等的情况及其变化动向比较了解，特别对自己负责的营销范围内的情况更为熟悉。因此，综合他们的意见所作的预测有一定的价值。

这种方法的优点是在市场因素剧烈变动时，企业能较快地作出反应，并可综合参考其他营销因素，作出近似实情的预测。但是，一般情况下，这种预测结果需进一步修正。

因为:① 直接营销人员的判断往往易受最近营销成败的影响,而过于乐观或悲观;② 直接营销人员可能对社会经济的影响因素和发展趋势或对企业营销整体规划不甚了解;③ 为使自己下一年度的营销效果超出计划标准,以获取额外利益或奖励,直接营销人员可能会故意夸大营销风险,压低预测效益。以上都可能给预测带来一定的偏差。

此种方法尽管有以上不足,但仍为人们所利用。对于产品的开发与市场定位、目标顾客的反应与需求变化、价格与销售量变化、广告媒体选择等方面的预测,将此法配合其他预测手段,可使预测结果比较可靠。

3. 专家意见预测法

通过征求有关专家意见来求得预测值的方法,包括以下三种具体形式:

(1) 小组讨论法。即召开专家会议集体讨论,作出预测。这种方法可以发挥集体智慧,在讨论中互相交换意见,取长补短。

(2) 单独预测集中法。即由每位专家单独提出预测值,然后由专项负责人将各专家意见综合起来得出结论。这种方法可以充分发挥个人智慧和经验。

(3) "德尔菲"法。即通过邮寄问卷的方式,征询专家的匿名预测意见,将意见的初步结果综合整理,当专家预测意见趋于一致时,对最后一轮征询预测问卷进行统计整理,得出预测结果。德尔菲法的优点在于:① 真实性。专家们是以匿名方式用函件与组织者联系,不发生横向联系,不知名,不知别人的意见是什么,因此可使预测结果真实、客观。② 系统性。由于专家们通常掌握着大量信息,能系统地考虑各种因素,因此能够作出比较准确的预测。③ 科学性。预测者用统计方法归纳处理预测结果,使预测消除主观因素的影响,这种科学的预测程序与方法使预测结论更为客观。

(二) 定量预测方法

定量预测方法是依据市场调研所得出的比较充足的历史统计资料,运用数学特别是数理统计方法,建立预测模型,对市场未来发展作出预测结果的一种方法。又称数量预测方法或统计分析预测法。运用定量预测方法,一般需具有大量的统计资料和先进的计算手段。定量预测方法大致可分为时间序列预测方法和因果分析预测方法,简要介绍如下。

1. 时间序列预测法

时间序列是指将某种经济统计指标的数值,按时间先后顺序排列所形成的序列,如按月份或年份排列的产品销售量。时间序列预测法是指通过编制和分析时间序列,根据时间序列所反映的发展过程、方向和趋势,加以外推或延伸来预测下一时间周期所能达到的水平。许多事物的发展都存在惯性,即延续性。这种延续性使时间序列预测方法具有广泛应用的基础。例如,某种产品的市场占有率、季节性商品的变动周期等,常常会在一定时期内保持其基本特性延续不变。正是这种延续性,使时间序列预测方法的应用成为可能。

时间序列预测法有许多具体方法。对于不同的预测对象或预测对象的不同发展趋势,应采用不同的方法。配合不同的曲线,主要有如下几种:

(1) 水平型发展趋势。即预测对象的发展变化表现为围绕某一水平上下波动。对此,应采用一次移动平均法、加权移动平均法或一次指数平滑法进行预测。

(2) 线性变化趋势。即预测对象在各时期的增长量接近于某个常数。与此相对应的预测方法有二次移动平均法、二次指数平滑法和直线趋势法。

(3) 二次曲线趋势法。如果时间序列的二次差接近常数，即每期增长量大致相同，这种趋势称为二次曲线趋势。通常，可采用最小平方法、三点法、三次移动平均法、三次指数平滑法，配合二次曲线进行预测。

(4) 对数直线趋势。当某个时间序列资料各期的发展速度基本相等，或者说资料在一定时期里增加或减少的百分率接近相等时，应配合对数直线趋势进行预测。

(5) 修正指数曲线趋势。这种趋势表现为原始数列初期增长速度快，随后逐渐减慢，并且各期的增长速度大体相等。通常，可用三段法配合修正指数曲线进行预测。

(6) "龚佩子"曲线趋势。"龚佩子"曲线可配合一种常见的发展趋势进行预测。即初期增长速度较慢，随后增长速度渐次加快，达到一定程度后，虽然还有所增长，但增长率降低，终至平复。例如，在新产品试销时期，销售量增长不快，打开市场销路后，销售量迅速增长，达到一定程度后进入相对稳定的成熟期，增长速度又减慢，最后走向衰退，并逐步被更新的产品所取代。

在选择适宜的时间序列预测方法时必须注意，在长时间内保持固定发展趋势不变的时间序列是不存在的。预测者必须不断调查研究新情况和新问题，根据最新资料去修正趋势线或趋势线的参数，并对预测结果进行必要的调整。

2. 因果分析预测法

因果分析预测法是以事物之间的相互联系、相互依存关系为依据的预测方法。是在定性研究的基础上，确定出影响预测对象（因变量）的主要因素（自变量），从而根据这些变量的观测值建立回归方程，并由自变量的变化来推测因变量的变化。因果分析方法的主要工具是回归分析技术，因此又称其为回归分析预测方法。

因果分析预测法的主要依据是相关性原则，即客观事物、各种现象之间往往存在一定的因果关系。例如，商品销售额与商品的价格、居民收入等因素密切相关，这就可利用因果关系建立回归方程进行预测。如果已知商品价格、居民收入的未来值，就可以推测商品销售额的未来值。

在运用这种方法进行预测时，首先要确定事物之间相关性的强弱。相关性越强，预测精度就越高；反之，预测精度就较差。同时，还需研究事物之间的相互依存关系是否稳定。如果不稳定，或在预测期内发生显著变化，则利用历史资料建立的回归模型就会失效。

运用回归方程进行预测的方法主要有以下三种：

(1) 一元回归预测。即分析一个自变量与因变量之间的相关关系，利用一元回归方程进行预测。例如，依据居民货币收入的变化，预测某种耐用消费品的需求量。

(2) 多元回归预测。即分析因变量与若干个自变量之间的相关关系，运用多元回归方程从若干个自变量的变化去预测因变量的变化。例如，依据区域人口、商品价格、工资水平、银行利率的变化，预测某种商品销售量。

(3) 自回归预测。即用因变量的滞后值作为自变量，建立回归方程进行预测。例如，根据消费者目前的食品消费水平，可以预测下一期的食品消费水平。

第四节　市场营销调研技术的实践运用

当今市场竞争日趋激烈,科技日新月异,社会变迁迅速。面对错综复杂的环境,善驭之则利,不善驭之则害。为此,企业必须关注市场营销环境及其变化,注重对市场营销环境的调查研究,使企业成为市场机会的追随者和市场威胁的避免者。掌握市场营销调研技能,对提高和促进企业营销工作具有重要的实践价值。

学习的目的在于运用。为此,要求学生能够把所学的"市场调研技术"运用于营销调研实践活动,让学生走向市场、走进企业,对现今的市场状况进行调查与分析。在实践运用中,理解市场调研专业知识,了解和掌握市场营销调研实践技能。

市场营销调研技术的实践运用,可以抓住主要的六项实践内容:① 确立调研课题;② 制定调查计划;③ 搜集第二手资料;④ 调查问卷设计;⑤ 问卷实地调查;⑥ 问卷整理统计。

一、确立调研课题

市场调研是一项有目的的活动,其第一步工作需要确立调研课题,这是保证市场调研活动正确性、有效性的前提。调研课题确立得准确与否,决定着调研能否取得成效。如果课题确定得不准确,整个调研将是无效劳动。调研课题确立的实践操作如下。

(一) 发现问题

发现问题是确立调研课题的前提。所谓的问题,就是主观与客观的不适应。企业营销存在的问题就是企业营销与市场环境的不适应,如产品质量问题、价格问题、促销方面的问题等。营销问题一般会在产品销售中表现出来。发现问题有多种渠道,可以来自经营者的观察,可以来自信息资料的分析,也可以来自业务部门或用户的反映。

(二) 分析问题

分析问题是确立调研课题的关键。发现问题后,要对问题进行分析。问题的分析要全面,要将企业营销中迫切需要解决的问题放在首位,作为调研解决的课题。确定问题时,注意对问题的界定要适合,既不要太宽,也不要太窄。

调研要解决的问题明确后,应确定具体的调研目标。即判断问题的症结所在,弄清应该调查什么。调研目标的类型有探索性调研、描述性调研及因果性调研,根据调研要求选择调研目标类型。

(三) 确立课题

要把调研目标转化为调研课题。调研目标明确了,就可以有针对性地确定调研课题。首先要根据调研目标内容,概括出调研课题的名称,即标题。课题名称要与调研目标保持一致,且不宜过长,一般不要超过 15 个字,如标题过长,应考虑立副标题。

确立调研课题要注意:① 课题解决的问题必须是企业营销中的关键问题;② 课题的组织必须是企业可控的;③ 课题的完成应该是企业力所能及的。

需要拟定调研提纲。调研课题还需确立具体内容,即调研提纲。营销调研提纲的一般内容有五大部分：① 市场状况分析；② 消费者分析；③ 竞争者分析；④ 宏观营销环境分析；⑤ 企业营销机会与对策分析。

二、制定调研计划

制定调研计划是营销调研的第二步。调研计划是指导市场调研工作的总纲，是整个市场调研活动的指导，能够保证整个调研活动有条不紊地进行。

如何制定调研计划？具体的实践操作可以根据调研课题和规划的时间，安排好完成调研所涉及的几项主要内容，见表4-2。

表4-2 市场调研计划几项主要内容

调查项目	市场状况调查	消费者状况调查	竞争者状况调查	宏观环境调查	企业情况调查
资料来源					
调查时间					
调查地点					
调查对象					
调查方法					
调查工具					
费用预算					
调查分工					

（一）确定调查项目

依据课题调研提纲来设置调查项目。影响调研目标的因素都可以成为调查项目，调研项目必然会很多，故要选择与调研主题关系密切相关的项目。营销调研要求对市场状况、消费者购买、竞争对手、宏观环境、企业条件进行分析。因此，调研计划一般有五大调查项目，每个调查项目都有自己的具体调查内容。

（二）确定资料来源

根据调研项目和内容来确定具体资料的来源。营销调研所搜集的资料，可分为第一手资料和第二手资料两种。第一手资料是为当前特定的调研目标而自己亲自搜集的信息；第二手资料是为其他特定的调研目标而搜集的现成的资料，其内容有企业在以往营销过程中搜集、整理，可以运用、保存起来的信息，以及存在于企业外部有关市场营销信息的政府资料、商业资料、行业资料。一般来说，营销调研两方面资料都需要搜集。

（三）安排调查时间

调研组织者要对市场调查活动在时间上作周密的安排。要确定调查的总时间及阶段时间，并规定每个阶段要完成的调查项目。

（四）安排调查地点

调查地点选择在什么地方？是选择一个区，还是一个街道？这些都要根据具体的调查项目来安排。

（五）安排调查对象

面向什么人？确定多少调查对象进行调查？要求根据调查目标来确定具体的调查对象，并可以运用抽样方法确定被调查者人数。经验表明，如果抽样程序和方法科学的话，样本规模(被调查者数量)大体在1%左右，即具有代表性和可靠性。

（六）拟定调查方法

当企业决定需要搜集第二手资料时，可以采用资料调查方法。当企业决定需要搜集第一手资料时，可以采用的方法主要有：询问法、观察法和实验法。一般来说，询问法用得较普遍，但可根据调查项目要求及自身条件来确定具体的调查方法。

（七）拟定调查工具

在搜集第一手资料进行实地调查时，可以使用的调查工具主要是调查问卷，要考虑问卷是否实用。问卷是根据调查目的和内容而设计的调查表。

（八）进行费用预算

调查费用一般包括劳务费、问卷费、差旅费和设备使用费。在编制调查预算时，通常先把某项调查的所有活动或事件都一一列明，然后估算每项活动的费用，最后再汇总。预算仅仅是一种估计，应留一定的余地，即预算金额要有一个上下浮动幅度。

（九）安排调查分工

市场调查一般都是团队集体活动，需要多人合作才能完成工作。在调研计划中，需要根据计划的调查项目进行分工，落实到每个调查人员，来保证资料搜集按时、按质完成。

三、搜集第二手资料

在实践运用中，搜集第二手资料的资料调查法运用较多。资料调查凭借速度快、费用低的优势，有利于信息资料的搜集。如何组织资料调查？在具体的实践操作中，需要注意以下几点。

（一）明确资料调查的要求

(1) 市场调查以搜集第二手资料为主。调研人员一般是先考虑搜集第二手资料，因实地调研法虽有利于企业获得客观性、准确性较高的资料，但其周期往往较长，花费往往较大。而资料调研法，则可以以较快的速度和较低的费用得到二手资料。因此，资料调研一般是市场调研必不可少的基础和前道工序。只有当资料调研不能充分满足需要时，才应考虑采用实地调研法。

(2) "先里后外，由近及远"搜集资料。调研人员搜集资料时，先从容易得手的资料开始。一般来说，企业自己的资料容易搜集，近期资料要比远期资料容易搜集。

（二）资料调查的来源

第二手资料的来源主要有内部资料和外部资料。在现代信息技术发展的时代，资料调查要充分利用互联网搜集信息的优势技术，上网搜集有关资料信息。

1. 企业内部资料

内部资料主要是企业内部营销调研部门与营销信息系统所能够提供的资料，要求熟悉这些资料种类。内部资料主要有：

(1) 营销调研部门汇编的资料。企业调研部门把所作的调研资料做好索引,并归入档案保存起来,调查人员可从保存的资料中直接调用。除此之外,营销调研部门的资料还包括搜集的报纸杂志和其他文献剪报上的有关信息。

(2) 企业信息系统提供的统计资料,如客户订货单、销售额及销售分布、销售损益表、库存情况、产品成本等。从这些信息分析中,可以类推出有关因素的变化情况。

2. 企业外部资料

外部资料是指公共机构提供的已出版和未出版的资料。要求熟悉这些公共机构,熟悉它们所能提供的资料种类。外部资料主要有:

(1) 国家统计机关公布的统计资料,包括工业普查资料、统计资料汇编、商业地图等。

(2) 行业协会发布的行业资料。它们是有关同行业资料的宝贵来源。

(3) 图书馆保存的商情资料。图书馆除了可提供贸易统计数据和有关市场的基本经济资料外,还可以提供各种产品、厂商的更具体的资料。

(4) 出版机构提供的书籍、文献、报纸杂志。出版社出版的工商企业名录、商业评论、统计丛书、产业研究等;许多报刊为了吸引读者,也常常刊登市场行情和一些分析报道。

(5) 银行的咨询报告、商业评论期刊。国外许多大的银行都发行自己的期刊,这些期刊往往有最完善的报道,而且一经索取就可以得到。

(6) 专业组织的调查报告。消费者组织、质量监督机构、证券交易所等专业组织,也会发表统计资料和分析报告。

(7) 研究机构的调查报告。许多研究所和从事营销调研的组织,除了为各委托人完成研究工作外,为了提高知名度,常常发表市场分析报告和行业研究论文。

四、设计调查问卷

在调查实践中,问卷凭借时效性强的优势,有利于第一手资料的搜集。问卷是由向被调查者提问并征求意见的一组问题所组成,搜集的资料真实性和实用性较强,使获取的信息资料有保证;调查问卷还便于资料的整理统计。它是搜集第一手资料最普遍、有效的工具。

如何设计问卷?在具体实践操作中,可以根据调查要求,动手设计一份调查问卷(见表4-3"海尔"热水器调查问卷)。问卷设计要求掌握以下技能。

(一) 问卷的格式

(1) 问卷说明(开场白)。问卷意在向被调查者说明调查的意图、填表须知、交表时间、地点及酬谢方式等,在自填式问卷中一定要有这部分内容。填表说明一定要言简意赅、交代清楚、位置醒目,以便于被调查者了解,消除他们的顾虑,争取他们的积极合作。问卷还应设计问候致谢语,强化情感沟通,引起共鸣。

(2) 调查的问题。这是问卷的核心部分。主要是以提问的形式呈现给被调查者,提问的具体内容视调查目的和任务而定。

(3) 被调查者情况。掌握被调查者情况,是为了便于对调查资料进行归类和具体分析,有些情况本身就是调查的内容。被调查者基本情况有年龄、性别、职业、收入状况、教育程度、婚姻状况、居住地区、家庭人口等。这部分内容应根据不同的调查目的和要求确

表 4-3 "海尔"热水器调查问卷

海尔公司对上海地区热水器拥有量及购买意向的市场调查

本公司以科学方法挑选,您是选中的代表之一。需要听取您的意见,耽误您几分钟的时间,谢谢您的合作。填表注意:对选中的答案,在该答案后的方框"☐"中填写"√"符号。在有"_____"的地方,必要时请填写相应的情况或意见。

1. 您家里有热水器吗?
   A. 有 ☐   B. 没有 ☐
2. 若"有",请回答:
   ① 什么时候购买的?
   A. 1993 年前 ☐   B. 1993—1997 年 ☐   C. 1998—2002 年 ☐
   ② 是什么类型的?
   A. 电热水器 ☐   B. 燃气热水器 ☐
   ③ 是什么牌子及产地? _____
   ④ 使用过程中,最大缺点是:
   A. 比较耗电(气) ☐   B. 不太安全 ☐   C. 易出故障 ☐
   D. 操作不方便 ☐   E. 出水量太小 ☐   F. 其他_____
3. 若"没有",请回答:
   ① 未购买的原因
   A. 收入低 ☐   B. 住房条件不好 ☐   C. 怕不安全 ☐   D. 其他_____
   ② 如您要购买,您喜欢哪种类型的?
   A. 电热水器 ☐   B. 燃气热水器 ☐
   ③ 若要购买,您打算什么时候购买?
   A. 2002 年底前 ☐   B. 2002—2003 年 ☐   C. 2003 年以后 ☐
   ④ 如以下条件不能同时满足您,您最优先考虑选择哪一种?
   A. 省电(气)的 ☐   B. 出水量大的 ☐   C. 操作方便的 ☐
   D. 不易出故障的 ☐ E. 其他_____
4. 被调查人信息资料:
   姓　　名_____   住址_____
   家庭收入_____   居住面积_____平方米
   邮政编码_____   电话_____

   调查员姓名:_____
   调查时间:____年____月____日

定,不需要和无法取得的不宜列入。

(4) 问卷编号。问卷需加编号,以便分类归档和统计,或便于计算机处理。

(5) 调查者情况。在问卷的最后,附上调查人员的姓名、调查日期,以核实调查人员的情况。

(二) 问卷设计的程序

调查问卷的设计程序是否被严格遵循,关系到一张问卷的质量,进而影响调查的效果。调查问卷设计的基本步骤是：

第一步，充分了解调查的目的，确定所要搜集的资料。

第二步，确定提问的方式，是采用开放式提问，还是封闭式提问。一项提问只涉及一项内容。

第三步，确定每个问题的措词。从被调查者的角度，考虑这些问题被调查者是否理解，是否便利被调查者回答。

第四步，确定提问顺序。问题安排的先后要考虑人们的思维习惯，排列发问顺序时尽量把核心的问题放在问卷的前面。

第五步，从总体上设计调查问卷的结构。

第六步，送审与修改。将调查问卷送交有关人员审阅，征求意见，全面修改。

第七步，试调查。可将问卷进行小规模的预试，分析能否获得所需资料，是否有错误和不足，了解试查对象的态度和反应。

第八步，定稿和打印。对试调查暴露出来的问题进行修改，修改后即可定稿，按调查样本数量打印出来，可正式使用。

(三) 问卷提问的方式

调查问卷提问的方式一般有两类，即开放式提问和封闭式提问。

1. 开放式提问

是指问卷所提的问题没有事先确定答案，由被调查者自由回答。这类问卷可以真实地了解被调查者的态度与情况，但调查不易控制，五花八门的答案很难归纳统计。

2. 封闭型提问

是指问卷内的题目调查者事先给定了可供选择的答案或范围。这些问卷虽然呆板，但便于归纳统计。在问卷调查中，用得较多的是封闭型问卷，尤其在街头调查中只能运用这种类型的问卷。

开放式提问设计较为简单，不再作介绍。在此主要介绍的是封闭式提问的设计方式。

(1) 单项选择题。答案是唯一的、排他的。它的优点是答案分类明确，但排斥了其他可能存在的缘由。

例如，你购买方便面最重要的原因是什么？

A. 方便 □　　B. 好吃 □　　C. 便宜 □　　D. 营养 □　　E. 无替代品 □

(2) 多项选择题。答案是多项的。它的优点是较多地了解了被调查者的态度，但统计时比较复杂。

例如，你购买方便面的原因主要有哪些？

A. 方便 □　　B. 好吃 □　　C. 便宜 □　　D. 营养 □　　E. 无替代品 □

(3) 是非题。答案简明清晰，但只适用于不需要反映态度程度的问题。

例如，你是否购买过方便面？

A. 是 □　　B. 否 □

(4) 事实性问题。这种问题便于了解被调查者的行为事实。

例如，你一周购买几次方便面？

□次

(5)"李克特"量表。这种问题是被调查人在同意和不同意之间进行选择。

例如,你认为 A 品牌方便面比 B 品牌方便面的要好吗?

A. 很赞成 □   B. 同意 □   C. 差不多 □   D. 不同意 □   E. 坚决不同意 □

(6)分等量表。这种问题是被调查人对事物的属性从优到劣分等选择。

例如,你认为 A 品牌方便面的口味如何?

A. 很好 □   B. 好 □   C. 尚可 □   D. 差 □   E. 很差 □

(四)问卷设计的注意事项

(1)问卷用语设计。要求语句表达的意思明确,问卷中的每一个提问都应力求用最通顺、简洁、易懂的语句来陈述。

(2)问卷问句设计。问句要求保持客观性,避免有引导的含义,应让被调查者自己去选择答案。问句要有亲切感,并要考虑到答卷人的自尊。

(3)问卷长度设计。问卷的提问数目不能过多,以免引起填表人的厌烦。如是用于街头调查的问卷,应以一页 A4 纸为宜,提问不要超过 10 个,要把填表的时间控制在 5 分钟内完成。

(4)问卷排版设计。要使被调查者看问卷时有舒适感,打印不能小于 5 号字体,以方便被调查者清晰看阅。

五、问卷街头调查

在调研实践中,问卷街头调查凭借实地调查方法的真实性、灵活性、直观性和激励性,可以获得较好的调查效果,是第一手资料搜集的有效方法。

如何进行问卷街头调查? 在市场调查中,街头拦截调查是运用比较多的调查方法,又是较有难度的调查方法。能参加一次街头调查,亲身感受实地调查的体验,收获肯定是很大的,可以掌握市场调查的实践技能,还可以锻炼自己的人际交往能力和语言表达能力。

(一)街头调查的准备工作

(1)对问卷内容全面了解。一般来说,街头拦截调查往往会使被调查者措手不及,这就需要调查者进行说明,介绍调查的目的和内容。为此,调查者必须对问卷内容全面了解,只有熟悉的内容才能清晰、熟练地进行介绍,赢得调查对象的信赖。

(2)相关知识的准备。视不同的调研内容还需要有相关知识的准备。比如说,要进行服装产品的问卷调查,就需要对有关服装的面料、款式、价格、流通渠道等情况有所了解,对调查事物有了先期的认识,有利于在介绍说明时更胸有成竹。

(3)预先观察调查地点。到街头调查地点,实地了解一下那里的环境、人流等情况,判断哪里是做街头调查的好地方。有效调查的地点一般是人流较多的购物休息之处。

(4)检查调查所需的物品。街头调查需要带两支笔、供填写问卷的硬板等。另外,着装也要求整齐些。

(5)了解有关职业规则。值得一提的是,在街头调查中调查人员应明确受访者的权利与调查人员的义务。虽然我们的调查是课程实践教学,但也要遵守有关职业规则。

尊重受访者的权利有:① 自愿;② 匿名;③ 了解调查人员真实身份、目的、手段;④ 对未成年人调查需经监护人同意。

调查人员要遵守以下的义务：① 不能做出有损于市场调查行业声誉或让公众失去信任的举动，不探察他人隐私；② 不能对自己的技能经验与所代表的机构的情况作不切实际的表述，不误导被调查者；③ 不能对其他调查人员作不公正的评价和随意批评；④ 必须对自己掌握的所有调查资料保密；⑤ 在没有充分数据支持下，不能有意散布市场调研中所得结论。

（二）街头调查的具体操作

1. 准确寻找调查对象

用自己的眼睛环顾四周，寻找出可能会接受调查的目标对象。街头人群具体分行走人群和留步人群。留步人群比较好处理，找那些休息或等人的对象，径直走上前去询问他们。如果被拒绝，也要很有礼貌地说："对不起，打扰您了。"

对于小组调查来说，当第一位同学被对方拒绝后，第二位同学可以考虑在 5 分钟以后上前再去询问一次。如果对方依然拒绝，就不能再有第三次询问。

对于行走人群，主要观察对方是否是单人行走、步履缓急，手中是否提过多的物品，神色是否松弛等，来判断愿意接受调查的对象。

2. 上前询问，注意姿态

当调查对象确定后，就应大胆地上前询问。上前询问时，应该缓步侧面迎上，目光应对准被调查者。当决定询问时，应在被调查者右前方或左前方一步停下。

3. 开口询问，积极应对

良好的开始是成功的一半，开口的第一句话很重要，要有准确的称呼、致歉词和目的说明。可以说："对不起先生，能否打搅您几分钟做一个调查吗？"此时，良好心态、笑的魅力、语言表达都应协调地配合在一起。

对于询问，调查对象会有许多种反应：① 不理睬你。这说明他对街头拦截调查极度拒绝，向他致歉就可以结束了。② 有礼貌地拒绝。这时应当针对对方的借口进行回应，对方如说没时间，可以应对说只需一点点时间。最好让对方看看调查问卷，以求调动兴趣。③ 流露出一些兴趣。问你是什么调查，这时要把握住机会，向他解释调查的内容，及时递上笔。只要让对方接笔，一般就能够接受你的调查了。

4. 随步询问，灵活处理

在应对行走人群时，让对方自动停下脚步是一个不错的切入点，说明对方对你有兴趣。如果对方不愿停下脚步，就需要跟随对方走几步，同时用话语力争引起对方的兴趣。切切不可直截了当地要求对方停下脚步。一般跟随对方走出 10 米依然无法让对方停步，就应当终止。

5. 对被调查者信息搜集须加小心

对于被调查者的信息资料，如姓名、年龄、住址、电话等，有时也需要在街头调查中得知。有时调查的目的就是要了解被调查者的基本信息，但这一内容的调查要小心处理。在调查中，要尊重他们的权利，不能强求。调查一开始先要将自己的身份、调研的目的、为何要了解他们的基本资料的原因告知被调查人。同时，向他们告知我们的义务，征求他们的意见。一般情况下，只要处理得当，被调查者都会愿意填写他们的信息资料。

6. 调查完成后的必要工作

(1) 当被调查者回答完所有问题后,应当浏览一遍,不要有所遗漏。

(2) 向被调查者表示感谢,与其告别。

(3) 当完成一次调查后,先不要将问卷取下。展开新的调查时,可以当着被调查者的面将已用过的问卷取下,这样可以使被调查者更易于接受调查。

(4) 等到所有的问卷都完成后,需要整理一下。在调查过程中,往往会有废卷和白卷的情况。应注意:一是切切不能作假,二是不要将问卷毁损。在街头调查结束后,将所有的问卷交给负责人。这是最原始的资料,需要进行集中整理统计,形成有效的营销信息资料。

六、问卷整理统计

在调查实践中,可以看到搜集的调查资料是大量的、零乱的,需要审核调查资料的真实性和准确性;需要将资料分类,汇成统计数据,制成图表。只有通过这样的程序才能获得可靠的信息资料,作为营销调研的分析依据,方便调研报告的撰写。问卷整理统计的操作如下。

(一) 检查问卷

不符合要求的问卷,即废卷不能列为统计对象。另外,填写一半的问卷、不符合填写要求的问卷也不能列为统计对象。

(二) 个人统计

个人统计自己的调查问卷时,一般采用的是"累计"统计。但有些提问,如对事实性问题统计时则用"选择"统计,即选择问卷回答一致性最多的量。统计数据填写在"统计表"上,数据填写要求规范、清楚,便于小组再统计。

(三) 小组统计

在个人统计数据的基础上进行小组统计,统计方法与个人统计方法相同。统计数据填写在统计表上,数据填写要求规范、清楚,便于班级再统计。

(四) 大组统计

在小组统计数据的基础上进行以班级为单元的大组统计,统计方法与小组统计方法相同。统计数据填写在"统计表"上,数据填写要求规范、清楚。最后的统计环节要求计算相对数据,即把各项调查数据除以整体有效调查问卷总数,求得数据的百分比,见表4-4"甜品"调查问卷统计表。如果不组织大组统计,小组统计可直接进入这一程序。

表4-4 "甜品"调查问卷统计

序号	问题	选项	答案	人数	所占比例%
1	你一个月的零用钱是多少?	A B C D	300元以下 300—400元 400—500元 500元以上	11人 10人 19人 20人	18.33% 16.67% 31.67% 33.33%

(续表)

序号	问题	选项	答案	人数	所占比例%
2	你可用于甜品消费的零用钱所占的比重是多少?	A B C	5%以下 5%—10% 10%以上	25人 22人 13人	41.67% 36.67% 21.66%
3	你所喜欢的甜品口味是什么?（可多选）	A B C D E	草　莓 蓝　莓 薄　荷 巧克力 芒　果	28人 27人 21人 37人 24人	46.64% 45.00% 35.00% 61.67% 40.00%
4	你喜欢的甜品屋是什么风格的?	A B C D	时尚,前卫的 有个性的 温馨的 其　他	12人 20人 24人 4人	20.00% 33.33% 40.00% 6.67%
5	甜品价格为多少你可以接受?	A B C D	5元以下 5—10元 10—15元 15元以上	14人 36人 8人 2人	23.33% 60.00% 13.34% 3.33%
6	除甜品外,你还需要其他什么副食?（可多选）	A B C D E	薯　条 色　拉 汽　水 布　丁 蛋　糕	36人 31人 19人 30人 28人	60.00% 51.67% 31.67% 50.00% 46.67%
7	你对自己 DIY(Do It Yourself)是否有兴趣?	A B	是 否	39人 21人	65.00% 35.00%
8	你一般会多久来一次甜品屋?	A B C D E	一天一次 三天一次 一周一次 一月一次 从不去	7人 14人 17人 18人 4人	11.67% 23.33% 28.33% 30.00% 6.67%
9	你去甜品屋的目的是什么?	A B C E	吃甜品 聊天打牌 发　呆 看　书	33人 17人 3人 7人	55.00% 28.33% 5.00% 11.67%
10	性别(总数60人)	A B	男 女	23人 37人	38.33% 61.67%

前 沿 研 究

互联网市场营销调研

市场调研的任务在于通过系统地搜集、记录和分析市场信息，为企业认识市场环境，发现并解决营销问题提供充分依据。有效的营销调研都必须紧紧围绕调研的主题来进行。在市场调研中，定性调研与定量调研是两种主要方法。通常情况下，相对于定量调研，定性调研具有成本低的优势，但对调研人员的素质要求较高，需要他们对调查目的有深刻的理解，对调查对象有深层次的了解。但由于定性调研结果在很大程度上依赖于调研者的主观认识和个人解释，所以只可以指明事物发展的方向及其趋势，但却不能表明事物发展的广度和深度，它是一种试探性的研究。而定量调研则能得到大样本和统计性较强的分析，属于因果性、说明性和解释性的研究，其量化结果对定性调研可起到支持、验证的作用。因此，在选择营销调研技术的时候，往往采用定性与定量相结合的方式，其中又包括许多具体的数据采集、加工和处理的工具和手段。随着信息技术的迅速发展，数据、信息的搜集、加工、处理的手段越来越多，借助大量成熟的应用软件，数据分析也变得越来越方便了。

随着互联网技术的发展，利用互联网进行市场调查已经成为非常有效的调查方式。和传统的市场调研方法相比，利用互联网进行市场调研有很多优点，主要表现在缩短调研周期、节约费用、不受时空地域限制等方面。

网上调研的常用方法包括：网上搜索法，网站跟踪法，加入邮件列表，在线调查表，电子邮件调查，对网站访问者的抽样调查和固定样本调查等。利用在线调查表是目前使用最为广泛的网上调查，主要用于产品调查、消费者行为调查、顾客满意度调查、品牌形象调查等方面，是获得第一手调研资料的有效工具。但是，在线调查也存在种种局限，主要表现在调查表的设计、样本的数量和质量、个人信息保护等。尤其在企业网站访问量比较小、客户资料还不够丰富的情况下，获得的有效问卷数量较少，调查结果有时会出现较大的误差。

通过网站实现网上调研所需要具备的两个基本条件是：网站具有在线调查的技术功能支持，可设计专业的在线调查问卷。只有在具备这两个基本条件的前提下，通过在线调查表的合理投放、回收和统计，才能完成高质量的调研结果。为了提高在线调查结果的质量，需要对网上市场调研过程中每个环节给予足够重视，包括：① 认真设计在线调查表；② 吸引尽可能多的人员参与调查；③ 尽量减少无效问卷；④ 公布保护个人信息声明；⑤ 避免滥用市场调查功能；⑥ 防止样本分布不均衡的影响；⑦ 设置合理奖项；⑧ 采用多种网上调研手段相结合的方式。在网站上设置在线调查问卷是最基本的调研方式，但不应该仅限于这种方式，应根据调查目的和预算采取多种网上调查手段相结合，以最小的投入取得尽可能多的有价值的信息。

案 例

痛殇 TCL

2004年,TCL并购了法国汤姆逊公司的彩电业务。当时这家法国企业的被并购业务处于亏损状态,但在 TCL 看来,汤姆逊公司是一个很理想的合作伙伴。他有品牌、有研发能力,而这正是 TCL 在国际上发展所最缺乏的。汤姆逊在技术方面有很好的积累,它是全球拥有彩电技术专利最多的公司,在全球专利数量上仅次于 IBM,每年仅专利费就可以坐收 4 亿欧元。

另外,TCL 急于收购法国汤姆逊公司还出于企业对国际化道路的向往。他们相信,收购这些企业后,利用中国在制造方面的优势,再结合对方品牌和技术方面的优势,就可以打造出一个有竞争力的国际企业。

但是现实却并不像想象的那么简单。在 TCL 最初接盘汤姆逊时,其欧洲业务还只亏损百万美元。可是一年后,人们忽然发现欧洲的巨亏已经不可收拾,高达 8 000 多万美元! 远远超过了 TCL 的承受能力。

当 TCL 正忙于收购汤姆逊的时候,实际上欧洲彩电市场上也正在酝酿一场风暴。这就是后来人们所说的平板电视革命。彩色电视机诞生 50 年来,行业内还是第一次发生如此巨大的变革。以数字信号及平板技术为主的新一代电视机,给行业带来了全新的发展机遇。但在这一机遇面前,TCL 收获的却只是苦涩。

在这场革命中,欧洲的彩电制造商走在了最前列。以飞利浦公司为代表的平板液晶电视以极快的速度降价,平板电视的需求一下子被激发了起来,很快平板电视就成了欧洲彩电市场的主流,传统的显像管式彩电被迅速淘汰。在这场平板革命中,准备不足的 TTE 合资公司大大落后。

很明显,当初 TCL 收购汤姆逊时,对全球彩电发展趋势调查研究不够。

虽然汤姆逊在彩电领域里技术实力雄厚,这些实力却只集中在传统的显像管式彩电上。并且当年汤姆逊在技术研发方向上做了一个错误决策,把几乎所有的钱都用在了对背投电视的开发上,而放弃了平板液晶电视技术。

TCL 也没有认识到平板电视革命居然来得如此迅速:"当时我们把赌注主要都放在了微显背投上,认为它的性价比更好。"

但事实却是,背投电视仅仅昙花一现,之后平板电视浪潮就在欧洲席卷而来,这直接造成汤姆逊公司产品的落伍。汤姆逊不堪其苦,决定断臂求生,卖给了 TCL。

当 TCL 看到这场革命已经到来,合资公司还是很快做出调整,加快了自己的液晶平板产品的推出。但是仓促间,由于对液晶平板产品的特性不了解,结果又吃了大亏。

平板在那两年间价格下降的速度非常快,而这就要求必须迅速加快销售和采购供应的反应速度。一般来说,如果平板产品库存 3 个月,价格就会下跌超过 15%。但不幸的是,合资公司欧洲业务部门并没有对此做好准备。它们还是按照往常一年只采购两次的老习惯,在 7 月份就把下半年所需要的原料都采购好了。后来液晶屏价格急速下降,合资公司的原料深幅套牢。当时的状况,让所有人都觉得"恐怖":"大约 70 万块显示屏,价格掉下来那么多,简直是在血淋淋地割肉!"

案例思考题

1. TCL 公司在欧洲彩电市场发生巨额亏损的关键原因是什么?
2. 结合本案例,谈谈企业应该如何进行有效的市场分析。

练习与思考

(一) 名词解释

市场信息　　　市场营销信息系统　　　市场营销调研

资料调查法　　　实地调查法　　　市场预测

(二) 填充

1. 市场信息的主要特征可以归纳为：_____、_____、_____、_____和_____。

2. 实地调查方法是市场调研的主要方法，它包括三种具体的方法，即_____、_____和_____。

3. 抽样调查是根据样本的特征推算_____的特征，因此抽样设计科学与否直接关系到调研工作的成败。

(三) 单项选择

1. 市场营销调研要取得成功，必须遵守科学的调研程序。市场营销调研一般要经过五个步骤，其中第二阶段是(　　)。

　　A. 确立调研目标　　B. 搜集信息　　C. 组织调研人员　　D. 制订调研计划

2. 观察法是调查者在现场观察被调查者之行动的一种调查方法。此法一般采用顾客动作观察、店铺观察，还有(　　)。

　　A. 痕迹测量　　B. 现场展销　　C. 现场试销　　D. 上门观察

3. 调查问卷是市场调查基本的、有效的调查工具，调查问卷主要用于(　　)的搜集。

　　A. 第一手资料　　B. 第二手资料　　C. 内部资料　　D. 外部资料

(四) 多项选择

1. 询问法是在市场调查中以询问的方式搜集市场信息，即通过向被调查者提出问题，以获得所需信息的调查方法。询问法可分为(　　)。

　　A. 走访调查　　　　B. 现场察看　　　　C. 信函调查

　　D. 展销　　　　　　E. 电话调查

2. 在市场预测中，常用的定性预测方法有(　　)。

　　A. 厂长(经理)评判预测法　　　B. 因果分析预测法

　　C. 数据分析预测法　　　　　　D. 专家意见预测法

　　E. 营销人员意见预测法

(五) 简答题

1. 什么是市场信息，其主要有哪些特征？
2. 市场调研主要有哪些内容和方法？
3. 市场预测主要有哪些内容和方法？

(六) 论述题

联系具体实践，总结分析要操作一次市场调查应该掌握哪些调查技能？

第五章 市场营销环境分析

 **学习目标**

学完本章,你应该能够:
1. 了解市场营销环境的类型、特点和作用影响
2. 把握微观营销环境的主要因素对企业营销的影响
3. 理解宏观营销环境的主要因素对企业营销的影响
4. 明确企业应对营销环境影响的对策
5. 掌握市场营销环境分析的实践技能

 基本概念

市场营销环境　　微观营销环境　　宏观营销环境　　人口环境
经济环境　　　　营销机会　　　　营销威胁

任何企业的营销活动都是在一定的环境下进行的,企业的营销行为既要受到自身条件的制约,又要受到外部条件的限制。制约和影响企业营销活动的外部力量和因素,就是企业的市场营销环境。企业只有主动、充分地使营销活动与营销环境相适应,才能使营销活动产生最优的效果,从而实现企业的营销目标。

第一节　市场营销环境概述

一、市场营销环境的概念及类型

(一)市场营销环境的概念

市场营销环境是指与企业营销活动有潜在关系,直接或间接影响企业营销活动的所有外部力量和相关因素的集合。

市场营销环境是企业的生存空间,是企业营销活动的基础和条件。达尔文的物种进化学说同样适合企业生存理念,任何企业总是存在于一定的社会经济环境之中,它的市场营销活动不可脱离环境而孤立地进行。企业营销战略与营销计划的制定和实施要以

环境为依据,并主动地适应环境,才能得以实现。市场营销环境是客观的,企业不能选择、改变环境,但可以积极努力地去影响环境,能够规避市场环境威胁,使环境有利于企业的生存和发展。因此,注重对市场营销环境的研究是企业营销活动的重要课题。

(二)市场营销环境的类型

影响和制约企业营销活动的因素既广泛,又复杂。不同的因素对营销活动各个方面的影响和制约不尽相同,相同的因素对不同的企业所产生的影响和形成的制约也会大小不一。根据企业的营销活动受制于营销环境的紧密程度来分,市场营销环境可以分为微观营销环境和宏观营销环境。

1. 微观营销环境

微观营销环境是指与企业营销活动直接发生关系的组织与行为者的力量和因素,包括供应商、营销中介、顾客、公众、竞争对手、企业内部其他部门等。这些因素对企业具体的营销活动及其效果都会发生直接的影响,如某一企业的原材料供应商,突然减少原材料的供应量,这势必直接影响该企业的销售总量。所以,微观营销环境又称为直接营销环境或市场环境。

2. 宏观营销环境

宏观营销环境是指影响企业营销活动的社会性力量和因素,包括人口、经济、政治法律、社会文化、自然物质和科学技术等。例如人口的老龄化,为老年用品的生产提供了广阔的市场。为此,企业营销活动必须全面、准确地分析这些因素。由于这些力量和因素从宏观角度间接作用(以微观营销环境为媒介)于企业的营销活动,因此也可以把这些因素称为间接营销环境或社会环境。

二、市场营销环境的特点

1. 客观性

企业总是在特定的社会、市场环境中生存、发展的。这种环境并不以营销者的意志为转移,具有强制性与不可控制性的特点。也就是说,企业营销管理者虽然能认识、利用营销环境,但无法摆脱环境的制约,也无法控制营销环境,特别是间接的社会力量,更难以把握。

2. 差异性

不同的国家或地域,人口、经济、政治、文化存在很大差异性,企业营销活动面对这种环境的差异性,必须制定不同的营销策略;而且同样一种环境因素,对不同企业的影响也是不同的,如海湾危机,造成国际石油市场的极大波动,对石化行业的企业影响十分大,而对那些与石油关系不大的企业影响则小。

3. 相关性

营销环境的相关性是指各环境因素间的相互影响和相互制约。这种相关性表现在两个方面:

(1)某一环境因素的变化会引起其他因素的互动变化。

例如,在第十届全国人民代表大会上,国家提出了解决"农业、农村、农民"的"三农"问题,相继制定了加强农业建设的一系列方针政策,这些政策的实施,势必影响农业产业结构的调整,拉动农业投资,并为农业的发展提供新的机遇,也为以农产品为原料的生产企业提供了开发产品、调整产品结构的契机。

(2) 企业营销活动受多种环境因素的共同制约。

企业的营销活动不仅仅受单一环境因素的影响,而是受多个环境因素共同制约的。例如,企业的产品开发,就要受到国家环保政策、技术标准、消费者需求特点、竞争者产品、替代品等多种因素的制约,如果不考虑这些外在的力量,生产出来的产品能否进入市场是很难把握的。

三、市场营销环境对企业营销的影响

(一)市场营销环境对企业营销带来双重影响作用

市场营销环境对企业的生存和发展至关重要,其重要性在于该环境是企业营销赖以生存和发展的空间。市场营销环境对企业营销的影响是双重的,企业必须注重对环境的分析。

1. 环境给企业营销带来的威胁

市场营销环境中会出现许多不利于企业营销活动的因素,由此形成挑战。如果企业不采取相应的规避风险的措施,这些因素会导致企业营销的困难,甚至对企业生存产生威胁。为保证企业营销活动的正常运行,企业应注重对环境进行分析,及时预测环境威胁,将危机减少到最低程度。

2. 环境给企业营销带来的机会

市场营销环境也会滋生出对企业具有吸引力的领域,带来营销的机会。对企业来讲,环境机会是开拓经营新局面的重要基础。为此,企业须加强应对环境的分析,当环境机会出现的时候要善于捕捉和把握,以求得企业的发展。

(二)市场营销环境是企业营销活动的资源基础

市场营销环境是企业营销活动的资源基础。企业营销活动所需的各种资源,如资金、信息、人才等都是由环境来提供的。企业生产经营的产品或服务需要哪些资源、多少资源、从哪里获取资源,必须分析研究市场营销环境因素,以获取最优的营销资源满足企业经营的需要,实现营销目标。

(三)市场营销环境是企业制定营销策略的依据

企业营销活动受制于客观环境因素,必须与所处的营销环境相适应。但企业在环境面前绝不是无能为力、束手无策的,而是能够发挥主观能动性,通过制定有效的营销策略去影响环境,使自己在市场竞争中处于主动,占领更大的市场。

菲利普·科特勒在20世纪80年代提出的"大市场营销"策略,就是指导企业以正确的策略去影响营销环境,争取主动权。"大市场营销"观念认为,企业针对贸易保护主义,为了进入特定的市场,必须协调地运用心理、政治、经济和公关的手段,以取得进口国或地区有关方面的支持、合作,使企业能顺利进入壁垒很高或封锁很严的市场。

第二节 微观营销环境分析

微观营销环境是直接影响和制约企业营销活动的力量和因素。企业必须对供应商、

营销中介、顾客、竞争对手、社会公众及企业内部其他部门等这些组织和行为者进行分析。分析微观营销环境的目的在于更好地协调企业与这些相关群体的关系,促进企业营销目标的实现。

一、供应商

供应商是指为企业进行生产所需,而提供特定的原材料、辅助材料、设备、能源、劳务、资金等资源的供货单位。这些资源的变化直接影响到企业产品的产量、质量以及利润,进而影响企业营销计划和营销目标的完成。供应商对企业营销活动的影响主要表现在以下几方面。

(一) 供应的及时性和稳定性

原材料、零部件、能源及机器设备等货源的保证供应,是企业营销活动顺利进行的前提。例如,棉纺厂不仅需要棉花等原料来进行加工,还需要设备、能源作为生产手段与要素,任何一个环节在供应上出现了问题,都会导致企业的生产活动无法正常开展。为此,企业为了在时间上和连续性上保证得到货源的供应,就必须和供应商保持良好的关系,及时了解和掌握供应商的情况,分析其状况及变化。

(二) 供应的货物价格变化

供应的货物价格变动会直接影响企业产品的成本。如果供应商提高原材料价格,必然会带来企业的产品成本上升,生产企业如提高产品价格,会影响市场销路;若使价格不变,就会减少企业的利润。为此,企业必须密切关注和分析供应商的货物价格变动趋势,使企业应变自如,早做准备,积极应对。

(三) 供货的质量保证

供应商能否供应质量有保证的生产资料直接影响到企业产品的质量,进一步会影响到销售量、利润及企业信誉。例如,劣质葡萄难以生产质优葡萄酒,劣质建筑材料难以保证建筑物的百年大计。为此,企业必须了解供应商的产品,分析其产品的质量标准,从而来保证自己产品的质量,赢得消费者和市场。

二、企业内部

企业开展营销活动要充分考虑到企业内部的环境力量和因素。企业是组织生产和经营的经济单位,是一个系统组织,内部一般设立计划、技术、采购、生产、营销、质检、财务、后勤等部门。企业内部各职能部门的工作及其相互之间的协调关系,直接影响企业的整个营销活动。

营销部门与生产、技术、财务等企业其他部门之间既有多方面的合作,也经常发生矛盾。由于各部门各自的工作重点不同,有些矛盾往往难以协调。例如,生产部门关注的是长期生产的定型产品,要求品种规格少、批量大、标准订单、较稳定的质量管理,而营销部门注重的是能适应市场变化、满足目标消费者需求的"短、平、快"产品,则要求多品种规格、少批量、个性化订单、特殊的质量管理。所以,企业在制定营销计划、开展营销活动时,必须协调和处理好各部门之间的矛盾和关系。这就要求进行有效沟通、协调、处理好各部门的关系,营造良好的企业环境,更好地实现营销目标。

三、营销中介

营销中介是指为企业营销活动提供各种服务的企业或部门的总称。营销中介对企业营销产生直接的影响,只有通过有关营销中介所提供的服务,企业才能把产品顺利地送达到目标消费者手中。营销中介的主要功能是帮助企业推广和分销产品,主要包括以下几类企业或部门。

(一)中间商

中间商是指把产品从生产商流向消费者的中间环节或渠道,它主要包括批发商和零售商两大类。中间商对企业营销具有极其重要的影响,它能帮助企业寻找目标顾客,为产品打开销路,为顾客创造地点效用、时间效用和持有效用。一般企业都需要与中间商合作,来完成企业营销目标。为此,企业需要选择适合自己营销的合格中间商,与它们建立良好的合作关系,了解和分析其经营活动,并采取一些激励性措施来推动其业务活动的开展。

(二)营销服务机构

营销服务机构包括广告公司、广告媒介经营公司、市场调研公司、营销咨询公司、财务公司等。这些机构提供的专业服务对企业的营销活动会产生直接的影响,它们的主要任务是协助企业确立市场定位、进行市场推广、提供活动方便。一些大企业或公司往往有自己的广告和市场调研部门,但大多数企业则以合同方式委托这些专业公司来办理有关事务。为此,企业需要关注、分析这些服务机构,选择最能为本企业提供有效服务的机构。

(三)物资分销机构

物资分销机构是指帮助企业进行保管、储存、运输的物流机构,包括仓储公司、运输公司等。物资分销机构主要任务是协助企业将产品实体运往销售目的地,完成产品空间位置的移动。到达目的地之后,还有一段待售时间,还要协助保管和储存。这些物流机构是否安全、便利、经济,将直接影响企业营销效果。因此,在企业营销活动中,必须了解和研究物资分销机构及其业务变化动态。

(四)金融机构

金融机构是企业营销活动中进行资金融通的机构,包括银行、信托公司、保险公司等。金融机构的主要功能是为企业营销活动提供融资及保险服务。在现代化社会中,任何企业都要通过金融机构开展经营业务往来。金融机构业务活动的变化还会影响企业的营销活动,如银行贷款利率上升,会使企业成本增加;信贷资金来源受到限制,会使企业经营陷入困境。为此,企业应与这些公司保持良好的关系,以保证融资及信贷业务的稳定和渠道的畅通。

四、顾客

顾客是指使用进入消费领域的最终产品或劳务的消费者和生产者,也是企业营销活动的最终目标市场。顾客对企业营销的影响程度远远超过前述的环境因素。顾客是市场的主体,任何企业的产品和服务,只有得到了顾客的认可,才能赢得这个市场。因此,

现代营销强调把满足顾客需要作为企业营销管理的核心。一般说来,顾客来自于五种不同的市场:

(1) 消费者市场。指为满足个人或家庭消费需求,而购买产品或服务的个人和家庭。

(2) 生产者市场。指为生产其他产品或服务,以赚取利润而购买产品或服务的组织。

(3) 中间商市场。指购买产品或服务以转售,从中盈利的组织。

(4) 政府市场。指购买产品或服务,以提供公共服务或把这些产品及服务转让给其他需要的人的政府机构。

(5) 国际市场。指国外购买产品或服务的个人及组织,包括外国消费者、生产商、中间商及政府。

上述五类市场的顾客需求各不相同,要求企业以不同的方式提供产品或服务,它们的需求、欲望和偏好直接影响企业营销目标的实现。为此,企业要注重对顾客进行研究,分析顾客的需求规模、需求结构、需求心理以及购买特点,这是企业营销活动的起点和前提。

五、公众

公众是企业营销活动中,与企业营销活动发生关系的各种群体的总称。公众对企业的态度,会对其营销活动产生巨大的影响,它既可以有助于企业树立良好的形象,也可能妨碍企业的形象。所以,企业必须处理好与主要公众的关系,争取公众的支持和偏爱,为自己营造和谐、宽松的社会环境。企业所面临的公众主要有以下六类:

(1) 金融公众。主要包括银行、投资公司、证券公司、股东等,它们对企业的融资能力有重要的影响。

(2) 媒介公众。主要包括报纸、杂志、电台、电视台等传播媒介,它们掌握传媒工具,有着广泛的社会联系,能直接影响社会舆论对企业的认识和评价。

(3) 政府公众。主要指与企业营销活动有关的各级政府机构部门,它们所制定的方针、政策,对企业营销活动或是限制,或是机遇。

(4) 社团公众。主要指与企业营销活动有关的非政府机构,如消费者组织、环境保护组织,以及其他群众团体。企业营销活动涉及社会各方面的利益,来自这些社团公众的意见、建议,往往对企业营销决策有着十分重要的影响作用。

(5) 社区公众。主要指企业所在地附近的居民和社区团体。社区是企业的邻里,企业保持与社区的良好关系,为社区的发展作一定的贡献,会受到社区居民的好评,他们的口碑能帮助企业在社会上树立形象。

(6) 内部公众。是指企业内部的管理人员及一般员工,企业的营销活动离不开内部公众的支持。应该处理好与广大员工的关系,调动他们开展市场营销活动的积极性和创造性。

六、竞争者

竞争是商品经济的必然现象。在商品经济条件下,任何企业在目标市场进行营销活动时,不可避免地会遇到竞争对手的挑战。即使在某个市场上只有一个企业在提供产品或服务,没有"显在"的对手,也很难断定在这个市场上没有潜在的竞争企业。

本企业竞争对手的状况将直接影响企业营销活动。例如,竞争对手的营销策略及营销活动的变化,就会直接影响本企业营销,最为明显的是竞争对手的产品价格、广告宣传、促销手段的变化,以及产品的开发、销售服务的加强都将直接对本企业造成威胁。为此,本企业在制定营销策略前必须先弄清同行业竞争对手的生产经营状况,做到知己知彼,有效地开展营销活动。

一般来说,企业在营销活动中需要对竞争对手了解、分析的情况有:
(1)竞争对手的数量有多少。
(2)竞争对手的规模和能力的大小强弱。
(3)竞争对手对竞争性产品的依赖程度。
(4)竞争对手所采取的营销策略及其对其他企业策略的反应程度。
(5)竞争对手能够获取优势的特殊材料来源及供应渠道。

由于微观营销环境包括的内容涉及面广,本书将在后面章节作专门论述,此章就不再细述。

第三节 宏观营销环境分析

宏观营销环境是间接影响和制约企业营销活动的社会性力量和因素。企业必须对社会的人口环境、经济环境、政治法律环境、社会文化环境、自然环境、科技环境进行分析。分析宏观营销环境的目的在于更好地认识环境,通过企业营销努力来适应社会环境及其变化,达到企业营销目标。

一、人口环境

人口是市场的第一要素。人口数量直接决定市场规模和潜在容量,人口的性别、年龄、民族、婚姻状况、职业、居住分布等也对市场格局产生着深刻影响,从而影响着企业的营销活动。为此,企业应重视对人口环境的研究,密切关注人口特性及其发展动向,及时地调整营销策略以适应人口环境的变化。

(一)人口数量

人口数量是决定市场规模的一个基本要素,一般来说,人口的多寡直接影响市场规模的大小。如果收入水平不变,人口越多,对食物、衣着、日用品的需要量也越多,市场也就越大。

企业如果要在某一个国家、某一个地区开展市场营销活动,首先要关注所在国家或地区的人口数量及其变化。一个企业在多大市场范围内开展营销活动,就要研究这个范围内的人口总量。人口数量决定了市场需求的规模,尤其对人们生活必需品的需求内容和数量影响很大。

(二)人口结构

人口结构主要包括人口的年龄结构、性别结构、教育与职业结构、家庭结构、社会结构,以及民族结构、职业结构等。研究人口结构有助于企业可以根据自己的优势,选择目标市场。

1. 年龄结构

不同年龄的消费者对商品和服务的需求是不一样的。例如,儿童对玩具感兴趣,而老人则对保健品及医药品感兴趣。为此,不同年龄结构就形成了具有年龄特色的市场,如婴儿市场、儿童市场、青少年市场、成人市场、老年市场等。目前,我国人口年龄结构总的趋势是向上的,即趋向老年化,势必扩大老年人市场,应引起企业的足够重视。企业了解不同年龄结构所具有的需求特点,就可以决定企业产品的投向,定位目标市场。

2. 性别结构

性别差异会给人们的消费需求带来显著的差别,反映到市场上就会出现男性用品市场和女性用品市场。两个市场的需求不同,购买习惯亦有所不同。一般来说,女性市场需求旺盛,女性服装、化妆品等成了女性市场的重要商品。女性还担负着抚育儿女的重任,儿童商品也可纳入女性市场。企业可以针对不同性别的不同需求,生产适销对路的产品,制定有效的营销策略,开发更大的市场。

3. 教育与职业结构

人口的教育程度与职业不同,对市场需求也表现出不同的倾向。一般来说,教育程度高的职业消费者,购买商品追求高雅、美观、时尚;而教育程度相对低的职业消费者,购买商品则讲究价廉、实用。在我国,随着高等教育规模的扩大,人口的受教育程度普遍提高,收入水平也逐步增加。企业应关注人们对报刊、书籍、电脑这类商品需求的变化。

4. 家庭结构

家庭是商品购买和消费的基本单位。一个国家或地区的家庭单位的多少以及家庭平均人员的多少,直接影响到家庭消费品的需求数量。同时,不同类型的家庭往往有不同的消费需求。自20世纪80年代开始,中国家庭呈"小型化"趋势。企业应关注家庭户数的增长对房产市场需求量很大,同时对家用电器市场的需求也大大增加,并更多需要适合小家庭之用的产品。

5. 社会结构

我国绝大部分人口为农业人口,农业人口约占总人口的80%左右。这样的社会结构要求企业营销应充分考虑到农村这个大市场,尤其是一些中小企业,更应注意开发价廉物美的商品以满足农民的需要。

6. 民族结构

我国是一个多民族的国家,不同民族其文化传统、生活习性也不相同。具体表现在饮食、居住、服饰、礼仪等方面的消费需求各有特点,都有自己的风俗习惯。这些不同的消费需求与风俗习惯会影响他们的消费和购买行为,形成了独特的民族市场。企业营销要重视民族市场的特点,开发适合民族特性、受其欢迎的商品。

(三) 人口分布

人口有地理分布上的区别,在不同地区人口密集程度是不同的。各地人口的密度不同,则市场大小不同、消费需求特性不同。

当前,我国有一个突出的现象就是农村人口向城市或工矿地区流动,内地人口向沿海经济开放地区流动。企业营销应关注这些地区消费需求不仅在量上增加,在消费结构上也发生相应的变化,应该提供更多的适销对路产品,满足这些流动人口的需求,这是潜力很大的市场。

二、经济环境

经济环境是影响企业营销活动的主要环境因素,它包括消费者收入、消费者支出、产业结构、经济增长率、货币供应量、银行利率、政府支出等因素,其中消费者收入、支出、储蓄和信贷对企业营销活动影响较大。

(一) 消费者收入

收入因素是构成市场的重要因素,甚至是更为重要的因素。因为市场规模的大小,归根结底取决于消费者的购买力大小,而消费者的购买力取决于他们收入的多少。企业必须从市场营销的角度来研究消费者收入,通常从以下五方面进行分析。

1. 国民生产总值

它是衡量一个国家经济实力与购买力的重要指标。从国民生产总值的增长幅度,可以了解一个国家经济发展的状况和速度。国民生产总值增长越快,对商品的需求和购买力就越大;反之,就越小。

2. 人均国民收入

这是用国民收入总量除以总人口的比值。这个指标大体反映了一个国家人民生活水平的高低,也在一定程度上决定商品需求的构成。一般来说,人均国民收入增长,对商品的需求和购买力就大;反之,就小。

3. 个人可支配收入

是指在个人收入中扣除消费者个人缴纳的各种税款和交给政府的非商业性开支后剩余的部分,这是可用于消费或储蓄的那部分个人收入,它构成实际的购买力。个人可支配收入是影响消费者购买生活必需品的决定性因素,如食品、服装、房地产、保险等企业,应该了解消费者的个人可支配收入。

4. 个人可任意支配收入

是指在个人可支配收入中减去消费者用于购买生活必需品的费用支出,如房租、水电、食物、衣着等项开支后剩余的部分。这部分收入是消费需求变化中最活跃的因素,也是企业开展营销活动时所要考虑的主要对象。这部分收入一般用于购买高档耐用消费品、娱乐、教育、旅游等,它是影响非生活必需品购买或服务的主要因素。

5. 家庭收入

家庭收入的高低会影响很多产品的市场需求。一般来讲,家庭收入高,对消费品需求大,购买力也大;反之,需求小,购买力也小。

另外,要注意分析消费者实际收入的变化,注意区分货币收入和实际收入。货币收入是指消费者所获得的货币总量,实际收入是指所获得的货币总量能够购买商品的实际数量。实际收入受通货膨胀、失业及税收等因素的影响,如果出现通货膨胀、税率提高,实际收入就会下降。

(二)消费者支出

随着消费者收入的变化,消费者支出会发生相应变化,继而使一个国家或地区的消费结构也会发生变化。

1. 消费结构

德国统计学家恩斯特·恩格尔于1857年发现了消费者收入变化与支出模式,即消费结构变化之间的规律性。消费结构是指在消费过程中,人们所消耗的各种消费品及服务的构成,即各种消费支出占总支出的比例关系。恩格尔定律指出,当人们收入水平很低时,收入主要用于食品等生活必需品的购买;随着收入的增加,食品结构开始改善,质量提高;随着收入的再增加,食品等生活必需品在总消费中的比重开始下降,而用于衣着、娱乐、汽车、教育等高档产品和消费的支出增长;当这些消费已经满足后,储蓄很快增长。

2. 恩格尔系数

恩格尔所揭示的这种消费结构的变化通常用恩格尔系数来表示,即

$$恩格尔系数 = 食品支出金额 / 家庭消费支出总金额$$

恩格尔系数越小,食品支出所占比重越小,表明生活富裕,生活质量高;恩格尔系数越大,食品支出所占比重越高,表明生活贫困,生活质量低。

恩格尔系数是衡量一个国家、地区、城市、家庭生活水平高低的重要参数。企业从恩格尔系数可以了解目前市场的消费水平,也可以推知今后消费变化的趋势及对企业营销活动的影响。

在我国,随着社会经济的发展,恩格尔系数逐年下降,消费结构发生了很大的变化。近年来,人们在食品消费上蛋白质、维生素的摄入量增加,"吃讲营养"已成一个大趋势;衣着消费也趋中高档商品,所谓"穿要漂亮、时尚";高档商品、娱乐、教育等消费也出现了产销两旺势头。这些市场消费变化的特点,企业应该特别关注,从而正确制定自己的营销策略。

(三)消费者储蓄和信贷

消费者的购买力和支出不仅受其收入的影响,还要受消费者储蓄和信贷的影响。

1. 储蓄

当收入一定时,如果储蓄增多,现实购买量就减少;反之,如果储蓄减少,现实购买量就增加。可见,消费者的储蓄行为直接制约着市场需求量的大小。居民储蓄倾向是受到利率、物价等因素变化所致。人们储蓄目的也是不同的,有的是为了养老,有的是为未来的购买而积累,当然储蓄的最终目的主要也是为了消费。为此,企业应关注居民储蓄的增减变化,了解居民储蓄的不同动机,以便科学地预测市场需求规模和结构的变动,制定相应的营销策略,获取更多的商机。

2. 信贷

消费者信贷对购买力的影响也很大。消费者信贷,也称信用消费,是指消费者凭信用先取得商品的使用权,然后按期归还贷款,完成商品购买的一种方式。信用消费允许人们购买超过自己现实购买力的商品,创造了更多的消费需求。随着我国商品经济的日

益发达,人们的消费观念大为改变,信贷消费方式在我国逐步流行起来。例如,各大商业银行推出的购买住宅分期付款的商品房按揭贷款业务,大大推动了中国房地产市场的发展。当然,我国现阶段的信用消费还停留在初级阶段,信贷商品基本上局限于住房、汽车等,还有待于完善和发展。总之,信用消费的这些新动向、新趋势对企业的营销活动将产生重大的影响,值得企业去研究。

三、政治法律环境

政治法律环境是影响企业营销的重要宏观环境因素,包括政治环境和法律环境。政治环境引导着企业营销活动的方向,法律环境则为企业规定经营活动的行为准则。政治与法律相互联系,共同对企业的市场营销活动产生影响和发挥作用。

(一) 政治环境

政治环境是指企业市场营销活动的外部政治形势。一个国家的政局稳定与否,会给企业营销活动带来重大的影响。如果政局稳定,人民安居乐业,就会给企业营销造成良好的环境;相反,政局不稳,社会矛盾尖锐、秩序混乱,就会影响经济发展和市场的稳定。企业在市场营销中,特别是在对外贸易活动中,一定要考虑东道国政局变动和社会稳定情况可能造成的影响。

政治环境对企业营销活动的影响主要表现为国家政府所制定的方针政策,如人口政策、能源政策、物价政策、财政政策、货币政策等,这些都会对企业营销活动带来影响。例如,国家通过降低利率来刺激消费的增长;通过征收个人收入所得税调节消费者收入的差异,从而影响人们的购买力;通过增加产品税,对香烟、酒等商品的增税来抑制人们的消费需求。

在国际贸易中,不同的国家也会制定一些相应的政策来干预外国企业在本国的营销活动。主要措施有:① 进口限制;② 税收政策;③ 价格管制;④ 外汇管制;⑤ 国有化政策。

(二) 法律环境

法律环境是指国家或地方政府所颁布的各项法规、法令和条例等,它是企业营销活动的准则。企业只有依法进行各种营销活动,才能受到国家法律的有效保护。近年来,为适应经济体制改革和对外开放的需要,我国陆续制定和颁布了一系列法律、法规,如《中华人民共和国产品质量法》、《企业法》、《经济合同法》、《涉外经济合同法》、《商标法》、《专利法》、《广告法》、《食品卫生法》、《环境保护法》、《反不正当竞争法》、《消费者权益保护法》、《进出口商品检验条例》、等等。企业的营销管理者必须熟知有关的法律条文,才能保证企业经营的合法性,运用法律武器来保护企业与消费者的合法权益。

对从事国际营销活动的企业来说,不仅要遵守本国的法律制度,还要了解和遵守国外的法律制度和有关的国际法规、惯例和准则。例如,前一段时间欧洲国家规定禁止销售不带安全保护装置的打火机,无疑限制了中国低价打火机的出口;日本政府也曾规定,任何外国公司要进入日本市场,必须要找一个日本公司合伙,以此来限制外国资本的进入。只有了解掌握了这些国家的有关贸易政策,才能制定有效的营销对策,在国际营销中争取主动。

四、社会文化环境

社会文化环境是指在一种社会形态下,已经形成的价值观念、宗教信仰、风俗习惯、道德规范等的总和。

任何企业都处于一定的社会文化环境中,企业营销活动必然受到所在社会文化环境的影响和制约。为此,企业应了解和分析社会文化环境,针对不同的文化环境制定不同的营销策略,组织不同的营销活动。企业营销对社会文化环境的研究一般从以下几个方面入手。

(一) 教育状况

受教育程度的高低,影响到消费者对商品功能、款式、包装和服务的要求。通常,文化教育水平高的国家或地区的消费者要求商品包装典雅华贵,对附加功能也有一定的要求。因此,企业营销开展的市场开发、产品定价和促销等活动都要考虑到消费者所受教育程度的高低,采取不同的策略。

(二) 宗教信仰

宗教是构成社会文化的重要因素,宗教对人们消费需求和购买行为的影响很大。不同的宗教有自己独特的节日礼仪,以及对商品使用的要求和禁忌。某些宗教组织,甚至在教徒购买决策中有决定性的影响。为此,企业可以把影响大的宗教组织作为自己的重要公关对象,在营销活动中也要注意到不同的宗教信仰,以避免由于矛盾和冲突给企业营销活动带来的损失。

(三) 价值观念

价值观念是指人们对社会生活中各种事物的态度和看法。不同文化背景下,人们的价值观念往往有着很大的差异,消费者对商品的色彩、标志、式样,以及促销方式都有自己褒贬不同的意见和态度。企业营销必须根据消费者不同的价值观念设计产品,提供服务。

(四) 消费习俗

消费习俗是指人们在长期经济与社会活动中,所形成的一种消费方式与习惯。不同的消费习俗具有不同的商品要求。研究消费习俗,不但有利于组织好消费用品的生产与销售,而且有利于正确、主动地引导健康的消费。了解目标市场消费者的禁忌、习惯、避讳等,是企业进行市场营销的重要前提。

在研究社会文化环境时,还要重视亚文化群体对消费者需求的影响。每一种社会文化都包含若干亚文化群体。因此,企业市场营销人员在进行营销环境分析时,应充分考虑到各亚文化群体的传统观念和购买习惯。把亚文化群体作为一个细分市场来研究,可以使营销活动产生较好效果。

五、自然环境

自然环境是指自然界提供给人类各种形式的物质资料,如阳光、空气、水、森林、土地等。随着人类社会进步和科学技术发展,世界各国都加速了工业化进程,这一方面创造了丰富的物质财富,满足了人们日益增长的需求;另一方面,面临着资源短缺、环境污染等问题。从20世纪60年代起，世界各国开始关注经济发展对自然环境的影响，许多环境保护组织纷纷成立，促使各国政府加强环境保护的立法，这些问题都对企业营销形成严峻的挑战。对营销管理者来说，应该关注自然环境变化的趋势，并从中分析企业营销的机会和威胁，制定相应的对策。

（一）自然资源日益短缺

自然资源可分为两类，一类为可再生资源，如森林、农作物等，这类资源可以被再次生产出来，但必须防止过度采伐森林和侵占耕地；另一类资源是不可再生资源，如石油、煤炭、银、锡、铀等，这种资源蕴藏量有限，随着人类的大量开采，有的矿产已近处于枯竭的边缘。自然资源短缺，使许多企业将面临原材料价格大涨、生产成本大幅度上升的威胁；但另一方面也迫使企业研究更合理地利用资源的方法，开发新的资源和代用品，这些又为企业提供了新的资源和营销机会。

（二）环境污染日趋严重

工业化、城镇化的发展对自然环境造成了很大的影响，尤其是环境污染问题日趋严重，许多地区的污染已经严重影响到人们的身体健康和自然生态平衡。环境污染问题已引起各国政府和公众的密切关注，这对企业的发展是一种压力和约束，要求企业为治理环境污染付出一定的代价，但同时也为企业提供了新的营销机会，促使企业研究控制污染技术、兴建绿色工程、生产绿色产品、开发环保包装。

（三）政府干预不断加强

自然资源短缺和环境污染加重的问题，使各国政府加强了对环境保护的干预，颁布了一系列有关环保的政策、法规，这将制约一些企业的营销活动。有些企业由于治理污染需要投资，影响扩大再生产。但企业必须以大局为重，要对社会负责、对子孙后代负责，加强环保意识，在营销过程中自觉遵守环保法令，担负起环境保护的社会责任。同时，企业也要制定有效的营销策略，既要消化环境保护所支付的必要成本，还要在营销活动中挖掘潜力，保证营销目标的实现。

六、科技环境

科学技术是社会生产力中最活跃的因素，它影响着人类社会的历史进程和社会生活的方方面面，对企业营销活动的影响更是显而易见。现代科学技术突飞猛进，科技发展对企业营销活动影响作用表现在以下几个方面。

（一）科技发展促进社会产业结构的调整

每一种新技术的发现、推广都会给有些企业带来新的市场机会，导致新行业的出现。同时，也会给某些行业、企业造成威胁，使这些行业、企业受到冲击，甚至被淘汰。例如，电脑的运用代替了传统的打字机，复印机的发明排挤了复写纸，数码相机的出现将夺走胶卷的大部分市场，等等。

（二）科技发展促使消费者购买行为的改变

随着多媒体和网络技术的发展，出现了"电视购物"、"网上购物"等新型购买方式。人们还可以在家中，通过"网络系统"订购车票、飞机票、戏票和球票。工商企业也可以利用这种系统，进行广告宣传、营销调研和推销商品。随着新技术革命的进展，"在家便捷购买、享受服务"的方式还会继续发展。

(三) 科技发展影响企业营销组合策略的创新

科技发展使新产品不断涌现,产品寿命周期明显缩短,要求企业必须关注新产品的开发,加速产品的更新换代。科技的发展运用降低了产品成本,使产品价格下降,并能快速掌握价格信息,要求企业及时做好价格调整工作。科技发展促进流通方式的现代化,要求企业采用顾客自我服务和各种直销方式。科技发展促使广告媒体多样化、信息传播快速化,增加了市场范围的广阔性和促销方式的灵活性。为此,要求企业不断分析科技新发展,创新营销组合策略,适应市场营销的新变化。

(四) 科技发展促进企业营销管理的现代化

科技发展为企业营销管理现代化提供了必要的装备,如电脑、传真机、电子扫描装置、光纤通讯等设备的广泛运用,对改善企业营销管理、实现现代化起了重要的作用。同时,科技发展对企业营销管理人员也提出了更高要求,促使其更新观念,掌握现代化管理理论和方法,不断提高营销管理水平。

第四节 企业应对营销环境影响的对策

企业的生存与发展既与其生存的市场营销环境密切相关,又取决于企业对环境因素及其影响所持的对策。由于市场营销环境的客观性、多变性、复杂性,决定了企业不可能去创造、改变营销环境,而只能主动地适应环境、利用环境。为此,企业应该运用科学的分析方法,加强对营销环境的监测与分析,随时掌握其发展趋势,从中发现市场机会和威胁,有针对性地制定和调整自己的战略与策略,不失时机地利用营销机会,尽可能减少威胁带来的损失。

一、"SWOT"分析法

在对营销环境分析中,较多运用一种简便易行的"SWOT"分析法。SWOT 分析法是将宏观环境、市场需求、竞争状况、企业营销条件进行综合分析,分析出与企业营销活动相关的优势、劣势、机会和威胁。

(1) 优势(strengths)。是指企业较之竞争对手在哪些方面具有不可匹敌、无法模仿的独特能力。

(2) 劣势(weakness)。是指企业较之竞争对手在哪些方面具有的缺点与不足。

(3) 机会(opportunities)。是指外部环境变化趋势中,对本企业营销有吸引力的、积极的、正向的因素。

(4) 威胁(threats)。是指外部环境变化趋势中,对本企业营销不利的、负面的因素。

一般说来,运用"SWOT"分析法研究企业营销决策时,强调寻找四个方面中的、与企业营销决策密切相关的主要因素,而不是把所有关于企业能力、薄弱点、外部机会与威胁逐项列出和汇集。表 5-1 提出了一个运用"SWOT"方法的参考,表中列出的是与"甲硝唑"药品的开发与营销环境相关的主要因素。

表 5-1 "甲硝唑"新代药品"SWOT"分析

优势	机会
1. 同剂型品种零售价最便宜 2. 有一定操作空间,可制定灵活销售政策 3. 现有的商业网络齐全,信誉好 4. GMP 认证企业产品品质好	1. 同剂型的竞争小 2. 市场潜力大
劣势	威胁
1. 未列入医保目录 2. 新品种,无知名度 3. 局限于妇科用药,市场范围比口服的缩小 4. 价格比常用药甲硝唑贵	1. 未列入医保目录,可导致某些地区不能进医院,用量受限 2. 临床用药习惯仍以常用药甲硝唑为主

二、市场机会和威胁的分析

营销环境分析的重点是市场机会和威胁的分析。市场营销环境的变化对企业可能造成的影响主要有两种:一是导致新的市场机会的产生,二是可能对企业营销造成环境威胁。为了对市场机会和环境威胁作出正确的评价,企业必须注重对市场机会和威胁的分析,明确主要的机会和威胁是什么? 来自何方? 对企业营销的影响程度有多大? 并提出相应的对策。市场机会和威胁的分析方法主要有以下三种。

(一) 营销环境威胁的分析

所谓营销环境威胁,是指由于环境的变化形成对企业现有营销的冲击和挑战。其中,有些冲击和影响是共性的,任何企业都身处其中,如能源危机、金融危机等。有些环境因素变化的影响可能对不同的产业程度不同,如政府颁布的出版法,对出版业有较大的影响,但对纺织业影响微乎其微。即使是同处一个行业、同一营销环境中,由于不同企业的抗风险能力的差异性,所受的影响程度也不尽一致。

研究市场营销环境对企业的威胁,一般分析两方面的内容,一方面是分析威胁对企业影响的严重性,另一方面是分析威胁出现的可能性。可用矩阵方法进行分析,如图 5-1 所示。

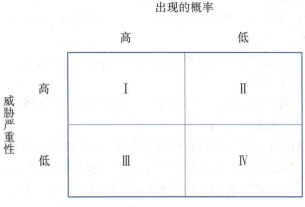

图 5-1 威胁分析矩阵

第Ⅰ象限区内，环境威胁严重性高，出现的概率也高，表明企业面临着严重的环境危机，企业应处于高度戒备状态，积极采取相应的对策，避免威胁造成的损失。

第Ⅱ象限区内，环境威胁严重性高，但出现的概率低，企业不可忽视，必须密切注意其发展方向，也应制定相应的措施准备面对，力争避免威胁的危害。

第Ⅲ象限区内，环境威胁严重性低，但出现的概率高，虽然企业面临的威胁不大，但是，由于出现的可能性大，企业也必须充分重视。

第Ⅳ象限区内，环境威胁严重性低，出现的概率也低，在这种情况下，企业不必担心，但应该注意其变化动向。

（二）营销环境机会的分析

所谓营销环境机会，是指由于环境变化形成对企业营销管理富有吸引力的领域。在该市场领域里，企业将拥有竞争优势，可以将市场机会转为营销机会，利用营销机会获得营销成功。

研究营销环境机会应从潜在的吸引力和成功的可能性两方面进行分析，分析的矩阵如图5-2所示。

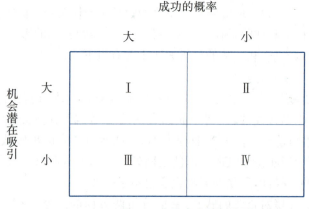

图5-2 机会分析矩阵图

第Ⅰ象限区内，营销机会潜在吸引力和成功可能性都很大，表明对企业发展有利，企业也有能力利用营销机会，应采取积极的态度，牢牢把握。

第Ⅱ象限区内，营销机会潜在吸引力很大，但可能性很小，说明企业暂时还不具备利用这些机会的条件，应当放弃。

第Ⅲ象限区内，营销机会潜在吸引力很小，而成功可能性大，虽然企业拥有利用机会的优势，但不值得企业去开拓。

第Ⅳ象限区内，营销机会潜在吸引力很小，成功可能性也小，企业应当主动放弃。

（三）威胁—机会综合分析

营销环境带来的对企业的威胁和机会是并存的，威胁中有机会，机会中也有挑战。在一定条件下，两者可相互转化，从而增加了环境分析的复杂性。企业可以运用威胁-机会矩阵加以综合分析和评价，能更清楚地认识企业在环境中的营销状况，如图5-3所示。

威胁水平 机会水平	高	低
高	Ⅰ	Ⅱ
低	Ⅲ	Ⅳ

图 5-3　威胁—机会综合分析

第Ⅰ象限为冒险营销。营销机会水平和威胁水平均高。也就是说，在环境中机会与挑战并存，成功与风险同在。冒险营销对企业有较大的吸引力，企业应抓住机会充分利用，同时制定避免风险的对策。

第Ⅱ象限为理想营销。营销机会水平高，威胁水平低，说明企业有非常好的发展前景，理想营销对企业最为有利，但这样的情况是很少的。

第Ⅲ象限为艰难营销。营销面临较大的环境威胁，而营销机会也很少，这种营销如果不能减少环境威胁，企业将陷入经营困难的境地。

第Ⅳ象限为保险营销。营销的机会和威胁水平均低，说明企业发展的机会已很少，自身发展潜力也很低，保险营销能够维持企业的运营。但企业应研究环境营造的新机会，进一步开拓，否则将影响企业的生存。

三、企业应对营销环境影响的对策

在对市场机会和环境威胁进行评价的基础上，企业就可以有的放矢地制定相应的营销对策。

（一）应对市场机会的营销对策

面临客观的市场机会，企业应该给予足够的重视，制定适当的对策。企业常用的策略有三种。

（1）及时利用策略。当市场机会与企业的营销目标一致，企业又具备利用市场机会的资源条件，并享有竞争中的差别利益时，企业应抓住时机，及时调整自己的营销策略，充分利用市场机会，求得更大的发展。

（2）待机利用策略。有些市场机会相对稳定，在短时间内不会发生变化，而企业暂时又不具备利用市场机会的必要条件，可以积极准备，创造条件，等待时机成熟时再加以利用。

（3）果断放弃策略。营销市场机会十分具有吸引力，但企业缺乏必要的条件，无法加以利用，此时企业应作出决策果断放弃。因为任何犹豫和拖延都可能导致错过利用其他有利机会的时机，从而一事无成。

（二）应对环境威胁的营销对策

环境变化对企业的影响是客观存在的，企业必须给予足够的重视和制定适当的对策。面对环境对企业可能造成的威胁，企业常用的对策有三种。

1. 转移策略

指当企业面临环境威胁时，通过改变自己受到威胁的产品现有市场，或者将投资方向转移来避免环境变化对企业的威胁。该策略包括三种转移：① 产品转移，即将受到威胁的产品转移到其他市场。例如,美国的卷烟销售在本国受到限制,几家大卷烟制造商将他们的产品转移到发展中国家进行销售。② 市场转移,即将企业的营销活动转移到新的细分市场上去。例如,某食品厂原本生产婴儿食品,随着出生率下降,人口老龄化时代来临,该时代目标市场已经萎缩,企业经过实验发现老年与婴儿在某些食物的需求上很相近,便把主要的目标市场转移到老年群体中。③ 行业转移,即将企业的资源转移到更有利的新行业中去。例如,有些机械设备制造厂,面临行业的萧条,决定放弃自己原有的主营产品,转移到生物制品行业。

2. 减轻策略

指当企业面临环境威胁时,力图通过调整、改变自己的营销组合策略,尽量降低环境威胁对企业的负面影响程度。例如,环境变化导致企业某些原材料价格大幅度上涨,致使本企业的产品成本增加,在企业无条件或不准备放弃目前的主要产品的经营时,可以通过加强管理、提高效率、降低成本以消化原材料涨价带来的威胁。

3. 对抗策略

指当企业面临环境威胁时,试图通过自己的努力限制或扭转环境中不利因素的发展。对抗策略通常被称为是积极、主动的策略。企业可以通过各种方式,利用政府通过的某种法令或与有关权威组织达成某种协议,以抵消不利因素的影响。例如,我国贵州茅台酒厂发现市场上有许多厂家盗用和仿冒茅台酒商标,致使该厂的经营受到威胁,它们毅然拿起法律武器,捍卫自己的合法权益,消除了营销环境中对自己的不利影响。

第五节 市场营销环境分析的实践运用

通过市场营销环境的学习,帮助学生认识到市场营销环境的分析对企业营销决策是极其重要的。要求学生能够把学到的"市场调研技术"、"市场营销环境"理论运用到营销实践中去,就某项目的市场营销环境进行一次调研,撰写一份《市场营销环境的调研报告》。在实践运用中,使学生能够掌握市场营销调研的基本技能。

营销调查报告是企业营销决策的依据材料,通过调研报告所提供的市场信息,企业才能把握营销环境状况,才能进行正确的决策,制定有效的营销战略和策略。可见,了解和掌握市场营销环境调研报告的撰写是企业营销的主要工作。

一、营销调研报告撰写的程序

(一) 开展市场调查,搜集环境信息资料

营销调研报告撰写的过程就是市场调研的过程,市场调研是有一定程序的。市场调研程序是指在具有一定规模的调查中,从调研准备到调研结束整个活动过程的具体步骤。按照正确的程序进行,有助于提高市场调研的效率和质量,保证收集正确的营销环境资料,为营销环境调研报告的撰写准备信息材料。

(二) 对营销环境信息资料进行分析

对收集的资料进行整理后,运用"回归分析"、"相关分析"、"因素分析"、"判断分析"、

"聚类分析"等分析方法,对有关影响企业营销的资料进行客观、全面、准确的分析。具体地说,就是分析出影响营销活动的环境因素有哪些?这些因素对企业的营销活动会产生什么影响?在这些因素中,哪些是有利因素?哪些是不利因素?它们各自的影响程度如何?它们各自出现的概率有多大?

(三) 对营销环境分析提出调研结论

营销环境调研的目的性很强,调研结果必须要提出调研结论。调研结论就是在复杂、多变、严峻的营销环境中,分析市场机会与威胁、企业优势与弱点,寻找出企业营销的机会点和问题点,制定相应的对策。营销调研分析结论是调研报告的最后部分,代表着调研报告人对前面整体分析的总结性意见,是整个营销调研的核心部分。

(四) 撰写营销环境调研报告

营销环境调研最终要形成一份书面报告。营销环境调研报告是对影响企业营销的有关环境因素的调查结果进行客观陈述,提出调研结论的书面表现形式,是整个调研工作的文字化表现,也是调研结果被他人所知、所接受,便于利用的书面材料依据。为此,要组织好营销环境调研报告的撰写。

(1) 营销环境调研报告的格式。一般分为:① 任务概述;② 市场状况分析;③ 消费者购买行为分析;④ 主要竞争对手分析;⑤ 宏观营销环境分析;⑥ 企业营销机会与对策分析。

(2) 营销环境调研报告的撰写注意点。在报告中,对营销环境的分析要注意以下几点:① 资料运用充实,资料分析要全面;② 资料运用要求真实,要有资料索引说明;③ 分析要求紧扣主题,观点正确;④ 分析要求结构合理、层次清楚,注意逻辑性。

二、营销环境调研报告撰写的内容

营销环境调研报告是对收集的市场营销环境调查资料进行整理与分析后,转化为所需的营销信息,据此作为营销决策和策划的依据和前提。在对市场营销环境分析时,要把握分析的系统性、科学性、有效性和经济性。营销环境分为微观营销环境和宏观营销环境,环境分析的范围和内容很广泛,我们应该针对调研课题,有选择地重点进行分析。一般来说,营销调研分析的主要内容有以下几方面。

(一) 市场状况分析

微观营销环境是指市场环境,对企业营销极其重要。市场维系着企业的生存与发展,任何一个企业都不可能进入所有的市场,只能服务于这个大市场的某个部分。为此,营销环境调研首先必须对企业所要进入、发展的那个市场状况作全面、深入的分析研究。在营销调研报告中,市场状况分析的主要内容有:① 产品特点的分析;② 市场规模的分析;③ 市场供求分析。

(二) 消费者购买行为分析

消费者是微观营销环境的主要因素,对企业营销影响很大。消费者是市场的主体,企业营销的核心就是满足消费者的需求。企业只有了解了消费者的具体需求及其影响因素,掌握了消费者的购买行为及其特有规律,才能有效地开展企业营销活动。消费者购买行为分析的内容有:① 消费者构成分析;② 购买特点分析;③ 购买动机分析;

④ 影响购买因素分析；⑤ 使用感受分析。

（三）竞争对手分析

竞争者也是微观营销环境的主要因素，在当前激烈的市场环境中，对竞争对手分析是十分必要的，知己知彼者才能百战不殆。竞争者分析的目的在于能够得到同行业的比较基准，详细地把自己与类似企业比较，找出自己的优劣势，确定自己的市场位置，有针对性地制定竞争策略。竞争对手分析的内容有：① 竞争对手的确定分析；② 竞争对手的营销实力分析；③ 竞争对手的营销战略与策略分析。

（四）宏观营销环境的分析

宏观营销环境的各种因素对市场影响很大，影响着消费者数量、社会购买力和人们的购买欲望，从而影响着企业营销活动。为此，营销调研必须对企业目标市场所涉及的宏观营销环境作全面、深入的分析研究：① 对人口环境的人口总数、人口结构、家庭状况进行分析；② 对经济环境的人均 GDP、消费者收入水平、消费结构、储蓄和信用进行分析；③ 对社会文化环境的社会教育、宗教信仰、美学观念、价值观念和风俗习惯等进行分析；④ 对政治法律环境的国家政治体制、政府方针政策、政治局势、法律法规等因素进行分析；⑤ 对科学技术环境进行分析；⑥ 对自然物质环境进行分析。

（五）企业营销机会与对策分析

营销调研的目的性很强，调研结果必须要提出调研结论。调研结论就是在复杂、多变、严峻的营销环境中，分析市场机会与威胁、企业优势与弱点，寻找出企业营销的机会点和问题点，制定相应的对策。调研分析结论是营销调研报告的最后一个部分，代表着调研报告人对前面整体分析的总结性意见，是供企业营销决策所用的依据，是整个营销调研的核心部分。

调研分析结论的撰写要求运用 SWOT 分析方法。即通过优势、劣势、机会和威胁的分析得出调研结论。SWOT 分析内容有：① 企业优势与劣势的分析；② 市场机会与威胁的分析；③ 企业营销机会与对策的分析。

前 沿 研 究

借助人口城市化，促进国内消费需求

当前，我国经济与社会发展中存在相互关联的三大突出矛盾，即国内消费需求不足、"三农"问题日益突出、人口城市化发展滞后。从经济学的角度讲，人口城市化是农村自然经济向城市集约经济的转变。在这一转变过程中，一方面伴随着农村人口向城市的转移，另一方面伴随着农村生活方式向城市生活方式的转变，包括消费观念、消费习惯、消费行为以及消费能力等。人口城市化水平的提高，对国内消费需求有重要的影响。

人口城市化过程给城乡居民创造了提高收入水平的机会。城乡居民收入水平低，特别是数量庞大的农村居民收入水平偏低，而且增长无力，是制约和影响我国内需增长的主要障碍。但随着人口城市化水平的提高，将会给城乡居民创造更多的提高收入水平的机会。越来越多的农村人口聚居到城市将产生巨大的消费市场，促进城镇第三产业的发展，进而促进城镇居民的收入水平。而随着剩余农村劳动力向城镇的转移,收入的资源约束在很大程度上消除,也将走出"丰产不丰收"的怪圈。

人口城市化水平提高会改变居民的消费习惯。随着城市化水平的不断提高,人们的消费心理不断发生变化,从而对消费需求产生更广泛、更深远的影响。这种消费心理的变化具体表现为:一是农村与城市趋同的消费心理不断被强化,农村消费者会把城镇消费当作消费潮流的风向标;二是小城镇向大、中城市趋同的消费心理会进一步被强化;三是大、中城市居民自身的消费心理转化,城市的全面扩张自然伴随着消费品领域的不断拓展,消费观念也逐渐认同国际化城市的标准。

人口城市化水平提高会加快城乡沟通和居民消费环境的改善。随着城市化的不断推进,新的城市商业服务模式(如连锁经营的大型超市、购物广场、网上购物等)的出现不断改善着城镇居民的消费环境,使其消费行为更加便利。而农村居民和城市居民的沟通会越来越多,城市的消费观念和消费行为会更快地传递到农村,城市中各种商业机构也会加速向农村渗透,为农村居民提供更为便利的消费环境,进而促进农村购买力的提高。

人口城市化水平提高会拓展新的消费领域,促进消费结构升级。原本在农村看不到的产品和服务会不断进入到他们的视野,也使他们产生消费的欲望,并随着收入水平的提高,使农村消费领域不断拓展,消费结构不断升级。对城市居民来讲,消费结构也在不断发生变化。

人口城市化水平提高会对居民消费产生"累积效应"。各国的经验表明,农村人口向城市的迁移会产生巨大的消费"累积效应",并进而成为经济增长的新的源泉。比如,2005年我国农村居民人均消费支出2 555元,城镇居民人均消费支出7 943元,即目前我国一个城镇居民的消费水平大体相当于3.1个农民的消费水平。按照我国2006年末总人口(131 448万人)和城镇人口比重(43.9%)测算,人口城市化率提高一个百分点,就会有1 314万人从农村到城市。按2005年城乡居民的消费水平计算,将使社会消费品零售总额增长708亿元,即在2006年76 410亿元社会消费品零售总额的基础上,大约可拉动居民最终消费提升一个百分点。

借助人口城市化,促进国内消费需求的总体思路以"三农"发展为核心。一是借助人口城市化带动农村剩余劳动力转移,消除资源约束,促进农业及农村经济的全面发展;二是通过农村剩余劳动力转移,双向促进农村经济及教育、卫生、社会保障等社会事业的加快发展;三是通过城乡互动,逐步缩小城乡差距;四是通过增加城市人口,保证农民增产增收,从根本上扩大城乡消费需求;五是通过调整收入分配政策,促进国内消费需求进一步提高。

案 例

雷利自行车公司的衰落

英国雷利自行车公司是成立于1887年的世界老字号自行车生产商,雷利自行车公司自成立以来,由于生产的自行车质量好而饮誉世界。往日的人们若能有幸拥有一辆雷利自行车,就如获至宝,引以自豪。不少买了雷利自行车的顾客,即使使用了六七十年,车子仍十分灵巧。有这样一个事例,某位顾客在1927年以9英镑买下一辆雷利自行车,直到1986年每天还在骑,仍舍不得把它以古董的高价卖出去。雷利自行车成为高质量的代名词,它行销世界各地,尤其在欧美更是抢手货。

然而,随着时间的推移,市场需求却在悄悄地变化,而此时的雷利公司仍固守原来的经营理念,没有什么创新。自行车是作为一种方便、灵活的交通工具流行起来的。但到了20世纪六七十年代,比自行车更理想的交通工具——轿车,在一些经济发达国家开始普及。自行车与轿车相比,就显得速度慢、活动半径小。所以消费者纷纷选购轿车作为自己便利的交通工具,自行车消费陷入低潮,雷利自行车也难逃此厄运。

另一方面,在新技术的冲击下,发达国家的自行车主要消费者青少年的消费偏好也发生了很大变化。以往,16岁以下青少年购买雷利自行车的,约占英国国内自行车消费量的70%。而现在,青少年感兴趣的已是电子游戏机了。在欧美工业化国家里,自行车即使免费赠送给青少年,也未必受欢迎。青少年消费偏好的这一变化,给雷利自行车带来了很大的打击。

面对着变化了的市场,许多精明的企业家或进行多角度经营,分散经营风险;或根据市场的新情况研制、开发新产品,增强企业的生存能力与发展能力。在自行车行业,一些富有开拓精神的企业家,很快设计生产出新型的自行车,使它集游玩、体育锻炼、比赛于一体。这样一来,自行车又很快成为盈利丰厚的"黄金商品"。例如美国的青少年,迷上这种多功能自行车的比比皆是,购买一辆这种新车需200至300美元,一顶头盔约150美元,各种配套用品约250美元,更换零件平均约100美元,这种连带消费,使那些应变能力强、率先开发出新式自行车的厂商财源滚滚。

然而,雷利公司却一直坚持"坚固实用"的生产经营理念。直到1977年,实在很难再维持下去,它才投资筹建成千上万自行车比赛队,想让雷利自行车在体育用品市场上大显身手。1980年,雷利自行车终于成为自行车大赛的冠军队,雷利自行车因此名声大振,当年在法国销售达4万辆。雷利公司尝到甜头后,便集中力量发展作为体育运动器械用的自行车,想借此重振雄风。谁料天公不作美。1986年夏天,北欧各国一直是阴雨绵绵、寒冷潮湿的气候,使自行车运动无法进行,购买自行车的人锐减,造成雷利自行车积压严重,公司周转资金严重不足。

亚洲一些国家和地区的自行车业的崛起和低价销售,也使雷利自行车不得不退出传统的利润丰厚的美国等市场,从而加快了它衰落的步伐。雷利自行车原来有30%是出口外销的,其出口目标主要是欧美国家,特别是美国市场。但20世纪80年代以后,亚洲一些国家、地区的厂商以低廉的价格和灵活多样的行销方式,相继夺走了雷利自行车在欧美的市场份额。例如,一度风行美国的花式自行车,每年都可销售几百万辆。这本来是雷利自行车公司的传统市场,但在台湾厂商与美国行销商的默契合作下,这笔生意却被台湾厂商抢走了。它们采取了台湾地区生产的商品挂上美国商标的推销方法。台湾地区的自行车厂家由于对美国市场不太了解,不想为自己的商标花重金进行广告宣传,则将自行车直接以出厂价供给美国的经销商。美国经销商再将这些自行车运回美国,打上自己的商标然后出售,这种自行车销价低且质量可靠,很快在市场上打开了销路。到1986年,这种自行车在美国的销售量达580万辆。

雷利自行车公司不仅失去了欧美的自行车市场,而且也失去了第三世界的自行车市场。以往,尼日利亚年平均进口雷利自行车都达数万辆。1986年以后,英国与尼日利亚两国关系日渐恶化,尼日利亚政府对英国设置贸易壁垒,从而使雷利自行车无法进入这一市场。祸不单行,两伊战争爆发,昔日雷利自行车的另一大买主——伊朗,出于战争需要,几乎全部停止了雷利自行车的进口。此外,往日的财政困难、产品积压、人员过剩等一系列问题更日趋严重,使得雷利自行车出口日趋困难。

案例思考题

1. 分析环境对雷利自行车公司的影响,并根据你对未来环境发展变化趋势的判断,提出对自行车行业发展的建议。

2. 雷利自行车衰落的原因是什么?给我们哪些启示?

练习与思考

(一) 名词解释

市场营销环境　　　微观营销环境　　　宏观营销环境　　　人口环境

经济环境　　　　　营销机会　　　　　营销威胁

(二) 填充

1. 微观营销环境大致包括六个方面内容：即_____、_____、_____、_____、_____、_____。

2. 宏观营销环境大致包括六个方面内容：即_____、_____、_____、_____、_____、_____。

(三) 单项选择

1. 根据恩格尔定律，恩格尔系数越低，说明这个国家人们的生活水平(　　)。
   A. 越高　　　　B. 越低　　　　C. 不一定　　　　D. 不变

2. 当企业面临环境威胁时，通过改变自己受到威胁的产品现有市场，或者将投资方向转移来避免环境变化对企业的威胁。这是(　　)策略。
   A. 转移　　　　B. 减轻　　　　C. 对抗　　　　D. 竞争

(四) 多项选择

1. 下列中，属于市场微观环境因素的是(　　)。
   A. 消费者　　　　　　　B. 供应商　　　　　　　C. 中间商
   D. 竞争者　　　　　　　E. 社会公众

2. 社会经济环境是影响企业营销活动的重要因素，它包括的内容有(　　)。
   A. 社会经济发展水平　　　　B. 个人可支配收入
   C. 社会消费结构　　　　　　D. 市场供求状况
   E. 银行利率

(五) 简答题

1. 宏观营销环境与微观营销环境有何区别？
2. 市场营销环境分析有哪几种具体的方法？

(六) 论述题

经济环境是如何影响企业营销活动的？举例说明如何应用。

第六章 顾客购买行为分析

学习目标

学完本章,你应该能够:
1. 了解顾客购买行为分析的模式、内容和重点
2. 描述消费者购买行为的特征和类型
3. 把握影响消费者购买行为的内在和外在因素
4. 理解消费者购买决策过程各阶段的特点及其相应的营销对策
5. 识别生产者购买行为的特征和类型,把握其购买决策阶段
6. 掌握对消费者购买行为分析的实践技能

基本概念

消费者购买行为　　购买动机　　相关群体
社会阶层　　　　　生产者购买行为

在市场经济社会里,无论是生产者的需要,还是消费者的需要,都是通过具有支付能力的特定购买行为得到满足的。顾客是市场的主体。企业只有在满足顾客需求的一系列活动中才能发展自己。而要做到满足顾客购买及其不断变化,仅凭表面的观察和与顾客的接触经验是不够的。只有了解顾客购买行为的特点,探索和研究消费者购买行为的规律性,才能制定相适应的市场营销组合策略,在满足消费者需求的同时,实现企业自身的营销目标。

第一节　购买行为分析概述

一、购买行为分析的模式

迄今为止,人类用于获得和生产消费品的时间几乎占去了 200 万年的大部分,而对于消费者行为的研究只是最近几十年的事。然而,在这短暂的几十年中,消费者行为引起的各方面的关注程度是始料不及的,不仅引起不同行业、不同国家和地区人们的瞩目,而且已成为多门类学科探讨的课题。不同的学科从不同的领域研究探索,提出了各具特色的购买行为模式,这些模式对于在企业市场营销活动中认识顾客购买行为与企业营销策略制定的关系,掌握顾客购买规律性,以诱发有利的购买行为有着重要的参考价值。下面分别介绍几个有代表性的模式。

(一) 经济学模式

最早建立购买行为理论的是以马歇尔为代表的经济学家,这种理论认为购买者是"经济人"。"经济人"的行为是合理的、完全理智的,购买决策的作出是建立在理性的经济计算基础上的。换句话说,购买者追求的是"最大效用",他们会根据自己获得的市场商品信息,根据个人的愿望和有限的收入,购买那些能使自己得到最大效用(或满足)的物品。基于以上原则,此模式提供有用的假设:① 价格越低,商品的销售量越大;② 本品价格越低,替代品越难销售;③ 某商品价格下降,其互补品销售看涨;④ 推销费用越高,销售量越大等。

用经济学模式分析购买行为,要求注重产品的价格和性能因素,强调的是消费者购买的经济动机对购买行为的影响,这无疑是重要的。但单纯的经济因素不能解释清楚消费者行为的发生及其变化,如购买者对产品商标和牌号的偏好。为什么一位顾客在面对几种价格相仿,质量、性能相近的同类产品时,只选择其中的某一种,经济学模式是难以回答的。尽管如此,经济学模式仍然是我们探讨购买者行为"暗箱"的一个重要组成部分。

(二) 传统心理学模式

需求驱策力模式是传统的心理学模式,其理论基础是以巴甫洛夫为代表的心理学家提出的人类教育是基于"条件反射"而来的。需求促使人们产生购买行动,而需求是由驱策力引起的。这种使人产生需求的驱策力又可以分为两种:原始驱策力与学习驱策力。原始驱策力是指人的生理方面的需求,是非理性因素的行为;学习驱策力是心理的需求,是理性因素的行为。心理学强调学习驱策力源自于人们运用自己眼、耳、鼻、舌、身等器官,与外界事物的经常接触,得到认识和积累经验,从经验中学得理性知识。为此,学习是一种联想过程,人们的许多行为被联想所制约,即人们在一定条件下,做出反应的行动。

用传统心理学模式分析购买行为,要求通过各种强化力量加强诱因—反应的关系,借助强大的驱策力来建立消费者的购买行为。此模式应用于企业营销实践活动,尤其是有关促销策略、广告策略的制定,收到较好的效果。但这种理论使人们对商品及促销活动的感受以及人与人之间的影响在购买行为中的作用等,还不能作出令人满意的回答。

(三) 社会心理模式

社会心理模式的提出是社会学家和心理学家共同努力的结果。这一模式认为人是社会的人,应该遵从共同的大众文化的标准及形式。即人们的需求和行为都要受到社会群体的压力和影响,以至于处于同一社会阶层的人们在商品需求、兴趣、爱好、购买方式、购买习惯上有着许多相似之处。营销人员所面临的主要任务是确定哪些人对哪些产品最具影响力,以使这些人在最大限度和范围内施展其影响。

用社会心理模式分析购买行为,对营销人员的活动具有重要的指导意义,但还有不够完美的一面。这主要因为个人行为要受到社会的影响是肯定的,并且这种影响在个人许多行为上起作用,但不是全部。因为每个人的身体、心理和情绪结构不同,即使两个人受到同一社会影响,他们的行为仍然会有明显的不同。这种不同,是消费者个性差异造成的。购买者的个性类型与商品品牌偏好之间的关系,至今仍在探索努力之中。

以上几种模式代表了不同学科的研究者对人类的主要动机及购买行为的不同看法。各种分析模式在不同的产品营销活动中作用有所不同,但它们不能死板地固定在顾客购买行为上。作为企业营销人员应该因时、因地、因产品而宜选择分析模式;应该综合运用各种分析模式的优势,弥补它们的不足;应该认真研究各种分析模式,对各种模式了解得越全面,理解得越透彻,对购买行为分析得越科学,其营销效果也必然越显著。

二、购买行为分析的内容

(一) 购买行为分析的基本内容

在当今市场上,企业要从事有效的营销活动,必须搞清楚顾客购买行为表现出来的五个"W"和一个"H"。即"什么"(what)、"谁"(who)、"哪里"(where)、"何时"(when)、"为何"(why)、"如何"(how)。这六个方面是研究顾客购买行为的基本内容。

1. "什么"

是指要了解消费者知道什么、购买什么。企业要了解消费者需要什么商品,了解商品的知晓度、被接受度。通过了解,既可以清楚市场占有率和不同品牌的销售情况,也可以搞清楚消费者的偏好,以提供满足消费者需要的商品和服务。

2. "谁"

是指要了解消费者是哪些人,弄清购买行动中的"购买角色"问题。消费者指的是企业的目标顾客;购买角色是指在购买活动中,不同人的位置和作用。严格地说,购买者有别于消费者。购买者通常指的是实际完成购买行为的人,他可能是产品的消费者,也可能不是。在一些商品的购买活动中,购买者、决策者与消费者是分离的。因此,要搞清楚在消费者的购买行动中,谁是决策者,谁是使用者,谁对决定购买有重大影响。这样,企业可以准确确定自己的目标对象,更有针对性地实施产品、价格、渠道以及促销策略。

3. "哪里"

是指要了解消费者在哪里购买,在哪里使用。企业要了解消费者在购买某类商品时的习惯,他们愿意在哪里、什么商店购买企业的商品。企业搞清楚后,可以据此研究商品及服务的适当的销售渠道和地点。企业还要了解消费者是在什么样的地理环境、气候条件、什么场所使用商品,可以根据消费者使用的地点、场所条件,提供更适应的产品和服务。

4. "什么时候"

是指要了解消费者消费和购买某类商品和服务的具体时间。搞清楚消费者什么时候消费和购买,对于开发新产品、拓宽服务领域、增加服务项目有重要作用,根据所预测的消费购买时间,企业可以早做准备。

5. "如何"

是指要了解消费者怎样购买、喜欢什么样的促销方式,以及搞清楚消费者对所购商品是如何使用的。企业清楚了这两个问题之后,可以提供多品种的适宜产品;可以针对不同情况,实施差异化营销;还可以作出有效的促销决策,吸引更多消费者购买。

6. "为什么"

是指要了解和探索消费者行为的动机或影响其行为的因素。消费者为什么喜欢这个牌号的商品,而不喜欢另外一个;为什么单买这种包装、规格的商品,而拒绝接受其他种类等。只有探明了原因与动机,企业才可以比较全面地了解消费者的需要。

(二) 购买行为分析的难点——"暗箱"分析

购买行为分析六大基本内容是企业营销必须要解决的题目,但这六个题目的难易程度大不相同。企业的营销人员通常可以通过大量的观察和了解,搞清楚前五个方面的问题。即出现在市场上的消费者要购买什么,谁来购买,在什么时间购买,在什么地方使用和购买,经常采用什么样的方式购买。但对"为什么购买"的分析具有相当难度。因为,前五个问题是消费者购买行为的外部显露部分,可以借助于观察、询问获得较明确答案,而"为什么购买",却是隐蔽、错综复杂和难以捉摸的。这种状况,对企业营销者来讲,就像面对着一种照相器材——暗箱,明明知道里面运转不停,但却看不见。购买行为的发生或拒绝接受的行动都是这暗箱运转的结果,但从外面却看不到内部的活动。因此,对企业营销者来说是个谜,谜底就在这个神秘的暗箱之中。

许多学者试图从不同的角度解开这个谜,企业营销人员更是跃跃欲试,设想在这个"暗箱"内建立一套机械性的理论模式,以解决企业最想知道的消费者"为什么购买"的问题,于是各种不同的解释"暗箱"这个消费者心理活动的模式被设计出来了。有关模式我们已经作了介绍并将在后面再作叙述,而这里需要强调的是,把消费者的购买心理视作一个充满问题的"暗箱",在此基础上来研究种种已知的市场营销影响因素和消费者反应之间的关系,这是在行为主义心理学研究成果的基础上建立的。企业营销要重视购买行为的"暗箱"分析,尽管这部分分析具有一定的难度。

(三) 购买行为分析的重点——"刺激—反应"分析

随着对购买者行为研究的深入,企业营销人员开始认识到,考察购买者对本企业所策划的市场营销策略、手段的反应,对于营销活动的成败至关重要。营销人员如果能比较清楚就地了解各类购买者对不同形式的产品、服务、价格、促销方式的真实反应,就能够适当地诱发购买者的购买行为,使企业处于竞争中的优势。因此,作为营销人仍需要在掌握有关购买者行为的基本理论的前提下,通过大量的调查研究,搞清楚企业各种营销活动与购买者反应之间的关系。这正是购买行为分析的重点。

"暗箱"理论的提出,使我们有可能了解购买者行为心理过程的隐蔽性,这隐蔽的部分恰恰是营销研究人员最想知道、最应明了、最难观察的。尽管如此,我们可以利用行为心理学提出的"刺激—反应"理论,从各种各样的"市场营销刺激"对购买者行为所产生的反应中,推断出"暗箱"中的部分内容,也就是购买行为产生的动机。行为心理学的创始人沃森建立的"刺激—反应"原理,指出人类的复杂行为可以被分解为刺激和反应两部分。人的行为是受到刺激的反应。刺激来自两方面:身体内部的刺激和体外环境的刺激,而反应总是随着刺激而呈现的。

按照这一原理分析,从营销者角度出发,各个企业的许多市场营销活动都可以被视作对购买者行为的刺激,如产品、价格、销售地点和场所、各种促销方式等。所有这些,我们称之为"市场营销刺激",是企业有意安排的对购买者的外部环境刺激。除此之外,购买者还时时受到其他方面的外部刺激,如经济、技术、政治和文化的刺激等。所有这些刺激,进入了购买者的"暗箱"后,经过了一系列的心理活动,产生了人们看得到的购买者反应:购买还是拒绝接受,或是表现出需要更多的信息。如果购买者一旦决定购买,其反应便通过其购买决策过程表现在购买者的购买选择上,包括产品的选择、厂牌选择、购物商店选择、购买时间选择和购买数量选择,这一关系如图6-1所示。

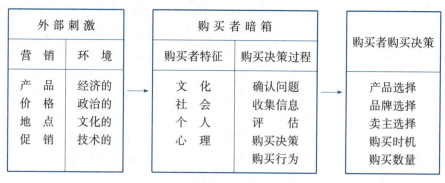

图6-1　营销刺激与消费者反应模式

图6-1说明,尽管购买者的心理是复杂、难以捉摸的,但这种种神秘的、不易被窥见的心理活动可以被反映出来而使人们认识,营销人员可以从影响购买者行为的诸多因素中找出普遍性的方面,由此进一步探究购买者行为的形成过程,并在能够预料购买者反应的情形下,自如地运用"市场营销刺激"。

购买行为研究通常包括两部分内容,即消费资料购买者行为研究和生产资料购买者行为研究,亦即消费者购买行为分析和生产者购买行为分析。作为购买商品的行为,消费者行为与生产者行为两者有一致性,但由于商品用途、购买角色、购买组织等方面的不同,两种购买行为又各具特点。消费者购买行为分析是整个顾客购买行为研究的重点。

第二节　消费者购买行为分析

消费者购买行为是指消费者为满足其个人或家庭生活需要,而发生的购买商品的决策过程。消费者购买行为是复杂的,其购买行为的产生是受到其内在因素和外在因素相互促进、交互影响的。企业营销应该通过对影响消费者购买行为的内、外部因素的研究来掌握消费者购买行为的规律,制定相应有效的市场营销策略,实现企业营销目标。

一、消费者购买的特征

现代市场营销理论的核心是满足消费者的需求,这是企业营销的出发点和归宿。企业要在市场竞争中能够适应市场、驾驭市场,必须掌握消费者购买的以下基本特征。

1. 购买者多而分散

人们为了生存、享受、发展,必须进入消费市场购买商品,以维持自己需要的满足。消费购买涉及每一个人,每个家庭。为此,消费者市场是一个人数众多、幅员广阔的市场。由于消费者所处的地理位置各不相同,闲暇时间不一致,造成购买地点和购买时间的分散性。

2. 购买量少,多次购买

消费者购买是以个人和家庭为购买和消费单位的,由于受到消费人数、需要量、购买力、储藏地点、商品保质期等诸多因素的影响,消费者为了保证自身的消费需要,往往购买批量小、批次多,购买频繁。

3. 购买的差异性大

消费者购买因受年龄、性别、职业、收入、文化程度、民族、宗教、消费习惯等方面的影响,其需求有很大的差异性,对商品的要求也各不相同。随着社会经济的发展,消费者消费习惯、消费观念、消费心理不断发生变化,从而导致消费者购买差异性更大。

4. 大多属于非专家购买

需求的差异性,导致了产品的多样性,使得绝大多数消费者在购买商品时缺乏相应的专业知识、价格知识和市场知识,尤其是对某些技术性较强、操作比较复杂的商品,更显得知识缺乏。在多数情况下,消费者购买时往往受感情的影响较大。因此,消费者很容易受广告宣传、商品包装、装潢以及其他促销方式的影响,产生购买冲动。

5. 购买的流动性大

由于购买力的相对有限,消费者对所需要的产品必然慎重选择,加之在市场经济比较发达的今天,人口在地区间的流动性较大,因而导致消费购买的流动性很大,消费者的购买能力经常在不同产品、不同地区及不同企业之间流动。

6. 购买的周期性

从消费者对商品的需要来看,有些商品消费者需要常年购买、均衡消费,如食品、副食品、牛奶、蔬菜等生活必需商品;有些商品消费者需要季节购买或节日购买,如一些时令服装、节日消费品;有些商品消费者需要等商品的使用价值基本消费完毕才重新购买,如电话机与家用电器。由此可见,消费者购买有一定的周期性可循,从而使消费者市场购买呈现一定的周期性。

7. 购买的时代特征

消费者购买不仅受到消费者内在因素的影响和制约,还常常受到时代精神、社会风俗习惯的导向,从而使人们对消费购买产生一些新的需要。例如上海 APEC 会议以后,唐装成为时代的风尚,随之流行起来;又如社会对知识的重视,对人才的需求量增加,从而使人们对书籍、文化用品的需要明显增加。这些例子显示出消费购买的时代特征。

8. 购买的发展性

消费者购买是在不断变化的,随着社会的发展和人民消费水平、生活质量的提高,消费需求也在不断向前推进。过去只要能买到商品就行了,现在要追求名牌;过去不敢问津的高档商品,如汽车等现在消费者众多;过去自己承担的劳务,现在由劳务从业人员承担;等等。这种新的需要不断产生,而且是永无止境的,使消费者购买具有发展性特点。

对企业来说,认清消费者购买的特征意义是十分重大的,它有助于企业根据消费者购买特征来制定营销策略,规划企业生产经营活动,为市场提供消费者满意的商品或劳务,更好地开展市场营销活动。

二、消费者购买行为的类型

消费者的购买行为是消费者在一定购买条件和购买动机驱使下,为了满足某种需求而购买商品的活动过程。由于消费者的购买条件与动机纷繁复杂,因而其购买行为也多种多样,可根据不同依据划分为不同的购买类型。

(一) 根据消费者的购买目标划分的购买类型

1. 全确定型

这类购买行为是指消费者在购买商品以前,已经有明确的购买目标,对商品的名称、型号、规格、颜色、式样、商标以至价格的幅度都有明确的要求。这类消费者进入商店以后,一般都是有目的地选择,主动地提出所要购买的商品,并对所要购买的商品有具体要求。当商品能满足其需要时,则会毫不犹豫地买下商品。

2. 半确定型

这类购买行为是指消费者在购买商品以前,已有大致的购买目标,但具体要求还不够明确,最后购买决定需经过选择比较才完成的。例如,购买空调是原先计划好的,但购买什么牌子、规格、型号、式样等心中无数。这类消费者进入商店以后,一般要经过较长时间的分析、比较才能完成其购买行为。

3. 不确定型

这类购买行为是指消费者在购买商品以前,没有明确的或既定的购买目标。这类消费者进入商店主要是参观游览、休闲,一般是漫无目标地观看商品或随便了解一些商品的销售情况,有时感到有兴趣或合适的商品偶尔购买,有时则观后离开。

(二) 根据消费者的购买态度划分的购买类型

1. 习惯型

这类购买行为是指消费者由于对某种商品或某家商店的信赖、偏爱,而产生的经常、反复的购买。由于经常购买和使用,他们对这些商品十分熟悉、体验较深,再次购买时往往不再花费时间进行比较选择,注意力稳定、集中。

2. 理智型

这类购买行为是指消费者在每次购买以前对所购的商品,要进行较为固定的研究比较。理智型购买感情色彩较少,购买商品时头脑冷静、行为慎重,主观性较强,不轻易相信广告、宣传、承诺、促销方式以及售货员的介绍,主要取决于商品的质量、款式。

3. 经济型

这类购买行为是指消费者购买商品时特别重视价格,对于价格的反应非常灵敏。经济型购买无论是选择高档商品,还是中低档商品,首选的是价格,他们对"大甩卖"、"清仓"、"血本销售"等低价促销最感兴趣。一般来说,这类消费者与自身的经济状况有关。

4. 冲动型

这类购买行为是指消费者容易受商品的外观、包装、商标或其他促销努力的刺激,而产生的购买行为。冲动型购买一般都是以直观感觉为主,从个人的兴趣或情绪出发,喜欢新奇、新颖、时尚的产品,购买时不愿作反复的选择比较。

5. 疑虑型

这类购买行为是指消费者具有内倾性的心理特征,善于观察细小事物,体验深而疑虑大。疑虑型购买都是小心谨慎和疑虑重重,购买缓慢、费时多。常常是"三思而后行",往往会犹豫不决而中断购买,购买后还会疑心是否上当受骗。

三、影响消费者购买行为的内在因素

影响消费者购买行为的内在因素很多,主要有消费者的个体因素与心理因素。购买者的年龄、性别、经济收入、教育程度等个体因素,会在很大程度上影响着消费者的购买行为,关于这部分内容见本书在第五章第三节中的"人口环境分析"和"经济环境分析"。在此,主要分析影响消费者购买的心理因素。消费者心理是消费者在满足需要活动中的思想意识,它支配着消费者的购买行为。影响消费者行为的心理因素有动机、感受、态度、学习。

(一) 动机

动机与行为有着直接的因果关系。消费者购买行为由购买动机支配,而购买动机又由需要引起。因此,要研究消费者购买动机,必须研究消费者的需要。需要是购买动机的基础,是购买行为的起点。

1. 人的需要引发购买动机

需要是人们对于某种事物的要求或欲望。就消费者而言,需要表现为获取各种物质需要和精神需要。对需要与动机的分析,许多行为学者、心理学家曾提出多种分析方法,其中马斯洛的"需要层次"理论对消费者购买行为分析有重要的参考价值。

马斯洛将人类的需要分成五个层次:生理需要、安全需要、社会需要、尊重需要和自我实现的需要。其中,前两个层次需要都属生理的和物质方面的需要,后三个层次需要是心理的和精神方面的需要,它们是根据由低到高的层次排列的。

(1) 生理需要。是指人类最基本的需要,如对衣、食、住等物质的需要。马斯洛认为,当人所有的需要未得到满足时,生理上的需要是压倒一切、最为优先的,是人们最原始、最基本的需要。

(2) 安全需要。是指人们要求人身安全得到保障,基本需要得到满足以后,为避免生理及心理方面受到伤害所产生的保护和照顾的需要,如人身安全、健康保障、财产安全、职业安全等。

(3) 社会需要。是指人们相互交往的愿望和归属感。人们希望能被社会上某些团体或者他人所接受,使自己在精神上有所归属;希望给予他人和得到别人的友谊和爱护,这是人的情感方面的需要。这种需要促使人们致力于与他人感情的联络和建立社会关系,如朋友交往、伙伴关系、参加某些团体或集会等。

(4) 尊重需要。是指人们对自尊心、荣誉感的追求和维护。人们希望通过自己的才华与成就获得他人的重视和尊重,希望自己具有一定的身份和地位。

(5) 自我实现需要。是指人们的成就感。人们对获得成功具有渴望,希望个人才赋得到发挥成为优秀的人,这是需要层次理论的最高级需要。

需要产生动机,但并非所有的需要都必然产生动机。一种需要必须被激发到足够大

时,才能发展成为动机。而且,动机的强弱除了受内在刺激驱使外,还与外界的刺激有关。可见,消费者购买动机是由消费者内在需要与外界刺激相结合,使主体产生一种动力而形成的。

2. 购买动机的类型

动机是为了使个人需要满足的一种驱动和冲动。消费者购买动机是指消费者为了满足某种需要,而产生的购买商品的欲望和意念。由于消费者需要的复杂多样,在此基础上产生的消费者的购买动机也是多样化的,购买动机大体上可概括为两大类。

(1) 生理性购买动机。生理性购买动机是指人们因生理需要而产生的购买动机,如饥思食、渴思饮、寒思衣,所以又称本能动机。生理动机又具体包括:① 维持生命动机,主要指对衣、食等商品的购买动机;② 保护生命动机,如为了休息、治病而购买居住设施、药物等动机;③ 延续和发展生命的动机,指由于人们组织家庭、生育和赡养父母、抚养子女、提高生活水平等需要而产生的购买动机。

生理动机是以人们基本的生理本能需要为基础的,因此,具有经常性、习惯性和稳定性的特点。应该注意到,当社会经济发展到一定水平时,生理动机在消费者行为中占重要地位。

(2) 心理性购买动机。心理性购买动机是指人们由于心理需要而产生的购买动机。消费者的心理需要十分复杂,因而产生了各种各样的心理性购买动机。根据对人们心理活动的认识,以及对情感、意志等心理活动过程的研究,可将心理动机归纳为以下三类。

第一类是感情动机。所谓感情动机,是指由于个人的情绪和情感心理方面的因素而引起的购买动机。情绪为喜、怒、哀、乐,情感为美感、道德感、时代感、集体感等。消费者的情绪和情感是千差万别的,从而表现出不同的购买动机。根据感情动机不同的侧重点,可以将其分为三种消费者心理倾向:一是求新心理,追求所购买商品的时尚和新颖,其核心是"时髦"和"奇特",服装讲究款式新颖、摆设要别出心裁、食品要应时尝新等;二是求美动机,以追求所购买商品的艺术价值和欣赏价值为主要目标的购买动机,其核心是"美化"、"装饰",购买商品时较少考虑价格和使用,多注重商品的造型、色彩、表现力和整体上的协调美、旋律美;三是求荣心理,以追求所购买商品的荣耀感为主要目的的购买动机,其核心是"炫耀"、"显名",足以显示购买者富裕程度的商品往往是这类顾客追求的对象。

第二类是理智动机。是指建立在对商品客观认识的基础上,经过充分的分析、比较后产生的购买动机。理智动机具有客观性、周密性的特点,在具体购买活动中表现为两种消费心理倾向:一是求实心理,以追求所购买商品实用价值为主要目标的购买动机,其核心是"有效"、"实用",消费者购买商品时注重商品的实际效用,不追求外观形象和象征意义;二是求廉心理,以追求商品的物美价廉为主要目标的购买动机,消费者购买商品时注重商品的价格,而对商品的包装、款式、色彩则不大挑剔。

第三类是惠顾动机。是指消费者由于对特定的商品或特定的商店产生特殊的信任和偏好,而形成的习惯重复光顾的购买动机。这种动机具有经常性和习惯性特点,具体消费心理表现为嗜好心理。这类消费者的购买活动往往是定型化的,对某种品牌商品表现为青睐、偏爱和忠实,有的消费者到了非此商品不消费的程度。

购买动机形成之后,行动方向就产生了。即购买目标、方向确定后,才有具体的购买行动。人们的购买动机不同,购买行为必然是多样的、多变的。根据需要引发动机、动机影响购买行为的理论,要求营销人员深入细致地分析消费者的各种需求和动机,针对不同的需求层次和购买动机设计不同的产品和服务,制定有效的营销策略,获得企业营销的成功。

(二) 感受

消费者一旦有了购买动机后,就会采取行为。但是,如何行动还要看他对外界刺激物或情境的反应,这就是感受对消费者购买行为的影响。感受指的是人们的感觉和知觉。

所谓感觉,就是人们通过视、听、嗅、触等感官对外界的刺激物或情境的反应或印象。随着感觉的深入,各种感觉到的信息在头脑中被联系起来进行初步的分析综合,使人形成对刺激物或情境的整体反映,就是知觉。知觉对消费者的购买决策、购买行为影响较大。在刺激物或情境相同的情况下,不同的消费者有不同的知觉,他们的购买决策、购买行为就截然不同。例如,有两个顾客 A 和 B 到同一商店选购电视机,刺激物和情境相同,但 A 认为,某牌电视机好,售货员服务态度好,决定购买;而 B 认为,同一品牌的电视机不好,售货员的服务态度也不好,不愿购买。为什么会出现这种情况呢?是因为消费者的知觉是一个有选择性的心理过程。一个人在特定范围内,不可能对所有的刺激物都感受得到。具体说,有三种情况影响感受。

(1) 有选择的注意。一个人每时每刻都面对许多刺激物,但是往往不可能注意所有的刺激物,而只能有选择地注意某些刺激物,即只注意那些与自己的主观需要有关的事物和期望的事物。例如,某顾客拟买电冰箱,他只注意看电冰箱而不注重别的东西。因此,对某种商品(如电冰箱)的广告宣传,有些消费者会有印象,有些消费者不会有什么印象。

(2) 有选择的曲解。消费者即使注意到刺激物,但未必能如实反映客观事物,往往按照自己的先入之见来曲解客观事物,在对所接受信息的加工处理过程中,不自觉地加进了个人的看法。例如,甲品牌电冰箱的质量客观上很好,但某消费者主观认为国产电冰箱只有乙品牌质量好,其他牌子都不行。

(3) 有选择的记忆。是指人们所获得的信息绝大部分都会忘记,只记住那些和自己的意见、观点一致的信息。例如,消费者只记得自己喜欢的乙品牌电冰箱的优点,而忘记了也在经常宣传的甲品牌电冰箱的优点。

可见,感受是消费者购买的重要影响因素。尽管不同的人对同样的客观事物有不同的感受,但外界刺激物本身有助于决定人的感受,我们应该看到外界刺激物的作用所在。还应看到消费者个人因素也会影响其感受,如个人理解信息的能力、心情、记忆力、经验和价值观等,都会影响外界信息的接受,形成自己的感受。

分析感受对消费者购买行为的影响,要求营销人员掌握这一规律,充分利用企业的营销策略,在保证商品质量的前提下,改进包装、款式、颜色,尤其是要加强广告宣传,以强化刺激。企业要以简明、有吸引力的广告词句,反复多次做促销宣传,引起消费者的注意,加深消费者的记忆,正确理解广告。

(三) 态度

态度通常是指个人对事物所持有的喜欢与否的评价、情感上的感受和行动倾向。一般,消费者的态度对消费者的购买行为有着很大的影响,企业营销人员应该注重对消费者态度的研究。

社会心理学家认为,态度是情景和他人倾向以及本人性格特点相互作用的结果。消费者对某一商品的态度来源于:① 消费者本身与商品的直接接触;② 受其他消费者,如亲友或其他人的直接、间接的影响;③ 家庭教育与本人的生活经历。

消费者的态度包含信念、情感和意向,它们对购买行为都有各自的影响作用。

1. 信念

信念是指人们认为确定和真实的事物。一般地说,信念是来自知识、见解,也有来自信任的。在实际生活中,消费者不是根据知识,而常常是根据见解和信任作为他们购买的依据。例如,某消费者之所以选择甲品牌商品而不买乙品牌商品,其原因在于他相信前者而不相信后者,这种信任往往产生于甲品牌的商品质量有保证、企业信誉好、优质的服务、公道的价格。

2. 情感

情感是指商品和服务在消费者情绪上的反应,如对商品或广告喜欢还是厌恶。上述所提的消费者对甲品牌商品倾注着喜欢态度,显示出自己的情感。情感往往受消费者本人的心理特征与社会规范影响。

3. 意向

意向是指态度的动作倾向,即消费者采取某种方式行动的倾向,是倾向于采取购买行动,还是倾向于拒绝购买。消费者的态度最终落实在购买的意向上,喜欢甲品牌的消费者必然会采取购买的行动。

研究消费者态度的目的在于企业充分利用营销策略手段,让消费者了解企业的商品,帮助消费者建立对本企业的坚定信念,培养对企业商品和服务的情感,让本企业产品和服务尽可能适应消费者的意向,使消费者的态度向着企业的方面转变。在20世纪80年代,温州的产品一直被认为是劣质假冒产品的代名词,经过市场经济的锤炼,企业改变营销观念,注重产品质量,强化广告宣传,从而改变了人们对温州产品的信念和态度。现在温州的鞋类产品已经以新的形象行销全国,并开拓了国际市场。

(四) 学习

学习是指由于经验引起的个人行为的改变。即消费者在购买和使用商品的实践中,逐步获得和积累经验,并根据经验调整自己购买行为的过程。一个人的学习是通过驱策力、刺激物、提示物、反应和强化的相互影响、相互作用而进行的。

"驱策力"是诱发人们行动的内在刺激力量。例如,某消费者重视身份地位,这种尊重的需要就是一种驱策力。这种驱策力被引向某种刺激物——高级名牌西服时,驱策力就变为动机。在此动机的支配下,这位消费者需要作出购买名牌西服的反应。但他在何时何地作出何种反应,往往取决于周围的一些"提示物"的刺激,如看了有关电视广告、商品陈列。在他购买了这套名牌西装时,如果穿着很满意的话,他对这一商品的反应就会加强,以后如果再遇到相同诱因时,就会产生相同的反应,即采取购买行为。如果反应被反复强化,久之,就成为购买习惯了。这就是消费者的学习过程。

从以上分析可以看到,消费者一方面从广告中学习,获取知识;另一方面是从个人或周围人的购买经验中学习。为此,企业在营销过程中要注重消费者购买行为中"学习"这一因素的作用,要通过各种途径给消费者提供信息,如重复广告,目的是达到加强诱因,激发驱策力,将人们的驱策力激发到马上行动的地步。同时,企业对商品和提供的服务要始终保持优质,这样消费者才有可能通过学习建立起对企业品牌的偏爱,形成其购买本企业商品的习惯。

四、影响消费者购买行为的外在因素

消费者的购买行为要受外在因素的影响,这一因素包括相关群体、社会阶层、家庭状况、社会文化等内容。

(一) 相关群体

相关群体是指那些影响人们的看法、意见、兴趣和观念的个人或集体。研究消费者行为可以把相关群体分为两类:参与群体与非所属群体。

(1) 参与群体。是指消费者置身于其中的群体,按其作用又可分为主要群体和次要群体。① 主要群体是指个人经常性受其影响的非正式群体,如家庭、亲密朋友、同事、邻居等。这样的群体影响着一个人的情趣和爱好,培养其消费习惯,这种影响往往是潜移默化的。② 次要群体是指个人并不经常受到其影响的正式群体,如工会、职业协会等。这样的群体尽管其影响不如主要群体,但同样在情趣、爱好方面相互影响,从而影响消费者的购买行为。

(2) 非所属群体。是指消费者置身之外,但对购买行为有影响作用的群体。非所属群体有两种情况,一种是期望群体,另一种是游离群体。期望群体是个人希望成为其中一员或与其交往的群体,如一些球迷以某崇拜球队为期望群体;反之,则属游离群体,即群体的价值观、行为遭到个人拒绝或抵制,极力划清界限的这种群体。

相关群体对消费者购买行为的影响主要有以下方面:① 向消费者展示新的生活方式和消费模式;② 影响人们的态度,帮助消费者在社会群体中认识消费方面的"自我";③ 相关群体的"模仿"作用,使某群体内的人员消费行为趋于一致化;④ 相关群体的"意见领袖",有时其消费示范作用是难以估计的。

在企业营销活动中,应该重视相关群体对消费者购买行为的影响作用。首先关注本企业目标市场的消费者受不同相关群体的影响程度,运用不同的策略满足不同的需求。例如,经营化妆用品的企业总是请著名的影星、歌星做产品形象代言人,作广告宣传,这就是利用期望群体的影响促进产品销售。

企业在利用相关群体的影响开展营销活动时,还要注意不同的商品受相关群体影响的程度不同。商品能见度越强,受相关群体的影响越大。一辆自行车与一双袜子相比,购买自行车受相关群体的影响要大得多。商品越特殊、购买频率越低,受相关群体影响越大。消费者对某商品越缺乏知识,受相关群体影响越大。

(二) 社会阶层

社会阶层是指一个社会按照其社会准则,将其成员划分为相对稳定的不同层次。这也是影响消费者购买行为的重要因素之一。

不同社会关于社会阶层划分的标准是不同的。一般来说,划分阶层的标准有职业、

经济收入、居住区域、住房条件等,而其中的职业是划分的重要因素。不同社会阶层的人,他们的经济状况、价值观念、兴趣爱好、生活方式、消费特点、闲暇活动、接受大众传播媒体等各不相同,这些都会直接影响他们对商品、品牌、商店、购买习惯和购买方式的选择。

企业营销要关注本国的社会阶层划分情况,针对不同的社会阶层爱好要求,通过适当的信息传播方式,在适当的地点,采用适当的销售方式,提供适当的产品和服务。

(三) 家庭状况

家庭对消费者购买行为的影响是很大的。一家一户组成了购买单位,我国现有24 400万个左右的家庭,研究家庭因素对购买行为的影响很有意义。在企业营销中,应关注以下三个方面的研究。

1. 家庭对购买行为的重要影响

要看到家庭作为一个相关群体对购买行为的影响。一个家庭中的每个成员都受到这个家庭的熏陶和影响,也可以说家庭在从小就影响着一个人的生活情趣、方式、个人爱好和习惯,这常常体现在对商品需要的要求、评价和购买习惯等方面。尽管这种影响多数情况下是下意识的,但其影响作用是长久的,一个人孩提时代对商品的爱好往往要维持几十年。

2. 家庭中不同购买角色的作用

在购买行为中,不同的家庭成员可能充当不同的角色,会对购买发表不同的意见,起着不同的影响作用。通常在购买行为中,家庭有五种不同的角色,即购买发起者、重大影响者、商品使用者、实际购买者和购买决策者。不同商品,家庭成员充当的购买角色是不同的。购买家用电器,男主人往往充当购买决策者;而购置新家具,充当购买决策者的则是女主人为多。

企业营销在分析消费者行为时,要注意购买商品过程中不同家庭成员所起的作用,利用营销策略来使企业的促销措施引起购买发起者的注意,诱发主要决策者的兴趣,使他们了解商品、解除顾虑、建立购买信心,使购买者购置方便。

3. 家庭生命周期的影响

一个家庭从产生到子女独立的发展过程,称家庭生命周期。根据购买的年龄、婚姻和子女等状况,购买者的家庭生命周期大体分为七个阶段:①"未婚"——年轻、单身;②"新婚"——年轻夫妇,没有子女;③"满巢Ⅰ"——年轻夫妇,有6岁以下的幼儿;④"满巢Ⅱ"——年轻夫妇,有6岁或6岁以上的孩子;⑤"满巢Ⅲ"——年纪较大的夫妇,有未独立的孩子;⑥"空巢"——年纪较大的夫妇,与子女已分居;⑦"独居"——年老、单身,即失去配偶后,只剩下一位老人的家庭。

消费者处在不同的家庭生命周期阶段,会有不同的爱好与需要。例如,新婚夫妇需要购买家具、家电等耐用消费品,"满巢Ⅰ"需要婴儿食品、玩具等,"满巢Ⅲ"需要购买青少年用的图书杂志、体育用品、服装、摩托车等商品。由此可见,购买者的家庭生命周期也会影响消费者的购买行为。

家庭生命周期的研究目的在于要看到不同家庭生命阶段,有着不同的购买重点。企业营销应根据不同的家庭类别、不同的家庭生命周期阶段的实际需要,开发产品和提供服务。

（四）社会文化状况

每个消费者都是社会的一员，其购买行为必然受到社会文化因素的影响。文化因素有时对消费者购买行为起着决定性的作用，企业营销必须予以充分的关注。关于社会文化的分析见本书第五章第三节的"社会文化环境"的分析。

五、消费者购买决策过程

消费者的购买并非就是简单的实地购买，而是较复杂的决策过程。消费者的购买决策在实地购买前就已经开始，而且还延伸到实地购买以后。因此，企业不要仅仅着眼于"决定购买"阶段，而要调查研究和了解消费者购买过程的各个阶段。消费者的购买决策过程一般可分为以下五个阶段。

（一）确认需要

确认需要是消费者购买活动的起点。当消费者意识到对某种商品有需要时，购买过程就开始了。消费者的需要可以由内在因素引起，如口渴驱使人寻找饮料；也可以是由外在因素引起，如一种色香味美的食品引起人们的食欲，看了电视、杂志上的家具广告而产生购买的欲望。在这一阶段，企业必须通过市场调研，认定促使消费者认识到需要的具体因素，营销活动应致力于做好以下两项工作。

（1）发掘消费驱策力。例如，青年人绝大多数爱美，爱美的需要就是一种驱策力。企业在开发年轻人使用的产品系列中，就应考虑"爱美"驱策力。

（2）规划刺激、强化需要。驱策力只有与某些刺激相联系时，才能使人形成强烈的购买欲望。企业不但需要生产适销对路的产品，还要善于规划刺激，尤其是运用数量众多、形式各异的各类提示物，强化刺激，引发和深化消费者对需要的认识。

（二）寻求信息

有时消费者的消费需要很强烈，甚至可能马上去购买商品，但在多数情况下，消费者还要考虑买什么牌号的商品、花多少钱、到哪里去买等问题，这就是消费者购买过程的第二阶段，即寻求信息的阶段。消费者寻求所需求的信息一般有：产品质量、功能、价格、牌号、已经购买者的评价等。消费者的信息来源通常有以下四个方面。

（1）商业来源。即消费者从广告、经销商、商店售货员、商品陈列、商品包装等途径得来的信息。一般地说，消费者的信息大多数来自于商业来源。

（2）个人来源。即消费者从家庭、亲友、邻居、熟人那里得来的信息。

（3）大众来源。即消费者从报刊、杂志、电视、广播等大众传播媒介获得的信息。

（4）经验来源。即消费者通过自身操作、实验、使用产品而得到的信息。

消费者通过寻找信息，了解市场上出售的某种品牌的产品及其特征。市场营销者的任务就是设计适当的市场营销组合，尤其是产品广告策略，宣传产品的质量、功能、价格等，以便使消费者最终选择本企业的品牌。

（三）比较评价

比较评价是消费者购买过程的第三个阶段。消费者进行比较评价的目的是，识别哪一种牌号、类型的商品最适合自己的需要。消费者对商品的比较评价，是根据收集的资料，对商品属性作出的价值判断。消费者对商品属性的评价因人因时因地而异，有的评价注重价格,有的注重质量,有的注重牌号或式样等。

对企业来说,首先要注意了解并努力提高本企业产品的知名度,使其列入消费者比较评价的范围之内,进而才可能被选为购买目标。同时,还要调查研究人们比较评价某类商品时所考虑的主要方面,并突出进行这些方面宣传,以对消费者的购买选择产生最大影响。

(四) 决定购买

消费者通过对可供选择的商品进行评价,并作出选择后,就会形成购买意图。在正常情况下,消费者通常会购买他们最喜欢的品牌。但有时也会受以下两个因素的影响,而改变购买决定。

(1) 他人态度。任何一个消费者都生活在一个特定的环境中,他的购买决策往往受其家庭成员、朋友、同事或权威人士等的影响,和其关系越密切,影响程度就越大。

(2) 意外事件。消费者原本作出的购买决策可能会受到,如涨价、失业、收支状况的变化而发生改变。消费者修改、推迟或取消某个购买决定,往往是受已察觉风险的影响。"察觉风险"的大小,由购买金额大小、产品性能优劣程度,以及购买者自信心强弱决定。企业应尽可能设法减少这种风险,以推动消费者购买。

(五) 购后评价

这是购买决策的最后一个阶段。消费者购买商品后,购买的决策过程还在继续,他要评价已购买的商品。企业对这一步仍须给予充分的重视,因为它关系到产品今后的市场和企业的信誉。判断消费者购后行为有以下两种理论。

1. 预期满意理论

该理论认为,消费者对所购商品的满意程度,取决于购前期望的实现程度。如果购买满意程度达到或超过他购前期望,他就会比较满意;反之,就会不满意。希望与现实差距越大,消费者的不满意感也就会越大。因此,企业在营销过程中,对商品的宣传应尽量实事求是,不要夸大其词,以免造成消费者在购买前的希望过高,使用后却对商品产生强烈不满。

2. 认识差距理论

该理论认为,消费者购买商品后,都会产生不同程度的不满意感。这是因为任何商品都有其优点和缺点,而消费者在购买时往往看重商品的优点,而购买后,又较多注意商品的缺点,当别的同类商品更有吸引力,消费者对所购商品的不满意感就会越大。企业在营销过程中,应密切注意消费者购后感受,并采取适当措施,消除不满,提高满意度。例如,经常征求顾客意见,加强售后服务和保证,改进市场营销工作,力求使消费者的不满降到最低。

从以上分析可见,消费者购买决策的每一个阶段,都会对其购买决策产生影响。企业通过调查分析,可以针对消费者在决策过程各个阶段的思想、行为采取适当措施,来影响消费者的购买决策,使消费者作出对企业有利的购买决策。

第三节 生产者购买行为分析

生产者购买行为是指一切购买产品或服务,并将之用于生产其他产品或服务,以供销售、出租或供应给他人消费的一种决策过程。对生产者购买行为分析是提供生产资料产品企业营销的研究重点,只有了解了生产者购买行为特点,掌握生产者购买行为的规律性,才能制定相适应的市场营销组合策略,在满足生产者需求的同时,实现企业自身的营销目标。

一、生产者购买行为的特征

在生产者市场上,购买者购买商品的目的,不是为了个人生活消费,而是为了进行再生产并取得利润。因此,生产者的购买行为与消费者的购买行为有很大的差别。生产者购买行为具有以下鲜明的特征。

1. 购买者数量少,购买规模大

在消费者市场上,购买者是个人或家庭,购买者数量众多,但购买规模很小;而在生产者市场上,购买者绝大多数是企业单位,购买者的数量必然比消费者市场小得多,但每个购买者的购买规模都较大。在现代市场经济条件下,由于资本的积聚,产业市场上的购买规模更显庞大,许多行业的产品生产集中在少数大公司,所需原料、设备的采购也就相对集中。例如,美国固特异轮胎公司产品的购买者主要集中在通用汽车公司、福特汽车公司、克莱斯勒汽车公司,买者有限,但购买数量相当大。因为这几家大汽车公司面对全美1亿多汽车消费者。

2. 购买者区域相对集中

购买者区域上相对集中,是由产业布局的区域结构决定的。由于历史和地域资源的原因,各国的产业布局结构各不相同。例如,俄罗斯西伯利亚地区是该国的能源基地,美国底特律是汽车城,匹兹堡是钢铁城;又如我国,东北是重工业所在地,华东是纺织、电子、机械加工工业发达地区,石化工业集中在北京、上海、山东、南京,空调器的生产则集中在珠江三角洲和长江三角洲。产业布局在地理位置上相对集中的特点,形成了生产者购买较为集中的目标市场,在产品分销过程中,可以抓准重点目标市场,提高分销效率,降低分销成本。

3. 需求受消费品市场的影响

生产企业对生产资料的需求,常常取决于消费品市场对这些生产资料制品的需求,有人把它又称为"衍生需求"。这就是说,生产者购买产品的需求,归根结底是从消费者对消费品的需求中衍生出来的。例如,兽皮商把牛、羊、猪皮卖给制革商,制革商把皮革卖给皮鞋制造商,皮鞋制造商把皮鞋售给消费者。由此可见,正是由于消费者对皮鞋的需求,才派生出一系列连锁的需求。

4. 需求缺乏弹性

在生产者市场上,购买者对产品的需求受价格变化的影响不大。在工艺、设备、产品结构相对稳定的情况下,生产资料的需求在短期内尤其缺乏弹性。例如,皮鞋制造商既不会因皮革价格上涨而减少对皮革的需求量,也不会因为价格下降而增加需求量。

5. 需求波动太大

生产者需求是波动的需求,而且波动幅度大。生产者对于生产资料产品的需求,比消费者对消费品的需求更容易发生波动。由于生产者需求是一种衍生需求,所以消费者需求的少量增加能导致生产者购买需求的大大增加。这种现象被西方经济学家称为加速原理。有时消费者的需求只增加10%，就能使下期生产者市场的需求出现20%的增长，因此生产者购买变化很大。所以，提供生产资料的企业往往实行多元化经营，以减少风险、增强应变能力。

6. 购买人员较为专业

生产者购买较为专业。由于生产者所需产品（原料、原材料、零配件、设备、技术等）是用来再生产或再加工之后出售的，所以，购买必须符合企业再生产的需要，对产品的质量、规格、型号、性能等方面都有系统的计划和严格的要求，通常需由专业知识丰富、训练有素的专业采购人员负责采购。这就要求，有关企业必须向采购员提供技术资料和特殊的服务。

7. 购买多为直接购买

由于生产购买者少，又是大宗买卖或技术复杂的设备、仪器等，因而购买者多数希望直接与供应者打交道。一方面，供应商能够保证按照自己的要求提供产品；另一方面，又能与供应商密切关系，保证在交货期和技术规格上符合自己的需求。

8. 特殊购买方式——租赁

许多生产者并不是以购买，而是以租赁的方式取得设备。这种方式一般适用于价值较高的机器设备、交通工具等，因为这种设备单价高，通常用户需要融资才能购买。加上技术更新越来越快，为减少投入和避免技术升级带来的风险，租赁已成为近年来生产者获得生产资料，特别是生产设备的一种重要形式。租赁的形式主要有服务性租赁、金融租赁、综合租赁、杠杆租赁、供货者租赁、卖主租赁等形式。

二、生产者购买行为的类型

由于企业采购的目标与需要不同，生产者的购买行为，按其购买性质，大致可分为三种类型。

（一）直接重购

直接重购是指企业采购部门为了满足生产活动的需要，按惯例进行订货的购买行为。也就是说，企业的采购部门根据过去和供应商打交道的经验，从供应商名单中选择供货企业，并连续订购采购过的同类产品。这是最简单的采购，生产者的购买行为是惯例化的。供应商的营销人员要努力保证稳定的产品质量，维护与客户的良好关系，以保持现有客户，并争取新客户。

（二）修正重购

修正重购是指企业的采购人员为了更好地完成采购任务，适当改变采购产品的规格、价格和供应商的购买行为。这类购买情况较复杂，参与购买决策过程的人数较多。供应商的营销人员必须做好市场调查和预测工作，努力开发新的品种规格，并努力提高生产效率、降低成本，设法保护自己的既得市场。

（三）全新采购

全新采购是指企业为了增加新的生产项目或更新设备，而第一次采购某一产品或服务的购买行为。新购买的产品成本越高、风险越大，决策参与者的数目就越多，需收集的信息也就越多,完成决策所需时间也就越长。这种采购类型对供应商来说是一种最大的挑战,同时也是最好的机会。全新采购的生产者对供应商尚无明确选择,是供应商的营销者应该大力争取的市场。

三、生产者购买决策过程

(一) 生产者购买过程的参与者

生产资料的生产企业不仅要了解谁参与生产者用户的购买决策过程,还要了解他们在购买决策过程中充当什么角色、起什么作用。也就是说,还要了解其客户的采购组织,以便采取相应的对策。

生产者购买,除了专职的采购人员外,还有一些其他人员也参与购买决策过程。所有参与决策过程的人员构成采购组织或采购中心,参加采购中心的人具有同一目标,并分担购买决策的风险。这比消费者购买行为要复杂得多。通常,企业的采购中心包括以下五种成员。

(1) 使用者。即实际使用欲购买的某种产品的人员。例如,公司要购买实验室用的电脑,其使用者就是实验室的技术人员。使用者往往首先提出购买某种所需产品的建议,并提出购买产品的品种、规格和数量。

(2) 影响者。即企业内部和外部直接或间接影响购买决策的人员。他们通常协助企业的决策者决定购买产品的品牌、品种、规格。企业的技术人员是最主要的影响者。

(3) 采购者。即在企业中组织采购工作的专业人员。采购人员的职能包括选择供应商、与供应商谈判等。在较为复杂的采购工作中,采购者还包括那些参与谈判的公司高级职员。

(4) 决定者。即在企业中拥有购买决定权的人。在标准品的例行采购中,采购者常常是决定者;而在较复杂的采购中,企业领导人常常是决定者。

(5) 信息控制者。即在企业外部和内部能控制市场信息流到决定者和使用者那里的人员,如企业的采购代理商、技术人员和秘书等。

当然,并不是任何企业采购任何产品都必须有上述五种人员参与购买决策过程,采购的产品不同,企业采购中心的规模大小和成员多少也不相同。购买的产品技术性越强,单价越高,购买情况越复杂,参与购买决策过程的人员就越多;反之,人员就少,规模就小。如果一个企业的采购中心的成员较多,供货企业的市场营销人员就不可能接触所有的成员,而只能选择接触其中少数几位成员,在这种情况下,市场营销人员就必须了解谁是主要的决策参与者,以便采取适当措施,影响其中的重要人物。

(二) 影响生产者购买决策的主要因素

影响生产者购买决策的因素可以归纳为四大类:环境因素、组织因素、人际因素和个人因素。

1. 环境因素

是指一个企业外部周围的因素,包括政治、法律、文化、技术、经济和自然环境等因素。例如,市场基本需求水平、国家经济前景、资本成本等发生变化时,都将影响大批生产者购买;技术、政治及竞争环境、资源短缺程度等,会影响各企业的购买计划和采购决策。

2. 组织因素

是指企业本身的因素。一个企业的目标、政策、业务程序、组织结构、制度等,都会影响生产者购买决策和购买行为。例如,企业采购机构有多少人参与购买决策? 他们是些什么人? 他们的评价标准是什么? 企业的政策如何? 等等。有关企业的营销人员只有调查了解这些组织因素的变化,才能采取适当措施影响客户的购买决策和购买行为。

3. 人际因素

主要指企业内部人际关系。生产者购买决策过程比较复杂,参与决策的人员较多,这些参与者在企业中的地位、职权、说服力以及他们之间的关系有所不同,这种人际关系也影响客户的购买决策和购买行为。

4. 个人因素

是指各个参与购买决策的人。在决策过程中,他们都会掺入个人感情,就会影响参与者对要采购的产品和供应商的看法,进而影响购买决策和购买行为。

(三) 生产者购买决策的主要阶段

企业营销要了解生产者购买决策过程的各个阶段情况,并采取适当措施,以适应用户在各个阶段的需要。由于生产者购买类型不同,所以购买过程也有所不同。在直接重购的简单购买情况下,生产者购买阶段最少;在修正采购的情况下,购买阶段多了一些;在全新采购较为复杂的情况下,购买阶段的过程最长,要经过八个阶段。

1. 认识需要

在全新采购情况下,购买过程是从公司的某些人员认识到需购买某种产品,以满足企业的某种需要开始。认识需要是由两种刺激引起的:① 内部刺激。诸如,开发新产品需要采购生产这种新产品的新设备和原料;有些机器发生故障或损坏,需购置零部件或新机器;发现购进的某些原料质量不好,需更换供应商等。② 外部刺激。例如,采购人员看了广告或参加了展销会等,发现了更物美价廉的新产品或替代产品,对企业的再生产能降低成本。

2. 确定需要

认识需要产生后,第二步是确定所需品种的特征和数量。对于标准品,即按要求采购;至于复杂品,采购人员要和使用者、工程师等共同研究确定所购产品特征和数量。供应商企业的营销人员,在这一阶段应积极帮助采购单位的采购人员确定所需品种的特征和数量。

3. 说明需要

这一步是指专家小组对所需品种进行价值分析,做出详细的技术说明。价值分析的目的是以最少的资源耗费,生产出或取得最大功能,以取得最大的经济效益。价值分析公式为

$$V = F/C$$

式中,V 为价值;F 为功能(指产品的用途、效用、作用);C 为成本。

企业通过价值分析,就能在生产性能、质量、价格之间进行综合评价,从而有利于选择最佳采购方案。供应商企业的营销人员也应该应用价值技术分析,向其顾客说明产品具有良好的性能。

4. 物色供应商

写出技术说明书以后,第四步是物色适合的供应商。特别是在全新采购的情况下,采购复杂的、价值高的品种,需要花较多时间物色供应商。采购人员通常利用工商名录或其他资料查询供应商,也可向其他企业了解供应商的信誉。供应商企业一定要将本企业名称列入《工商企业名称录》,同时加强广告宣传,提高本企业的知名度。

5. 征求建议

第五步是企业采购部门邀请合格的供应商提出建议或提出报价单。如果采购复杂的、价值高的产品,采购部门要求每个供应商都提交详细的书面建议或报价单。因此,供应商企业的营销人员必须十分重视报价单的填写工作,善于提出富有创新的建议书,引起客户信任,争取成交。

6. 选择供应商

与供应商有了接触之后,企业采购部门就可以对供应商提出评价和选择建议。采购部门要根据供应商的产品质量、产品价格、信誉、及时交货能力、技术服务等来评价供应商,选择最具吸引力的供应商,以免受制于人。通常,从主要供应者处采购所需要的60%,而另外的40%则分散给其他供应商,这样一方面促使供应商之间展开竞争,另一方面也可以防止市场波动给企业供货带来风险。

7. 正式订货

选择供应商后,通过商务谈判达成协议,就要给选定的供应商发出最后采购订单,写明所需产品的规格、数量、交货时间、退款政策、担保条款、保修条件等。在商务活动中,对信誉可靠的保修产品,往往愿订立"一揽子合同"(又叫无库存采购计划),和该供应商建立长期供货关系,供应商允诺当采购部门需要时,即按照原来约定的价格条件随时供货。这样库存就存放于供货企业那里,采购单位需要进货时,会直接发送货单给该供应商,这种方式使供应者的产品销路有保障,可减弱竞争的影响。

8. 检查合同履行情况

采购部门最后还要向使用者征求意见,了解他们对购进的产品是否满意,检查和评价各个供应商履行合同的情况,然后根据这种检查和评价,决定以后是否继续向某个供应商采购。

第四节 购买行为分析的实践运用

通过顾客购买行为的分析,使我们深刻认识到在现今激烈的市场竞争中,关注和研究消费者购买行为是极其重要的。消费者是市场的主体,企业只有在满足顾客需求的营销活动中来发展自己。而要做到满足顾客不断变化的偏好,必须客观、全面、科学地研究消费者购买特点和规律,才能制定相适应的市场营销组合策略,在满足消费者需求的同时,实现企业自身的营销目标。

学习的目的在于实践的运用,消费者购买行为分析是市场分析的重要内容,是制定营销战略和策略的重要依据。通过本章学习,要求学生能够把学到的"购买行为分析"理论和方法运用到营销实践中去,提高分析问题、解决问题的能力。

消费者购买行为分析要以市场调查为基础。通过市场调查,收集有关市场、消费者资料,经过调查资料的整理统计,得到购买行为分析所需的分析数据。在对消费者购买行为分析的实践运用中,要注意:① 明确购买行为分析的作用;② 明确购买行为分析的内容,从而掌握该消费群体的购买特点、要求、趋势及其影响因素;③ 分析企业应采取的营销措施。对消费者购买行为如何进行具体分析?特提供北京英吴亚太咨询公司的北京雪糕(冰淇淋)购买分析报告,供实践运用操作时参考。

北京雪糕(冰淇淋)产品的购买行为分析

为了帮助雪糕(冰淇淋)厂家更深入、准确地了解消费者对该类产品的动态需求以及购买特点,以便在当前产品高度同质化的激烈市场竞争中,制定正确的营销策略,满足不断变化的消费需求,提高企业的市场占有率,实现营销目标,北京英吴亚太咨询有限公司于2002年5月26日—6月2日,对北京雪糕(冰淇淋)市场进行了一次有针对性的调研,运用数据资料,分析了雪糕(冰淇淋)市场消费者购买的特点及规律,提供企业决策。

1. 雪糕(冰淇淋)是品牌集中度很高的食品类别

超过半数的消费者认为,伊利是最好的雪糕(冰淇淋)品牌,认可率达到52.2%;以下依次为和路雪、蒙牛和宏宝莱。

2. 品牌力、产品力、销售力三者相辅相成是市场成功重要因素

伊利与和路雪除了品牌力强外,同时也有强大的产品力与销售力支持(伊利从苦咖啡、4个圈到小布丁、心多多,和路雪的可爱多、千层雪等产品,占领着不同的细分市场),而且这两个品牌的广告、促销力度优势明显,除了电视广告外,几乎在所有的销售终端都有伊利、和路雪的广告展牌和各类产品陈列。品牌力、产品力和销售力的有机统一,是伊利、和路雪市场成功的3个重要的互动因素。

3. 近四成消费者担心吃雪糕(冰淇淋)会发胖

当被问及吃雪糕(冰淇淋)对身体有哪些坏处时,有41.6%的被访者担心会发胖;往下依次是吃多对胃不好(22.1%)、对牙齿不好(11.6%),吃多肚子疼(10.6%)和含糖高对身体不好(5.6%)。归纳起来,消费者认为多吃雪糕(冰淇淋)对身体主要有两大坏处,一是雪糕(冰淇淋)含糖、含脂高,担心多吃会发胖;二是雪糕(冰淇淋)特别凉,吃多会对肠胃不好。由于该类产品的目标消费群体主要是青少年,因而,如何化解他们吃雪糕(冰淇淋)的顾虑,也是各厂家实现销售增长的主要方向之一。

4. 消费者每天吃两支雪糕(冰淇淋)的比率接近半数

调查显示,在6—9月份,消费者每天吃两支雪糕(冰淇淋)的比率接近半数,为46.6%;每天吃一支的为24.8%;每天吃3支的为16.2%;每天吃4支的为5.7%;而每天吃5支以上的重度消费者也占到6.7%。雪糕(冰淇淋)单位价格虽然不高,但整个市场容量巨大。如何增大单一产品的销售规模,这是厂家取得好的经济效益的关键。

5. 雪糕(冰淇淋)价格在1—1.5元最受欢迎

调查结果显示,有39.0%的消费者经常购买1.5元的雪糕(冰淇淋),经常购买1元的也占到33.3%,两项合计达到72.3%。也就是说,在10个购买雪糕(冰淇淋)产品的消

费者中就有7个人经常购买价位在1—1.5元之间的产品。

6. 雪糕(冰淇淋)每人每月支出费用集中在21—50元

调查显示,在6—9月份中,有32.4%的消费者每月吃雪糕(冰淇淋)的花费在21—30元之间;在31—50元之间的占24.8%。可以看出,近六成消费者每月该类产品的消费主要集中在21—50元之间。当然,由于雪糕(冰淇淋)季节消费差异明显,6—9月份是该类产品的销售旺季,因而其他月份的消费会相对低些。

7. 雪糕(冰淇淋)销售靠终端制胜

与其他众多食品销售渠道不同的是,社区小冰点(30.6%)、超市(28.6%)和路边小冰点(27.7%)共同构成雪糕(冰淇淋)产品3个重要的销售终端。雪糕(冰淇淋)在销售过程中一直需要冷藏,冰柜需要较高的成本投入,因而每个城市从批发商到零售商的冰柜数量都是有限的,产品的储存也只能到一定的规模。如此,谁能拥有更多的经销商,控制更多的冰柜数量,谁就能在市场中占据有利的位置,并且可以有效地抑制竞争对手产品的销量。

8. 和路雪的广告比产品支持率高

和路雪的广告(38.5%)比产品(28.1%)的支持率高出10个百分点,这可能是与和路雪价格较贵有关。

9. 广告和促销对购买的影响力

调查显示,广告的影响力集中在50%—90%,促销的影响力集中在50%—80%。因此,广告、促销对消费者购买雪糕(冰淇淋)产品均有着重要的影响。

10. 雪糕(冰淇淋)现有的十大不足

调查显示,现有的雪糕(冰淇淋)产品有十大不足:① 没有凉的感觉;② 奶油太多,越吃越渴;③ 容易融化;④ 含糖量高;⑤ 有些产品价格太高;⑥ 纸包装;⑦ 形状、口味、包装大多数相同,无新鲜感;⑧ 品种太多;⑨ 产品的质量不稳定;⑩ 不能降火、解暑。

前 沿 研 究

"看电视"到"用电视"

2014年1月15日,以电视行业"颠覆者"身份自居的乐视再次"搅局",推出70英寸电视新品Max70,并宣布将原有60英寸电视X60价格下调2 000元,降至4 999元。统计显示,乐视推出的X60、S50、S40等电视新品在同尺寸机型中销量第一。乐视不断挑战大屏电视价格底线,将不靠硬件靠软件赚钱的模式复制到电视营销中。

如今,电视形态正发生巨大变化。电视用户不仅可以浏览超高清视频、体验影院般的视觉效果,还可以利用电视搭载的应用程序,实现购物、缴费等多种需求。电视的高清化、网络化和智能化将成为发展趋势,清晰度难以满足消费要求、互动性差的传统电视将逐渐被取代。这一过程不仅是技术的进步,也体现了消费者权利的解放。

这一改变也将对电视行业的商业模式带来革命性变化。以往,电视卖出去,就不关电视厂商的事了,电视平台上产生的巨额广告费,全由电视台瓜分;运营商把宽带接入用户家中,只管每月收费,并不关心用户看不看电视。随着新电视形态的兴起,这种模式将被彻底改变。无论是运营商、家电厂商还是互联网企业,其盈利点都可以拓展到电视上,分享硬件收入、付费内容收入、广告收入及应用分成收入,获得源源不断的后续收入,各环节企业的业务界限也将逐渐模糊。

　　据有关专业人士分析说,就像传统手机由原来的通话、短信功能,发展到现在拥有多种应用一样,以后的电视也将叠加更多互联网应用,形态将更加多元,"看电视"将进化为"用电视"。超高清等技术的应用,将充分发挥电视大屏、清晰度高的特点,使电视在与电脑、手机的"三屏竞争"中获得优势。电视市场将由一次性购买转向长期服务,电视购买者也将不再是单纯的消费者,而是享受电视增值服务的用户。长远来看,功能逐渐聚合的电视、电脑、手机将在相互竞合中走向三屏融合。

　　随着显示技术、智能水平等硬件能力的提升,电视的发展前景广阔,但4K片源匮乏、智能应用不流畅等问题,也表明超高清信号源、网络传输速度等外部条件,是关系电视能否重振雄风的重要因素。陆刃波表示,电视行业未来的发展依赖于视频制作技术、网络环境等基础设施的发展水平,电视转型不是单一产品的升级换代,而是全产业链的同步前行。电视业需要将面板厂商、芯片厂商、操作系统供应商、内容集成播控平台、内容供应商、互联网供应商等整合起来,组成一个全新、完整的产业生态圈。

案　　例

"康师傅"成功的秘诀

　　顶新企业的创业者是来自台湾的魏家四兄弟。老大魏应行一次出差旅行,因为不太习惯火车上的饮食,便带了两箱从台湾捎来的方便面,没想到这些在台湾非常普通的方便面引起了同车旅客极大的兴趣,大家都觉得这面好吃、方便,到后来甚至有人忍不住"偷"吃起来,两箱面很快一扫而空。

　　就是这次经历,魏应行发现了一个新的创业契机。于是,他冷静地分析了大陆的方便面市场,发现当时的方便面市场两极化:一边是国内厂家生产的廉价面,几毛钱一袋,但是质量差,面条一泡就糟,调味料就像是味精水;另一边是进口面,质量好,但是五六元一碗,一般消费者接受不了。如果有一种方便面,味美价廉,价格在一二元钱,一定很有市场,而且随着生活节奏的加快,人们对方便食品的需求量一定会越来越大。

　　看准了方便面市场,顶新企业又重新振作起来,它们劝说股东继续投资,然后一头扎进这个崭新的领域。它们首先考虑如何为产品命名。为此,它们下了一番功夫,给产品起名叫"康师傅"。"康"代表健康,念起来也很响亮;"师傅"是大陆最普遍的尊称,也是专业、好手艺的代名词,康师傅叫起来既上口,又亲切,再配上笑容可掬、憨厚可爱的"胖厨师"形象,是一个很具号召力的品牌。

　　确定了品牌名称,接下来就是开发适合大陆口味的面,经过公司调研部门上万次的口味测试和调查发现:大陆人口味偏重,而且比较偏爱牛肉口味,于是公司决定以"红烧牛肉面"作为进入市场的主打产品。在工艺上,公司从日本、德国进口了最先进的生产设备,采用特选面粉,经蒸煮、淋汁、油作制成面饼,保证了面条够劲道、久泡不糟,再加上双包调料和细肉块调配出的美味汤汁,售价仅在两元左右,使得"好吃看得见"的康师傅方便面一亮相便征服了消费者。

　　从生产第一包方便面起,顶新就把产品的高质量作为自己的追求。顶新的每一家工厂就像孪生兄弟一样,厂区内除了厂房便是成片的绿地,宽敞的厂房将原物料库、生产车间、成品库有机地结合在一起成为一个封闭的整体空间,从而有效地避免了中间环节交叉污染的可能性,为制造优质的产品创造了一个良好的外部环境。

康师傅一炮而红后,如果只考虑短期的赢利,而不为企业的长远发展注入心血,那么,它今天也许只是全国1 000多家方便面厂中普通的一个。但康师傅成功之后,并没有停步不前,而是不断地学习和改善。从卖出第一碗面开始,康师傅就下决心要做中国的面王。当然要做"面王"可不是自己说说就可以的,首先要让消费者接受和信赖,只有不断为消费者提供方便和满意,才有可能成为消费者心中的理想品牌。

如今,顶新集团在全国有12大生产基地,88条生产线,年产方便面近40亿包。康师傅方便面已得到广大消费者的支持和认可,康师傅品牌知名度已达到95%,康师傅方便面的市场占有率达到35%,当之无愧地成为中国方便面的领导品牌。

康师傅方便面的诞生是偶然的,但它的成功却是必然的。顶新集团在产品开发、生产、销售的全过程中,始终把研究消费者的需求放在首位,在每个决策作出之前都经过了缜密的分析研究。它们对市场把握之精确、对消费者需求之了解,都是其他竞争对手所难以相比的。康师傅方便面的成功,固然是由于顶新集团找到了一个较好的市场契机,但重要的还是由于它们对待市场的谨慎、务实态度。其实,独具慧眼者并不仅是顶新。与顶新集团差不多同时投资大陆的还有统一集团。统一集团可谓台湾食品业的龙头老大,但它们在进入方便面市场时却犯了一个决策性错误。它们忽视了大陆和台湾消费者的口味差异,采取了"以货试市"的路线,先以岛内最畅销的鲜虾面作为先锋,结果发现大陆消费者根本不喜欢这种口味的方便面。随后,它们又换上岛内排名第二、第三的方便面,但依然反应平平。此时,统一集团方才发现两岸同胞的口味存在重大差异,进而开始进行"风味大陆化"的研究。然而,方便市场的头把交椅已被顶新集团占据了。

顶新集团自1988年到祖国大陆投资设厂,十多年来,从一个名不见经传的企业迅速成长为一个食品王国,套用它们的一句广告语:"康师傅——好吃看得见",它们做到了"康师傅——成功看得见"。分析它们的成功主要得益于以下几点。

(1) 慧眼寻宝地。当许多人纷纷到欧美市场寻找机会时,"顶新"却反其道而行之,来到大陆这块宝地投资,结果借大陆改革开放的东风,一举占领了方便面市场的制高点。中国改革开放后,欢迎外商在大陆投资创业,并提供了系列的优惠政策,此乃"天时";大陆幅员广阔,有十多亿人口,市场潜力极大,此乃"地利";海峡两岸都是炎黄子孙,同根同源,有很多相似之处,实属"人和"。顶新集团投资大陆,一举占了天时、地利、人和,这为它们的成功提供了良好的客观条件。

(2) 巧获新契机。顶新集团进入方便面行业有一定的偶然性。但是,这种偶然性是建立在对市场的敏锐直觉上的。机会处处都有,就看如何把握。顶新集团的成功靠的是嗅觉灵敏、动作快捷,善于寻找市场机会,并能抓住发展的战略方向。

(3) 扎实打天下。顶新集团发现机会是偶然的,但其决策前后的分析则是认真谨慎的。一个企业要想进入并立足于壁垒较低、竞争激烈的食品行业,就必须不断根据消费者的需求对产品加以改进。在方便面市场,从1996年起,各种品牌纷纷上市,竞争日趋激烈,不少品牌来也匆匆、去也匆匆。但康师傅却在竞争中屹立不倒,究其根本,还在于顶新集团扎实的基本功。顶新集团对市场的认真调研和消费者需求的详细分析,是正确决策的基础。

顶新集团的成功之路,给我们上了一堂生动的市场营销课,也让我们进一步认识到了研究消费者需求的工作对企业的重要性。在很多企业抱怨没有市场机会或是市场竞争太过激烈的时候,顶新集团的成功也许是一个很好的启示。

案例思考题

1. 结合本章学习,谈谈"康师傅"成功秘诀的根本是什么?

2. "康师傅"的成功对企业的市场营销活动有怎样的启示?

练习与思考

(一) 名词解释

消费者购买行为　　　　购买动机　　　　　　相关群体

社会阶层　　　　　　　生产者购买行为

(二) 填充

1. 消费者购买行为产生的直接原因是购买动机,可以把购买动机分为两部分:即_____动机和_____动机。

2. 一些企业常常花高价请明星们使用他们的产品,可受到显著的示范效应。这是利用了_____对消费者的影响。

3. 生产者购买行为可分为三种类型,即_____、_____和_____。

(三) 单项选择

1. "需要层次论"的首创者是( )。
   A. 西格蒙德·弗洛伊德　　　　B. 亚伯拉罕·马斯洛
   C. 宇野正雄　　　　　　　　　D. 菲利普·科特勒

2. 分析影响消费者购买行为的内在心理因素的目的是为了( )。
   A. 降低调研成本
   B. 了解消费者的经济承受能力
   C. 区分不同阶层消费者以满足他们不同的需要
   D. 采取适当的营销策略,以诱导消费者作出对企业有利的购买决策

3. 在生产者的购买决策过程中,新购这种类型最为复杂,需要经过八个阶段,其中最后一个阶段是( )。
   A. 接受和分析供应企业的报价　　B. 安排订货程序
   C. 执行情况的反馈和评价　　　　D. 说明需求项目的特点和数量

(四) 多项选择

1. 从消费者心理角度看,影响消费者购买行为的主要因素是( )。
   A. 需要和动机　　B. 年龄和性格　　C. 消费者的收入
   D. 知觉　　　　　E. 信念和情感

2. 针对消费者购买行为的复杂多变特点,要求企业( )。
   A. 通过促销影响和引导消费者　　B. 对市场进行细分
   C. 选择好目标市场　　　　　　　D. 提高服务质量
   E. 不断开拓新市场

(五) 简答题

1. 简述影响消费者购买行为的内在因素的主要内容。

2. 消费者购买行为主要有哪几种类型?

3. 生产者购买行为的特征有哪些?

(六) 论述题

从消费者购买决策过程的各阶段购买行为的特点,分析企业该如何采取相应的营销对策?

第三篇 市场战略

市场发展战略
市场发展战略概述
市场发展战略评估
市场发展战略分析
市场发展战略的实践操作

目标市场战略
市场细分
目标市场选择
市场定位
目标市场战略的实践运用

市场竞争战略
市场竞争概述
市场竞争者分析
市场竞争战略分析
市场竞争战略的实践运用

第七章

市场发展战略

学习目标

学完本章,你应该能够:
1. 了解市场发展战略的重要作用和特征
2. 把握业务投资组合评价方法的基本操作
3. 理解稳定战略、发展战略、收缩战略、淘汰战略的基本内容
4. 了解市场发展战略的实践操作程序和内容

基本概念

企业战略	市场发展战略	业务投资组合	战略业务单位
稳定战略	发展战略	收缩战略	淘汰战略
密集型增长战略	一体化增长战略	多角化增长战略	

市场发展战略是企业战略的核心和基础,是实现企业目标的保证。为了在竞争激烈的市场上生存和发展,企业必须探究市场发展战略,充分认识市场发展战略在现代企业经营中的地位和作用,开展对市场发展的各类战略的研究分析,在企业战略的指导下,制定切实可行的市场发展战略。

第一节 市场发展战略概述

一般意义上的战略,泛指重大的、带有全局和决定全局的计谋。"战略"最早用于研究战争,我国的《孙子兵法》就是早期研究军事战略的杰出论著。英文中的"战略"(strategy)源于希腊文,其原意是"将军的艺术"。后来,"战略"一词被广泛地应用于社会生活的各个领域。把"战略"应用到处于竞争中的企业活动中去,便是企业发展战略;应用到营销的市场拓展中去,便是市场发展战略。市场发展战略是企业营销管理研究的重点。

一、市场发展战略的指导作用

市场发展战略是企业在复杂的市场环境中,为实现特定的市场营销目标而设计的长

期、稳定的行动方案,形成指导企业市场营销全局的奋斗目标和经营方针。市场发展战略是目标和手段的统一体。没有目标,就无从制定战略,没有措施,目标也不可能实现。

市场发展战略对企业营销的指导非常重要。一个没有战略的企业,犹如一条没有舵的船只。正确制定市场发展战略,对提高企业的市场营销能力具有十分重要的作用,具体表现在以下几方面。

1. 市场发展战略指导企业营销持续、平衡地发展

市场发展战略是企业营销活动的行动纲领,它为企业确定一个长远的营销方向和奋斗目标。市场发展战略能够使企业在市场竞争中不至于失去方向,在营销活动中获得主动权,避免风险;能够协调企业各个经营环节和部门的关系,使企业的一切活动有条不紊地组织起来,提高企业营销的整体功能,确保企业的营销组合策略实现高效率和高效益;还能够不断促进企业营销管理水平的提高,避免营销中的短期行为,为企业的长期稳定发展打下基础。

2. 市场发展战略指导企业从容地应对市场竞争

随着商品经济的发展,市场体系不断完善,竞争机制的作用日益加强,要求企业进行着眼于长期发展的战略规划与管理。在企业间激烈的"商战"中,企业面临多个竞争对手的挑战,有"战争"必有"战略"。正确的发展战略可以使企业在竞争中早做准备,从容地应对竞争对手,实施有效的竞争战略与竞争对手抗衡,在激烈的竞争中立于不败之地。

3. 市场发展战略指导企业主动地适应需求、引导消费

"满足消费者需求"是企业营销活动的宗旨。现代消费需求呈现多样化、个性化、时尚化趋势,使市场需求更趋于复杂化、多变化。面对如此市场,企业必须进行战略规划,正确认识和掌握消费需求的动态和趋向,分析和把握企业的市场机会,及时推出产品或服务,来适应需求、引导消费。企业能否在消费需求变化速度日益加快的条件下发展,更多地决定于企业发展战略的正确与否。

4. 市场发展战略指导企业有效地调动员工积极性

依靠企业的员工群众,充分发挥他们的积极性与创造性,是企业发展的基本条件。市场发展战略,可以使企业内部领导与职工统一思想、统一行动。广大职工了解了市场发展战略,就可以明确奋斗目标,产生理想、激励,各司其职、各负其责,增强企业的凝聚力,为实现企业营销目标作出应有的贡献。日本东芝电气公司总经理土光敏夫总结自己的经营实践时谈到:一个富有创造性的企业,必定有它的理想。正是这个理想,向未来显示出这个企业存在的意义。职工们将从这个理想中,看到自己作为集体一员的意义。也正是从这里,人们感到生活的意义。当市场发展战略为职工指明美好的前程,并成为他们赞同的目标时,一定会在员工中产生强大的凝聚力,可以战胜困难、赢得胜利。

二、市场发展战略的特征

市场发展战略是企业为未来一定时期内的市场营销,而作出的整体发展规划。为此,市场发展战略具有以下主要特征。

1. 长远性

长远性是指发展战略问题事关未来。从时间角度进行分析,市场发展战略着眼于未来，它是从现实出发，又不为现实所限，而是在科学分析、预测的基础上，对不确定的未来进行规划。市场发展战略是为企业营销活动在未来一定时期的发展，规划目标和方向。所以，市场发展战略并不具体考虑一时一地营销活动的得失，而所谋求的是企业长期的根本利益。市场发展战略目标也并非在短时间内就可以实现，而需要较长时间的努力。

2. 全局性

全局性是指市场发展战略问题事关整体。从空间角度进行分析，市场发展战略着眼于企业的整体营销活动，要解决的是事关营销全局的重大问题。在战略研究中，对企业营销各环节、各部门的分析是必不可少的，但战略研究不是孤立地看待某个现象或某些部门，而是通过局部的分析和研究，全面地把握整体的企业营销活动。

3. 指导性

市场发展战略具有指导作用。它不是仅仅规划 3—5 年的一系列数字，也不是对这些预算数据进行合理的解释，而是透过表象研究实质的、规律性的问题，解决企业营销中的主要矛盾，确定企业营销的发展方向与基本趋势，也规定了企业具体营销活动的基调。

4. 抗争性

抗争性是指市场发展战略问题事关企业的市场地位。从矛盾的本质上进行分析，市场发展战略是应对市场竞争的营销计谋，有市场竞争必有发展战略，发展战略带有抗争性质。在市场经济中，市场发展战略的抗争性是普遍存在的，要求企业营销规划必须站在战略的高度来把握市场态势，瞄准竞争对手的战略及时作出反应。

5. 客观性

客观性是指市场发展战略问题事关制定的基础。从实践基础上进行分析，市场发展战略是以未来为主导的。但不是对营销最佳愿望的表述和描绘，不是仅仅靠想象创造出的未来世界，也不是靠最高决策人的信念或直觉决定的；它是在充分认识企业的营销环境，评估企业自身的经营资源及能力的客观基础上制定的。市场发展战略应该是一种既体现目标，又切实可行的发展规划。

6. 可调性

可调性是指市场发展战略问题事关反应弹性。从运动的角度进行分析，市场发展战略是在市场环境与企业营销能力的平衡下制定的。但构成发展战略的因素在不停地变化，外部环境也在不断地改变，市场发展战略必须具备一定的"弹性"。应该做到能够在基本方向不变的情况下，对营销战略的局部或非根本性方面可以修改和校正，以在变化的诸因素中求得企业内部条件与环境变化的相对平衡。

以上六个方面构成了市场发展战略的基本特征，只有具备了这几个基本方面，才能称作比较完善的营销战略。如果只具备其中的一个或几个方面的特性，充其量只能算作带有战略意义的相关问题。只有对以上战略特征加以理解，才能懂得战略的含义。

三、市场发展战略是企业战略的核心和基础

企业战略是企业整体的战略规划，而市场发展战略是企业战略在市场营销方面的具体体现，两者战略是相互联系、密不可分的。

(一) 企业战略是企业的总体战略

1. 企业战略定义

企业战略是指企业带有全局性和决定全局的计谋。企业发展战略的含义有多种理解和解释。

有的经济学家强调,把确定企业发展战略作为决策的出发点。提出战略为企业确定经营的概念;战略为企业提供了特定的准则;战略能弥补企业目标之不足,提供必要的决策规划,使企业在选择最有利的营销机会时的选择范围缩小了。

有的经济学家认为,企业发展战略确定了企业的未来,并与风险紧紧相连。企业发展战略首先确定战略目标,然后发达到目标的机会最大化。明确指出企业发展战略的组成:① 确定长期目标;② 选择达到目标的方法;③ 对每一个目标规定重点,并确定所需人、财、物力的数量。

还有的经济学家认为,战略是为实现总目标的一个大方向。强调总目标可以从不同的方向去实现,即指出总目标的实现有多种战略;又明确企业也可以采用一种把个别的战略综合起来的总体战略。他们特别明确,战略的特点与企业的总体目标直接相关,并与影响企业营销活动的外界不可控制的环境力量相联系。

根据上述分析,企业发展战略可以定义为:企业根据外部环境变化和内部资源条件,着眼未来、立足长远,为求得企业生存和发展而进行的总体运筹与计划。

2. 企业战略的必要性

企业研究自身发展战略的必要性在于社会的飞速发展,使企业战略规划日益重要。在现代科技推动下,产生了更多的资金密集型和技术密集型产品,使经营此类产品的企业初始投资额远远高于经营劳动密集型产品的企业,若经营者决策失误,造成的巨大损失是难以挽回的。现代社会的专业化生产、各种生产要素都具有较强的专门性,一旦投资决策作出,变更或补偿的机会较前更少。企业资金来源的社会化,使企业战略项目的建设不仅依赖于债权人的信用地位,而且在一定程度上取决于国家的长期信用政策。短期内难以收效的基础性投资的比例增高,也要求管理者具有战略观点,克服"经营近视"。

3. 企业战略的类型

(1) 企业总体战略。亦称公司总部的战略,是运筹整个企业的最高层次战略。主要回答企业在何种领域从事经营,核心业务是什么?支持核心业务的核心技术是什么?企业最终要达到的目标及资源如何在不同业务之间进行分配?公司总体战略的确定,为企业指明了未来一段时间的总体发展方向,指导着资源的合理配置,是企业一切行动的指南。

(2) 经营单位战略。是指企业内部一种局部的战略,支撑公司总体战略的实现。一般大型企业都有不同的经营业务单位,或称事业部。由于各个业务单位面对的市场环境不同,竞争对手也不一样,各业务单位在公司总体战略指导下,制定本部门的战略部署,就形成了企业内部的经营单位战略。

(3) 职能部门战略。为了保证公司总体战略的实施,企业内部各职能部门,如行政管理、计划管理、财务管理、人力资源管理、技术管理等都需要纳入到企业战略管理过程,通过制定职能部门战略,解决职能部门如何卓有成效地开展工作,以确保企业总体战略的实现。

(二) 市场发展战略与企业战略的关系

1. 市场发展战略必须体现企业战略的本质要求

企业发展战略是企业整体的战略规划,市场发展战略是企业发展战略在市场营销方面的具体化,属于企业发展战略的一个方面,是在企业发展战略的指导下,结合市场营销系统内、外环境而制定的。营销部门根据企业发展战略的本质要求,将企业总的发展战略意图具体化为一定的市场营销目标,并通过市场发展战略的实施,将市场营销活动纳入企业发展战略所预期的方向和轨道,从而使市场营销活动符合企业发展战略的本质要求,为实现企业总的战略目标提供重要的保证。

2. 市场发展战略是企业战略的核心和基础

企业发展战略是企业总体的经营运筹与计划,涉及的战略是全方位的。在企业众多的发展战略中,最核心、最基础的应该是市场发展战略。因为,市场发展战略是企业针对复杂的市场环境,为实现特定的营销目标,即占领市场和开拓市场而设计的奋斗目标和经营方针。对现代企业的经营来说市场太重要了,企业掌握了市场就能获得主动、获得发展。市场发展战略就是面对激烈的"商战",面临各种竞争对手的挑战,运筹谋划从容地应对竞争对手,实施有效的竞争战略与竞争对手抗衡,在激烈的竞争中立于不败之地。同时,市场发展战略也针对现代消费需求多样化、个性化、时尚化的复杂、多变的市场,进行战略规划,把握市场机会,吸引消费者引导消费。

3. 市场发展战略确保企业战略目标的顺利实现

任何的战略都是针对特定系统而策划制定的,目的都在于使其自己的系统运行有明确的目标和行动方案。市场营销作为企业整体的一个子系统,必须有自己系统的发展战略。但是,市场发展战略是企业发展战略的延伸和表现。虽然市场发展战略只是指向企业的市场营销系统,规划营销系统的运行,但其终极目的,无疑是确保企业战略目标的顺利实现。

第二节 市场发展战略评估

市场发展战略实质是运用战略对市场发展进行决策,即针对企业的现有市场状况,决定该发展、维持、收缩和淘汰哪些营销业务,这就是市场发展战略评估。在企业经营实践中,一般都称为"业务投资组合分析"。

一、业务投资组合分析的基本内容

业务投资组合分析是市场发展战略规划的重要工具,是指企业将资金投入本企业内部以产品为单位的各部门的比例。

大多数企业(特别是一些大公司),不仅仅经营一种产品或提供一种服务,不同的产品或服务增长状况、所需资金及经营效益各不相同。通过业务投资组合分析,公司决策层对所经营的各项业务进行分类和评估,根据其经营现状与潜力决定对其业务投资的比例,实施相应的发展战略。

业务投资组合分析首先对现有的各种产品和服务的市场加以分析、评价,看看哪些应当增加,哪些应当维持,哪些应当减少,哪些应当淘汰。然后,根据分析的结果,制定产品投资组合战略,以便把有限的资金用到发展效益最高、最有前途的产品(或服务)方面。

二、业务投资组合分析的方法

20世纪70年代以来,西方学者提出了一些业务投资组合分析方法,即对企业的战略业务单位加以分类和评价的方法。其中,最著名的是美国波士顿咨询集团法,又称布鲁斯·亨得森业务矩阵。布鲁斯·亨得森创办的波士顿咨询集团是美国第一流的管理咨询企业,提出了著名的对企业"战略业务单位"分类和评价的方法。

(一)划分"战略业务单位"

投资组合分析首先要划分战略业务单位(SBU),即把企业所有业务分成若干个单位。产品投资组合分析要求把经营不同产品的企业内部的各部分,看作是一个"战略业务单位"。"战略业务单位"的规模有大有小,对一家大型的综合性公司讲,其中经营一类商品(或服务)的一家分公司,便可视为这家大公司的一个"战略业务单位"。例如,生产"祥云宝"的祥云饮料公司,可以看作是祥云公司的一个"战略业务单位"。一个工厂生产某一特定产品的车间,也可以看作是一个"战略业务单位"。企业的决策人首先要把所有的业务,分成若干"战略业务单位"。

一个战略业务单位应有三个特征:① 它是一项独立业务或相关业务的集合体,但在计划工作上能与公司其他业务分开而单独作业;② 它有自己的竞争者;③ 它有一位专职经理,负责战略计划、利润业绩,并且有能力控制影响利润的大多数因素。

(二)"市场增长率—市场占有率"矩阵分析

波士顿咨询公司主张企业用"市场增长率—市场占有率矩阵",对企业现有的产品或服务分工的"战略业务单位"进行分析评价,如图7-1所示。

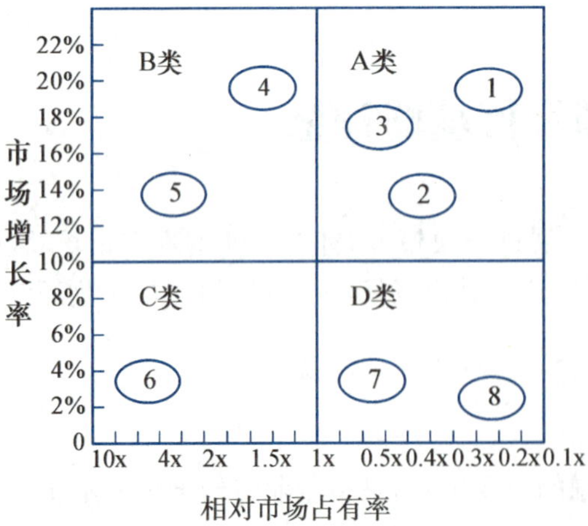

在矩阵图中,纵坐标代表"市场增长率",表示公司的各"战略业务单位"的年市场增长率。假设以10%为分界线,10%以上为高增长率,10%以下为低增长率。横坐标代表"相对市场占有率",表示企业的各"战略业务单位"的市场占有率与同行业最大的竞争者的市场占有率之比。如果企业的"战略业务单位"相对市场占有率为0.4,这就是说,其市场占有率为同行业最大竞争者的市场占有率的40%;如果企业的"战略业务单位"的相对市场占有率为2.0,这就是说,企业的"战略业务单位"是市场上的"大头",其市场占有率为市场上的"二头"的市场占有率的两倍。假设以1为分界线,1以上为高相对占有率,1以

图7-1 市场增长率—市场占有率矩阵图

下为低相对占有率。矩阵图中的8个圆圈,代表企业的8个"战略业务单位"。这些圆圈的位置,表示企业的"战略业务单位"的市场增长率和相对市场占有率的高低;各个圆圈面积的大小,则表示企业的各个"战略业务单位"的销售额的大小。

矩阵图把企业所有的"战略业务单位"分为四种不同的类型。

A类战略业务单位,又称"问题类"。这一类"战略业务单位"是高市场增长率和低相对市场占有率,大多数"战略业务单位"最初都处于这一类。这类单位需要大量现金,因为企业拟提高这类单位的相对市场占有率,使之赶上市场上的"大头",必须增添一些厂房、设备、人员,才能适应迅速增长的市场。因此,企业决策者要慎重考虑经营这类单位是否合算,如果不合算,就应精简或淘汰。从图上看,企业有3个A类战略业务单位,这类单位可能过多,企业与其把有限的资金分散用于3个单位,不如"集中兵力打歼灭战",用于其中一两个单位,这样经营效益也许会高一些。当A类战略业务单位取得经营成功,就会转入B类单位。

B类战略业务单位,又称"明星类"。这一类"战略业务单位"是高市场增长率和高相对市场占有率。这类单位因为迅速增长,同时要击退竞争对手的进攻,需要投入大量现金,因而是使用现金较多的单位。由于任何产品都有其生命周期,这类单位的增长速度会逐渐降低,下降到一定程度就转入C类单位。

C类战略业务单位,又称"金牛类"。这一类的"战略业务单位"是低市场增长率和高相对市场占有率。这类单位因为相对市场占有率高、盈利多、现金收入多,可以提供大量现金,企业可以用这些现金来支援需要现金的A类、B类和D类战略业务单位。从图上看,这个企业只有一个战略业务单位,这种财务状况是很脆弱的。如果这个单位的市场占有率突然下降,企业就不得不从其他单位抽回现金来加强这个战略业务单位,以维持其市场领导地位。如果企业把这个单位所放出的现金都用来支援其他单位,这个强壮的"金牛"就会变为弱"金牛"。此时,这类战略业务单位就转入D类单位。

D类战略业务单位,又称"狗类"。这一类"战略业务单位"是低市场增长率和低相对市场占有率,盈利少或者亏损。从图上看,企业有两个D类战略业务单位,这种情况显然不妙。

矩阵图中所显示的这个企业,D类或A类的战略业务单位多,B类和C类的战略业务单位少,这样的投资组合是不合理的,应当加以调整。

上述四类"战略业务单位",在矩阵图中的位置不是固定不变的。因为任何产品都有其生命周期,所以随着时间的推移,这四类"战略业务单位"在矩阵图中的位置就会发生变化。例如,企业的"战略业务单位"起初处于A类;这类单位如果经营成功,就会转入B类;后来,随着相对市场增长率下降到10%以下,又会从B类转入C类;最后,到产品的衰退期,产品销售量下降,它又从C类转入D类。

(三)业务投资组合决策

根据上述业务投资组合的分析,企业为了达到预期的市场占有率或扩大资金来源的目的,可以决定采用什么样的战略。业务投资组合一般可以考虑以下四种不同的战略。

1. 发展战略

目的是提高产品的市场占有率,有时甚至不惜放弃短期收入来达到这一目的,因为增加市场占有率需要足够的投资和时间才能奏效。这种战略特别适用于A类中有希望成为明星类的战略单位。

2. 维持战略

目的在于保持产品的地位,维持现有的市场占有率。在产品生命周期中处于成熟期的产品,大多数采用这一战略。适用于有大量资金支持的C类战略单位,使其继续为公司提供大量的资金流。

3. 收缩战略

目的在于增加战略业务单位的短期收益,不考虑长期效果。适用于C类战略单位中没有前途的,也适用于部分无力发展的A类和无市场前景的D类战略单位。

4. 放弃战略

目的是售出产品不再生产,把资源用于其他产品。这种战略适用于没有发展前途的、又给企业造成资金负担的D类战略单位。

综上所述可以看出,一个企业在战略管理中采取不同的"产品投资组合",就会对战略提出不同的要求。当企业对某一产品采取发展战略时,管理者的任务是创造需求,扩大销售;在维持战略下,管理者的任务是适应需求,保持现有的销售量;在收缩战略下,管理者就必须减少研发投资和其他费用的支出。这时,市场发展战略就更体现出其重大的意义。

第三节　市场发展战略分析

市场发展需要决策,即确定企业营销目标,对实现营销目标的各种战略方案进行拟订和评价,从中选择最优方案作为市场的发展战略。选择战略,首先要能够鉴别和评价各种可供选择的战略方案。在企业营销决策中,一般采用的市场发展战略有稳定战略、发展战略、收缩战略和淘汰战略。

一、稳定战略

稳定战略,又称防御战略,是以保持原有的业务经营水平为主要目标的一种战略。这一战略的主要特征是企业营销保持过去和现在的目标,决定继续追求相同或类似的目标,每年企业所期望的进展、增长比率大体相同;同时,企业继续提供与以前相同或相似的产品和劳务。国际市场营销中,美国可口可乐公司多年来一直采取这一方案,取得了成功。

一般来说,稳定战略的风险相对小,多数企业愿意采用此战略,特别对那些处于发展行业中的企业和目前经营业绩好、环境变化不大的企业尤其适用。在稳定增长市场上,保持企业的市场份额或缓慢地提高,对许多企业是适宜的。

稳定战略包括两种基本类型:积极防御战略和消极防御战略。前者是以积极的态度积蓄力量,等待机会寻找发展;后者则消极悲观、无所作用,只求维护现状。

二、发展战略

发展战略是指企业在现有市场基础上,开发新的目标市场的一种战略。这一战略主要特征是产品销售量和利润的增长超过市场平均速度;经常开发新产品、新市场和老产品的新用途,不断扩大企业规模。发展战略会明显改善企业的经营效果。研究表明,发展战略与投资收益之间成正比,且企业规模的扩大和经验的积累也会使企业的效益全面提高。

值得注意的是,采用发展战略的企业必须具备:① 有比较充裕的资金;② 如果企业在短期内中止这一战略,仍能维持其竞争地位;③ 企业的外部环境,尤其是政府支持的方向与企业发展战略一致。

可供企业选择的发展战略有"密集型增长"、"一体化增长"和"多元化增长"三种基本战略。

(一) 密集型增长战略

密集型增长战略是指企业以快于过去的增长速度,来增加企业现有产品或劳务的销售额、利润额及市场占有率。企业在现有产品和现有市场还有发展潜力时,可以采用密集型增长战略。实行这种战略通常有以下三条途径。

1. 市场渗透

是指企业采取更积极的措施,在现有的市场上扩大现有产品的销售。这样的销售可以从以下几方面努力:① 在维持现有消费者的基础上,通过各种营销手段,如价格策略、促销方式、渠道的变更等,使原有的顾客更多地购买本企业的产品;② 用各种竞争手段把竞争企业的顾客争取过来,转而购买本企业的产品;③ 设法刺激和促使未曾购买过本企业产品的顾客购买。

2. 市场开发

是指企业采取种种措施,进入新的市场来扩大现有产品的销售。这种销售可以:① 扩大销售区域,由地区的销售扩展到全国的销售,由国内销售扩展到国际销售,由一国销售扩展到多国(地区)的销售;② 增加目标市场,进入新的细分市场,也是有效的市场开发的方法。

3. 产品开发

是指企业在现有的市场提供新产品或改进产品,增加现有产品的吸引力。产品销售要注意在规格、花色、品种、型号等方面去满足消费者需求,才能达到企业销售增长的目的。

(二) 一体化增长战略

当企业所处的行业很有发展前途,或者企业实行"一体化"能较大幅度地提高效率时,往往采用"一体化增长"战略。此战略可以有以下三种形式。

1. 后向一体化

是指企业购买、合并或兼并本企业的原材料供应企业,实行产供联合,变过去向供应企业购买原材料为自己生产原材料。例如,羊毛衫厂原来购买毛线制成毛衣,改为自己生产加工毛线。有些大的零售公司和连锁超市公司不仅建立中央采购配送中心,由过去从批发企业进货,转为自己直接从生产企业进货,实行"批零一体化";而且还拥有自己的工厂,生产出的产品在自己商店出售,也是"后向一体化"。

2. 前向一体化

是指企业通过购买、合并或兼并本企业的后续生产或经销企业,实行产销结合,或者延伸自己的产品。例如,养鸡场开烤鸡店,面粉厂利用自己的产品加工糕点、面包等,都属于前向一体化。

3. 水平一体化

也称横向一体化,是指企业通过购买或兼并同行业中的企业,或者在国内或国外和其他同类行业合资生产经营。例如,日本的资生堂与北京日化四厂合资生产"华姿"系列化妆品等,就是水平一体化。

(三) 多元化增长战略

也称为多角化、多样化增长策略,是指企业尽量增加经营的产品种类,实行跨行业生产经营多种产品和业务的一种战略。这种战略能使企业自身的优势得以充分发挥,人、财、物力资源充分利用,且减少风险,提高整体效益。多元化经营的具体做法也有所不同,主要有以下几种。

1. 同心多元化

是指企业利用原有的技术、特长、专业经验等,开发与本企业产品有相互关系的新产品。例如,制造面粉的企业,可以利用副产品麸皮制造饲料,或者把面粉加工成方便面,由此增加产品种类。这种做法,不仅消耗了本企业生产的产品(如生产方便面的面粉),还节省了费用,如运费、包装费等。在西方国家,企业内部用自己的成品做原料再次加工的产品,可以免缴第一次生产出的产品营业税。企业进行同心多元化,还可以派生出许多产品种类和经营项目。仍以面粉厂为例,利用加工的麸皮作饲料,还可以增设饲养部门,发展畜产事业。

2. 水平多元化

是指企业仍面向原有的市场,通过采用不同的技术开发新产品,增加产品种类和品种。例如,某食品加工机械制造企业,除生产和经营食品、加工机械外,还生产农用的收割机,并准备生产农药、化肥等农用化工产品。

3. 集团多样化

是指大企业通过收购、兼并其他行业的企业,或者在其他行业投资,扩大经营领域,增加与企业现有的产品或服务大不相同的产品或服务,如石油公司经营金融、餐旅业、造船业等。集团多样化的发展趋势使经营范围更加广泛,重点为发展尖端产品。现在,越来越多的国家和地区的企业在使用这一方法。在我国,已有许多企业采用这一方法获得成功。比如,北京祥云公司利用技术方面的优势,既经营计算机、光电产品、化工产品,又经营体育用品、室内装饰、专利事务所以及"祥云宝"饮料。由于多样化经营拓宽了企业的界限,发挥互补功能,使这个以 7 万元贷款起家的祥云公司,发展成为产值 5 000 万元、年利润 500 万元的大公司。

三、收缩战略

收缩战略是以短期利润为目标的一种营销战略,是指企业为削减费用和改善资金的使用,减少在某一特定的产品线、产品、牌号或经营单位的投资,把资金投入另外的新的或发展中的领域。企业抽资的对象往往是费用高、利润少、发展前途不乐观或者企业产品组合中的次要部分。采用这种战略的原因在于,企业现有产品或业务组合中的某几个状况不佳,且无发展潜力,通过大幅度裁减其投资,优化企业现有产品结构。

四、淘汰战略

淘汰战略是将现有产品或业务从现有市场退出的一种市场战略。如果某一项业务已经没有增长潜力,或者从事这项业务进一步增加投资,可以考虑采用这种战略。采用这种战略的原因是在经济衰退期间或企业财务困难期间使用,其目的在于渡过危机、减少风险。淘汰战略通常有以下三种方式。

1. 临时性淘汰

当产品销售不佳,企业暂时停止生产经营,待查明原因对产品进行改进后,再生产投入市场,争取赢得顾客欢迎,这是采用临时性淘汰战略。

2. 转移性淘汰

市场上,往往有这样一种情况,在甲地滞销的产品,在乙地却十分畅销。在这种情形下,企业从原来市场撤退,去开发其他吸引力强的新市场,这是采用转移性淘汰战略。

3. 彻底性淘汰

在市场上,企业产品已经处于衰退期,或刚上市但已表明"不对路"而过早夭折的新产品,果断地退出市场,这是采用彻底性淘汰战略。

第四节 市场发展战略的实践操作

一个企业的市场发展战略,既要以本企业的微观经济活动为基础,又要以宏观环境为依据进行规划,制定本企业的长期营销目标和营销战略。市场发展战略的制定过程,可具体分为以下五个步骤。

(一)确定市场发展任务和目标

1. 市场发展任务

市场发展任务实质上是企业经营的方向问题,也就是指企业在相当长时间内,将从事何种营销活动,为哪些用户和顾客服务。任何一个企业都有市场发展的特定任务,明确了市场发展任务,也就明确了营销的活动领域和发展的总方向。为了企业的长远发展,每个企业都应该确定市场发展的任务,这是企业发展的战略性问题。

(1)市场发展任务的确定。市场发展任务通常是由企业的高层决定的。在确定市场发展任务时,主要考虑如下因素:① 企业历史上的突出特征。例如,某商场过去一直是经营高档商品的品牌商店,就不宜改变为经营大众化的商品,即使遇上有利可图的市场机会,也不可轻易放弃自己原有特征。② 企业周围环境的变化。环境变化可以给企业带来市场机会,也可能形成威胁,企业要善于把握机会,避开威胁。③ 企业的资源状况。资源条件决定着企业可以从事什么业务,可以使某些任务顺利完成,使另一些任务难以完成。④ 企业的特有能力。即根据企业所具有的明显竞争优势,来选择和确定业务范围。

(2)市场发展任务的有效性。衡量市场发展任务报告是否切实有效,应从以下几个方面考虑:① 是否按照目标市场的需要来规定和阐述任务;② 是否根据企业的资源能力来规定和表述其业务领域,使业务领域宽窄相宜;③是否能使企业全体职工从任务报告中受到鼓舞,感受到他们工作的重要性和对社会的贡献;④任务报告是否具体明确,为顺利执行任务而提出的方针、措施应该是明确具体的,以尽量限制个人任意解释的范围和随意处理问题的权限,使企业内部各个方面的活动有章可循、责权分明,确保各个环节的协调配合。

2. 市场发展目标

在明确了任务之后,就应当将任务进一步具体化为一定的市场发展目标。市场发展目标是企业未来一定时期内所要达到的一系列具体目标的总称,可以分为短期目标和长期目标。一年或两年之内要达到的目标,一般称为短期目标;3年以上,甚至十几年才能达到的目标,称之为长期目标。市场发展目标是多种多样的,这些目标主要包括:

(1) 贡献目标。贡献目标表现为企业向市场提供的产品品种、质量、税金等,还表现为自然资源的合理利用、降低能源消耗、环境保护等目标。这是现代社会经济发展的客观要求。

(2) 发展目标。发展目标主要表现为人、财、物的数量增加,人员素质的提高,生产能力的扩大,技术与管理水平的提高,专业化协作、经济联合的发展等。日本松下电器公司,目前已是世界闻名的大企业,但当它还只是街道小厂时,就非常重视发展目标。该公司创始人松下幸之助曾说过:家用电器产品将丰富日本人民生活,它如水管里的水流一样,无穷无尽而又高产价廉,它就是我们以后的使命。松下就是靠着这一发展目标不断前进。

(3) 利益目标。利益目标主要表现为实现销售利润和投资利润等。任何企业作为一个经济实体,都必须考虑其自身的利益,因此,必须有自己的利益目标。其中,一定的利润和投资收益是企业最重要的核心目标。

(4) 市场占有率目标。市场占有率是指一定时期内本企业某种产品的销售量(或销售额)在行业市场总销量(额)中所占的比例,又称市场份额。市场占有率在一般情况下,反映着本企业在同行业中所处的市场地位。市场占有率与企业获利水平密切相关。在其他条件不变的情况下,市场占有率越高,销售额就越大,单位产品成本费用会越低,实现的利润就会越多。同时,市场占有率的高低也关系到企业的知名度,从而影响企业的形象。因此,努力提高市场占有率,是市场发展的重要战略目标之一。

(二) 分析市场环境和企业实力

1. 分析市场环境

分析市场环境,是企业制定市场发展战略的主要依据。市场环境的分析,重点是对未来有长远影响力的因素分析。也就是说,应以市场环境因素的分析为重点,分析的项目主要围绕着怎样才能充分满足消费者的需求,在营销过程中如何抗衡竞争对手,在竞争中发挥优势,如何扩大联合力量,增强市场竞争地位。市场环境的分析,必须建立在周密的调查研究和准确的情报信息的基础上。

市场环境分析主要包括以下几方面的内容。

(1) 顾客需求情况。包括现有顾客需求情况,潜在顾客需求情况,顾客需求变化趋势,顾客意见的分析等。

(2) 市场竞争情况。包括当前竞争情况、未来竞争趋势和竞争对手情况分析,以及自己的差距与对策等。只有对竞争情况进行分析,才能做到知己知彼。通过分析研究竞争对手,可以找出差异性,从而有利于发挥自己的优势,避免针锋相对的竞争。

(3) 供销渠道情况。包括各种物资的供应渠道和产品分销渠道的畅通情况,商品流通过程中可能遇到的困难与情况的分析。

(4) 政府有关方针政策。包括现行政策对市场发展的影响,政策连续性及变化趋势的分析,政府的鼓励和限制等。党和国家一定时期的方针政策,反映了国家的战略规划、战略重点和投资方向。因此,研究国家的方针政策,是中国企业制定市场发展战略的重要依据。

2. 企业实力分析

企业实力分析就是对企业本身的经营条件和经营能力进行实事求是的分析,找出企业本身的特长和不足,优势、劣势和差别优势,企业在人力、财力、物力方面的潜力如何,竞争能力和应变能力如何等。

总之,企业领导人和参加制定市场发展战略的人员,对本企业所处的市场环境以及自己的相对优势和劣势,一定要分析得非常透彻。

(三) 拟订预选方案

在企业的发展战略目标制约下,根据对市场环境和企业实力的全面分析,要拟订几个不同策略组合的市场发展战略方案,供企业领导决策。

每一个备选的方案要有详尽的信息、科学分析,还要有优劣比较,对所实现的目标,一定要有量化分析,对不能量化的,也应清楚地加以说明。

拟订预选方案时,要提倡创新精神,不要因循守旧地搞老一套;要发挥群众智慧,不要只设计一种方案;要提倡通过专家论证进行优选,不要仅凭个别领导印象定案,以防止片面性或较大的失误。

(四) 综合评价选优

这是企业制定市场发展战略的一个关键性的步骤。具体方法就是领导人员组织专家,对各种预选方案进行经济与技术的全面评价,分析论证其技术可行性与财务效果,从中择优选出一个既符合国家方针政策,又能满足目标市场需求,并能为企业带来较大经济效益的"最优方案"或"满意方案"。

在对预选方案的综合评价过程中,财务可行性分析论证是非常重要的。有条件的话,还可进行电子计算机模拟比较,从中优选满意方案。所选的满意方案,不仅应该在技术上是先进的,而且必须在经济上是合理的,才能有较强的竞争力,保证企业以收抵支后有较大的盈利,或者达到企业预期的利润目标。届时,这个方案就可以通过。反之,如果经过财务可行性分析,或经过电子计算机模拟计算后,企业的收入不能达到预期的利润目标,那么这个方案就不能通过,需要重新选择或制定新的发展战略方案,继续从中择优。

(五) 控制实施

市场发展战略方案选定以后,就要控制其正确执行。在执行中,发现问题要及时反馈给决策机构,以便及时采取措施,加以必要的补充或做较大的变更,使市场发展战略在市场营销实践中不断发展、不断完善。

前沿研究

战略性新兴产业切勿盲目"催熟"

战略性新兴产业又一次牵动了市场的目光。2012年5月30日,国务院常务会议讨论通过《"十二五"国家战略性新兴产业发展规划》,指出发展战略性新兴产业是一项重要战略任务,在当前经济运行下行压力加大的情况下,对保持经济长期平稳、较快发展具有重要意义。

从2009年最初提出,并在次年以国务院常务会议形式框定七大战略性新兴产业发展目标以来,战略性新兴产业就成了经济发展过程中一句响亮的口号,只是久闻梯响,未见人影。但这一次,政府显然拿出了十足的决心,市场也不用担心政府在推进战略性新兴产业发展方面的效率——原因很简单,因为稳增长。

可以预计,在稳增长的压力下,相信政府能够也会愿意在短期内出台诸多实质性的强有力措施,来推进战略性新兴产业发展。事实上,相关部门已经在行动,财政部日前就宣布将安排1700亿财政资金用于节能环保领域的投资。对于投资者而言,未来政府在推进战略性新兴产业方面采取的实质性举措,将是一个不小的利好。

但结局可能并不会那么乐观。道理很简单,因为发展战略性新兴产业是一项长期战略,切忌短期行为。战略性新兴产业最显著的特点就是新技术的重大突破,没有重大的技术发明,没有技术重大的突破,就难有新兴产业的诞生与崛起。"技术发明、成果转化、产业兴起"是战略性新兴产业发展的基本路径。

对比这一路径,可以清晰地发现,我国战略性新兴产业发展困难重重。一方面,目前我国的战略性新兴产业大多通过引进技术发展起来,建设投资增长较快,研发投入不足,不掌握核心技术,许多仍处于低端制造层面。同时,即使技术取得突破,也并不等于产业发展,还有赖于市场的最终接受程度。

这些问题,并不能依靠以往传统地通过要素投入这一方式解决,盲目"催熟"贻害无穷。但就眼下而言,政府依然或多或少保持着惯性思维。无论是中央还是地方,在发展目标上都雄心壮志,每一个产业都喊出了"到2015年产业规模过万亿"的口号。但从既往的产业规划来看,如为应对金融危机而出台的十大产业振兴规划,事后看来,一些规划中所列目标言过其实,并不靠谱。

这一次会不会依然如故?毕竟战略性新兴产业的一个重要特征就是创新驱动,而创新不足正是我国现阶段发展的最大短板,这显然难以在短时间内仅依靠要素投入和政策扶持就能解决。

出于唯经济增长观的根深蒂固,中国在发展中通常会出现一哄而上、大干快上的局面。从目前发展趋势看,新兴产业"外延"被不断放大,如钢铁、有色、煤炭、石化等绝对的"双高"产业纷纷通过所谓"二次创新、淘汰不环保小产能、优化生产力布局、发展特种金属新材料需求、清洁能源"等名义继续大势扩张,而相比产能增速,这些行业的技术创新几乎可以忽略不计。另外,在一些新能源领域出现了市场还未成熟,则严重过剩的尴尬局面。

当然,即便在短期内整体进展不乐观,战略性新兴产业也是未来一个重要的投资方向,其中也蕴涵着巨大的投资机遇。毕竟大力发展战略性新兴产业事关我国经济发展方式的转变,也有利于国民经济走上创新驱动、内生增长的轨道。只是,这是一个漫长的过程,各方都要有耐心。

第七章 市场发展战略

案 例

健康循环经济的金锣样本

循环经济,是实现可持续发展的一种新的经济发展模式,是把传统依赖资源消耗寻求线性增长的经济模式,转变为依靠生态资源循环利用从而达到可持续发展的经济模式。在食品安全备受关注的今天,"健康"与"循环"之于食品企业更富有内涵。因此,"健康循环经济"是食品企业追求可持续发展的一种必然。

从 2012 年十八大报告,到 2013 年初《"十二五"循环经济发展规划》的出炉,再到 2 月国家发展改革委发布《循环经济发展战略及近期行动计划》,循环经济的概念屡被提及,来自政府的重视和扶持力度日益突显。

怎样评判和实现循环经济?有关专家表示,要从资源的产出和资源的消耗、资源的综合利用等多个方面共同着手。

眼下,循环经济正在各地积极试点并推广。通过深耕循环经济,国内一大批食品企业取得了生态环境与经济效益的双赢。山东金锣集团便是其中之一。"作为一家以'一切为了人类健康'为核心价值观的食品企业,循环经济不是单纯的绿色、环保与低碳,我们要践行的是'健康循环经济'",该企业相关责任人如此强调。

金锣集团向来以肉制品加工为公众所熟识。殊不知,其在发展过程中不断进行产业延伸,现已形成以肉制品加工为支柱,以大豆深加工、污水处理为依托的产业布局。近年来,按照"资源型起步、链条式延伸、循环式发展"的思路,该企业着力打造产业内部、产业之间的循环链条,用实际行动走出了一条独具金锣特色的"健康循环经济"之路。

"健康"基准确保资源产出

作为大型食品加工企业、国内肉制品生产加工领域的领军企业之一,金锣集团将"健康"视为一切生产行动的标准,并将之与"循环经济"进行完美对接。其"健康、循环"的脚步,可谓遍及生产的每一个环节。

金锣集团相关人员介绍,企业一直强化原料生产基地基础设施建设,并在这些生产基地中着力推动规模化、集约化发展,实施标准化生产。这不仅使生猪指标行业领先,生猪自给率提高、降低养殖损失,还实现了区域经济发展。

值得关注的是,2008 年,金锣集团为实施食品安全工程体系建设,向肉制品生产的上游——生猪养殖专业延伸。此过程中构建的"公司+基地+农户"经营模式,使广大养殖户加入到了金锣的"第一车间"。金锣还对农民实行仔猪供应、饲料供应、生猪回收等系列服务,专门设立了卫检部,加强畜产品质量检测服务,这不但最大限度提高现代养殖业发展水平,为产品品质和食品安全提供有力支撑,还进一步深化了互惠机制。

此外,企业现已建立从种猪繁育、饲料生产、商品猪饲养技术服务到产品回收的全过程质量控制体系,拥有完善的生物安全体系。同时,"企业还实行了一套'预安全'的管理措施,将管控重心推移到检测之前,尽量不让问题集中在检测环节,这样也减少了最后一道关带来的风险和压力。"

健康循环经济首要体现为资源的产出。据悉,目前金锣的日加工生猪量达 7.5 万头,屠宰能力仅次于美国泰森公司,居世界第二位。产品质量档次也在不断提升,已跃位居全国同行业前列。金锣集团相关负责人介绍,"现在公司的产品横跨熟制品和冷鲜肉两大版块,遍布上百个品种,任全国消费者享用。"

事实上,肉制品生产加工中必然会产生这样那样的"废品"——下脚料、猪骨等,这又是怎么处理的呢?"我们推动循环经济的一个落点,就是处理这些废品。"工作人员告诉记者,"猪骨可以开发出骨素、骨油、超微活性钙三种产品,实现3倍增值;再比如,副产物猪小肠,可加工生产成药品肝素钠,这一切都基于技术的革新。"

综合利用激发资源能量

除了肉类原料本身,金锣集团近年健康循环经济的另一大成果就是大豆深加工。相关人士介绍,通过生产线引进和技术攻关,金锣先后研发出了"大豆蛋白"、"大豆低聚糖"、"大豆肽"等产品,其产量和产值在国内及国际市场上占据重要地位。

大豆中的营养成分大豆分离蛋白是肉制品生产中的关键辅加原料,有可替代淀粉和保鲜的功效。"过去一直依靠进口,不仅价格昂贵,货源也极不稳定。"为解决这一难题,公司利用先进工艺,自行生产大豆分离蛋白,除了满足自身需要外,还出口加拿大、俄罗斯、印度尼西亚等国家和地区。目前,金锣集团生产的大豆分离蛋白年产量居世界第四位。

另外,值得一提的是,在生产大豆分离蛋白过程中产生的豆清水,原本被视为"废水",后经科研攻关成功提取出了"大豆低聚糖",既变废为宝,又解决了废水处理难题,取得了显著的经济和生态效益。而其他豆粕、豆渣、豆清水等副产品进行深加工后都能转化为效益,如炼制半成品豆油,每年可以产生3.8亿元产值。

"原本为肉制品深加工主业而延伸的大豆深加工,也能取得如此良好的效益,"这让金锣集团领导层深感惊喜。当然,更让人深感欣慰的是,这是一种健康、可循环、可持续的经济模式。

可以说,金锣集团对于大豆深加工的研究,对其主业外的其他产业也产生了巨大影响。对此,金锣集团相关负责人认为,科技创新是企业发展健康循环经济的永恒主题,也只有科技投入才能实现良性循环。

创新突显节能减排功效

一直以来,废水处理问题困扰着众多的食品企业,"肉制品生产加工和大豆深加工过程中产生的废水处理是个难题。"为了从根本上解决生产污水对周围环境的污染,以及因企业缺水而制约生产经营的被动局面,金锣集团在水问题上进行了深入研究,最终将传统的"资源—产品—废弃物"的线性模式转变为"资源—产品—废弃物—再生资源"的循环模式。

据了解,该企业在水处理领域取得了令人瞩目的成就:已申请发明专利15项、实用新型专利4项、国际PCT专利3项。其中,污泥过程减量的污水处理技术和旋流混凝低脉动沉淀抑藻饮用水净化技术,已获得了国家级科技成果鉴定,达到了国际同类研究领域的先进水平。污泥过程减量技术现已在全国开始推广,集团集成创新的移动式污水处理站(分散式一体化小型污水处理设备),以其占地少、运行维护便捷、污泥减量效果明显等特点,逐步走向规模化生产。

金锣集团负责人认为,一家企业是否能实现循环经济,根本还是决心问题。换句话说,能否站在企业自身可持续发展以及国家发展的高度来考虑问题,如此就很容易下定决心,进行投资。

他说,循环经济模式没有固定样板,但是希望金锣集团的范例能够鼓励更多企业下定决心,以最大的投入发展属于自己的循环经济模式。

案例思考题

1. 金锣"健康循环经济"对企业在制定市场发展战略该有怎样的启示?
2. 结合本案例,谈谈中国企业如何制定自己的市场发展战略?

练习与思考

(一) 名词解释

企业发展战略　　市场发展战略　　业务投资组合　　战略业务单位
稳定战略　　　　发展战略　　　　收缩战略　　　　淘汰战略
密集型增长战略　一体化增长战略　多角化增长战略

(二) 填充

1. 市场发展战略具有的主要特征是_____、_____、_____、_____、_____和_____。

2. 当企业所处的行业很有发展前途时,往往采用"一体化增长"战略。此战略可以有三种形式,即_____、_____和_____。

3. 采用密集型增长战略可以通过三条途径来实施,即_____、_____和_____。

(三) 单项选择

1. 根据产品投资组合分析要求,把经营不同产品的企业内部的各部分,看作是一个(　　)。
    A. 业务单位　　　　　　　　B. 战略业务单位
    C. 业务工作　　　　　　　　D. 战略业务工作

2. 在"市场增长率—市场占有率"矩阵分析中,处于低市场增长率和高相对市场占有率的单位,这类战略业务单位称为(　　)。
    A. 金牛类　　　　　　　　　B. 问题类
    C. 明星类　　　　　　　　　D. 狗类

3. 以保持原有的业务经营水平为主要目标,这种战略是(　　)。
    A. 稳定战略　　　　　　　　B. 发展战略
    C. 收缩战略　　　　　　　　D. 淘汰战略

(四) 多项选择

1. 市场发展战略是企业发展战略的(　　)。
    A. 核心　　　B. 指导　　　C. 基础　　　D. 手段
    E. 条件

2. 淘汰战略是以将现有产品或业务从现有市场退出的一种营销战略,通常采用的三种方式是(　　)。
    A. 临时性淘汰　　　　　　　B. 转移性淘汰
    C. 全面性淘汰　　　　　　　D. 局部性淘汰
    E. 彻底性淘汰

(五) 简答题

1. 简述业务投资组合分析方法。

2. 在企业营销中可以采用哪几类发展战略？举例说明。

3. 在企业营销中可以采用哪几类淘汰战略？举例说明。

(六) 论述题

从理论与实践的结合上,如何把握市场发展战略实践操作的步骤和内容？

第八章 目标市场战略

学习目标

学完本章,你应该能够:
1. 明确市场细分的作用及其依据
2. 运用市场细分原理对消费者市场和产业市场进行细分
3. 根据有关影响因素情况选择适宜的目标市场战略
4. 阐述市场定位步骤及定位战略
5. 掌握对目标市场定位分析的实践技能

基本概念

市场细分	目标市场	无差异市场战略
差异性市场战略	集中性市场战略	市场定位

在经济日趋国际化的今天,企业所面临的市场是非常广阔而又复杂多变的。任何企业无论规模大小,都不可能以自己的产品或服务满足市场上所有消费者的需求,而只能满足某一类或某几类消费者群体的需求。因此,企业必须善于选择适合自己,并能充分发挥自身资源优势的目标顾客群从事营销,确立企业在大市场中的位置,这是企业营销管理中的战略决策问题。这个决策过程是由市场细分、目标市场选择和市场定位三个环节组成的。这三个环节是相互联系,缺一不可的。其中,市场细分是企业目标市场选择和市场定位的基础和前提。

第一节 市场细分

市场细分,也称市场区别、市场划分或者市场区隔,是市场营销理论发展到20世纪50年代时提出的一个重要概念,是由美国著名营销专家温德尔·斯密总结一些企业的实践经验提出来的。这一概念的提出不仅立即为理论界接受,更受到企业普遍重视,并迅速得到应用,使企业的市场营销由大量营销进入到目标营销阶段,至今仍被广泛应用。

一、市场细分的含义

所谓市场细分,是指根据消费需求的差异性,把某一产品(或服务)的整体市场划分为在需求上大体相似的若干个市场部分,形成不同的细分市场(即子市场),从而有利于企业选择目标市场和制定营销策略的一切活动的总称。

对市场细分的理解应该把握以下几点。

1. 市场细分的目的

市场细分是为了更加深入地研究消费需求,更好地适应消费需求,使企业所提供的产品和服务更好地满足目标顾客(或客户)的需要。

2. 市场细分的必要

在现代社会中,一方面市场消费需求是多样的,随着社会经济的飞速发展和人们收入的不断提高,消费者对商品和服务需求日趋多样化;另一方面,企业营销能力是有限的,不同企业的人力、物力和财力资源不同,为市场提供的产品不同。任何企业的营销资源具有局限性,无论规模大小,都不可能以自己的产品或服务满足市场上所有消费者的需求,只能满足某一类或某几类消费者群体的需求。为此,市场消费需求的"多样性"与企业营销资源的"有限性"之间的矛盾导致了目标市场概念的产生,从而使作为目标市场决策的前提——市场细分成为必要。任何企业要确定自己的目标市场,基础工作就是要分析消费者的差异性需求,进行市场细分。

3. 市场细分的依据

市场细分的依据是整体市场存在的消费需求差异性。市场细分不是以物为分析依据,而是以消费者需求差异性作为划分依据的。即根据消费者需求的差异性,把整体市场划分为若干不同的细分市场,以便企业选择适合自己并能充分发挥自身资源优势的目标顾客群,实施相应的营销策略。由于消费者所处的地理环境、社会环境及自身的教育、心理因素都是不同的,他们对产品的价格、质量、款式、服务等的要求也不尽相同,必然存在消费需求的差异性。因此,消费需求差异性是客观存在的。

4. 细分市场的特征

细分市场,即子市场具有消费需求类似性特征。在同一个细分市场上,这一消费群体具有相同或相似的需求、欲望、消费习惯和购买特点。当然,这种类似性只是求大同存小异,不可能达到纯粹的同类。

二、市场细分的意义

市场细分被现代企业誉为具有创造性的新概念,把它作为从事市场营销的重要手段,对企业的营销实践有着重要的意义。

1. 有利于企业发现新的营销机会

通过市场细分,企业可易于发现未被满足的消费需求,寻找到市场的空白点。如果企业能够满足这些消费需求,就可以把它作为自己的目标市场,这就是市场细分给予企业的营销机会。

日本钟表企业在美国钟表市场上,发现营销机会是通过市场细分而获得的。它们发现高档手表市场已被瑞士名牌手表所占领,且竞争激烈;而中低档市场的顾客需求并未得到很好满足,于是决定开发中低档手表,满足这一层次顾客的需求。实践证明,这一决策是正确的。

2. 有利于企业巩固现有的市场

通过市场细分,企业可以了解现有市场各类顾客的不同消费需求和变化趋势,可以有针对性地开展营销活动,最大限度地满足市场需求,从而达到让现有顾客满意、巩固现有市场的效果。

美国宝洁公司通过市场细分,开发了去头屑的"海飞丝"、使头发柔顺的"飘柔"、营养发质的"潘婷"、超乎寻常呵护的"沙宣",可以供不同顾客选择,使公司一直保持洗发水市场的领先地位。

3. 有利于企业正确制定营销战略和策略

市场细分是企业制定营销战略和策略的前提条件。一个企业的营销战略和策略都是具体的,都是针对自己的目标市场而制定的。通过市场细分,企业可以正确地选择目标市场,采取相应的营销组合,制定正确的产品策略、价格策略、分销策略和促销策略,实现企业营销目标。

4. 有利于企业有效地利用营销资源

这一点对于中小企业特别重要。通过市场细分,可以抓住大企业留下的市场空缺,集中企业营销资源,选择最适合自己经营的细分市场,发挥营销优势和特色,在竞争激烈的市场中得以发展。

浙江著名企业家鲁冠球,就是选择生产"万向节"这个小产品,走小而精、小而专的道路,逐步成长为全球性公司。

三、市场细分的标准

由于市场细分是建立在市场需求差异的基础上的,因此形成需求差异的各种因素均可作为市场细分的标准。消费者市场与生产者市场的细分标准是有所区别的,需作分别分析,重点放在消费者市场细分标准的分析。

(一) 消费者市场细分的标准

在选择消费者目标市场时,首先需要运用细分标准进行市场细分。例如,化妆笔市场的细分标准运用,见表8-1。消费者市场细分标准通常可以分为四大类,即地理标准、人口标准、心理标准和行为标准。

表8-1 化妆笔市场细分情况

地 区	年 龄	职 业	收入(元)	使用量	偏好的品牌
北京	16—23	学生	依靠父母	用量一般	不明显
	20—40	职业妇女 服务业 企业职工 销售人员等	800—1 200 1 200—1 800 1 800—2 500	大 量 大 量 大 量	欧珀莱、美宝莲、羽西、郑明明、欧莱雅、雅芳、爱丽丝
	40岁以上	职业妇女 退休妇女	1 000—2 500 1 000 以下	少 量	美宝莲、羽西

(续　表)

地区	年　龄	职　　业	收入(元)	使用量	偏好的品牌
上海	16—23	学生	依靠父母	用量一般	Red Earth
	20—40	职业妇女 服务业 企业职工 公司文秘等	800—1 200 1 200—1 800 1 800—2 500	大　量 大　量 大　量	美宝莲、欧莱雅、羽西、欧珀莱、爱丽丝
	40岁以上	职业妇女 退休妇女	1 000—2 500 1 000以下	少　量	美宝莲、羽西
西安	16—23	学生	依靠父母	少　量	不明显
	20—40	职业妇女 服务业 企业职工 教师等	400—600 600—800 800—1 200	大　量 大　量 大　量	美宝莲、羽西、郑明明、雅芳、爱丽丝
	40岁以上	职业妇女 退休妇女	600—1 200 800以下	少　量	美宝莲

1. 地理标准

地理标准是指按照消费者所处的地理环境作为细分市场的标准。这是一种传统的划分方法，相对于其他标准，这种划分标准比较稳定，也比较容易分析。因为一般来说，处在不同地理条件下的消费者，他们的需求有一定的差异性，对企业的产品、价格、分销、促销等营销措施也会产生不同的反应。例如，农村市场比较偏爱坚固耐用、能负重的自行车，而城市市场则倾向于购买轻便、新颖的自行车；绿茶主要在南方各省市畅销，花茶则在华北、东北较为畅销；北方人选择棉衣注重的是保暖性能，南方人选择棉衣注重的是款式；在饮食上，历来有"南甜、北咸、东酸、西辣"之说。

地理标准主要包括以下一些细分变数。

(1) 行政区域。例如，国家、省、市、区县、乡村等，行政区域有大小不同，有城乡之别，往往意味着市场规模的大小和城乡市场的区别，所以可按行政区域来划分不同的细分市场。但是，这种划分人为的影响较大。

(2) 地形。例如，沿海地区、内陆地区、华北、东北、西南等地区，不同的地形位置，带来不同的消费需求和生活习惯，所以可按地形位置来划分不同的细分市场。

(3) 气候。例如，我国气候分热带、亚热带、中温带、暖温带、寒带等，不同的气候有着不同的消费需求，需要不同的产品，所以可按气候来划分不同的细分市场。

利用地理因素作为细分市场的标准，这是最容易掌握的一种细分方法。但它基本上是一个静态因素，不一定能充分反映消费者的特征，即使是在同一个地理环境中，消费者的需求往往也会有很多明显的差异，这就必需要考虑其他一些动态因素。

2. 人口标准

人口标准是指按照人口变量的因素来细分市场的标准。人口是构成市场最主要的因素，人口标准易于统计且直接与市场规模相关，因此是市场细分最常用、最主要的标准。人口标准主要包括以下变数。

(1) 年龄。不同年龄消费者的需要和购买力具有明显差异。例如,对服装的款式、规格、颜色、价格的要求,儿童、青年人、老年人是不同的。根据消费者年龄标准,可以把服装市场划分为婴幼儿市场、少年市场、青年市场、中年市场和老年市场。

(2) 性别。不同性别具有不同的细分需求和购买行为,这是自然生理差别引起的差异。在服装、化妆品、自行车等市场上,因性别而产生的需求差异尤其明显,因此在这些行业中性别一直是一个常用的细分变数。根据消费者性别标准,可以划分为男性市场和女性市场。

(3) 经济收入。消费者的收入直接影响他们的购买力,对消费需求的数量、结构和趋向具有决定性的影响。家具、家电、餐饮、服装、住宅等许多行业均以此作为细分依据,可以分为高档市场、中档市场和低档市场。

(4) 职业。消费者的职业不同会引起不同的需求。例如,公司的职业女性、教师和演员对服装、鞋帽和化妆等产品的需求,会有自己独特的购买要求。根据职业变数,可以划分许多不同的细分市场。

此外,还有消费者的教育、民族、宗教等也都是影响其消费习惯和购买特点的重要变数,根据这些变数都可以把市场划分为各个不同的细分市场。企业在市场细分时,必须对人口标准及其变数予以充分注意,以此来确定自己的目标市场,实施相应的营销组合策略。

3. 心理标准

心理标准是指按照消费者的心理特征来细分市场的标准。随着社会经济的发展,企业必须从更深层次上,即消费者的消费心理上进行细分市场。心理标准主要表现在以下方面。

(1) 生活方式。生活方式是指消费者对自己的工作、休闲和娱乐的态度,生活方式不同的消费者,他们的消费欲望和需求是不一样的。企业可根据生活方式将消费者分为紧跟潮流者、享乐主义者、主动进取者、因循保守者等,划分为不同的细分市场,从而来确定自己的目标市场及营销组合策略。有些汽车厂商为"保守"的消费者设计经济、安全、低污染的汽车,为"玩车者"设计华丽、灵敏度高的汽车等。

(2) 消费个性。消费者的个性是千差万别、表现各异,消费个性会对消费者的需求和购买动机产生不同程度的影响。例如,妇女由于个性的差异,在化妆品的选择上各有所好,基本上可分为随意型、科学型、时髦型、本色型、唯美型、生态型等六种个性类型。根据这些个性类型,可以把这一市场划分为不同的细分市场,企业就可以给细分市场的有关产品赋予个性特征,迎合消费者的个性来获得营销成功。

(3) 购买动机。购买动机是驱使消费者实现个人消费目标的一种内在力量,购买动机可分为求实动机、求名动机、求廉动机、求新动机、求美动机等。企业可把这些不同的购买动机作为市场细分的依据,把整体市场划分为若干个细分市场,如廉价市场、便利市场、时尚市场、炫耀市场等。

(4) 购买态度。购买态度通常指个人对所购产品持有的喜欢与否的评价、情感上的感受和行动倾向,消费者对产品的态度可分为热爱、肯定、冷淡、拒绝和敌意五类,依此可划分不同的细分市场。企业可针对不同态度的消费市场,采取不同的营销对策。

消费者的心理因素是很难衡量的变数,运用起来比较困难,但它们对企业却具有重要意义。随着人民生活水平的提高,心理因素对购买者的影响将日益突出,尤其是非生活必需品。因而,企业需要对市场作大量细致的调研工作,注意研究消费者的心理特征及变化趋势。

4. 行为标准

行为标准是指按照消费者的购买行为进行细分市场的标准。用购买行为作为细分市场的因素,通常可以考虑以下因素。

(1) 购买时机。根据顾客的有规律购买或无规律购买、平时购买或节假日购买等购买时机性进行市场细分。我国企业现在很注重利用节假日开展营销活动,不仅重视国庆节、劳动节、春节、中秋节等这些节日市场,对圣诞节、情人节、母亲节、父亲节等西方节日也设法抓住有利时机开展营销活动,促进产品的销售。

(2) 寻求利益。根据顾客从产品中追求的不同利益来细分市场,这是一种有效的细分方法。例如,消费者对牙膏选择,有的是为了经济实惠,有的是为了防治牙病,有的是为了洁齿美容,有的是为了口味清爽,等等。企业可根据消费者所追求的不同的产品利益对市场进行细分,从而推出具有某种利益的产品,实施有针对性的营销策略。

(3) 使用状况。消费者对产品的使用状况是不同的,可将消费者分为非使用者、曾使用者、潜在使用者、初次使用者、经常使用者等五类,可以据此变数把市场分为五种细分市场。通常,实力雄厚的大企业对潜在使用者市场比较感兴趣,而一些中小企业则特别注意吸引经常使用者市场。企业可以依据不同的细分市场,制定不同的营销策略。

(4) 使用频率。根据消费者使用频率的不同可把市场细分为大量使用市场、中量使用市场和少量使用市场。大量使用市场虽然只占总消费者数量的很小一部分,但其购买量占总消费量的比重很大。例如,啤酒的大量使用者为中青年人,化妆品的大量使用者为成年妇女,保健品的大量使用者为中老年人,时装的大量使用者为年轻女性,玩具的大量使用者为儿童,等等。企业往往把大量使用市场作为自己的目标市场。

(5) 品牌忠诚度。根据对品牌忠诚度,可把消费者分为坚定忠诚者、一般忠诚者、喜新厌旧者、无固定偏好者四类,依此可以分为不同的细分市场。在坚定忠诚者占多数的市场里,企业可以不用担心竞争者的轻易进入;但若消费者的忠诚度不高或不忠诚的市场,企业则要设法改进营销工作来吸引他们,促使他们的购买行为,培养自己的忠诚顾客。

(6) 购买阶段。根据消费者的购买过程,可分为尚未知道、知晓、有兴趣、有购买意愿、已经购买、重复购买等阶段,可以依此划分不同细分市场。企业对处于购买不同阶段的消费市场,实施与之相适应的市场营销策略。例如,对那些还不知道企业产品的消费者,应重点做好广告宣传,使其进入知晓阶段;对处于知晓阶段的消费者,要着重介绍购买和使用本企业产品的好处和销售地点等,以促使其进入发生兴趣和决定购买阶段。

此外,消费者对价格、服务、广告等营销因素的敏感度,都可以作为企业进行市场细分的标准。

以上提出的四项标准及其所含变数,是一般企业常用的标准,这并不意味着适用于任何消费品的市场细分,也不表示所有细分只限于以上变数。企业应该根据具体情况来确定细分标准,通常选择其中与消费者购买行为关联性最强的变数作为市场细分的标准。

(二) 产业市场细分的标准

细分消费者市场的标准,有些同样适用于产业市场,如地理因素、追求的利益、使用者状况等因素。但是,生产者市场有着与消费者市场不同的特点。因此,生产者市场也有着其独特的细分标准。美国的波罗玛(Bouoma)和夏皮罗(Shapiro)两位学者,提出了一个产业市场的主要细分变量表,见表8-2,比较系统地列举了细分产业市场的主要变量,并提出了企业在选择目标顾客时应考虑的主要问题,对企业细分产业市场具有一定的参考价值。

表8-2 产业市场的主要细分变量

人口变量 (1) 行业:我们应把重点放在哪些行业? (2) 公司规模:我们应把重点放在多大规模的公司? (3) 地理位置:我们应把重点放在哪些地区?
经营变量 (1) 技术:我们应把重点放在顾客所重视的哪些技术上? (2) 使用情况:我们应把重点放在经常使用者,还是较少使用者、首次使用者或从未使用者身上? (3) 顾客能力:我们应把重点放在需要很多服务的顾客上,还是只需少量服务的顾客上?
采购方法 (1) 采购职能组织:我们应将重点放在那些采购组织高度集中的公司上,还是那些采购组织相对分散的公司上? (2) 权力结构:我们应侧重那些工人和技术人员占主导地位的公司,还是财务人员占主导地位的公司? (3) 与用户的关系:我们应选择那些现在与我们有牢固关系的公司,还是追求最理想的公司? (4) 总的采购政策:我们应把重点放在乐于采用租赁、服务合同、系统采购的公司,还是采用密封投标等贸易方式的公司上? (5) 购买标准:我们是选择追求质量的公司、重视服务的公司,还是注重价格的公司?
情况因素 (1) 紧急:我们是否应把重点放在那些要求迅速和突击交货或提供服务的公司? (2) 特别用途:我们应将力量集中于本公司产品的某些用途上,还是将力量平均花在各种用途上? (3) 订货量:我们应侧重于大宗订货的用户,还是少量订货者?
个性特征 (1) 购销双方的相似点:我们是否应把重点放在那些其人员及其价值观念与本公司相似的公司上? (2) 对待风险的态度:我们应重点放在敢于冒风险的用户,还是不愿意冒风险的用户上? (3) 忠诚度:我们是否应该选择那些对本公司产品非常忠诚的用户?

以上分析了消费者市场和中间商市场的细分依据,需要注意的是企业在运用这些变数进行市场细分的时候,一般不是只考虑某个依据,而是要使用多个依据进行多重属性

的细分。例如在化妆笔市场上,企业进行细分需要选用地理区域、年龄、职业、收入、追求品牌、使用量等因素进行逐层细分。这样做可以使企业把市场细分得更具体,营销更具有针对性,也更容易发现市场中存在的营销机会。

当然,市场也不能分得太细,因为企业要考虑营销成本的问题。可能通过细分,企业发现了某些营销机会,但要满足这些机会,企业的投入就会高于将来的回报。千万不要以为分得越细、选用的标准越多越好。

四、市场细分的要求

消费需求的差异性是市场细分的基础,如何认识这些差异,怎样细分消费者市场,除选择和把握最能反映消费者需求特性的标准外,还需要注意以下四方面的要求。市场细分只有达到以下的要求,细分才能有效。

1. 可衡量性

是指企业对细分市场的购买力、市场需求和市场规模能够进行数量化的准确评估,并可以获取有关顾客的具体资料。而有些细分标准企业不易获取,或令人捉摸不定,难以衡量和测算,则不能作为细分标准。

2. 可进入性

是指细分出来的市场是企业通过营销努力能够进入的市场。这些细分市场能使企业资源得到利用,生产的产品能够满足消费者需求;能将企业的产品送抵给消费者;能把企业信息通过适当媒体传送给顾客。如果不具有这些可进入性,细分出来的市场是毫无意义的。

3. 可盈利性

是指细分出来的市场要有足够的市场容量,使企业能够获得目标利润。如果市场分得过细,市场容量太小,产品销量和盈利都得不到保证,就不能作为细分标准。当然,市场容量不仅要考虑现实的购买力,还要考虑购买潜力,这样的细分市场才有发展前途。

4. 相对稳定性

是指细分出来的市场必须具有相对的稳定性,能保证企业有足够时间实施营销方案进入市场,获取盈利。如果市场变化太快,企业还没来得及实施其营销方案,目标市场已面目全非,这样的市场细分就没有意义了。

第二节 目标市场选择

企业进行市场细分的最终目的是为了有效地选择并进入目标市场。所谓目标市场,是指企业要进入的那个市场部分,即企业拟投其所好、为之服务的那个顾客群(这个顾客群有颇为相似的需求)。任何企业都应该在市场细分的基础上,通过评估各个细分市场,根据自己的营销目标和资源条件,选择和确定一个或几个最有利于企业经营、最能发挥企业资源优势的细分市场作为自己的目标市场;然后根据目标市场的特点,实施企业的营销战略与策略,这就是目标市场选择。

一、细分市场的评估

为了准确选择目标市场,企业必须对各个细分市场进行全面的评估和分析,在综合比较、分析的基础上,择出最优化的目标市场。细分市场的评估一般从以下三个方面来考虑。

(一) 市场规模和增长潜力

这项评估主要是分析细分市场是否具有适当的市场规模和增长潜力。这里的适当规模是一个相对概念,是相对于企业规模和实力而言的。大企业可能偏好购买量大的细分市场,对较小的细分市场不感兴趣,认为不值得涉足。而小企业会有意避开较大规模的细分市场,选择购买量小的细分市场。因为较大规模的市场对小企业来说,往往由于缺乏资源和能力而无法有效进入,即使进入后也无力与大企业展开竞争。

细分市场的增长潜力也是评估的一个重要因素,所有企业都希望目标市场的销售和利润具有良好的增长趋势,能保证企业经营战略目标的实现。但增长潜力大的市场也常常是竞争者争夺的目标,会导致竞争的加剧,这又会削弱其获利机会。例如,在我国最早开发出 VCD 产品的万燕电子公司,在有着巨大增长潜力的 VCD 市场上未能进一步发展就属于这种情况。虽然,万燕公司最早开发出产品并最早进入市场,但由于 VCD 市场的巨大吸引力,国内外众多大企业纷纷开发产品,进入该市场。万燕电子公司由于实力的限制,反而逐渐被消费者所淡忘,陷入困难的经营境地。

(二) 市场的吸引力

这项评估主要是分析细分市场是否具有吸引力。所谓吸引力,主要是指长期获利率的大小。一个具有适当规模和增长潜力的细分市场,从获利观点来看,有可能缺乏盈利潜力,不一定具有市场吸引力。决定一个细分市场是否具有长期盈利潜力的因素有以下五种。

(1) 现实的竞争者。如果某个细分市场已经有了为数众多的、强大的或者竞争意识强烈的竞争者,该细分市场就失去了吸引力,尤其是当该市场已趋向饱和或萎缩时。

(2) 潜在的竞争者。如果某个细分市场的进入障碍较低,能吸引新的竞争者投资,增加新的生产能力和大量资源,并争夺市场份额,也会使这个市场的吸引力下降。

(3) 替代产品。如果某个细分市场已存在着替代产品或者有潜在替代产品,该细分市场就失去吸引力。因为替代产品会使现有产品市场趋于萎缩,从而使企业的潜在收益下降。

(4) 购买者。如果某个细分市场购买者的议价能力很强或正在增强,他们会设法压低价格,对产品质量和服务提出更高的要求,并使竞争企业间互相争斗,那么该细分市场的吸引力就会下降。

(5) 供应商。如果企业的供应商——原材料和设备的供应商、银行、公用事业等,能够随意提高产品价格,或降低所供产品的质量和服务,或减少供应数量,该细分市场就没有吸引力。

(三) 企业目标和资源

细分市场的评估还需要分析企业自身的目标和资源状况。往往某些细分市场具有一定规模和发展潜力,并且也具有吸引力,但如果与企业的长远目标不适应,不具备在该市场营销获胜所必备的能力和资源,这样的细分市场对企业是不合适的,应该放弃。

二、目标市场的选择

企业通过评估细分市场,将决定进入哪些细分市场,即选择企业的目标市场。在选择目标市场时,有五种可供考虑的市场模式,如图 8-1 所示。

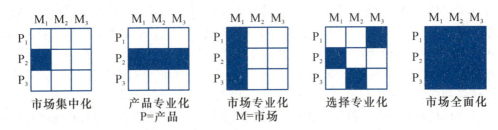

图 8-1 目标市场模式

(一)市场集中化

这是一种最简单的目标市场模式。市场集中化是指企业只选取一个细分市场,只生产一类产品,供应给一类顾客群,进行集中营销。例如,童鞋厂只生产儿童鞋,满足小孩穿鞋的需求。选择市场集中化模式一般基于以下考虑:企业具备在该细分市场从事专业化经营,并能取胜的优势条件;限于资金能力,只能经营一个细分市场;该细分市场中,竞争对手不多;准备以此为出发点,取得成功后向更多的细分市场扩展。

(二)产品专业化

产品专业化是指企业集中生产一类产品,并向各类顾客销售这类产品。例如,电脑生产商只生产电脑产品,可以同时向家庭、机关、学校、银行、企业等各类用户销售。产品专业化模式的优点是企业专注于某一种或一类产品的生产,有利于形成和发展生产和技术上的优势,在该专业化产品领域树立形象。其局限性是当该产品领域被一种全新的技术所代替时,该产品销售量有大幅度下降的危险。当然,这种全新的替代性技术并不是经常出现的,因此该市场的顾客类型较多,营销风险较市场集中化模式的风险要小得多。

(三)市场专业化

市场专业化是指企业生产满足某一类顾客群体的需要,专门生产这类消费者需要的各类产品。比如,某工程机械公司专门向建筑业用户,供应推土机、打桩机、起重机、水泥搅拌机等建筑工程中所需要的机械设备。市场专业化模式由于经营的产品类型众多,能有效地分散经营风险。但由于集中于某一类顾客,当这类顾客由于某种原因需求下降时,企业也会收益下降,风险是不确定的。

(四)选择专业化

选择专业化是指企业选取若干个具有良好的盈利潜力和市场吸引力,且符合企业的目标和资源的细分市场作为目标市场。该目标市场模式中的各个细分市场之间,较少或基本不存在联系。其优点是可以有效地分散经营风险,即使某个细分市场盈利不佳,企业仍可在其他细分市场取得盈利。选择专业化模式的企业应具有较强资源和营销实力。

(五) 市场全面化

市场全面化是指企业生产的多种产品能够满足各类顾客群体的需求。因此,只有实力雄厚的大型企业才能选用市场全面化模式,这种市场模式由于面广、量大,能够收到良好的营销效果。例如,丰田汽车公司在全球汽车市场和索尼公司在全球电子产品市场上,均采取市场全面化的目标市场模式。

三、目标市场战略

企业对目标市场的选择还需要考虑其市场战略问题,即决定采取何种市场营销战略进入目标市场,直至占领该目标市场。一般来说,企业可以根据具体条件选择三种目标市场战略,如图 8-2 所示。

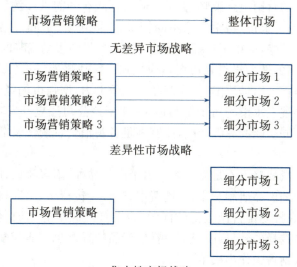

图 8-2 三种目标市场战略

(一) 无差异市场战略

实行无差异市场战略的企业,面对整个市场只提供一种产品,采用统一的营销策略吸引所有的顾客。采用此战略的企业把整个市场看作一个整体,不需要进行市场细分,无须关注市场间的需求差异性,只注重其需求的共性,向全部市场提供单一产品,满足消费者的需要。例如,20 世纪 60 年代前,美国可口可乐公司一直奉行典型的无差异市场战略,公司用单一口味、单一规格的瓶式包装,长期占领世界饮料市场。在大量生产、大量销售的产品导向时代,企业基本上采用的是无差异市场战略。

无差异市场战略的最大优点是成本的经济性。大批量的生产必然降低单位产品成本,大量销售能节省大量的调研、产品开发、广告宣传、管理等费用,从而取得较佳的经济效益。

无差异市场战略的缺点也是非常明显的,就是产品的市场适应性较差。市场环境是在变化的,随着消费者经济收入的提高,一种产品能长时间被所有消费者接受是极少的。

同样,一个企业也不可能独占市场,当许多大企业都采用这一战略进入这个市场,就会造成异常激烈的竞争,企业盈利就会受到制约。例如,过去美国的三大汽车公司都认为消费者偏好大型轿车,争夺同一目标市场,长时间实行无差异市场战略。结果几家大公司间竞争激烈,销售受到限制。而与此同时,由于经济环境的变化,消费者对小型轿车的需求增长,美国汽车公司却不能迅速适应这种变化,结果被日本的小型轿车占领了美国市场。可口可乐也不例外,近年来,由于竞争加剧,特别是百事可乐和七喜的异军突起,可口可乐独霸市场的局面被打破,不得不开始改变其无差异市场营销策略,生产出芬达、雪碧等新产品,以满足各类顾客的需求。

(二)差异性市场战略

采用差异性市场战略的企业,对整体市场必须进行市场细分,根据企业的资源与营销实力,选择不同数目的细分市场作为自己的目标市场,为所选择的各目标市场设计不同的产品,采取不同的营销组合策略,满足不同目标顾客的需求。例如,国内的酒类生产厂根据不同消费者的需求特点,生产出不同档次、不同包装、不同价格、不同酒精度的产品,采用不同的营销策略,取得了良好的效益。这是差异性市场战略的具体运用。

差异性市场战略的最大优点是市场适应性强。该战略能够有针对性地满足不同顾客群体的消费需求,扩大市场范围,提高产品的竞争能力,增强市场经营抗风险能力。例如,宝洁公司在中国洗发水市场居于统治地位,在于该公司注重开发"海飞丝"、"飘柔"、"潘婷"、"沙宣"等不同功能的品牌产品,能够满足各类消费者的洗发需求,从而扩大市场份额。

当然,差异性市场战略也不是完美的。由于产品品种、销售渠道、广告宣传的扩大化与多样化,导致企业的产品研制费用、分销费用、广告宣传费用、储存费用、管理费用的大幅度增加。该战略在推动销售额上升的同时,也在推动成本的增加,企业的效益并无保证。所以,目标市场选择的数目并非越多越好,产品的提供也并非越多越好,企业要根据自己的客观条件,权衡得失作出决策。

(三)集中性市场策略

无差异市场战略和差异性市场战略都是以整体大市场作为自己的目标市场,一般适用于实力较强的大企业作为进入目标市场时所选择的战略。对众多中小企业而言,集中性市场战略是最好的选择。

集中性市场战略是指在市场细分的基础上,选择一个或极少细分市场作为企业的目标市场,经营一类产品,实施一套营销策略,集中企业的资源和实力为之服务,争取更大的市场份额。这种策略一般适用于中小企业,或出口企业进入国外市场的初期,首先在竞争对手不太重视的较小市场经营发展,赢得声誉后再根据自己的条件向其他市场上扩展。日本公司在汽车、手表、家电等行业就是运用这种策略进入了美国市场,并在美国及全球市场取得了惊人的成功。

集中性市场战略强调把企业资源集中在一个或少数的小型市场,不求在大市场上得到一个较小的市场份额,而要求在一个较小的市场上获得较大的市场占有率,甚至要达到统治的比率。这一战略的优点是能够发挥企业的资源优势,集中资源在小市场获得营销成功;由于目标市场集中,能更深入地了解目标顾客的需求,生产出更加适销对路的产品;能促进专业化经营,有利于树立企业形象和品牌效应;还能节省生产成本和营销费用,增加盈利。

集中性市场战略的最大不足是经营风险较大。如果目标市场过于集中,把企业的命运押在一个较小的市场上,一旦这个市场发生突然的变化,如消费者偏好突然改变、强大的竞争者进入该市场等,均会使企业措手不及、陷入困境。因而实行这种策略时,要做好应变准备,加强风险意识。

四、选择目标市场战略的条件

上述三种目标市场战略各有利弊,各自适用于不同情况。企业在选择目标市场战略时,必须全面考虑各种因素,权衡利弊、慎重决策。这些因素主要有以下几种。

(一)企业的实力

企业实力包括生产、技术、销售、管理等力量的总和。如果企业资金雄厚,市场营销管理力量强,可以选择无差异市场战略和差异性市场战略;反之,如果企业能力有限,无力兼顾整体市场,则宜选择集中性市场战略。

(二)产品的差异程度

产品在性能、特点等方面的差异程度是不同的,有些差异大,有些差异小。例如,食盐、食糖、大米等这类产品的差异性很小,因而一般可视为"同质"产品,对于同质产品一般宜实行无差异市场战略;反之,如化妆品、服装、家具等产品的差异性较大,可视为"异质"产品,对异质产品则宜采用差异性市场战略或集中性市场战略。

(三)市场差异性的大小

是指市场是否"同质"。如果市场上所有顾客在同一时期偏好相同,市场需求表现为没有多大差异,对营销刺激的反应也相近。例如,20世纪六七十年代的中国大陆,由于经济、政治等原因男士服装基本上就是统一的中山装,这样的市场即为"同质市场",一般宜实行无差异市场战略;反之,如果市场需求差异较大,则宜采用差异性市场战略和集中性市场战略。

(四)产品市场生命周期的不同阶段

对于处于不同市场生命周期阶段的产品,应采取不同的目标市场战略。通常,产品处于投入期或成长期时,可采用无差异市场战略,以扩大市场规模,提高市场占有率。进入成熟期时,应对市场竞争激烈,可改用差异性市场战略,以开拓新市场、新产品,增强企业竞争力。进入衰退期时,企业则应采用集中性市场战略,缩短战线、缩小市场,延长产品的生命周期。

(五)考虑竞争对手的市场战略

企业采用何种市场战略,往往要视竞争对手所采取的市场战略而定。一般说,企业的市场战略要与竞争对手有所区别,反其道而行之。实力强大的竞争对手采取无差异市场战略,在这种情况下,要想打进市场,企业应采用差异性市场战略,否则就很难成功。如果企业面对的竞争对手较弱,也可采取与之"对着干"的战略,凭借实力击败竞争对手。当然,这些只是一般原则,并没有固定不变的模式,营销者在实践中应根据市场具体情况,以及竞争双方的力量对比,采取具体的目标市场战略。

第三节 市场定位

企业选择了自己的目标市场和目标市场战略后,企业的服务对象和经营范围就可确定,但还需要对"市场定位"进行决策。

一、市场定位的含义

市场定位就是针对竞争者现有产品在市场上所处的位置,根据消费者对产品某一属性或特征的重视程度,为产品设计和塑造一定的个性或形象,并通过一系列营销努力把这种个性或形象强有力地传递给顾客,从而适当地确定该产品在市场上的竞争地位。

对市场定位的理解应该把握:

(1) 市场定位的基点是竞争。市场定位是一种帮助企业确认竞争地位,寻找竞争战略的方法。通过定位,企业可以进一步明确竞争对手和竞争目标,发现竞争双方各自的优势与劣势。

(2) 市场定位的目的在于吸引更多目标顾客。消费者的各种各样的偏好和追求都与他们的价值取向和认同标准有关,企业要想在目标市场上取得竞争优势和更大效益,就必须在了解购买者和竞争者两方面情况的基础上,确定本企业的市场位置,进一步明确企业的服务对象。企业在市场定位的基础上,才能为企业确立形象,为产品赋予特色,以特色吸引目标消费者,这是当代企业的经营之道。例如,同仁堂以百年老店、货真价实来定位;金利来以高档男士服饰用品来定位;海尔冰箱以产品质优服务更优来定位;美菱冰箱以"中国人的生活,中国人的美菱"来定位,强调它的中国特色;奥妮洗发香波则以"长城永不倒,国货当自强"为口号,把企业定位在"以振兴民族工业为己任",与进口产品相抗衡这样一个位置上。通过定位可使企业的形象更为鲜明,产品特色更为明确,从而对相应的顾客群产生吸引力。

(3) 市场定位的实质是设计和塑造产品的特色或个性。产品的特色和个性可有多种表现:① 可以通过产品实体本身来表现,如功能、结构、成分、款式、颜色等;② 可以从消费者对产品的心理感受来表现,如产品可能使顾客感到豪华、朴素、时髦、典雅、别致、通俗、活泼、庄重等;③ 可以通过价格、质量、服务、促销方式等形式来表现。可见,产品不同,产品个性或特色的表现形式也会有所不同。产品的某一特色往往是由多个方面的因素构成的,如电视机的高质量这一特色是由电视的画面清晰度、使用寿命等多种因素所构成的。

二、市场定位的步骤

正确的市场定位必须建立在市场营销调研的基础上,必须先了解有关影响市场定位的各种因素。这些因素主要包括以下几种。

1. 竞争对手的定位状况

要了解竞争者产品市场定位,产品的特色是什么,在顾客心目中的形象如何,衡量竞争者在市场中的竞争优势。

2. 目标顾客对产品的评价标准

要了解购买者对所要购买的产品的最大愿望和偏好,以及他们对产品优劣的评价标准是什么。一般来说,消费者主要关心的是产品功能、质量、价格、款式、服务、节电、低噪声等。不同产品评价标准是不同的。例如,对空调器,要了解消费者主要关心的是质量、价格、节电、低噪音,还是款式、服务等;对饮料最关心的是口味、价格,还是营养等。企业应努力搞清楚顾客最关心的问题,作为定位决策的依据。偏离了顾客的喜好进行的定位,必定是会失败的。

3. 企业在目标市场上的潜在竞争优势

企业要确认自己在目标市场的潜在竞争优势是什么,然后才能准确选择竞争优势。一般来说,竞争优势有两种形式:一是在同样条件下比竞争者价格更低;二是具有更多的特色,可以更好地满足顾客需求。前者优势主要依赖于千方百计地降低成本,后者优势则以多开发产品、树立产品特色、服务特色来取胜。

在对市场定位因素调查分析的基础上,运用"定位图"进行产品的市场定位分析。例如,H 企业准备进入电冰箱市场,通过市场调查分析,了解到消费者对产品最为关注的是功能水准和价格高低;又了解到这一市场上已有 A、B、C 3 个主要生产厂家在目标市场上的竞争优势及其定位位置,企业可以考虑在此目标市场上有三种定位方案,如图 8 - 3 所示。市场定位的具体步骤可以分为三步:

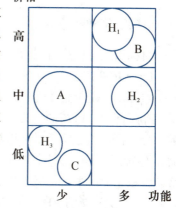

图 8 - 3 市场定位图

第一步:确定产品定位的依据。

根据定位因素的不同组合,可以绘制不同的定位图。H 企业所进入的电冰箱市场,消费者对该产品最为关注的是功能大小和价格高低。采用功能与价格两个不同的变量组合,可以绘制上述所示的平面定位图。

第二步:确定目标市场的现有竞争状况。

在对竞争者分析的基础上,把现有竞争对手的状况在定位图上标示出来。A、B、C 3 个竞争厂家可用 3 个圆圈分别表示,圆圈的大小表示各个竞争对手产品销售的多少,圆圈的位置表示竞争对手在市场上的定位区位,表明其产品的竞争特色。A 企业生产的是中等价格、较少功能的产品,它的市场规模最大;B 企业生产的是高价、多功能的产品;C 企业生产的是低价、少功能的产品,它的市场规模最小;在定位图上,该目标市场的竞争定位可以一目了然。

第三步:确定本企业产品的市场位置。

了解了现有市场竞争状况,企业便可对竞争者的产品、成本、促销、服务等进行对比,根据本企业的条件来准确判定企业的竞争优势,选择合适的定位战略,进行正确的市场定位。

该企业如何定位呢?从定位图可见,如果市场上对优质高价电冰箱需求量较大,且本企业实力比 B 企业实力更强,能开发出更好的产品的优势,则可以选择 H_1 定位方案。

如果本企业能以较低的成本，生产出较多功能产品的话，则可以采用 H_2 定位方案，在这个市场上没有竞争对手，有利于企业成功。如果在有利可图的市场上，有与现有竞争者的产品共同满足同一市场部分的可能，则可以采用 H_3 定位方案。

市场定位应该根据具体情况而确定。不同情况可以有不同的方案，即使同一情况也可以有不同方案，每一种方案都有利弊得失，需要准确运用定位策略，进行正确决策。

企业在作出了定位决策后，还需花大力气进行定位的广告宣传工作，把企业的定位观念准确地传播给目标顾客和社会公众。这里要避免三种宣传失误：① 宣传定位太低，不能体现产品特色，例如，企业以高质量定位，却片面宣传价格如何低廉，或在一些信誉不高的小报上做宣传，结果使顾客对产品质量产生不信任。② 宣传定位太高，不符合产品的实际定位。原定位的中低档产品，在宣传中使公众误认为是高档产品，使中低档需求者不敢光顾。③ 宣传上混淆不清，在顾客心目中没有统一明确的特色、形象。比如，有时宣传产品是高档享受，有时又宣传是实惠消费，致使同一产品在消费者中吃不准。以上情况都是由于定位的宣传失误所致，对企业的目标市场开发造成很大的不利影响。

三、市场定位战略

目标市场定位战略在营销实践中是多种多样的，但是主要的定位战略有以下四种。

（一）填补定位

填补定位是指企业为避开强有力的竞争对手，将产品定位在目标市场的空白部分或是"空隙"部分。市场的空白部分指的是，市场上尚未被竞争者发觉或占领的那部分需求。企业把产品定位于目标市场上的空白处，可以避开竞争，迅速在市场上站稳脚跟，并能在消费者或用户心目中迅速树立一种形象。这种定位方式风险较小，成功率较高，常常为多数企业所采用。但采用这种方式必须考虑以下几个问题：

（1）研究市场的空白处是如何形成的？是因为没有潜在的需求，还是竞争对手无暇顾及？

（2）如果确定存在潜在需求，就要考虑这一市场部分是否有足够的需求规模，能否使企业有利可图？

（3）考虑企业的营销能力是否能胜任这部分市场的开发，有否足够的技术开发能力去开发市场空白处的需求产品？

例如，在图 8-3 中，低价多功能、中价多功能及高价少功能的电冰箱尚无竞争者涉足，企业在这 3 处中只能选择 H_2 处为自己的产品位置，即生产多功能而价格中等的电冰箱，这就是填补定位战略。

（二）并列定位

并列定位是指企业将产品定位在某一个竞争者的同一位置上，与现有竞争者和平共处。对于竞争者来说，如果有足够的市场份额，而且既得利益没有受到多大损失，它们一般不在乎身边多一个竞争对手的，因为激烈的对抗常常会两败俱伤。很多实力不是太雄厚的企业经常采用这种定位战略。实行并列定位战略必须注意不要试图压垮对方，只要能够平分秋色已是巨大的成功。

例如，图 8-3 中的 H 企业也可以考虑定位在 H_3 处的市场位置上，选择 C 企业作为自己的共存者，即生产低档的电冰箱，这就是并列定位战略。

(三) 对抗定位

对抗定位是指企业要从市场上强大的竞争对手手中抢夺市场份额,改变消费者原有的认识,挤占对手原有的位置,自己取而代之。选择这一战略的条件是:① 与企业条件相符合的市场已被竞争者占领,而且这个市场需求不够大,不存在与之并存的可能;② 实力比竞争者雄厚,想成为市场的领先者,企业有把握赢得对方。采用这种定位方式的风险相对较大,成功了,企业可以独占鳌头;但一旦失败,企业会陷入惨痛境地或者是两败俱伤。因此,采用此战略的企业事先应做好充足的准备。

例如,图 8-3 中的企业也可以考虑定位在 H_1 处的市场位置上,选择高价格、多功能的电冰箱,向 B 企业挑战,将 B 企业驱逐出这个市场,这就是对抗定位战略。

(四) 重新定位

重新定位是指随着企业的发展、技术的进步、市场环境的变化,企业对过去的定位作修正,以使企业拥有比过去更多的适应性和竞争力。一般来说,主要有以下几种情况:

(1) 企业的经营战略和营销目标发生了变化。例如,当娃哈哈从一个儿童饮料的品牌发展成为全系列的、涉及多个年龄阶层的品牌时,其市场定位就需要进行延伸,乃至重塑。

(2) 企业面临激烈的市场竞争。例如可口可乐公司,由于近年来竞争加剧,特别是百事可乐和七喜的异军突起,可口可乐独霸市场的局面被打破,不得不开始改变其原来的产品定位,突破传统可乐型饮料,增加芬达、雪碧等新产品,满足各种顾客的需求。避开了与竞争对手在狭窄市场领域的激烈冲突,并使公司获得了更多的发展机会和空间。

(3) 企业为适应目标顾客的新需求。消费需求是不断发展变化的,而企业的市场定位往往具有一定的稳定性。但是,当消费需求变化显著时,企业的市场定位就需要根据需求的变化而不断调整。

企业的市场定位应该是一个动态战略过程,需要针对新的环境、新的需求、新的企业战略而不断调整。

四、市场定位方法

各个企业经营的产品不同,面对的顾客不同,所处的竞争环境也不同,因而市场定位的方法也不同。一般来说,市场定位的方法有以下几种。

(一) 根据具体的产品特色定位

产品特色定位是根据其本身特征,确定它在市场上的位置。构成产品内在特色的许多因素都可以作为市场定位所依据的原则,如产品构成成分、材料、质量、档次、价格等。"七喜"汽水的定位是"非可乐",强调它是不含咖啡因的饮料,与可乐饮料不同。"雀巢咖啡,味道好极了","玉林机器,王牌动力"是从产品的质量上加以定位。"最贵的价格,最好的享受","以最低的价格出售最好的产品",则是从产品的价格上加以定位。

(二) 根据所提供的利益和解决问题的方法定位

产品本身的属性及由此衍生的利益,以及企业解决问题的方法也能使顾客感受到它的定位。例如,在我国沐浴露市场上,强生公司的"强生"沐浴露,强调其包含独用的"无泪配方",纯净温和如水,绝不刺激宝宝还未发育完善的眼睛和泪腺,解决了妈妈们在给孩子洗澡时的难题;宝洁公司的"舒肤佳"健康沐浴露,突出其主要功能是去除和抑制皮肤感染和汗臭细菌,含有"迪保肤"抑菌成分,有助于皮肤健康,适合人们在生活水平提高后对健康的重视;上海家化公司的"六神",则强调其含麝香等名贵中草药,能有效祛痱止痒,清香宜人,能有效去除汗味,塑造在炎热的夏天给人带来清清凉凉的感觉形象。

(三) 根据使用者的类型定位

根据使用者的心理与行为特征,以及特定消费模式塑造出恰当的形象来展示其产品的定位。例如,美国"米勒"啤酒广告中展示石油工人钻井成功狂欢的镜头,年轻人在沙滩上冲刺后开怀畅饮的镜头,塑造一个"精力充沛的形象";"金利来领带,男人的世界"、"百事可乐,年轻一代的选择",都是根据使用者的不同加以定位。

(四) 根据竞争的需要定位

根据竞争者的特色与市场位置,结合企业自身发展需要,将本企业产品或定位于与其相似的另一类竞争者产品的档次,或定位于与竞争直接有关的不同属性或利益。例如,美国"泰来诺"止痛药的定位是"不含阿司匹林的止痛药";美国"阿维斯"出租车公司将自己定位于出租汽车行业的第二位,强调"我们是老二,我们将更加努力",暗示要比居市场第一位的企业提供更好的服务。

事实上,许多企业进行市场定位的方法往往不止一种,而是多种方法同时使用,因为要体现企业及其产品的形象和特色,市场定位必须是多维度、多侧面的。

第四节 目标市场战略的实践运用

企业在市场开发中,必须以目标市场战略理论作指导,科学地进行市场细分,有效地选择自己的目标市场,这是企业进入市场、立足市场的最根本和最重要的营销战略。目标市场定位发生错误了,企业就不能拥有自己真正的消费群体和足量的市场,从而无法长期立足于市场,最终会被市场淘汰。

学习的目的在于实践的运用,通过本章学习,要求学生能够把学到的"细分市场分析"、"目标市场选择"、"市场定位"理论和方法运用到营销实践中去,就某一项市场开发项目,运用理论进行可行性分析,选择有利的目标市场,进行正确的市场定位,撰写一份市场开发分析报告。在实践运用中,使学生能够掌握市场定位的基本技能,这对学生将来能胜任营销工作来说是很重要的,这一技能的掌握也能为学生将来自己创业奠定基础、准备条件。

一、《市场开发分析报告》撰写的程序

(一) 开展调查、搜集资料

这是市场开发项目分析的初始阶段,也是项目可行性分析的基础。市场开发是企业能够以相应的产品或服务去满足现实的或潜在的消费需求,而开拓的特定市场。为此,项目开发必须对整个市场状况、消费者需求情况、竞争对手状况进行调查,搜集有关资料。

(二) 营销环境与机会分析

对搜集的市场、消费者、竞争者、企业的各类资料要求进行系统整理,予以客观分析。

从繁杂的材料、数据中,把握住市场开发环境的客观状况,要求把握住市场的需求及其变化规律,为市场开发的可行性分析提供依据。环境分析要求"明了"、"准确"。

(三)目标市场开发分析

目标市场开发的可行性分析是分析报告的主要内容。目标市场开发是否具有可行性,决定了项目开发的成功与否。

(1)目标市场开发分析要求。目标市场开发的可行性分析要求:① 进行市场细分。根据市场状况、产品特定、消费者的需求差异情况分析,设计不同的细分市场。② 目标市场选择。根据细分市场的评估情况,选择企业的目标市场。③ 产品市场定位。根据市场竞争状况,确定本企业产品在市场中的竞争地位,创造和体现自己产品的特色。

(2)目标市场开发分析内容。目标市场开发的可行性分析是多方面的:① 对目标市场进行分析;② 对开发项目的环境、购买量和竞争状况评估;② 对开发项目的获利评估;④ 对开发项目的市场定位分析。

(四)提出项目分析结论

目标市场可行性分析的目的,在于论证项目投资的有效性,为决策提供依据。项目分析结论是报告的最后一个部分,代表着项目报告人对前面整体分析的总结性意见,并对此项目的立项与否表明自己的态度,是整个项目分析内容的核心。

(五)撰写项目分析报告

目标市场开发可行性分析最终要形成一份分析报告,它是项目分析与结论的书面表现形式。

(1)分析报告的结构。分析报告的撰写要注意规范格式,报告的结构一般分为:① 任务概述;② 项目的目标市场分析;③ 项目的环境、购买量和竞争状况评估;④ 项目的获利评估;⑤ 项目的市场定位设计;⑥ 项目的分析结论等六个部分。

(2)分析报告的撰写要求。对项目的分析应达到:① 资料运用要恰当、充实;② 紧扣主题,分析全面;③ 结构合理,层次清楚。

二、《市场开发分析报告》撰写的内容

(一)任务概述

任务概述是项目分析报告的开始部分,也可以以"前言"形式出现。这部分内容撰写要求:① 交代报告撰写背景;② 说明报告撰写的必要性;③ 交代报告撰写的组织情况。

(二)项目的细分市场分析

项目分析首先应该对市场进行细分,在市场细分的基础上,来选择目标市场,分析自己的目标顾客。分析把握三个层次:① 项目的市场细分;② 项目的目标市场选择;③ 项目的目标顾客具体分析。

(三)项目的环境、购买量和竞争状况评估

项目的环境、购买量和竞争状况评估是分析报告的重要内容。

1. 项目的环境分析

细分市场在进行选择后,应对项目所确定的具体市场环境进行分析,主要内容为是否拥有良好的道路与交通条件。尤其对商业开发项目来说,只有在道路畅通、交通方便的地

方设立店铺,才能给消费者提供方便,吸引更多的顾客,保证商品的运达。

2. 项目的购买量分析

任何一项开发项目必须拥有一批稳定的目标顾客,要求拥有足够多的购买量,这是目标市场选择应考虑的重要因素之一。在项目评估中,对目标顾客的数量、收入情况、职业分布、购买特点与偏好等情况进行分析,估计出较为客观的购买量,即营业收入。顾客购买量估算有两种方法:流动人口购买量估算和固定人口购买量估算。

3. 项目的竞争状况分析

在对市场开发项目分析时,还应分析项目涉及的目标市场上竞争者的数量和分布;评估竞争对手的经营状况,以及营销的优势与弱点。

(四)项目的获利评估

目标市场是否值得开发,关键在于能否获取足够的利益。为此,项目必须对获利情况进行评估,获利评估一般考虑为期5—8年。商业开发项目的获利评估内容有:① 月营业额评估;② 所需营业面积评估;③ 月营业费用评估;④ 月利润额、年利润额评估;⑤ 经营安全率评估;⑥ 投资收益率和回收期评估。

(五)项目的市场定位

项目分析还需进行市场定位分析,在目标市场上企业要有自己的经营特色,来塑造产品的特色,展示企业的形象。

商业开发项目更要关注市场定位,根据市场定位原理,进行项目经营特色分析。店铺特色表现是全面的,可以在下面几个方面进行特色定位:① 店铺布局;② 商品陈列;③ 环境布置;④ 商品结构;⑤ 商品价格;⑥ 顾客服务。

(六)分析结论

分析结论是报告的最后一个部分,代表着项目报告人对整体分析的总结性意见,并对此项目能否立项表明自己的态度。分析结论是决策参考的重要依据,是整个项目分析报告的核心。分析结论应对上述分析的内容进行归纳,提出自己的分析意见。分析结论要有结论意见,表述要简练,要作高度概括。

前 沿 研 究

市场定位中的"专业化"与"多元化"

企业目标市场战略的制定,要服从于企业的发展战略。企业目标市场战略的落脚点在于市场定位,它是根据竞争者在市场上所处的位置,针对消费者对产品的重视程度,强有力地塑造出本企业产品与众不同的、给人印象鲜明的个性或形象,从而使产品在市场上确定适当的位置。市场定位并不是你对一件产品本身做些什么,而是你在潜在消费者的心目中做些什么。也就是说,企业给产品在潜在消费者的心目中确定一个适当的位置,如品质超群、新颖别致、高档品牌、方便实用等。市场定位实际上是心理效应,它产生的结果是潜在消费者怎样认识一种产品,无论是对现有产品的再定位,还是对潜在产品的预定位都是如此。对现有产品的再定位可能导致产品名称、价格和包装的改变,但是这些外表变化的目的是为了保证产品在潜在消费者的心目中留下值得购买的形象。对潜在产品的预定位,要求营销者必须从零开始,开发所有的营销策略,使产品(经营)特色确实符合所选择的目标市场。企业在进行市场定位时,一方面要了解竞争对手的产品具有何种特色,另一方面要研究消费者对该产品的各种属性的重视程度,然后根据这两方面进行分析,再选定本企业产品的特色和独特形象。

任何想要长期生存的竞争者,都必须通过差异化而形成压倒所有其他竞争者的独特优势。勉力维持这种差异化,正是企业长期战略的精髓所在。这种差异化的价值,成了衡量某个竞争者未来的兴旺程度和生存前景的尺度。一家公司只有形成并保持差异,才能战胜其竞争对手。公司必须为顾客提供更多的价值或以较低的成本创造可比性的价值,或者两方面都做到。最终,公司之间在成本或价格上的所有差异,都必须从数以万计的创造、生产、销售、运输等产品的活动中体现出来,或从提供诸如为顾客送货上门及培训雇员的活动中表现出来。

通过差异化的一体化经营活动所形成的产品(经营)特色,其重要性已经得到广泛认同。但是在具体的营销实践中,如何创造企业的产品(经营)特色,往往会不可避免地碰到经营多元化和专业化问题。一个企业的发展究竟是走专业化,还是走多元化发展道路,是一个值得探讨的话题。

多元化的根本目标和最大优势在于适应市场变化,分散经营风险,从而达到"东方不亮西方亮"的效果。而这一优势又是以管理难度的增加和运转效率的降低为代价的,这本身又构成一种新的风险。多元化是保证企业利益稳定的有效手段,但却不能保证带来收益增长。收益是对差异性和规模性的结果和补偿,没有自身独特优势的企业很难获得收益增长。这表明,多元化要以专业化为基础,多元化不是万能的,产业多元化的目标并不在于某一单项指标最优,而在于各项指标整体效果的最优。只有在市场占有率、市场适应力、资源利用率等与产业多元化都成正比例时,产业多元化才能收到正面效果。

企业的市场地位和市场形象,归根结底取决于专业化水平的高低。市场细分化无论在企业的成长期还是成熟期都是必需的,任何一个企业,都必须找到一个适合于市场的战略性行业或产业,明确"做什么"与"不做什么"。一个企业吸引投资者的一个重要因素,是企业独特的市场定位和企业形象,也即取决于专业化水平的高低。从经济学范畴来讲,市场经济专业化分工的原则,从根本上要求企业必须专业明确,因此没有专业化是万万不能的。在多元化与专业化的关系中,专业化永远是第一位,多元化永远是第二位;多元化有限度,而专业化是无止境的。

专业化并不一定就意味着成功,多元化也并不一定就意味着失败;专业化应该是有规模、有质量的专业化,多元化应该是有选择、有节奏的多元化。企业在制定营销战略时,需要在专业化与多元化之间找到一个最佳平衡点,这是优化产品(经营)结构的问题。在强调产品专业性及其主导性的同时,需要特别强调产品(产业)之间的互补性及关联性,只有这样才能一方面提高企业的市场应变力和资源利用率,另一方面提高企业综合竞争力。

案　　例

海尔的目标市场营销战略

海尔的前身是一家生产普通家电产品,濒临倒闭的集体小厂。1985 年,成立海尔股份有限公司,引进德国先进技术和设备,生产电冰箱产品。经过十几年的艰苦奋斗,现已发展成以家电为主导产业,涉及房地产开发、商贸金融等多领域的集团公司。

海尔集团根据市场细分原则,在选定产品市场的范围内,确定顾客的需求,有针对性地研制开发了多品种、多规格的家电产品,以满足不同层次消费者的需求。

为了能在市场竞争中取得优势的地位,海尔集团根据产品的特点和消费者的需求,因地制宜地采取相应的营销组合策略,提高了产品的知名度和市场占有率。在洗衣机市场上,海尔集团根据我国不同地区的环境特点,采用不同的产品策略。例如,针对我国江南地区"梅雨"天气较多,洗衣不容易干的情况,海尔集团及时开发了集洗涤、脱水、烘干于一体的海尔"玛格丽特"三合一全自动洗衣机,以其独特的烘干功能,迎合了饱受"梅雨"之苦的消费者。此产品在我国上海、宁波、成都等市场引起轰动。针对我国北方的水质较硬的情况,海尔集团开发了专利产品"爆炸"洗净的气泡式洗衣机,即利用气泡爆炸破碎软化作用,提高洗净度20%以上,受到消费者的欢迎。海尔集团依靠雄厚的技术力量,有针对性地研制开发了多品种、多规格的洗衣机产品,以满足不同的需求,使海尔洗衣机成为中国洗衣机行业跨度最大、规格最全、品种最多的企业。

海尔能同时规模生产亚洲波轮式、欧洲滚筒式、美洲搅拌式洗衣机,使中国消费者可以得到不同风格的洗衣机享受。

海尔的洗衣机,大到一家人一周所有的衣服,小到孩子的一双袜子,每隔0.2千克海尔就有一款洗衣机满足消费者的洗衣需要。

海尔的洗衣机,从双桶半自动、全自动洗衣机到洗衣、脱水、烘干三合一洗衣机,应有尽有。

海尔根据目前国内许多家庭居住面积小,没有足够的洗衣机空间的情况,设计了中国第一台"极限设计,全塑外壳"的"小神童"系列洗衣机。

海尔了解到一部分用户在使用全自动洗衣机时,往往不是一次性将洗衣、脱水、程序完成,而是希望将不同的衣服分开洗涤,然后一起脱水的愿望,第一台电脑后置,仿生设计的"小神童"全自动洗衣机问世。

海尔在市场调研、分析中发现:消费者在使用洗衣机时,最烦恼的是同一台洗衣机只有一个洗涤速度(约150转/分钟)、一个甩干速度(约800转/分钟),使有的衣物因洗涤、甩干转速过高容易磨损,又费电;有些衣物则因转速过低,洗不净,甩不干。海尔开发出最少耗电、最低磨损、最佳洗涤效果的变速洗衣机。

海尔洗衣机推到农村市场后,发现洗衣机在农村不是用来洗衣服,而是用来洗蔬菜、洗红薯,日子一长,排水管内自然淤积了大量的油污和泥沙。海尔开发出命名为"大地瓜"的、功率更为强劲能专门用于蔬菜洗涤的洗衣机。

海尔进入美国市场它的主流产品是什么?冰箱,但不是大冰箱。如果大家到美国或者是看美国电影也可以看到,他们厨房的冰箱非常大,这与他们的生活习惯有关,他们每星期只开车购物一次,开车购物的时候恨不得把一星期的食品买好了,回来放在冰箱里面,所以一定要冰箱很大。可是海尔的冰箱不是大冰箱,是小冰箱,那么小冰箱要进入这个市场,怎么办呢?就要市场细分,就是要找到一个缝隙产品,现在海尔小冰箱在美国学生群体中有相当的买家,因为它符合市场需求。

海尔的细分可以说做到了极致。最近,海尔推出的"定制冰箱",所谓定制冰箱,就是消费者需要的冰箱由消费者自己来设计,企业则根据消费者提出的设计要求来定做一种特制冰箱。比如,消费者可根据自己家具的颜色或是自己的喜好,定制自己喜欢的外观色彩或内置设计的冰箱。他可以选择"金王子"的外观、"大王子"的容积、"欧洲型"的内置、"美国型"的线条等,从而能最大限度满足了顾客的不同需求。

消费者希望自己购买的产品能显示出自己独特的个性,这就要求企业生产的产品品种丰富,不相雷同。于是,定制营销应运而生。

定制营销是指企业在大规模生产的基础上,将每一位顾客都视为一个单独的细分市场,根据个人的特定需求来进行市场营销组合,以满足每位顾客的特定需求的一种营销方式。现代的定制营销与以往的手工定做不同,它是在简单的大规模生产不能满足消费者多样化、个性化需求的情况下提出来的,其最突出的特点是根据顾客的特殊要求来进行产品生产。

这里需要注意的是,定制营销的成功实施必须建立在企业卓越的管理系统之上。没有过硬的管理,"定制营销"的实施是将很难实现的。比如海尔的"定制冰箱"服务,设计系统、模具制造系统,生产、配送、支付、服务,都比普通冰箱的要求高得多,假如消费者看中了"金王子"的外观、"大王子"的容积、"欧洲型"的内置、"美国型"的线条,设计人员就需要对其进行科学的搭配,模具要重新制作、生产线要重新调试,配送系统要送对型号,服务系统要清楚这种机型的配置。一台冰箱容易做到,而几百万台各不相同的冰箱要做到丝毫不差,决不是一般的企业能做到的。事实上,海尔为获得这种神速的成功,数年前就已进行了观念和技术上的磨练。

案例思考题

1. 结合案例,分析海尔选择目标市场的依据是什么?
2. 海尔的目标市场营销战略思想对企业营销有什么重要意义?

练习与思考

(一) 名词解释

市场细分　　　　　　目标市场　　　　　　无差异市场战略
差异性市场战略　　　集中性市场战略　　　市场定位

(二) 填充

1. 市场细分的依据是消费需求的_____。
2. 消费者市场细分的主要标准有_____、_____、_____和_____。

(三) 单项选择

1. 有效的市场细分必须具备的条件是(　　)。
   A. 市场要有同质性、应变性、市场范围相对性
   B. 市场要有可进入性、可变性、垄断性、同质性
   C. 市场具有可测量性、需求大量性、效益性、应变性
   D. 市场要有差异性、可衡量性、可进入性、可盈利性、稳定性
2. 一个市场是否有竞争,主要取决于该市场的(　　)。
   A. 需求状况　　　　　　　　　　B. 竞争能力
   C. 需求状况和竞争能力　　　　　D. 中间商的多少

(四) 多项选择

1. 地理细分标准的变数有(　　)。
   A. 地形　　　　B. 气候　　　　C. 城乡
   D. 环境　　　　E. 经济
2. 若强大的竞争对手实行的是无差异市场战略,则企业应实行(　　)。
   A. 大量市场战略　　　　　　　　B. 多样化市场战略
   C. 集中性市场战略　　　　　　　D. 无差异市场战略
   E. 差异性市场战略

(五) 简答题
1. 人口细分变数是怎样影响市场细分的?
2. 细分市场评估应从哪些方面着手进行分析?
3. 目标市场营销战略有哪些类型,分别具有哪些优缺点?
4. 什么是市场定位? 企业市场定位的程序如何?

(六) 论述题
从理论和实践的结合上,试论市场定位的四大战略。

第九章 市场竞争战略

 学习目标

学完本章,你应该能够:
1. 了解市场竞争者类型与竞争主要形式
2. 掌握分析市场竞争者的步骤与方法
3. 明确企业选择竞争策略需考虑的因素
4. 理解四种市场竞争战略的基本内容
5. 掌握市场竞争战略运用的实践技能

 基本概念

价格竞争	非价格竞争	竞争者	成本领先竞争
差别化竞争	集中化竞争	市场领先者	市场挑战者
市场跟随者	市场补缺者		

市场竞争战略是企业重要的市场营销战略。在市场经济中,任何企业都无法回避竞争,优胜劣汰是市场的法则。企业营销要获得成功,仅仅分析消费者是不够的,还必须研究竞争者,知彼知己,才能取得竞争优势;必须制定正确的竞争战略,才能在市场拼搏中获胜。

第一节 市场竞争概述

一、市场竞争是市场经济的基本特征

竞争是商品经济的必然现象。在商品经济条件下,任何企业在目标市场进行营销活动时,不可避免地会遇到竞争对手的挑战。在健全的市场经济中,一个企业不可能垄断整个目标市场,即使在某个市场上只有一个企业在提供产品或服务,没有"显在"的对手,也很难断定在这个市场上没有潜在的竞争企业。只要市场上存在着需求向替代产品转移的可能性,潜在的竞争对手就会出现。20 世纪 80 年代末,我国饮料市场基本上被汽水

类产品所垄断,如可口可乐、百事可乐等公司生产的各种饮料。但进入90年代,各类矿泉水、饮用水在市场上又站稳了脚跟,并展开着激烈的竞争。企业之间存在着激烈的市场竞争,是市场经济的一个基本特征。

在市场经济条件下,企业从各自的利益出发,为取得较好的产销条件、获得更多的市场资源而竞争。通过竞争,实现企业的优胜劣汰,进而实现生产要素的优化配置。因此,竞争也是市场经济运行的主要规律之一。这一规律在简单商品经济条件下开始发生作用,在发达市场经济条件下不仅依然存在,而且已发展到了空前的高度。为此,企业必须加强对竞争对手的观察,研究竞争对手的营销变化及其战略,作出及时的反应,制定相应的竞争战略。

二、市场竞争者的类型

对于一个企业来说,广义的竞争者是来自于多方面的。企业与自己的顾客、供应商之间,都存在着某种意义上的竞争关系。狭义地讲,竞争者是那些与本企业提供的产品或服务相类似,并且所服务的目标顾客也相似的其他企业。任何企业必然面对各种各样的竞争对手,不仅包括同行业竞争者,还包括非同行业竞争者。从消费需求的角度,可以将企业的竞争者划分为以下四类。

(一)愿望竞争者

愿望竞争者指提供不同的产品,以满足不同需求的竞争者。例如,消费者要选择一种万元消费品,他所面临的选择就可能有电脑、电视机、摄像机、出国旅游等,这时生产电脑、电视机、摄像机以及提供旅游的企业之间就存在着竞争关系,成为愿望竞争者。

(二)普通竞争者

普通竞争者指提供不同的产品,以满足相同需求的竞争者。例如,面包车、轿车、摩托车、自行车都是交通工具,在满足需求方面是相同的,这些生产企业就是普通竞争者。

(三)产品形式竞争者

产品形式竞争者指生产同类产品,但规格、型号、款式不同的竞争者。例如,自行车中的山地车与城市车、男式车与女式车的生产商,就构成产品形式竞争者。

(四)品牌竞争者

品牌竞争者指生产相同规格、型号、款式的产品,但品牌不同的竞争者。以电视机为例,索尼、长虹、夏普、金星等众多企业之间就互为品牌竞争者。

上述四种不同的竞争者与企业构成了不同的竞争关系,企业在制定竞争策略前必须先弄清竞争对手,特别是同行业竞争对手的生产经营状况,做到知己知彼,从而有效地开展营销活动。

三、市场竞争的主要形式

在市场经济条件下,企业之间的竞争主要是价格竞争。随着竞争的发展,企业之间的竞争形式越来越多地转向非价格竞争。

(一)价格竞争

价格竞争是指生产经营同种商品的企业为扩大市场份额,采取降价促销的竞争形式。

1. 价格竞争是市场竞争的基本形式

经济学理论认为,消费者进行购买的唯一目的是从他的货币资源中获得最大的满足,其购买行为服从"经济的合理性原则"。因此,商品的价格需求弹性表现为负弹性:商品的价格越高,市场需求量越小;商品的价格越低,市场需求量越大。这样,企业应该通过降低商品的价格,来扩大自己商品的销售量。如果商品的需求弹性大于1,商品价格的一个较小的降低,就可能引起市场需求量的较大的增加。率先降低商品价格的企业,就可能获得较大的市场份额。

经济学理论还认为,客观上各个企业的生产规模、技术装备、经营管理水平不同,商品的个别价值是不同的。但同种商品是按照社会价值出售的,生产条件较好、劳动生产率较高的企业因其个别价值低于社会价值,而获得较多的利润;生产条件较差、劳动生产率较低的企业,则居于不利的地位。在利润动机的驱使下,企业就尽可能地采用新技术和扩大生产规模,以获取超额利润。

可见,企业进行价格竞争的条件是成本的降低。如果不能降低成本,降价竞争就会造成企业利润率的下降,从而损害企业的利益。要想在价格竞争中居于有利的地位,企业就必须努力降低生产和经营成本。在市场价格竞争中,企业的价格竞争优势,实际上就是企业的成本竞争优势。

因此,企业经营管理的重要任务是提高生产效率和降低生产经营成本,只有以低成本作为价格竞争的基础,企业才能占领最大化的市场份额。

2. 避免恶性价格竞争

当然,价格竞争也可能引发企业所不愿意接受的结果,即轮番降价造成的价格战。价格竞争的主要手段就是降价。当一个企业率先降价时,必然会招致其他企业的报复,引起其他企业跟着降价。轮番降价的结果,使企业利润率普遍下降,大家都不能从价格竞争中获得好处。虽然从一般意义上来说,价格竞争可以迫使企业提高劳动生产率、不断改进产品和生产经营,从而促进社会生产的发展,最终使消费者从中受益。但是,价格战的恶性竞争往往使竞争双方两败俱伤,使企业正常的生产经营难以维持,就谈不上有能力进行研究与开发新产品。为了应对价格战的恶性竞争,企业一方面大幅度降价,一方面千方百计降低成本,必然会出现产品短斤缺两、以次充好现象,最终受害的也是消费者。

为了避免恶性竞争的价格战可能带来的副作用,越来越多的企业寻求通过非价格竞争的手段进行市场竞争。

(二) 非价格竞争

非价格竞争是通过产品差异化进行的竞争。它一般是在不改变产品价格的情况下,通过改变产品的某些属性,形成本企业产品与竞争对手的产品之间的某些差异,以吸引更多的消费者购买。非价格竞争具有以下特性。

1. 非价格竞争的多样性

非价格竞争的具体形式很多,只要是不属于价格竞争的竞争手段,都可以纳入非价格竞争的范畴。凡是产品质量的提高、产品特性的改进、商标的变化、包装的改善、销售渠道的调整、促销手段的强化、广告的攻势、服务的改进,都是有效的非价格竞争手段。这些非价格竞争手段施行的结果,使消费者心目中对企业的产品产生差异。无论这种差异是真实的差异,或者仅仅是观念上的差异,只要这种差异有利于促进消费者购买该企业的产品,就达到了非价格竞争的目的。

2. 非价格竞争的间接性

相比价格竞争,非价格竞争较为隐晦、间接。因而,非价格竞争不容易招致竞争企业的报复,能够收到更好的市场竞争效果。因此,在不忽视价格竞争的同时,许多企业将非价格竞争作为常规的竞争手段。非价格竞争之所以不容易招致竞争者的报复,既有社会的原因,也有技术的原因。从社会原因来看,如企业可以凭借拥有某项商品的商标专有权或外观设计的专利权,使企业的产品差异受到商标法或专利法的保护,形成一定程度的垄断优势。这样,即使竞争企业从技术上可以轻易地仿效,也会由于相关法律的限制而不能得逞。从技术的原因看,企业某些秘不示人的技术优势可能使竞争者不能轻易掌握,一时无法跟进,从而形成技术上的垄断优势。

3. 非价格竞争的相关性

非价格竞争被人们认为是企业竞争手段的进一步发展,是企业市场竞争的高级形式。严格地讲,非价格竞争是价格竞争的转化形态。一般来说,非价格竞争手段的采用必然导致企业生产经营成本的增加。例如,产品质量的改进往往是以增加生产经营的投入为代价的。根据一般的商品定价原则,高成本、高质量的产品,其价格也应当相应提高。如果通过增加成本使产品质量提高,而产品价格又维持不变以获得市场竞争优势,这实际上就成了变相的降价竞争。

第二节 市场竞争者分析

企业制定市场竞争战略必须要了解竞争对手:竞争对手的市场目标和竞争战略特点,竞争对手在市场竞争中的优势和劣势,竞争对手可能采取的战略行动和可能作出的市场反应行为,等等。不了解竞争对手的这些情况,企业盲目地制定竞争战略是不可能有必胜把握的。然而,企业几乎天天在市场上与自己的竞争对手打交道,但很难说对它们已经有了充分的了解,尤其对竞争对手的真正了解是很困难的。实践证明,市场所反映的竞争对手的状况仅是表象的信息,竞争对手往往会有意隐瞒信息或散布虚假信息,使企业对竞争对手的了解陷入误区。为此,对市场竞争者的分析就具有特殊重要的意义。

一、发现竞争者

竞争者是市场经济的客观存在,但企业通常不能轻易地发现自己所有的竞争者。一般来说,企业能够直接感受到现实的竞争者的存在,却往往不能够准确地把握哪些企业是自己潜在的竞争者。在市场竞争中,潜在的竞争对手也许要比现实的竞争对手更可怕。许多企业不是被现实的竞争者所打败,而是在市场竞争中被潜在的竞争对手所淘汰。因此,企业需要全方位发现自己的竞争对手,特别是那些潜在的竞争者。

(一)从本行业角度来发现竞争者

由于竞争者首先存在于本行业之中,企业先要从本行业出发来发现竞争者。提供同一类产品或服务的企业,或者提供可相互替代产品的企业,共同构成一个行业,如家电行业、食品行业、运输行业等。由于同行业企业产品的相似性和可替代性,彼此间形成了竞争的关系。在同行业内部,一种商品的价格变化,就会引起相关商品的需求量的变化。例如,如果滚筒式洗衣机的价格上涨,就可能使消费者转向购买其竞争产品波轮式洗衣机,这样,波轮式洗衣机的需求量就可能增加;反之,如果滚筒式洗衣机的价格下降,消费者就会转向购买滚筒式洗衣机,使得波轮式的需求量减少。因此,企业需要全面了解本行业的竞争状况,制定企业针对行业竞争者的战略。

(二) 从市场消费需求角度来发现竞争者

企业还可以从市场、从消费者需求的角度出发来发现竞争者。这样,凡是满足相同的市场需求,或者服务于同一目标市场的企业,无论是否属于同一行业,都可能是企业的潜在的竞争者。例如,从行业来看,电影可能是以同属于影视业的电视为主要的竞争对手。但是从市场的观点来看,特别是从满足消费者需求来看,消费者感兴趣的是满足其对欣赏影视作品的需求。因此,能够直接播放 VCD、DVD 的电子计算机构成了对电影业的竞争威胁。从满足消费者需求出发发现竞争者,可以从更广泛的角度认识现实竞争者和潜在竞争者,有助于企业在更宽的领域中制定相应的竞争战略。

(三) 从市场细分角度来发现竞争者

为了更好地发现竞争者,企业可以同时从行业和市场这两个方面,结合产品细分和市场细分来进行分析。假设市场上同时销售 5 个品牌的某产品,而且整个市场可以分为 10 个细分市场。如果某品牌打算进入其他细分市场,就需要估计各个细分市场的容量、现有竞争者的市场占有率,以及各个竞争者当前的实力及其在各个细分市场的营销目标与战略。从细分市场出发发现竞争者,可以更具体、更明确地制定相应的竞争战略。

二、竞争者的市场目标与竞争策略分析

明确了企业的竞争者,还需进一步明确每个竞争对手的市场目标、竞争策略及其特点,并据以针对性地制定本企业的竞争战略。

(一) 竞争者的市场目标分析

由于许多原因,考察竞争对手的市场目标具有特别的重要意义。对其目标的考察,可以了解竞争者目前的市场地位、经营状况和财务状况,从而了解这个竞争对手的策略发展动向,以及其对外部环境因素的变化或其他企业竞争策略的反应。

(1) 不同竞争者的目标组合的侧重点不同。具体的市场目标很多,如生产经营能力、筹资能力、盈利能力、市场占有率、现金流量、研究与开发能力等。不同竞争者的目标组合的侧重点是不同的,企业必须了解每个竞争者的目标重点,才能对其竞争行为的反应作出正确的估价。例如,一个以"技术领先"为主要目标的竞争者,将对其他企业在研究与开发方面的进展作出强烈的反应,而对价格方面的变化相对不那么敏感。

(2) 竞争者的市场目标及其行为变化。通过密切观察和分析竞争者目标及其行为变化,可以为企业的竞争决策提供方向。例如,当发现竞争者开辟了一个新的细分市场时,也就意味着可以产生一个新的市场机会;当发现竞争者试图打入自己的市场时,就意味着发生了新的市场威胁,需要加以认真对待。

(3) 竞争者的市场目标存在的差异。竞争企业的市场目标可能存在着差异，从而影响到企业的经营模式。例如，竞争者是寻求长期业绩，还是寻求短期业绩？是寻求当前企业利润的最大化，还是寻求企业股票市场价值的最大化？这一目标的差异，将影响到竞争者在利润与收入增长之间的权衡，也会影响到其在增长与定期分红决策之间的权衡。竞争者的这些目标差异对企业制定营销战略有影响。

(二) 竞争者的竞争策略特点分析

掌握竞争者的竞争策略特点，对企业制定竞争战略具有重要意义。竞争者之间可能采取各不相同的策略，也可能采取类似的策略。竞争企业采取的竞争策略越是相类似，市场的竞争程度就越是激烈。一般来说，市场上同行业的竞争企业越多，竞争越是激烈；市场越是由少数企业所控制，竞争企业之间就越是有可能达成某种程度的默契与妥协，以形成竞争的均势。不过，一旦控制了市场的少数大型企业之间爆发了竞争，竞争的程度与结果将更为惨烈。

根据竞争企业所采取的竞争策略的特点，可以将竞争者划分为同一策略群体的竞争者和不同策略群体的竞争者。依据两类不同的竞争者，企业可以制定相应的竞争战略。

1. 同一策略群体的竞争者

凡采取类似竞争策略的企业，可以划为同一策略群体。属于同一策略群体的竞争者一般采用类似的策略，因此相互之间存在着激烈的竞争。

2. 不同策略群体的竞争者

凡采取不同竞争策略的企业，可以划为不同策略群体。例如，在零售行业中，某些豪华百货公司采取的是面向高档市场的高价策略，而一些连锁商店采取的则是面向工薪阶层的低价策略，它们可以分属于不同的策略群体。同样，在不同的策略群体之间也存在着竞争：① 属于不同策略群体的企业具有相同的目标市场，从而相互之间存在着争夺市场的竞争；② 不同策略群体企业之间策略差异的不明确性，使顾客混淆了企业之间的差别；③ 企业策略的多元性，使不同策略群体企业的策略发生了交叉；④ 某一策略群体中的企业可能改变或扩展自己的策略，加入另一策略群体的行列。属于不同策略群体的竞争者尽管采用不同的策略，但仍然存在着不同程度的竞争。

三、竞争者的优势与劣势的分析

在市场竞争中，企业需要分析竞争者的优势与劣势，做到知己知彼，才能有针对性地制定正确的市场竞争战略，以避其锋芒、攻其弱点、出其不意，利用竞争者的劣势来争取市场竞争的优势，从而实现企业营销目标。

竞争者的优势与劣势通常体现在以下几个方面：

(1) 产品。竞争者产品在市场上的地位、产品的适销性，以及产品系列的宽度与深度。

(2) 销售渠道。竞争者销售渠道的广度与深度，销售渠道的效率与实力，销售渠道的服务能力。

(3) 市场营销。竞争者市场营销组合的水平，市场调研与新产品开发的能力，销售队伍的培训与技能。

(4) 生产与经营。由规模经济、经验曲线、设备状况等因素所决定的生产规模与生产成本水平,设施与设备的技术先进性与灵活性,专利与专有技术,生产能力的扩展,质量控制与成本控制,区位优势,员工状况,原材料的来源与成本,纵向整合程度。

(5) 研发能力。竞争企业内部在产品、工艺、基础研究、仿制等方面所具有的研究与开发能力,研究与开发人员的创造性、可靠性、简化能力等方面的素质与技能。

(6) 资金实力。竞争企业的资金结构,筹资能力,现金流量,资信度,财务比率,财务管理能力。

(7) 组织。竞争企业组织成员价值观的一致性与目标的明确性,组织结构与企业策略的一致性,组织结构与信息传递的有效性,组织对环境因素变化的适应性与反应程度,组织成员的素质。

(8) 管理能力。竞争企业管理者的领导素质与激励能力、协调能力,管理者的专业知识,管理决策的灵活性、适应性、前瞻性。

四、竞争者的市场反应行为分析

在不同的经营理念和指导思想之下,由于竞争者的策略、目标、优势和劣势不同,其对于市场上的降价、促销、新产品的推出等竞争行为可能作出不同的反应。企业要研究竞争者的经营理念和指导思想,估计竞争者的市场反应和可能采取的行为,从而为企业的市场战略提供决策依据。一般来说,竞争者的市场反应可以分为以下几种类型。

(一) 迟钝型竞争者

某些竞争对手对市场竞争措施的反应不强烈,行动迟缓。这可能是因为竞争者受到自身在资金、规模、技术等方面的能力的限制,无法及时作出适当的反应;也可能是因为竞争者对自己的竞争力过于自信,不屑于采取反应行为;还可能是因为竞争者对市场竞争措施重视不够,未能及时捕捉到市场竞争变化的信息。

(二) 选择型竞争者

某些竞争对手对不同的市场竞争措施的反应是有区别的。例如,大多数竞争对手对降价这样的价格竞争措施总是反应敏锐,倾向于作出强烈的反应,力求在第一时间采取报复措施进行反击;而对改善服务、增加广告、改进产品、强化促销等非价格竞争措施,则不大在意,认为不构成对自己的直接威胁。

(三) 强烈反应型竞争者

许多竞争对手对市场竞争因素的变化十分敏感,一旦受到来自竞争挑战就会迅速地作出强烈的市场反应,进行激烈的报复和反击,势必将挑战自己的竞争者置于死地而后快。这种报复措施往往是全面的、致命的,甚至是不计后果的,不达目的决不罢休。这些强烈反应型竞争者通常都是市场上的领先者,具有某些竞争优势。因此,一般企业轻易不敢或不愿挑战其在市场上的权威,尽量避免与其作直接的正面交锋。

(四) 不规则型竞争者

这类竞争对手对市场竞争所作出的反应通常是随机的,往往不按规则出牌,使人感到不可捉摸。例如,不规则型竞争者在某些时候可能会对市场竞争的变化作出反应,也可能不作出反应;他们既可能迅速作出反应,也可能反应迟缓;其反应既可能是剧烈的,也可能是柔和的。

五、竞争对策分析

企业在对市场竞争状况作出正确分析评价后,在明确谁是市场的主要竞争者、竞争者拥有何种优势与劣势、竞争者的市场策略有何特点、竞争者的市场反应行为属于什么模式的基础上,就可以制定和选择自己的市场竞争战略:是进攻,还是防御或者回避;谁是合适的进攻对象,谁是主要的威胁者;应当采用哪些具体的竞争手段;如何选择合适的竞争市场和出击时机;等等。在具体的竞争战略选择中,通常需要分析以下主要因素。

(一)进攻目标的价值

对于任何一个企业来说,以进攻策略来引发市场竞争的激化,是一个需要慎重对待的重大对策问题。应当做到不战则已,战则必胜。因此,在选择市场竞争的进攻目标时,首先必须正确地判断进攻目标的价值。

1. 弱势竞争者的进攻目标价值

通常情况下,大多数企业都会以弱势竞争企业作为进攻的目标。进攻较弱的竞争者容易获得成功,并且风险较小,可以减少实现竞争目标的时间和成本,往往能够得到事半功倍的效果。但是,以弱势竞争者为进攻目标不容易获得大的战果,带来的利润机会也往往较少。

2. 强势竞争者的进攻目标价值

也有一些企业愿意以较强的竞争者为进攻目标,认为可以通过战胜强有力的竞争对手,而获得更大的市场份额和更多的利润,取得更好的战果,也有利于企业市场声誉的迅速提高。在许多情况下,强大的竞争者总会有自己的弱点和劣势。只要准确地抓住了竞争对手的弱点,即使是强大的竞争对手,也可能不堪一击。所以,强大的竞争对手反而可能成为最有价值的进攻目标。

(二)进攻目标与本企业的相似性

在市场竞争中,往往也是"同性相斥"。也就是说,企业通常以与本企业相似的竞争者为进攻的目标。因为业务上的类似,企业可以迅速将被击败的竞争对手的资源转化为自己的资源,扩大自己的盈利能力与市场份额。

但是,在某些情况下,彻底击败与自己类似的竞争对手与自己反而不利。例如,有时企业费尽心机赢得了竞争的胜利,却不能享受到自己的胜利果实。被击败的竞争对手可能会卖给出价更高、实力更强的竞争者,使企业不得不面临更强大的竞争者,导致竞争环境的恶化。

(三)竞争者的存在对企业的必要性与利益

从竞争战略的角度来看,市场上竞争者的存在往往是必要的和有益处的。这不仅表现为竞争者的存在为企业的创新与提高效率带来了压力,还表现为这些战略意义:① 竞争者的存在有助于增加市场的总供给量,分担和降低市场开发成本和产品开发成本,成为市场上出现的新产品和新技术的创新源泉之一,并有助于使市场接受新产品和新技术;② 竞争者的存在可以为市场,特别是某些细分市场提供多样化的产品,增加产品的差异性；③ 竞争者的存在，甚至有助于提高行业中的企业与政府有关行政部门或员工谈判时的谈判能力。

因此，即使是从企业自身出发，市场上竞争者的存在也是符合企业的利益的。当然，竞争者的存在并不总是符合企业的利益。一般地，可以将竞争者的竞争行为分为良性竞争行为与恶性竞争行为。

1. 良性竞争行为

良性竞争行为符合行业的商业习惯与行规，通常是按照行业中合理成本加上平均利润率定价。良性竞争行为可以刺激同行业企业降低生产和经营成本，提高效率，增加产品和服务的差异性，形成正常、合理的市场占有率和利润水平，有利于整个行业和市场的稳定与发展，也符合企业和消费者的根本利益。

2. 恶性竞争行为

恶性竞争行为则不遵守任何行规行法，具有强烈的冒险性和破坏性。进行恶性竞争的企业往往采用不正当，甚至不合法的竞争手段，如不计成本的低价倾销、虚假广告、对同行业竞争者的诽谤攻击等，以求打乱行业的均衡，扩大自己的市场占有率。

企业竞争对策的确定是建立在对竞争者全面、准确的分析基础上的。为了掌握及时准确的竞争者情报，企业需要建立自己的市场信息系统。首先，根据市场竞争战略决策的情报信息需要，确定主要的市场竞争对手及其相关信息的主要来源。其次，通过企业自己的营销人员、经销商、代理商以及其他市场调研手段，掌握主要竞争对手的情报信息。在广泛收集信息的基础上，对竞争者的策略作出准确的分析和判断，从而制定本企业的竞争战略。

六、竞争地位分析

在日益激烈的市场竞争中，企业越来越多地以竞争者地位的逻辑推理为基础制定竞争战略。通过对竞争者及其地位的分析判断，企业可以确定自己在同行业竞争中所处的地位，结合企业的战略目标、资源和环境，以及企业在目标市场的预期地位，制定正确的市场竞争战略。

根据企业在市场上的不同竞争地位，企业的市场竞争地位可以有四种位置选择：市场领先者、市场挑战者、市场跟随者及市场补缺者。根据不同的市场角色，制定相应的市场竞争战略。

第三节 市场竞争战略分析

对于竞争者的发现和辨别是企业确定竞争战略的前提。对于企业最直接和威胁最大的竞争对手，从产品和市场两个角度结合在一起的分析是最客观的：既考虑与本企业所提供的产品（或服务）的相似性和替代性，更要考虑与本企业所欲满足的消费者的一致性。一般情况下，如若这两方面的程度都最高，便可以认定该企业为本企业的主要竞争对手。在很多情形下，企业面对的行业中的竞争对手不只是一个，它们广泛地存在于行业之中;有时表现最突出的行业中的竞争对手未必是本企业最大的威胁,而从不显山露水的某个企业或许是潜在的最大障碍。企业对此必须有清醒的认识。

在对市场上的竞争者全面分析的基础上,企业制定竞争战略首先考虑的是市场竞争的基本战略,即对成本领先竞争战略、差异化竞争战略和集中化竞争战略进行选择。再考虑市场竞争的具体战略,即对市场领先者竞争战略、市场挑战者竞争战略、市场跟随者竞争战略以及市场补缺者竞争战略进行选择。

一、市场竞争基本战略

任何企业要在市场竞争中站稳脚跟,得以发展,必须针对企业的竞争对手,根据自身的市场竞争地位和实力状况来制定竞争战略。市场竞争的基本战略有成本领先竞争战略、差别化竞争战略和集中化竞争战略。

(一) 成本领先竞争战略

是指企业不断降低产品和运营成本,使自己的总成本低于同行的竞争者,并以较低价格取得竞争优势,争取最大的市场份额。成本领先竞争战略的实施要求企业必须做到:

(1) 管理水平较高。企业在采购成本、生产成本、资金占用、人力成本和营销成本等方面都能精打细算、厉行节约,从而达到低成本运作。

(2) 规模经营。一般来说,单位产品成本与生产经营规模的扩大呈按比例下降趋势。例如,麦当劳每年的广告投入近 2 亿美元,但由于分店开得多、全球连锁化,分摊到每个分店的广告费用不到 1 000 美元。

(3) 提高市场占有率。市场容量大,销售增长率高,成本也随之降低。例如,格兰仕微波炉数年之内已成为全球最大的微波炉制造商,其主要竞争战略就是低价进入市场、低价开拓市场。

(4) 不断提高技术水平。对企业进行技术改造,在扩大生产的同时,大大提高效率,以技术领先来降低成本,同样可以达到低价竞争的优势。

(二) 差别化竞争战略

差别化竞争战略是指企业应发扬自身差别优势之长,创造出个性突出的产品或服务,比同行竞争者能更有效地满足目标顾客的需求。

实行差别化竞争战略必须具备:

(1) 独特性。企业比竞争者拥有独特的、明显的有利条件。无论是产品特色、营销战略、服务水平、技术水平都是竞争者暂时不具备的,保持这种有利地位,从而使企业在竞争中能暂时独占鳌头。但当竞争者奋起直追,也拥有某方面的独特性后,差别化即会减弱。

(2) 创新能力。企业在硬技术和软技术开发上具有很强的创新能力。硬技术的创新使企业产品不断推陈出新,以技术领先,保证营销的差别化。软技术的开发和运用,保证企业高效营运,也是竞争者难以模仿和比拟的,如麦德龙公司、沃尔玛公司的管理系统,就各具特色,同行是难以抗衡的。

(3) 营销能力。企业的营销战略、策略和方法手段别具一格。与竞争者相比,有独到的创意,对市场的适应能力和应变能力都很强,也是保持营销差别化的重要方面。

(三)集中化竞争战略

集中化竞争战略是指企业将目标市场锁定在某一个或几个较小的细分市场,实行专业化经营,走小而精、小而专的道路。实行集中化竞争战略,关键在于企业拥有的产品或技术是某一特定目标市场必备的需求,企业在这一特定细分市场上有能力占领极大市场占有率,成为小市场中的巨人,在充分挖掘特定目标市场需求后,尚有拓展能力。但是,集中化竞争战略风险也比较大,一旦市场发生变化,对企业的威胁也很大。

二、市场领先者竞争战略

市场领先者是指其产品在行业同类产品的市场上占有率最高的企业。一般而言,在绝大多数行业中都有一个被公认的市场领先者,如美国汽车市场的通用汽车公司、电子计算机软件市场的微软公司、摄像胶片市场的柯达公司、软性饮料市场的可口可乐公司、快餐市场的麦当劳等。市场领先者几乎分布在各行各业,在行业内一定时间的竞争中形成了它们各自的领先者地位。

领先者企业的行为在行业市场中有举足轻重的作用,它的价格变动、新产品的开发、营销渠道的覆盖以及促销的力度,都处于主导地位。领先者企业通常显示的优势有:拥有众多的品牌忠诚者,且忠诚度高;拥有合理设置、广泛高效的营销渠道,反应敏锐且善于引导消费需求的促销经验等。市场领先者是行业中的一个"标尺",当领先者的地位确定后,才能清楚地辨识行业中的市场挑战者、市场跟随者、市场补缺者的不同竞争地位。

市场领先者的地位是在市场竞争中自然形成的。领先者的市场竞争地位虽然具有相对的稳定性,但并非固定不变,绝大多数领先者企业是不享有合法垄断权的。因此,市场领先者都面临着同行业竞争对手的挑战,稍有不慎,它的领先地位很快就降至第二位、第三位。例如,美国福特公司因产品不能适应市场需求,从"龙头老大"的位置上跌落下来就是一个很好的教训。为此,市场领先者不是高枕无忧的,它必须保持高度的警惕,实施正确的竞争战略来保持行业第一的优势,维护自己的主动地位。市场领先者通常选择的竞争战略有以下三种。

(一)扩大市场需求量

处于市场主导地位的领先企业,其竞争战略首先是扩大总市场,即增加总体产品需求数量。因为市场领先者在市场中所占份额最多,当总市场扩大时受益最大的是自己。譬如,如果美国人购车数量从 800 万辆增加到 1 000 万辆时,通用公司是最大的受益者,因为通用公司占有美国国产汽车市场 50% 以上的份额。因此,寻找扩大市场需求总量的途径,对市场领先者是至关重要的。市场领先者通常可以运用三条途径来扩大市场需求总量。

1. 发现新的用户

通过发现新的用户来扩大市场需求量。对于领先者企业营销而言,其产品必须具有能够吸引新的使用者,增加购买者数量的竞争潜力。因为在该市场上,总会存在消费者对某种产品不了解,或是产品价格不合适,或是产品功能不完善等,这些都会造成消费者拒绝购买。可见,任何一个行业市场或多或少都存在未被满足的需求,客观上为领先者企业提供了市场机会。领先者企业通常可以运用有效策略,从 3 个消费群体中寻找到新的使用者。例如,香水制造商可以设法运用:① 市场渗透策略,说服原来不用香水的妇女使用香水;② 市场开发策略,说服男性使用香水;③ 地理扩展策略,把香水销售到国外市场去。发展新用户最成功的例子是美国强生公司,该公司最先以婴儿洗发香波的领先品牌著称,当美国婴儿出生率下降时,强生公司将目光转移到成人身上,向成年人发起广告攻势和促销诱惑,结果在不长的时间里,强生便成为整个洗发液市场中的领先品牌。我国的"娃哈哈"品牌产品的扩展,与美国的强生公司这一战略有相似之处。

2. 开辟产品的新用途

通过开辟产品的新用途也可以扩大市场需求量。领先者企业往往最有能力根据市场需求动态,为自己的产品寻找和开辟新的用途。例如,美国杜邦公司不断开辟尼龙产品的新用途就是一个公认的成功范例,该公司几十年来在不同市场上,不断地开发尼龙产品的新用途,形成众多具有竞争力的产品,居于世界霸主的地位。实践证明,每一次开发产品新用途,就会找到一个新市场,产品销量也达到又一个高峰。

3. 增加用户的使用量

说服产品的使用者增加使用量也是扩大市场需求量的有效途径。说服产品的使用者增加使用量的办法有许多,但最常用的是:① 促使消费者在更多的场合使用该产品。例如,法国的米切林轮胎公司推动舆论界评价法国境内的饭店,评价结果是许多最好的饭店是在法国的南部,这使得身居巴黎的消费者考虑周末驱车去法国南部度假。该公司又出版有详细地图的旅游指南,对沿途景物作了生动、详细的介绍。这些策略促使汽车拥有者行驶更多的里程,导致更多的轮胎置换。② 增加使用产品的频率。例如,"高露洁"运用高效广告和促销手段,宣传护牙知识,要求每日用牙膏清洁口腔 2—3 次,该品牌产品在我国牙膏市场的销售量大幅度增长,处于行业市场的领先者地位。③ 增加每次消费的使用量。例如,日本的铃木公司,曾将装味精的小瓶内盖由原先的一个孔改为许多小孔,在方便消费者使用的同时不知不觉中增加了使用量。

(二) 保持现有市场份额

领先者企业在努力扩展市场规模的同时,还必须防备竞争对手的进攻和挑战,保护企业现有的市场阵地。市场领先者必然是众多竞争对手攻击的主要目标,尤其是面临市场挑战者的威胁。例如,可口可乐公司要提防百事可乐公司,吉利公司十分警惕毕克公司,柯达公司要防备富士公司,通用汽车公司从不敢放松对福特公司各项战略的关注。这些挑战者企业都具有相当的实力,领先者企业如果不采取积极、主动的竞争战略,很可能被它们取而代之。

面对进攻和挑战,市场领先者如何保持自己领先的市场份额?最佳的战略方案是不断创新,以壮大自己的实力。领先者企业绝不能满足现状,应当在新产品开发、服务水平的提高、销售渠道的高效通畅以及降低产品成本等方面,在行业中成为名副其实的领先者。市场领先者在增强自己营销实力的基础上,还应抓住竞争对手的弱点主动出击。事实说明,进攻是最有效的防御,这是竞争战略的一条基本的原则。我国《孙子兵法》就提出"故善战者,求之于势,不求于人",意为善战者获胜不是依赖于对手的不进攻,而是依靠自己牢不可破的实力,开展积极的进攻。因此,企业只有不断开发具有特色的产品、提供高水平的服务,来打败竞争对手,保持自己市场领先地位。

当市场领先者不准备或不具备条件组织或发起进攻时,至少也应做到严守阵地,不能暴露自己的薄弱环节,要及时堵塞市场漏洞。领先者的任何麻痹和疏忽都会使挑战者企业有机可乘,常常为战略的被动付出巨大的代价,使企业遭受严重的打击。例如20世纪70年代,美国三大汽车公司忽视了小型轿车这一具有极大市场潜力的发展机会,没有及时地堵塞这一市场漏洞,其结果让日本的汽车制造商利用这一机会,在美国市场上长驱直入占领了美国小型汽车市场,使美国三大汽车公司蒙受损失,更重要的是它们失去了一个很有潜力的、正在发展的汽车细分市场。

为此,市场领先者必须审慎地考虑,善于准确判断哪些是自己必须不惜代价去固守的"防御阵地"。领先者企业并不一定保持它在目标市场上的所有阵地,而应该集中使用防御力量,坚守重要的市场阵地。防御战略的目标是使市场领先者在某些事关企业领导地位的重大机会或威胁中,采取最佳的战略决策,使市场挑战者的攻击转移到对企业威胁较小的方面,并削弱其攻势。一个处于市场领先地位的企业,可以选择采用六种营销防御战略。

1. 阵地防御

阵地防御是指企业在其现有的市场周围建造一些牢固的防卫工事。阵地防御在营销上的基本意义,是以各种有效战略、战术防止竞争对手侵入自己的市场阵地。这是一种静态的、被动的防御,阵地防御是最基本的防御形式。

对于领先者企业而言,单纯采用被动的、静态的防御,简单地固守自己目前的市场和产品,是一种"市场营销近视症"表现,最终会丧失自己的市场主导地位。例如,美国福特公司的T型车在历史上曾有过辉煌的一页,但亨利·福特过于迷恋他的产品,以致对市场需求的发展毫无察觉,造成了福特公司从拥有10亿美元储蓄的业绩顶峰跌到了濒临财务崩溃的边缘。今天的可口可乐公司虽然已经发展到拥有全球软饮料市场半数的规模,但仍然积极从事多角化经营,如打入酒类市场、兼并水果饮料公司,并且涉足塑料制品和海水淡化设备等产业。很显然,清醒的市场领先者已经或正在摒弃将全部资源用于守住自己现有产品和阵地的消极防御的战略操作。

2. 侧翼防御

侧翼防御是指市场领先者除保卫自己的现有主要市场外,还建立一些作为防御的辅助性基地。领先者企业除了保护自己主要的阵地外,对各种侧翼的威胁也应加以防范。对挑战者的侧翼进攻要准确判断,以此改变营销战略战术。尤其是用以保卫自己较弱的侧翼,防止竞争对手乘虚而入。例如,大荣公司是日本最大的超市连锁集团,当面临众多的新建折扣商店的挑战威胁时,它运用在城镇外开设新店、销售更多的进口商品等策略,狠狠打击了那些造成威胁的折扣商店。

3. 先发制人防御

先发制人防御是一种"以攻为守"的积极防御策略。即在竞争对手尚未动作之前,先主动攻击,并挫败竞争对手,在竞争中掌握主动地位。具体做法是,当某一竞争者的市场占有率达到对本企业可能形成威胁的某一危险高度时,就主动出击,对它发动攻击,必要时还采取连续不断的正面攻击,以挫败它向本企业进攻的锐气,迫使其放弃其进攻的意图或推延其发起进攻的时间。例如,克莱斯勒汽车公司在美国汽车市场上排行第三,当该公司的市场占有率从12%上升到18%时,通用公司就认为,如果克莱斯勒公司的市场份额达到20%,就会踩着它们的尸体前进。在这种形势下,必须采取主动出击战略,以巩固自己的市场领先者地位。

是否采用先发制人战略,应视企业和竞争状态而定。企业如果拥有很高的品牌声誉和较高的技术屏障,认为自己足以能承受所面临的市场挑战者的攻击,则应该沉着应战,坚定执行自己既定的目标与战略。

4. 反攻防御

反攻防御是指当市场领先者面对竞争对手发动的降价或促销攻势,无论是专门进攻,还是侧翼进攻都作出反击,主动反攻入侵者的主要市场阵地。可实行正面回击战略,也可以向进攻者实行"侧翼包抄"或"钳形攻势",以切断进攻者的后路。当市场领先者在它自己的"疆土"上遭到攻击时,可以采用"围魏救赵",即反击攻击者的主要领地,迫使其撤回力量守卫其大本营,这是反击攻击者的最佳方法。例如,美国柯达公司就曾经使用过这种战略,当日本富士公司在美国市场上向柯达公司发动攻势时,柯达公司以牙还牙,进攻日本市场,迫使富士公司削减其在美国市场的力量。

5. 运动防御

运动防御是指市场领先者在防御目前市场的阵地基础上,把自己的势力范围扩展到新的领域中去,而这些新扩展的领域可能成为未来防御和进攻的中心。市场扩展可通过两种方式实现:

(1) 市场扩大化。就是企业将其注意力从目前的产品拓展到满足该产品的类似的需求上来,即以现有产品为中心,对满足该类产品的市场需求进行深度开发。例如,把"石油公司"变成"能源公司"就意味着该企业的市场范围扩大了,不限于一种能源产品石油的供应,而是提供多种能源产品覆盖整个能源市场。但这种市场的拓宽不能覆盖面过大,否则将导致企业通常易犯的两大错误发生:即目标过大无法实现和企业力量过分分散。为此,在市场拓宽中企业应注意市场扩展必须有一个适当的方向和限度。

(2) 市场多角化。即企业向与原来产品和服务不相关的市场扩展业务,实行多角化经营。例如,美国烟草公司看到社会各方面对吸烟限制日益增长,便在寻找香烟的替代物的同时,把一部分资金转投到其他行业,先后在啤酒、果酒、饮料和速冻食品等领域的经营中取得成功。

6. 收缩防御

收缩防御是指企业根据市场的变化,逐步放弃某些对企业不重要的、疲软的市场,把力量集中用于主要的、能获取较高收益的市场。这是一种集中优势兵力以退求进的战略。例如,日本松下公司在1985年将其产品由5 000个大类削减到1 200个;而日本五十铃公司则放弃了轿车市场,转而集中生产占优势地位的卡车。有计划的收缩是一种战略转移,能使企业的力量更集中,巩固企业在市场上的竞争实力。

(三) 提高市场占有率

提高市场占有率是市场领先者增加收益的一个重要途径。市场领先者实施这一竞争战略,是设法通过提高企业的市场占有率来增加收益,保持自身成长和市场主导地位。

市场占有率是与投资收益率相关的最重要的变量之一,市场占有率越高,投资收益率也越大。有关研究报告显示，市场占有率高于40%的企业，其平均投资收益率将达到30%，相当于市场占有率低于10%的企业3倍。因此，许多企业以提高其市场占有率、把拥有市场份额第一或第二位为其战略目标，达不到第一二位的目标，宁可撤出此市场。例如，美国通用电器公司就因为其在计算机和空调机的市场上，产品的市场占有率达不到市场领先者的程度，便决定放弃这两项业务，以集中主要力量在其他电器市场达到理想的份额。

有关研究市场占有率和盈利率的其他模式，对上述观点提出了不同的意见。对某些行业的研究发现，除了市场领先者以外，有些市场占有率低的企业，依靠物美价廉商品、优质服务和专业化经营，也能获得较高的收益。只有那些规模不大不小的企业（中等规模）收益最低，因为它们既不能获得像大企业那样的规模经济效益，也失去了像小企业那样的集中力量、获得专业化竞争优势的可能。

对中等规模企业的出路探讨中，一种观点认为，似乎努力致力于市场占有率的提高便会提高其盈利状况。但是，不是任何企业、在任何情况下市场占有率的提高都意味着收益率的增长，其中很大程度上要取决于该企业为达到提高市场占有率所采取了哪些市场营销策略。企业常常容易忽略的是，其为提高市场占有率所付出的代价太高，有时甚至高于它所获得的收益。因此，对企业市场占有率的提高一概评价为企业的成长是片面的，有时甚至和企业的经营活动实际大相径庭。企业在确定自己是否以提高市场占有率为主要努力方向时，应考虑以下三方面因素。

（1）引发反垄断行为的可能性。如果市场领先者毫无限制地追求市场占有率的提高，造成垄断的事实，将会遭到反垄断法的制裁。其他竞争者也会采取联合行动，这无疑会削弱通过提高市场占有率而获取的收益。

（2）经营成本是否提高。市场领先者为进一步提高市场占有率，就会受到经营成本的制约。因为，当企业市场占有率已达到较高水平后，再要进一步扩大市场份额，需要付出很高的费用，使经营成本大幅度提高，而经营收益会出现递减的趋势。这一情况说明，市场占有率的提高并不是在任何情况下都与利润率的提高成正比例增长的，盲目增长市场占有率的结果可能得不偿失。美国的一项研究表明，在有些行业中企业的最佳市场占有率是50%，因此这些行业中的企业有时甚至要主动降低市场占有率，以维持企业领先者的地位和达到经济成本目标。

（3）在获取较高市场占有率时，所采取的营销组合策略是否准确。某些市场营销组合变量的调整对提高市场占有率是很有效的，但不一定能给企业增加利润。只有当具备以下两项条件时，利润才会增加。

第一，产品的单位成本能够随市场占有率的提高而下降。市场领先者常常拥有较高的生产和经营能力，能够通过提高市场占有率来获得规模经济成本，追求行业中的最低成本，并以较低的价格销售产品。

第二，产品价格的提高超过为提高产品质量所投入的成本。通常，具有较高质量的产品才能得到市场的认可，并有可能获取较高的市场占有率。但高质量并不意味过高地投入成本。美国管理学家克劳斯比指出，质量是免费的，质量好的产品可减少废品损失和售后服务的开支，所以保持产品的高质量并不会花费太多的成本，而且高质量的产品会受到顾客的欢迎,使顾客愿意付较高的价格。美国国际商用机器(IBM)公司的成功,就是运用了这种有利可图的市场份额成长战略。

总之,处于主导地位的市场领先者必须全面掌握各项战略。既要善于从扩大市场需求总量入手,保卫自己的市场阵地,防御挑战者的进攻,又要善于在保证收益增加的前提下,通过提高市场占有率使企业长期地占据市场领先地位。

三、市场挑战者竞争战略

市场挑战者是指那些相对于市场领先者来说,在行业中处于第二、第三和以后位次的企业,如美国汽车市场的福特公司、软饮料市场的百事可乐公司等企业。处于次要地位的企业可采取两种策略:一是争取做到市场领先地位,向市场领先者挑战,即市场挑战者;一是安于其次要地位,参与竞争但不扰乱市场局面,力争在"共处"的状态下求得尽可能多的利益,即市场跟随者。各个处于市场次要地位的企业,要根据自己的实力和环境提供的机会与风险,决定自己的竞争战略是"挑战"还是"跟随"。如果选择"挑战"战略,向市场领先者进行挑战,首先必须确定自己的战略目标和挑战对象,然后选择适当的进攻战略。

(一) 确定战略目标和挑战对象

大多数市场挑战者的竞争战略目标是提高市场占有率,进而达到提高投资收益率和利润率的目标。挑战者在明确战略目标时,首先必须确定谁是主要竞争对手。一般来说,挑战者可以选择下列几种类型的攻击目标。

1. 攻击市场领先者

这是一种既有风险,又具潜在价值的战略。采取这种战略的风险很大,然而一旦成功,挑战者企业的市场地位将会发生根本性的改变,因此颇具吸引力。市场挑战者往往需要全面、细致地调查研究市场领先者,找到其弱点和失误,并以此作为进攻的目标。例如,施乐公司开发出更好的复印技术,用干式复印代替湿式复印,从 3M 公司手中夺去了复印机市场的领先地位。后来,佳能公司也采用了同一方法,通过开发更方便使用者的台式复印机夺去了施乐公司所占据的数量可观的市场份额。企业采用这一战略时,应十分谨慎、周密策划,以提高成功的可能性。

2. 攻击与自身实力相当的企业

市场挑战者可以抓住有利时机,向那些势均力敌的企业发动进攻,把竞争对手的顾客吸引过来,夺取它们的市场份额,壮大自己的市场。相对于攻击市场领先者来说,这种战略风险小,若几番出师大捷或胜多败少的话,也可以对市场领先者造成威胁,甚至有可能因此而改变企业的市场地位。

3. 攻击实力较弱的企业

当某些中小企业出现经营管理和收支方面的困难时,处于市场挑战者地位的企业可以通过兼并、收购等方式,夺取这些企业的市场份额,以壮大自身的实力和扩大市场占有率。例如,美国有几家主要的啤酒公司能发展到目前的规模,就是靠攻击一些小企业而达到的。我国现在的电冰箱生产厂,也是采用这一策略成长起来的,通过适时地吞进这些市场上的"小鱼"或"小虾",将小规模的同行驱逐出市场,提高自己的市场地位。

通过以上分析可以看出,市场挑战者选择战略目标与确立竞争对手是相互联系和相互制约的。如果以领先者为进攻对象,其目标可能是夺取其手中的某些市场份额;如果以小企业为对象,其目标可能是将它们驱逐出市场。但无论在何种情况下,如果要发动攻势进行挑战,就必须遵守一条原则:每一项行动都必须直接指向一个明确的、肯定的和可能达到的目标。

在选择进攻对手和目标的决策中,企业应在掌握充分的竞争对手信息的基础上,作出全面、系统的竞争分析,并对以下问题作出分析:

(1) 我们的竞争者是谁?
(2) 竞争者的销售额、市场占有率和财务状况如何?
(3) 竞争者实施什么样的战略?
(4) 竞争者的优势和弱点是什么?
(5) 竞争者对环境、外部竞争变化可能的反应怎样?

(二) 选择进攻战略

明确了战略目标和进攻对象之后,挑战者需要考虑的是采取什么进攻战略,在军事上常常被称为"密集原则"。即如何对竞争对手进行攻击,则有五种进攻战略可供选择。

1. 正面进攻

正面进攻就是市场挑战者集中优势兵力,向竞争对手的主要市场阵地正面发动进攻。即进攻竞争对手的强项,而不是它的弱点。采用此战略需要具备一定的条件,如进攻者必须在提供的产品(或劳务)、广告、价格等主要方面大大超过竞争对手,才有可能成功;否则,采取这种进攻战略必定失败。所以,正面进攻的胜负最终取决于双方实力的较量,在进攻者不具备明显实力优势,或者进攻者的实力大大小于竞争者或相差很多的情形下,正面进攻几乎毫无意义。譬如,美国无线电公司、通用电器公司在向IBM公司发动正面进攻时,都忽视了与这一国际大公司有明显的实力差异,从而使自己走上了更为困难的道路。因此,为了确保正面进攻的成功,进攻者需要有超过竞争对手的实力优势。

2. 侧翼进攻

侧翼进攻是指市场挑战者集中优势力量,攻击竞争对手的弱点。此战略的思路在于,再强大的竞争对手总有相对薄弱的防线。因此,进攻者可采取"声东击西"的做法,佯攻正面,实际攻击侧面或背面,使竞争对手措手不及。具体可采取两种战略:

(1) 地理性侧翼进攻。即在某一地理范围内,针对竞争者力量薄弱的地区市场发动进攻。例如,向国际商用机械公司挑战的某些企业,就是选中该公司力量相对薄弱的中等偏小的城市开始进攻的,结果夺取了一部分市场份额。

(2) 细分性侧翼进攻。即寻找还未被领先者企业覆盖的商品和服务的细分市场,在这些小市场上迅速填空补缺。侧翼进攻符合现代市场营销观念——发现需要并设法满足它。例如,日本小轿车成功地进入美国市场,就是采取侧翼填补空缺的营销战略。

侧翼进攻在现代市场营销中有着十分重要的意义。它是一种最有效、最经济的战略形式,与正面进攻战略相比,具有更多的成功机会。

3. 围堵进攻

围堵进攻是一种全方位、大规模的进攻战略。采取这一战略的市场挑战者必须拥有远优于竞争对手的资源,能向市场提供比竞争对手更多的质量更优、价格更廉的产品,并确信围堵计划足以成功时,可采用围堵进攻战略。例如,日本精工公司对美国手表市场的进攻,就是采用围堵进攻战略成功的范例。通过多年的营销努力,精工公司无论在产品质量、功能款式、分销渠道、价格竞争力及广告促销等方面,都具有压倒竞争对手、征服消费者的明显优势。该公司在美国市场上提供了约 400 个流行款式手表,在世界市场上提供了大约 2 300 种款式的手表,而且几乎款款击中消费目标。美国一家竞争对手的副总裁不无羡慕地说:"精工公司通过表的流行款式、特性、使用者偏好,以及一切可以鼓励消费者的手段来实现它的目标"。精工公司的营销实力,为其在世界几个重要手表市场实行围堵进攻战略奠定了基础。

4. 迂回进攻

这是一种最间接的进攻战略,即完全避开竞争对手现有的市场阵地而迂回进攻。具体做法有三种:① 实行产品多角化经营,发展某些与现有产品具有不同关联度的产品;② 实行市场多角化经营,把现有产品打入新市场;③ 发展新技术产品,取代技术落后的产品。迂回进攻经常被一些企业作为最重要的竞争战略来应对竞争,发展壮大自己。

5. 游击进攻

游击进攻的目的在于以小型的、间断性的进攻干扰对方,使竞争对手的士气衰落,不断削弱其力量。因为企业无力发动正面进攻或有效的侧翼进攻,只有向较大竞争对手市场的某些角落发动游击式的促销或价格攻势,才能逐渐削弱对手的实力。但是,游击战也不是不需要投入的,持续不断的游击进攻需要大量的投资。游击进攻战略的特点是不能依仗个别战役的结果决出战局的最终胜负,如果要想击败对手,还需要发动更强大、更猛烈的攻势。

上述市场挑战者的进攻战略是多样的。一个挑战者不可能同时运用所有战略,但也很难单靠采取一种战略来取得成功。通常是设计并实施一套战略组合即整体战略,以实现企业营销目标,在市场竞争中处于主动地位。例如,美国"百事可乐"对"可口可乐"就是一个举世瞩目的典型挑战者,它在 1950—1960 年 10 年间,发动了巨大攻势,取得了很大成功,销售量增长了 4 倍。但是,并非所有居于次要地位的企业都可充当挑战者。在一般情形下,常规的做法是没有充分把握不贸然进攻领先者,采用跟随而不是挑战的稳妥战略。

四、市场跟随者竞争战略

在大多数情况下,位居次要地位的企业不是热衷于挑战者战略,而更愿意采用市场跟随者战略。美国管理学专家李维特普认为,对企业来说产品模仿有时像产品创新一样有利。因为一种全新产品的开发要投入惊人的人、财、物力和持续较长的时间才能取得成功,企业耗资巨大才获得市场领先地位,而处于市场跟随者地位的企业仿造或改良这种产品,虽然不能取代市场领先者,但因不需如此大量的资源投入,也能够较轻松地获得可观的利润,其盈利率有时甚至可能高于全行业的平均水平,因此使企业乐于采用市场跟随者战略。

市场跟随者竞争战略的主要特征是安于次要地位,在"和平共处"的状态下,求得尽可能多的收益。在资本密集的同质性产品的行业中,如钢铁、原油和化工行业中,市场跟随者战略是大多数企业的选择,这主要是由行业和产品的特点所决定的。这些行业的主要特点是:① 产品的同质程度高,产品差异化和形象差异化的机会较低;② 服务质量和服务标准趋同;③ 消费者对价格的敏感程度高;④ 行业中,任何价格挑衅都可能引发价格大战;⑤ 大多数企业准备在此行业中长期经营下去。因此,企业之间保持相对平衡的状态,不采用从对方的目标市场中拉走顾客的做法。在行业中形成这样一种格局,大多数企业跟随市场领先者走,各自的势力范围互不干扰,自觉地维持共处局面。

日本有些企业开发模仿新产品的速度和效率都很高。例如,宝洁公司20世纪80年代曾成功推出最新配方洗发和护发合一的洗发香波。该产品在美国10年内没有模仿者,而进入日本市场后,6个月内竟出现两个竞争品牌(花王和联合利华日本公司),在接下来的6个月,市场上又出现了加有漂洗功能的三合一新配方和更多的二合一产品。这些日本企业大都密切关注市场及新产品的出现和发展,善于发挥自己的优势,同时以开发出的新产品为重要契机,激励企业全体员工的团队奋进精神,不仅仅限于对领先进入者新产品的照搬和模仿,而且注重在他人新产品基础上的改进和进一步的完善。日本企业的这一突出特点被国际营销界认可,也值得我国企业借鉴。

市场跟随者在不同的情形下都有自己的策略组合和实施方案。每个市场跟随者必须懂得如何稳定自己的目标市场、保持现有顾客,并努力争取新的消费者或用户;必须设法创造独有的优势,给自己的目标市场带来如地点、服务、融资等某些特有的利益;由于市场跟随者的位置处于挑战者的首选攻击目标,因此还必须尽力降低成本,并保证提供较高质量的产品和维持较好的服务质量。市场跟随者不是盲目、被动地单纯追随领先者,它的首要思路是,发现和确定一个不致引起竞争性报复的跟随战略。以下是三种常用的跟随战略。

1. 紧密跟随

这种战略的突出特点是"仿效"和"低调"。跟随企业在各个细分市场和市场营销组合中,尽可能仿效领先者,以至于有时会使人感到这种跟随者好像是挑战者。但是它从不激进地冒犯领先者的领地,在刺激市场方面保持"低调",避免与领先者发生直接冲突,有些甚至被看成是靠拾取主导者残余谋生的寄生者。

2. 距离跟随

这种战略的突出特点是合适地保持距离。跟随企业在市场的主要方面,如在目标市场、产品创新与开发、价格水平和分销渠道等方面都追随主导者,但仍与主导者保持若干差异,以形成明显的距离。这样跟随者对领先者既不构成威胁,又因为跟随者各自占有很小的市场份额,而使领先者免受独占之指责。采取距离跟随战略的企业,可以通过兼并同行业中的一些小企业,而发展自己的实力。

3. 选择跟随

这种战略的突出特点是选择追随和创新并举。跟随者在某些方面紧跟主导者,而在另一些方面又别出心裁。首先,这类企业不是盲目跟随,而是择优跟随,在对自己有明显利益时追随领先者,在跟随的同时还不断地发挥自己的创造性,但一般不与领先者进行直接竞争。采取这类战略的跟随者之中,有些可能发展成为挑战者。

市场跟随者虽然市场占有率大幅度地低于领先者,但这绝不意味着这类企业赢利水平低。据报道,许多跟随者企业的市场占有率不到领先者的二分之一,但其资金净值报酬超过行业的平均水平。有时有些市场跟随者的盈利水平,甚至高于市场领先者和挑战者。这类企业成功的关键在于较好地运用了市场细分工具和确定恰当的目标市场战略,市场研究和产品开发成功,处理好企业盈利与市场占有率提高的关系,重在盈利的落实,以及拥有强有力的高层决策者和有效的管理人员。

五、市场补缺者竞争战略

在竞争日益激化的行业中,越来越多规模较小的企业都力图避开大企业的市场,它们专心关注市场上被大企业忽略或不屑一顾的某些细小部分,采取拾遗补缺、通过专业化经营来获取最大限度的收益,在市场的夹缝中求得生存和发展。这种有利的市场位置,在西方被称之为"Niche",即补缺基点。所谓市场补缺者,就是指精心服务于总体市场中的某些细分市场,避开与占主导地位的企业竞争,只是通过发展独有的专业化经营来寻找生存与发展空间的企业。

(1)市场补缺基点。市场补缺不仅是小企业常常选择的战略,而且对某些大企业中的相对独立的部门也有意义。在现实的营销活动中,大企业中的这些部门也常常在努力寻找对自身来说既安全,又有利润的补缺基点。一个理想的市场空缺应具备以下条件:① 有足够的市场潜量和购买力;② 利润有增长的潜力;③ 对主要竞争者不具有吸引力;④ 企业具有占据该补缺基点所必需的资源和能力;⑤ 企业已有的信誉足以对抗竞争者。

(2)专业化市场营销市场补缺者的主要竞争战略是实施专业化市场营销。补缺者的活动范围和利润空间在有些大企业看来似乎是微不足道的,但事实上,许多盈利的企业是在稳定、低速成长的市场上发展的。尽管各个不同的补缺者有不同的补缺基点,但其成功的关键在于实施专业化生产和经营。市场补缺者企业往往从自己的优势或擅长出发,根据不同的分类进行专业化营销。最常见的有:① 根据顾客的分类进行专业化营销,如根据顾客的规模、性质、行业、地域等标志分类进行专业化营销;② 根据产品的分类进行专业化营销,如根据产品的档次、质量、价位、产品线及产品项目特色等分类进行专业化营销;③ 根据服务项目、配送渠道,乃至根据顾客的订单进行专业化营销。

实施市场补缺者竞争战略,企业的任务首先是要善于发现和尽快占领自己的补缺市场,并不断扩大和保护自己的补缺市场。在一定的意义上,发现补缺市场的过程就是一个创造市场的过程。补缺市场就是客观存在的、没有被满足的消费者(或用户)的需求。发现补缺市场就是发现潜在的需求,并使之成为现实的需求,从而为自己创造出一个新的市场。企业的创新能力越强,就能够发现越多的潜在需求,创造出更多的补缺市场。

市场补缺者所承担的风险是该市场消费需求的转移或新的竞争者进入,即补缺基点的枯竭或遭受攻击。避免这一状况的主要做法是,确定多个补缺基点,发展营销实力,从而增加企业的抗风险能力和生存机会。总之,市场补缺者战略强调小企业的发展在于小市场的专业化营销,而不是与大企业在市场上盲目拼搏。它们只要找到对自己有利的市场空缺,就完全可能在激烈的行业竞争中获取理想的收益。

第四节　市场竞争战略的实践运用

通过市场竞争战略的分析,使我们深刻认识到在现今激烈的市场竞争中,竞争是市场经济的必然产物,关注和研究市场竞争战略是极其重要的。企业是在市场竞争中壮大发展的,只有在激烈的市场竞争中有效地实施正确的竞争战略,才能战胜竞争对手来发展自己。客观、全面、科学地对竞争对手状况进行分析,才能制定相应的市场竞争战略,在应对激烈竞争的同时,壮大自身的实力,实现企业的营销目标。

学习的目的在于实践的运用,市场竞争战略的分析是企业营销决策的重要内容。通过本章学习,要求学生能够把学到的"市场竞争战略"理论和方法运用到营销实践中去,提高分析问题、解决问题的能力。

市场竞争战略分析要以市场调研为基础。通过市场调查,搜集有关市场和竞争者的资料,经过调查资料的整理统计,得出分析所需的数据,作为制定竞争战略的依据。在对市场竞争战略分析的实践运用中,分析要注意:① 对竞争者分析的步骤与方法;② 正确确定企业自身的竞争优势与劣势;③ 正确选择企业的竞争战略。在三种基本竞争战略中,选择最适应的竞争战略;在四种具体竞争战略中,选择最有效的竞争战略。特提供《格兰仕微波炉的市场竞争战略分析》一文,供实践运用操作时参考。

格兰仕微波炉的市场竞争战略分析

1979年,广东顺德人梁庆德带领乡亲们成立了羽绒厂,以手工操作洗涤鹅鸭羽毛供外贸单位出口。当时谁都不会想到,这个再普通不过的乡镇小厂,会成为震惊世界的"格兰仕"微波炉大王。目前,格兰仕垄断了国内60%、全球35%的市场份额,成为中国乃至全世界的霸主。全球微波炉市场中每卖出3台微波炉就有一台是格兰仕生产的。格兰仕用11年的时间让自己完成了从一家乡镇羽绒制品厂到全球最大的微波炉生产商的转变。

格兰仕成功的原因到底在哪里?价格竞争是格兰仕最为成功的营销战略之一,是格兰仕走向成功的关键因素。对格兰仕所运用的竞争战略分析如下。

(一)格兰仕成功实施"三大价格战役"的分析

在微波炉市场的发展过程中,格兰仕成功地运用低价格竞争策略,经历"三大战役",在市场中确立起霸主地位。

(1) 1996年8月,格兰仕集团在全国范围内打响微波炉的价格战,降价幅度平均达40%,带动中国微波炉市场从1995年的不过百万台增至200多万台。格兰仕集团以全年产销量65万台的规模,占据中国市场的34.7%,部分地区和月份的市场占有率超过50%,确立市场领先者地位。

(2) 1997年,格兰仕看到了市场形势的变化,趁洋品牌尚未在中国站稳脚跟,国内企业尚未形成气候之际,抓住时机,于春节后发起了微波炉市场的"第二大战役"——阵地巩固战。

这次是变相的价格战。格兰仕采用买一送一的促销活动,发动新一轮的让利促销攻势,凡购买格兰仕任何一款微波炉均赠送一个豪华高档电饭煲。1997年5月底,格兰仕进一步"火上加油",突然宣布在全国许多大中城市实施"买一赠三",甚至"买一赠四"的促销大行动。品牌消费的高度集中使得格兰仕的产销规模迅速扩大,1997年格兰仕已经成为一个年生产能力达260万台微波炉的企业,市场占有率节节攀升,1998年3月最高时达到58.69%,史无前例地创了行业新记录。到1997年底,市场上的价格激战无疑极大地促进了整个市场潜在消费能力的增长,市场容量快速扩大,格兰仕也因此成为全球最具规模的微波炉生产企业之一。

(3) 在取得市场的绝对优势后,格兰仕并没有因此而停滞,反而乘胜追击,加紧了市场的冲击力度,发动了微波炉市场的"第三大战役"——品牌歼灭战。

1997年,东南亚爆发了金融危机,韩国生产微波炉的企业也受到重创,这再度给格兰仕创造了一个绝好的市场契机。1997年10月,格兰仕凭借其规模效应所创造的成本优势,再度将12个品种的微波炉降价40%,全面实施"薄利多销"的策略,以抑制进口品牌的广告促销攻势,"格兰仕"微波炉在全国的市场占有率始终保持在50%左右,最高时达到58.69%。1998年6月13日,微波炉生产规模已经成为全球最大的格兰仕企业(集团)公司,在国内微波炉市场又一次实施"组合大促销":购买微波炉可获得高档豪华电饭煲、电风扇、微波炉饭煲等赠品外,又有1998年世界杯世界顶级球星签名的足球赠品和千万元名牌空调大抽奖。这种以同步组合重拳打向市场,被同行业称之为毁灭性的市场营销策略,再度在全国市场引起巨大震动。

(二) 格兰仕"价格战"实施的市场营销环境分析

格兰仕"价格战"实施成功的因素之一,是在制定价格竞争战略之前,对整个微波炉市场进行了全面深入的调查分析,得出了推出价格竞争战略的依据。

(1) 根据资料显示,20世纪70年代以来,在发达国家,家用微波炉的品种、性能及销量得到迅速发展。说明了,中国的微波炉市场的潜力是巨大的。估计从1993年开始,我国微波炉市场进入成长初期,增长速度会非常迅速。所以,格兰仕必须抢占市场。

(2) 根据中国人的传统饮食文化特点,消费者对微波炉的潜在需求不敏感,微波炉所带来的厨房革命并不会很快到来。所以,格兰仕要采取多种形式,以价格策略来引导消费,为消费者提供更多的产品附加值,激发消费者的潜在需求,使整个市场消费需求上升。

(3) 根据资料显示,近年来中国家电业开始出现微波炉合资热。国外跨国公司纷纷将目光瞄准中国刚刚启动的微波炉市场,意欲继彩电、空调之后,再次控制中国的微波炉市场。格兰仕认为,对付竞争对手的最好方法是在其成熟之前将它们打垮,抢占市场份额成为竞争的焦点,而竞争的有效手段首推价格竞争。

(4) 根据资料分析,20世纪90年代以来,消费者处于购买的积累阶段。在此阶段,大家电日趋饱和,而购房买车又无望,因此可以吸引微波炉的潜在需求,扩大市场总需求。而扩大需求的最佳方法是减少消费者的消费壁垒,即运用低价策略。

(5) 根据1997年微波炉市场各主要竞争对手基本情况的分析,SMC、松下、惠宝、蚬华、LG等竞争对手具有很强的实力,它们都占有一定的市场份额,都有品牌的知名度和市场营销的经验。为此,要战胜这些竞争对手必须要有绝对优势的竞争手段,这就是运用价格竞争手段。

（三）格兰仕"价格战"的战略目标分析

格兰仕的成功在于有明确的竞争战略目标,就是走专业化道路,采取薄利多销战略来实施规模最大化和行业生产集中度最大化,从而提高市场竞争力,降低企业风险;然后再用"规模最大化"的良性效应着力于"薄利多销"战略的推进,两者相互促进、相互推进所产生的 $1+1>2$ 的倍增效应,使得企业呈现出良性循环的发展态势,从而取得竞争优势。

格兰仕的竞争战略是正确的,使格兰仕的发展按"规模优势→价格优势→市场优势→销量优势→规模优势"模式发展。如此循环,格兰仕必将成为全球最大的微波炉生产企业。目前其年产销规模已突破 450 万台,超过日本夏普的 380 万台,成为全球第一,而国内企业的规模绝大多数都在十几万台,蚬华也未超过 100 万台。规模优势为格兰仕创造了极大的有利发展空间,获得了微波炉的霸主地位。

格兰仕靠着规模效应所创造的成本优势,连续几次大降价,也加速了微波炉产业的价格下降趋势。通过降价,格兰仕成功地为这个行业竖起了一道价格门槛：如果想介入,就必须投巨资去获得规模,但如果投巨资做不过格兰仕的盈利水平,就要承担巨额亏损,即使做过格兰仕的盈利水平,产业的微利和饱和也使对手无利可图。凭此,格兰仕成功地使微波炉变成了鸡肋产业,并使不少竞争对手退出了竞争,使很多想进入的企业望而却步。

前 沿 研 究

差别化竞争的"个性化价值"研究

2007 年 3 月,在北京举行的第五届全国百货业高峰论坛上,与会专家一致指出：传统百货业在完成向现代百货业的转型后,国内百货业必须采用差别化竞争战略,提供富有"个性化价值"的商品、服务、环境、文化等,来应对市场格局的变化,打造百货业的竞争优势。我们认为,对差别化竞争的"个性化价值"研究,是中国百货业经营的当务之急。

"个性化价值"是以差别化竞争战略为理论指导的现代营销新策略。众所周知,由迈克尔·波特提出的差别化竞争战略,是指以追求和创造营销特色为核心的竞争战略,打造与众不同的产品和服务,形成一个具有竞争优势的市场。所谓"个性化价值",是指企业为实施差别化战略而创造营销特色所需的各种能力。从中国百货业经营现状出发,构建"个性化价值"重点在于打造差别化优势的市场适应能力和营销创新能力。因为一个企业持有了创造营销特色的适应能力和创新能力,才能创造个性化产品和服务,形成自身的竞争优势。企业持有的"个性化价值"越大,越能在市场竞争中将自身特色发挥到极致。

"个性化价值"是差别化战略理论的深化和补充。对于差别化战略,我们需要进一步研究创造特色的能力基础,即"个性化价值"。从百货业营销实践来看,"个性化价值"是差别化战略实施的营销基础性工作,百货商场只有把这些基础能力打造强了,才能创造具有竞争力的业态个性和营销特色。

"个性化价值"研究的范围和内容比较宽泛,我们主要对构建"个性化价值"的市场适应能力进行重点分析。

"个性化价值"是基于市场新环境下提出的营销新策略,构建"个性化价值"首先要强化企业经营的市场适应能力。中国百货业要面对零售新业态的竞争挤压和消费需求的迅速变化,必须突出卖"精"和做"特",打造自己的业态优势。业态优势的打造关键在于需要"个性化价值"的支撑,即构建百货业经营卖"精"和做"特"的市场适应能力。

1. 百货业经营必须突出卖"精",适应零售业态的竞争格局

现代商战并不亚于硝烟弥漫的战场,百货业的竞争尤为残酷,残酷主要来自零售新业态的严峻挑战。自 20 世纪 90 年代初起,零售新业态陆续登入中国,并得以迅速发展,彻底改变了传统百货业垄断市场的格局,主打零售天下的是连锁业和专业专卖店。数据显示,超市业态争夺了零售业的最大市场份额,专业专卖业态展示了零售竞争的强势。另外,网上购物也夺去了百货业态的很多顾客。

面对零售新业态的竞争挤压,中国百货业市场缩水严重。例如,家电一直是传统百货业的当家商品,然而,近年大部分百货店先后退出家电市场。永乐、国美、苏宁三家连锁巨头目前已占据上海家电销售 85%的市场份额,其他零散卖场为 5%左右,上海百货业仅为 10%。

中国百货业究竟如何应对? 我们认为,近 20 年的零售业竞争必然会形成"多业"并举的竞争格局:以"大型百货为主导,各种超市为基础,发展专业专卖店为特色,有计划地发展便利店和网络购买"多元并存的业态结构。业态是一种经营形式,每种业态都有特定的消费群体,卖的东西是不同的,具有自己的业态特征。百货卖"精",超市卖"廉",专门店卖"品牌",便利店卖"时间",网购卖"便捷"。在"多业"并举的竞争格局中,百货业仍占据着非常重要的地位,是其他零售业态不可取代的。中国百货业发源于中心城市,具有地理区域优势。一般来说,百货商场所处的地理位置比较优越,繁华中心是现阶段消费者首选的购物地点。但在现代市场竞争中,这一先天优势并不能直接转化为百货业的竞争优势。现代百货业应该强化自己的"个性化价值",打造较强的市场适应能力,以卖"精"为自己业态个性。改变传统百货业"大路货"的经营方式,针对自己的目标市场,做"精"自己的市场,以"高档"、"名牌"、"个性化"的商品和服务满足目标顾客的需求,适应零售业竞争格局的定位。

2. 百货业经营必须突出做"特",适应消费需求的迅速变化

近年来,百货商场经营走入一个误区,就是对商业资本扩张的盲目迷信,几乎都把商场经营定格在扩大经营规模、升级商场装潢上,导致商场经营千店一面,并一味地运用大传播、大促销等营销手段。目前,打折降价已经成为国内百货行业最常用的促销手法,几乎所有商场都会打出"全场 5 折"、"满二百元送一百元"的促销招法。这一打折"怪圈"折射出我国百货商场经营同质化的弊病,导致各商场把利润降到最低限度,有的甚至到了难以保本的惨境。

我国百货商场要走出"同质化"竞争,必须强调做"特"的经营个性。针对不同的目标消费群体,创建品牌、商品、服务、环境和文化的经营特色,打造自己的竞争优势,才能引领消费时尚、带动消费潮流、创造消费热点。例如,上海"百联"集团针对不同的目标消费者,将旗下 21 家百货商店细分为三大特色版块。一是打造以"东方商厦"为统一商号的"都市型百货"版块,定位于中高档消费的都市型百货,一般都位于城市的商业中心,突出"商品礼品化、礼品商品化"的时尚经营特色;二是打造了"老字号百货"版块,上海市第一百货商店、华联商厦、上海妇女用品商店等拥有数十年历史的老字号百货,将恢复和挖掘原有经营特色,推出具有浓厚历史文化气息的经典百货商场;第三大版块则是社区百货,这些贴近社区的百货商店将居民作为目标顾客群体,尽管有关社区百货的具体方案还在调研之中,但其独特的经营特色是中国百货业发展的一种趋势。

现代百货商场做"特"的经营个性,需要较强的"个性化价值"支撑,要求企业持有很强的市场适应能力,来适应我国居民消费需求的迅速变化。

近年来,我国经济发展一直是快速而又稳定,尤其是各级政府都着力提高人们的消费质量。积极推进分配制度改革,提高中低阶层的收入,保障困难群体的生活,化解不利因素对有效需求的挤压,奠定消费可持续发展的坚实基石。

(1) 消费结构的不断升级。近年来,我国居民消费热情不减,社会消费品零售大幅度增长,消费结构不断提升。

(2) 中高端消费市场基本形成。随着中国经济发展,新富阶层的消费取向和消费能力很受关注。这个群体给中国消费市场带来了两个变化:一是整体迁移,即该群体具备了消费高附加价值商品的能力,集体迁移到中高档消费层次和领域;二是价值延续,该群体持有的消费高端产品的取向,会直接延伸到他们的后代,甚至与其接触密切的伙伴群体。这部分消费者从追求数量转型为追求品质,崇尚个性消费、感性消费、文化消费和体验消费。这一情况反映了,我国居民走向分众消费阶段,中高端消费市场基本形成。

(3) 消费观念的根本转变。近年来,我国消费者的消费不只讲求"质优、价廉、经久、耐用"的有形消费价值购买,更注重品牌、服务、环境、文化等无形消费价值实现。人们追求消费的个性化、时尚化,尤其是"80后"、"90后"一代的消费群体更强化这一消费观念。在消费结构、时空、品质诸多方面的差异,自然衍生出个性化、时尚化的目标市场。这些市场规模虽小,但其购买力是相对强烈的。

我们认为,消费市场的进一步细分化和个性化将是中国市场发展的趋势。为此,中国百货业是有市场的,可以大有作为的。当然,百货商场必须适应消费需求的迅速变化,改"同质化经营"为"特色经营"。开展品牌营销,提供个性化商品、服务、环境、文化,满足目标顾客的需求,赢取更大的市场。

案　　例

"美的"风扇 6.18 电商大战告捷

夏季是风扇市场的销售旺季,在 2013 年 6 月 18 日的电商促销大战中,各大风扇品牌更是纷纷祭出杀手锏,在实体和网络平台上同时展开攻势,进行多个层面上的血拼。美的环境电器事业部公布的一则最新数字显示,6 月 18 日当天,美的电风扇三大网购平台零售额突破千万元大关,美的风扇成各大平台最大赢家。

6 月 18 日,由京东 6.18 周年庆挑起的电商促销大战如火如荼地进行,美的风扇当天的销售数据也火热出炉,根据美的环境电器事业部最新公布的数据,美的风扇在多个电商平台上表现不俗,其中在淘宝网、京东和苏宁易购三大网购平台当日零售额过一千万元大关!

在淘宝平台,美的风扇 FS40-9D 单一型号爆售 1.5 万台,美的品牌在淘宝全网当日占比 30%排名第一,比排名第二位的风扇品牌高出近一倍的份额;在苏宁易购平台,美的风扇当日的销售额也力压对手排在电风扇类目第一位。

毫无疑问,6.18 电商大战美的风扇先拔头筹,成了各大网络销售平台的大赢家。对此,美的环境电器事业部国内营销公司总经理刘国君表示,为配合美的整体上市,美的环境电器在 2013 年全面调整网络营销策略,这次 6.18 电商大战的胜利,是多方面共同努力的结果。

为什么美的风扇能够在竞争激烈的风扇销售市场上所向披靡? 有分析人士指出,美的风扇之所以能够把握电商发展机遇,主要是做了两方面的准备,一是保证质量,二是提供优质服务。

据了解,美的电风扇采用 MD-SQD 超静音电机,完美搭配高纯度铜线圈,提高运转稳定性和耐用性,故障率低,自然受消费者欢迎。另外,美的电风扇售后服务通过完善配件配送管理、开通多个投诉反应渠道等方式，突破目前产品同质化竞争，提高了消费者对产品满意度和忠诚度。

业内人士指出，正是因为过硬的质量和优质的售后服务双管齐下，美的风扇才有效"笼络"消费者的心，树立了美的风扇的品牌效应，从各个方面给消费者提供实实在在的优惠，最终赢得了消费者的信赖，迅速占领市场。

案例思考题

1. 根据案例介绍，你认为"美的"风扇 6.18 电商大战告捷的原因是什么？
2. 如果你是风扇制造企业的决策者，打算运用怎样的竞争战略参与电商大战的竞争？

练习与思考

（一）名词解释

价格竞争　　　非价格竞争　　　竞争者　　　成本领先竞争
差别化竞争　　集中化竞争　　　市场领先者　市场挑战者
市场跟随者　　市场补缺者

（二）填充

1. 那些与本企业提高的产品或服务相类似，并且所服务的目标顾客也相似的其他企业，被称为_____。
2. 市场领先者是指其产品在行业同类产品的市场上_____的企业。
3. 市场挑战者集中全力向竞争对手的主要市场阵地发动进攻，这就是_____战略。
4. 市场补缺者进取补缺基点的主要战略是_____市场营销。

（三）单项选择

1. 企业采用集中优势力量攻击竞争对手相对薄弱的防线，使其措手不及，这是（　　）。
   A. 正面进攻战略　　　　　　B. 侧翼进攻战略
   C. 围堵进攻战略　　　　　　D. 迂回进攻战略
2. 企业采用发扬自身差别优势之长，创造出个性突出的产品或服务，比同行业竞争者能更有效地满足目标顾客的需求，这是（　　）。
   A. 进攻型竞争战略　　　　　B. 差别化竞争战略
   C. 集中化竞争战略　　　　　D. 迂回型竞争战略
3. 在那些产品差异性很小，而价格灵敏度很高的资本密集且产品同质的行业中，竞争者之间通常是谋求（　　）局面。
   A. 攻击市场领先者　　　　　B. 阵地防御
   C. 和平共处　　　　　　　　D. 迂回进攻

（四）多项选择

1. 企业制定竞争战略首先考虑的是市场竞争的基本战略，通常有（　　）战略。
   A. 差别化　　　　B. 市场占有率　　　C. 集中化
   D. 利润领先　　　E. 成本领先

2. 市场领先者为保持行业第一的优势,维护自己的主导地位。通常采用的战略有(　　　)。
　　A. 扩大需求量　　　　　　B. 保护市场占有率
　　C. 专业化营销　　　　　　D. 提高市场占有率
　　E. 拾遗补缺

(五) 简答题
1. 市场竞争者主要有哪几种类型?
2. 市场竞争的基本战略有哪几种?
3. 市场领先者应该怎样维护自己的市场领导地位?
4. 居于市场次要地位的企业可以采用哪些市场竞争战略?

(六) 论述题
试论在家电市场上的小型企业应该采用什么样的竞争战略才能在该市场中获取生存和发展。

第四篇　营销组合策略

产品策略
  整体产品策略
  产品组合策略
  产品市场生命周期策略
  新产品开发策略
  产品策略的实践运用

价格策略
  价格概述
  企业定价的目标
  企业定价的策略
  企业定价的方法
  企业定价的实践操作

分销渠道策略
  分销渠道概述
  中间商分析
  分销渠道策略
  分销渠道策略的实践运用

促销策略
  促销和促销组合
  人员推销策略
  广告促销策略
  营业推广策略
  公关促销策略
  促销策略的实践运用

市场营销的新策略

网络营销策略
数据库营销策略
定制营销策略

第十章 产品策略

 学习目标

学完本章,你应该能够:
1. 理解产品整体概念的内涵及其对企业营销的重要意义
2. 分析商标的作用和企业商标策略
3. 理解包装的作用和企业包装策略
4. 了解服务的作用和企业服务策略
5. 把握产品组合基本内容及产品组合策略
6. 分析产品市场生命周期各阶段特征及其相应的营销策略
7. 了解新产品开发意义、方式和步骤
8. 掌握产品策略运用的实践技能

 基本概念

| 产品 | 商标 | 包装 | 服务 |
| 产品组合 | 产品市场生命周期 | 新产品 | |

产品是市场营销组合策略中最重要的因素。一个企业的成败兴衰,它的市场营销活动效益如何,首先取决于它提供什么样的产品来满足目标市场需求,产品策略就是对此问题作出研究。营销组合策略中的其他三个策略,即价格策略、分销策略、促销策略都是围绕产品进行决策的。因此,产品策略也就成为整个营销组合的基石。产品策略可以从产品研究的不同角度分为整体产品策略、产品组合策略、产品生命周期策略和新产品开发策略。

第一节 整体产品策略

一、产品整体概念

在现代市场营销学中,产品概念强调的是产品整体概念,区别于传统的产品概念。传统产品概念的解释,通常局限在产品的物质形态和具体的用途上,产品一般被表述为：由劳动创造、具有使用价值和价值,能满足人类需求的有形物品。而现代产品概念,则是整体产品。

(一) 整体产品的定义

整体产品概念具有极其宽广的外延和深刻而丰富的内涵。整体产品被表述为：向市场提供的、能够满足消费者某种需求和利益的有形物品和无形服务的总体。这一意义上的产品,除了包括传统意义上的狭义产品,如材料、结构、款式等要素构成的有形物体之外,还包括由有形物体所体现的基本功能和效用,以及伴随着有形物体销售所提供的质量保证、售后服务等无形的要素。总之,凡是能够满足消费者需求,使其获得利益的一切有形的、无形的,物质的、精神的各种要素都属于产品的范畴,这就是现代市场营销学中的整体产品概念。

(二) 整体产品的构成

从产品的整体概念出发,整体产品可分为核心产品、形式产品和延伸产品三个层次,如图10-1所示。

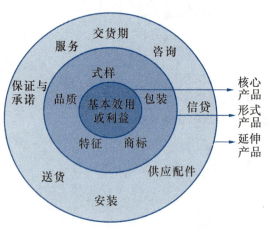

图10-1 整体产品概念的三个层次

1. 核心产品

核心产品是指产品能够提供给消费者的基本效用或利益。这是产品在使用价值方面的最基本功能,是消费者需求的中心内容。从根本上说,每一种产品实质上都是为了满足消费者欲望而提供的服务。譬如,人们购买电冰箱不是为了获取装有各种电器零部件的物体,而是为了满足家庭冷藏、冷冻食品的需要。所有产品的购买同理。核心产品体现了产品实质,企业营销要想取得成功,必须使产品具有反映消费者核心需求的基本效用或利益。然而,核心产品是一个抽象的概念,必须通过产品的具体形式才能让消费者接受。

2. 形式产品

形式产品是指核心产品借以实现的形式或目标市场对某一需求的特定满足形式。任何产品都具有特定的外观形式,因为核心产品需要表现为具体的形式产品。形式产品由5个特征构成,即品质、式样、特征、商标及包装。产品的基本效用就是通过形式产品的这些特征具体体现的,从而为顾客识别、选择的。因此,企业营销在着眼于向消费者提高核心产品的基础上,还应努力寻求更完美的外在形式,以满足顾客的需求。

3. 延伸产品

延伸产品是指产品能够为消费者提供的各种附加利益和服务。例如,向顾客提供咨询、送货、安装、维修、供应配件、信贷、各种服务和保证等,还包括交货期。现代市场营销强调,企业销售的不只是特定的使用价值,还必须是反映产品整体概念的一个系统。在竞争激烈的市场上,产品能否给消费者带来附加利益和服务,已成为企业经营成败的关键。即便是核心效用和外在形式完全相同的两个产品,只要随同物质实体所提供的服务有差异,那么在消费者眼中,就是两个完全不同的产品。为此,企业营销必须注重对延伸产品的研究,为消费者提供更完善的服务,在竞争中赢得主动。

整体产品的三个层次,清晰地体现了以消费者为中心的现代市场营销观念。企业如果没有产品整体概念,就不能说是以消费者为中心,企业营销也不会成功。随着科学技术的不断进步和消费者需求的多样化,产品整体概念还会不断扩大和深化。在现代营销中,产品的商标、包装、服务是研究的重点。当企业把自己的产品推向消费者时,商标就是产品的"脸面",包装就是产品的"外衣",服务就是产品的"情感"。为此,企业营销必须注重对商标策略、包装策略及服务策略的研究。

二、商标策略

商标是构成产品实体的重要组成部分,是整体产品策略研究的重点,商标管理也是企业营销管理的重要内容。

(一) 商标概述

1. 什么是商标

商标是代表产品一定质量的标志,一般用图形、文字、符号注明在产品、产品包装及各种形式的宣传品上面。

企业必须遵守商标法的规定正确使用商标,商标注册人应严格按照核准注册的文字和图形使用注册商标,一般注册标志的写法有:标明"注册商标"四字,或标明"注"或"R"标记。

商标在人们的日常生活中常常被称作"牌子"、"品牌",某商标的产品常被人叫作某牌产品。例如,以"红鸟"为商标的皮鞋油,被称为"红鸟牌"皮鞋油。

2. 商标的属性

在我国,人们习惯上对一切品牌不论其注册与否,统称商标,而另有"注册商标"与"非注册商标"之别。

但作为商标,是有严格界定的,是一个专门的法律术语。当品牌在政府有关部门依法注册并取得专用权后,称为商标。为此,商标不同于一般的营销术语,是企业产品名称的法律界定。商标必须经过国家权威机构,依法定程序审核通过后才能获取。商标是国家依法授予企业,并受到法律保护的一项重要的知识产权。

商标与品牌是密切相连的,它们都是以消费者为主导,由企业创造和培育的,是产品功能属性、情感诉求、商誉和企业形象的综合反映和体现。一个企业可以使用品牌,亦可使用商标,目的都是作为显示企业产品的特性,以区别于其他同类产品,这是共同点。

但是,商标并不等于品牌,商标是品牌的法律用语。商标必须进行注册,防止他人仿效。也就是说,商标是受法律保护的品牌,而没有进行注册的品牌不具有这一属性。商标属于企业的知识产权,商标权是企业的一种财产权,构成企业的无形资产的一部分。在激烈的市场竞争中,商标不仅是消费购物的导向,它已成为企业走向市场的"护照",是企业参与市场竞争的重要手段。

3. 商标的基本形式

按商标的构成,可将商标分为四种基本形式。

(1) 文字商标。直接用文字构成的商标。文字商标包括汉字商标和字母商标,如"可口可乐"、"娃哈哈"、"海尔"、"National"等。

(2) 图形商标。仅由图形构成的商标,如上海的"如意"牌压力暖瓶的商标便是一枚玉如意的图形。图形商标中,还包括由文字变化组合而成的图案,如"回生"商标是由回生两字套写的三角形图案。近来,某些企业的商标采用汉语拼音的字头,并加以艺术处理组合的越来越多。

(3) 符号商标。由各种符号构成的商标。它起源最早,几千年前便有以符号标明产品出处之记载。符号商标中,有字号、徽章等类似历史上古老的符号;也有现代的符号,如三菱公司的三个菱形组合的符号、中国标准缝纫机公司"T"型符号等。

(4) 组合商标。由文字、图形、记号相互结合而构成的商标。例如广州产的"黑妹"牙膏的商标,是以黑白相间的图形图案与汉语拼音、汉字共同组合而成。又如"飞鸽"牌自行车的商标,也是由一只飞翔的鸽子图形、英语飞鸽字头和汉字组合而成。

(二) 商标的作用

美国品牌价值协会主席拉里·莱特说过:拥有市场比拥有工厂更为重要,而拥有市场的唯一途径就是拥有占统治地位的品牌。在当代,拥有一个具有优势的品牌商标,已成为市场竞争的核心内容。商标的重要性表现在以下两个方面。

1. 商标对消费者的作用

商标在现代社会人们日常生活中的地位和作用越来越重要。商标对消费者的作用具体表现在:

(1) 商标的市场旗帜作用。企业产品是以商标来区别不同竞争者的产品,表明产品的归属。商标凝聚了企业产品的质量、性能、风格与服务的特点,是企业经营管理理念、管理水平、科技水平、人员素质的高度概括和集中反映。商标特别是名牌商标能为大众识别和认同,商标的市场导向是非常鲜明的。索尼、丰田、可口可乐、宝洁、麦当劳、宝马等都是高举著名商标大旗迈进中国市场,赢得消费者忠诚的。

(2) 商标是质量和信誉的保证。不同的商标代表着不同的产品品质和不同的利益,体现企业的目标市场定位和自身的追求。因此,消费者可以根据自己的需要,选择自己喜好商标的产品或服务,都应获得质量和信誉保证。

(3) 商标的文化导向作用。商标具有不同于物质形态产品的情感表达、价值认同、社会识别等文化品位的内涵,企业在设计自己产品商标时,极力寻找商标的情感诉求焦点,塑造自己品牌的文化品位,从而潜移默化引导人们的消费。而消费者的认牌选购,也是以选择商标来显示身份或为某一社会群体认同。随着社会经济的发展,商标的文化导向对人们的生活方式和消费理念的影响将越来越大。

2. 商标对生产者的作用

商标不仅对一般消费者有如此重要的作用,对企业来说也同样具有重要的意义。

(1) 商标是维护企业权益的法律武器。商标是法律术语,产品商标是受法律保护的。商标的注册人对其商标拥有独占的权力,能够获得法律赋予的商标专用权、使用许可权、继承权、转让权和法律诉讼权。企业可以凭借商标的这些权力获取自身的利益,这种利益是受到法律保护的。

(2) 商标是企业有力的竞争手段。商标特别是著名商标具有巨大的市场开拓能力，可以形成超常的市场占有率和广泛的市场覆盖率；商标具有产品的组合效应，当商标有了知名度之后，即可以将主商标进行延伸和组合，来迅速占领市场。以宝洁公司为例，目前全世界100多个国家和地区近50亿人都在使用"宝洁"旗下的各种品牌商标，在国际市场中居于领先地位。商标还可以作为市场扩张的手段，以品牌商标进行兼并、控股、联营，加大联盟，聚全优势，增强企业的竞争实力。

(3) 商标是企业重要的无形资产。商标是一种知识产权，凝聚着企业技术、管理、营销等方面的智力创造，受国际《马德里协定》保护。从经济角度讲，商标又是与企业有形资产相对应的无形资产。企业可利用这一无形资产在不花任何实物投资的情况下进行扩张和延伸，兼并他人的资产。在现代市场经济下，以商标这一无形资产进行虚拟经营，来壮大自己、拓展市场已是屡见不鲜的战略举措。

(4) 商标具有超值的创利能力。商标具有良好的形象和声誉，从而会大大提高产品的附加值，使产品在满足消费者物质需要的同时，增加消费者精神的满足感，能够减少价格上升对需求的抑制作用，使企业获得超值利益。例如，意大利的"老人头"牌真皮皮鞋，其价格是普通皮鞋的数倍，"金利来"领带价格是一般领带的几倍。

(三) 商标设计的要求

商标的设计虽属标志艺术范围，但对企业产品的营销关系重大。因此，企业营销必须明确对商标设计的基本要求。

1. 标记性

商标的基本功能在于标示企业产品区别于其他同类产品，其标记性是首要的要求。要做到这一点，企业要注意以下几点。

(1) 设计新颖，不落俗套。要使商标独具特色，使人一看便留下深刻印象。因此，商标设计不应简单模仿，要鼓励巧妙构思、别出心裁。例如"百事可乐"，就是个好构思，人们问候的最好祝福就是：祝你百事可乐。

(2) 突出重点，主次分明。商标的设计要有主、有次，图案、文字、符号要生动，错落有致，又要避免淹没主题。

(3) 简捷明快，易于识别。商标的名称要尽量简短，读音清晰响亮、节奏感强，使人易认、易记，如可口可乐、脑白金等就属易懂好记的名字。避免过分复杂、繁琐，使人难以辨认和记忆。

2. 适应性

商标的适应性主要包含以下几方面的含意。

(1) 便于在多种场合、多种传播媒体使用，有利于企业开展促销活动。设计商标时，要考虑使商标制作在报纸杂志、电视电影、橱窗路牌、产品包装，以及灯箱、霓虹灯等宣传工具上操作起来都不困难。

(2) 适应国内外对象的爱好，避免禁忌。商标的文字、图形、颜色要注意到在营销所在国家和地区无不良含义和造成错觉之处。例如，在伊斯兰国家不使用与猪形象相近的熊猫作标志；在瑞士等国家，忌用黑色作商标的主色调或显著的色块。

(3) 适应国内外的商标法规，便于申请注册。各国都有各自的商标法和有关规定，都有各自的特殊要求。例如,西方发达国家对商标含有产品性质、功用、用料、质量的限制很严,如"永久"自行车商标,因其两字组合得有点像自行车的样子,就很难获准注册。

3. 艺术性

商标作为艺术品的一种,应给人们以美感,并吸引人们的注意。在商标的设计中,要运用艺术手法,讲究形式美。商标画面设计要注意现象的提炼、构图的精巧、色彩和空间的利用、黑白对比。商标的名称要响亮,要有深刻的含义。从艺术角度对商标设计的要求有:

(1) 针对消费者心理,启发联想。要求商标的设计寓意深刻,只有突出情感、文化等内涵的诉求,才能吸引受众。例如,"奇正藏药"的商标就是给人以联想,引人注意。

(2) 思想内容健康,无不良意义。例如,"交际花"、"黄金万两"等这类在旧中国出现的商标,应在禁止之列。一般情况下,贬义词也不使用。同时,避免含糊不清的简化词。

(3) 设计专有名称。现代企业中,流行不含意义的字母组合做商标,往往会给人留下深刻的印象。例如,美国柯达公司的"Kodak"商标名称,很多企业运用这一方法取得成功。

(四) 商标策略

商标策略是决策企业如何合理、有效地使用商标,即企业依据产品及内部、外部的影响因素,决定适当的商标策略。常用的商标策略有以下几种。

1. 商标有无策略

商标有无策略就是决定是否使用商标?一般有两种选择,即商标化策略和无商标策略。在市场经济条件下,一般产品都应使用商标,以利于增强产品的竞争力,培养商标的忠诚度和树立企业形象。但是,为节省商标的设计、广告和包装费用,降低产品的营销成本和销售价格,在下列情况下可以不用商标:① 同质性强的产品,如原油、钢材、棉花等;② 生产工艺简单的产品;③ 消费者习惯上不认牌选购的产品;④ 企业临时或不打算长期经营的产品。

2. 商标归属策略

如果企业采用商标化策略,紧接着就应决策使用谁的商标?在商标归属使用上可以选择以下策略。

(1) 使用制造商的商标。即制造商使用自己的商标,这是一种普遍使用的策略。因为产品的性能、质量是由制造商确定的,随着广告费用的投入和产品销售的扩大,牌子一旦打响,就会吸引更多顾客购买,中间商也乐于销售,因而绝大多数有能力的生产者都应尽可能使用自己的品牌。

(2) 使用中间商的商标。即由生产者将产品大批量地卖给中间商,再由中间商以自己的商标转售出去。对于生产者来说,采用这种策略主要是因为资金少、营销经验不足,无力经营品牌商标的产品;或是作为一种权宜之计,借助中间商的品牌声誉为产品打开销路,进入新的市场。对于中间商来说,采用这种策略可以控制供应商和产品的质量和价格;可以进一步培养顾客对中间商的品牌偏好,稳定和提高市场占有率。当然,中间商选择这种策略也需承担各种费用和风险,因此只有那些实力雄厚、控制能力强的大批发商、大零售商才能使用这种策略。

(3) 使用混合商标。即生产者将部分产品用自己的商标,部分产品用中间商的商标;或在产品上,同时挂上属于自己的商标和中间商的商标(联用)。这种策略比较灵活,可以适应不同的营销条件,也可以作为过渡性策略运用。

3. 商标统分策略

如果运用企业自己的商标,需要决策产品是统一使用一种商标呢,还是按品种、类别分别使用不同商标? 其主要策略有四种：

(1) 统一商标。即对企业的所有产品使用同一种商标,如美国的"GE"、日本的"松下"、我国的"长虹"都是使用统一商标。这种策略的主要优点是节省广告促销费用,加速新产品的推广,也有利于扩大品牌影响和强化企业形象。缺点是任何一种产品的失误都会影响其他产品,甚至整个企业的声誉。

(2) 个别商标。即对企业的各种不同产品分别使用不同的商标,如宝洁的洗发水分别用海飞丝、飘柔、潘婷、沙宣等商标,洗衣粉用汰渍、奥妙、宝莹等商标。这种策略的优点是将个别产品的成败与其他产品和整个企业的声誉区分开来,还可以以不同种类、不同档次的商标产品满足不同消费群体的需要。缺点是广告宣传费用大、成本高、力量分散,不利于创建名牌商标。

(3) 分类商标。即按产品类别或产品线分别使用不同的商标。这种策略介于统一品牌和个别品牌之间,能将不同类别的产品明显地区分开来,主要适用于经营产品类别多、性能和质量有较大差异的企业。

(4) 统一商标加个别商标。即对不同产品使用不同商标的同时,在每个商标上均冠以统一的商标或企业名称。例如,美国通用汽车公司生产的"凯迪拉克"、"别克"、"雪佛莱"等汽车前,都加上有"GM"字样的品牌商标；我国春兰集团生产的"春兰虎"、"春兰豹"、"春兰小松鼠"等,也属这种策略。采用这种策略既可区分各具特色的产品,又有利于建立和分享企业的声誉。

4. 商标延伸策略

就是利用成功的品牌商标声誉和潜在价值来推出新产品和新的产品系列,如"娃哈哈"从儿童专用营养液延伸到 AD 钙奶、八宝粥、纯净水等。商标延伸可以加快新产品的推广,节省宣传促销费用,也有利于扩大原品牌商标的影响力。

三、包装策略

随着现代流通的发展,作为产品实体重要组成部分的包装,在营销中占有重要的地位。大多数企业把包装视为产品策略中的重要内容。

(一) 包装及其作用

1. 包装的概念

包装是指将产品盛放在某种容器或包扎物内。包装是产品生产的延续,产品只有经过包装才能进入流通领域实现交易。

包装通常分为两个层次：第一层次是内包装,也称销售包装。即直接与产品接触的盒、瓶、罐、袋等包装,主要是为便于陈列、销售、携带和使用。第二层次是外包装,也称运输包装。即加在内包装外面的箱、桶、筐、袋等包装,主要是为了保护产品和方便储存及运输。

此外,标签也是包装的一部分,它可以单独附在包装物上,也可以与包装物融为一体,用以标记产品的商标标志、质量等级、生产日期、使用方法;食品、药品等产品,还要标明保质期、有效期;有些标签还印有彩色图案或实物照片等信息,以促进产品的销售。

2. 包装的作用

随着市场经济的发展和科学技术的进步,特别是现代零售业的迅速发展,包装对产品销售的重要性与日俱增。在现代市场营销活动中,包装的作用主要表现在以下几个方面。

(1) 保护产品,便于储运。这是包装最基本的作用。在产品从生产者转移到消费者手中,被消费者消耗的过程中,良好的包装可以防止产品的毁坏、变质、散落、被窃等。不包装的产品是难以进行储存和运输的,有些产品则有一定的危险性,如易燃、易爆、有毒等,必须要有严密良好的包装才能储运。此外,整齐的包装方便储运时的点检等管理工作。

(2) 美化产品,促进销售。在现代市场营销中,包装已被越来越多的企业作为产品增光添彩、宣传企业形象、促进和扩大销售的重要因素之一。因为在销售过程中,首先进入消费者视觉的往往不是产品本身,而是产品的包装。新颖、美观的包装更能引起消费者的注意,因而成为"无声的推销员"。一个优质产品如果没有一个精美的包装相配,就会降低"身价",削弱竞争能力,企业也就难以提高经济效益。

(3) 方便使用,指导消费。根据不同消费者的习惯和要求,对不同的产品进行合理包装,能方便消费者使用。同时,对有关产品的构成成分、性能特点、用途功效、用法用量、注意事项、体积重量、质量等级、保存方法、生产日期和厂名地址等,在包装上用文字、图形作介绍说明,对指导消费者正确地操作和使用带来方便。另外,包装上的条形码是产品的"身份证",它不仅能方便产品的管理和销售,而且能防止消费者误购假冒伪劣产品。

(二) 包装的设计原则

包装是产品的"外衣",具有宣传产品、促进销售的功能。不同的产品,有不同的包装设计要求,但都应遵循一定的基本原则。

1. 安全原则

安全是包装设计最基本的原则,在包装过程中,所选择的包装材料以及包装物的制作,都必须适合被包装产品的物理、化学、生物性能,以保证产品不损坏、不变质、不变形、不渗漏、不串味,还要保护环境安全。

2. 印象原则

产品包装要充分显示产品的特色和风格,造型新颖别致、图案生动形象,在众多的产品中具有强烈的标志感受和艺术性,给人留下深刻、美好的印象。高档商品和艺术品的包装要烘托出其高贵、典雅的气氛,一般的低价商品也要精心设计、巧妙打扮,使人感到其价廉物美、与众不同。

3. 沟通原则

包装要准确、鲜明、直观地传递产品的信息,并能显示含义、引起联想。包装的文字与图案说明要全面反映产品的各项属性,便于顾客了解、比较和选择。

4. 经济原则

包装材料的选择务求安全、牢固、价低,内部结构科学、合理,外观形状美观、大方,既能保护产品,又无副作用,也不致造成成本过高,加重消费者不必要的负担。尤其要防止出现小商品大包装和低价商品豪华包装的浪费现象。

5. 信誉原则

企业应从维护消费者利益出发,尽量采用新材料、新技术,为消费者着想,给消费者方便,树立企业良好的信誉。杜绝在包装上弄虚作假、欺骗蒙蔽等损害消费者利益的不道德行为。

6. 尊重宗教信仰和风俗习惯

在包装设计中,必须尊重各国和各地区本土文化对包装的要求。包装的颜色、图案和文字不能有损消费者宗教情感和本地的风俗习惯。

(三)包装策略

一个好的包装,不仅有赖于独特创新的设计,还要使用正确的策略方法,才能有效地促进销售。常用的包装策略主要有以下几种。

1. 类似包装

亦称统一包装,是指企业所有产品的包装,采用共同或相似的图案、标志和色彩等。这种策略的优点是可以壮大企业的声势,扩大影响,促进销售。同时,可以节省包装成本。这种策略一般只适用于质量水平大致相当的产品,如果企业产品之间的差异过分悬殊,则不宜采用这种策略。

2. 组合包装

是指按人们消费的习惯,将多种有关联的产品组合装置在同一包装物中,如化妆品、节日礼品盒、工具包等。这种策略有利于顾客配套购买、方便使用,满足消费者的多种需要,也有利于企业扩大销售。如果新老产品包装在一起,还可以以老带新,减少新产品的推广费用。但不能把毫不相干的产品搭配在一起,更不能乘机搭售积压或变质产品,坑害消费者。

3. 再使用包装

亦称双重用途包装,是指原包装内的商品用完后,包装物还能移作其他用途,如盛装产品的包装袋可以作为手提袋。这种策略能引起顾客的购买兴趣,使顾客得到额外的使用价值。同时,包装物在再使用过程中,还能起到广告宣传作用。但这种包装成本较高,实施时需权衡利弊,防止本末倒置。

4. 附赠品包装

是指在包装物内附赠物品或奖券。这种策略是利用顾客好奇和获取额外利益的心理,吸引其购买和重复购买,以扩大销量,对儿童用品、玩具及食品等较为适宜。

5. 改变包装

这是指对原产品包装进行某些相应的改进或改换。包装与产品本身一样,也需不断创新。在消费者眼中,不同的包装意味着不同的产品,更新包装可以起到促销的作用。当原产品声誉受损,销售量下降时,通过变更包装,可以以新形象吸引消费者的注意力,又可以改变产品在消费者心目中的不良形象,制止销量下降,保持市场占有率。但也要注意，轻易改变顾客习惯识别的优质名牌产品包装，只会对企业带来不利影响，故需慎重抉择。

四、服务策略

随着科学技术的不断向前发展，产品的科技含量越来越高，技术性能日益复杂化，产品在其销售前后，或被消费者使用的过程中，需要厂商提供相应的服务。因此，服务是消费者购买决策中考虑的一个重要因素，众多工商企业都纷纷打出服务品牌以取悦顾客，把服务视作实施差别化战略、提高企业竞争力的武器。

（一）服务的概念

1. 服务定义

所谓服务，是指一种特殊的无形活动，它向顾客和用户提供所需的满足感。随着服务经济的兴起和市场环境的剧变，服务的内涵和外延也在不断扩大。服务应理解为：① 服务是一个过程或一项活动；② 服务是为目标顾客或工业用户解决问题的，是对他们提供利益的保证和追加；③ 服务的核心是让被服务者感到满足和愉悦；④ 服务领域需要不断开拓和创新。

2. 服务特征

根据现代市场营销对服务的研究，服务具有四个最基本的特征。① 无形性。服务在很大程度上是无形的和抽象的，特别是产品延伸服务，它是依附于产品实体的，顾客（客户）在享受服务之前是无法看见、听见或触摸到它的。② 不可分离性。服务活动的过程与被服务者的接受同时进行，服务产生的同时，也是被服务者消费的开始；服务结束，消费亦即结束，两者无法分离。③ 可变性。服务的构成及其质量水平经常变化，差异性很大，很难有统一的固定标准。服务可变性原因很多，既有服务者自身的因素，又有被服务者的因素，还有社会环境因素，以及服务时间、地点等变动因素的影响。④ 不可贮存性。服务不可能被贮存，留作下次再使用。

3. 服务类型

从广义角度来研究，服务可以划分为两大基本类型：一类是服务产品，以这些服务本身来满足目标顾客需求的活动，如餐饮业、电信业、教育产业、医疗卫生、旅游业等；另一类是服务功能，是产品的延伸性服务，如出售计算机时附带安装、培训等服务。整体产品策略研究的是服务功能。

服务功能又称产品支持服务，它是专指为支持实物产品的销售，而向顾客提供的附加服务。产品支持服务的内容非常广泛，如果以提供服务的时间来分类，可分为以下三种：① 售前服务。指产品销售之前向顾客提供的服务，如设计、咨询、产品介绍等。② 售中服务。指销售过程中提供的服务，包括顾客接待、帮助顾客挑选产品、产品操作使用的示范表演等。③ 售后服务。指产品售出后向顾客提供的服务，包括送货上门、安装、调试、维修、培训等。

（二）服务功能的作用

随着科学技术的不断向前发展，服务功能在现代营销中的地位和作用日趋重要。企业在市场营销活动中，注重服务功能研究和服务策略决策的理由就在此。服务功能的具体作用表现在以下几方面。

1. 适应产品技术性能复杂化的要求

科学技术的不断进步,使得产品技术含量不断提高,对产品的服务功能提出了更高的要求。高科技产品的使用日趋复杂化,需要厂商对目标顾客提供相关安装、调试、及时培训,指导消费等现代服务。产品的安装、维护也需要能够掌握专门的知识和使用专门的工具,实施现代服务。

2. 维护消费者利益,争取重复购买

企业为了赢得顾客忠诚,为了争取重复购买也竞相推出各项服务。比如顾客购买某种化妆品后,企业指派专人向顾客详细介绍产品的使用方法,并立即为顾客提供免费美容服务,这就不仅对顾客提供了利益保证,而且进行了利益追加,取悦于顾客,诱导顾客下次光顾。

3. 提高企业竞争能力

在产品品种、规格、性能、价格等方面越来越接近的情势下,服务作为一种非价格竞争手段,在增强企业竞争力方面发挥着日益重要的作用。在当代社会,服务深入到每一个角落,哪个厂商提供的服务与同行相比略有领先,就能赢得消费者的心。

(三) 服务策略

日本松下公司已故领导人松下幸之助认为,不论多么好的商品,如果服务不完善,顾客就无法得到真正的满足。有时在服务方面的缺憾,会引起顾客的强烈不满,从而影响产品的信誉。从某种意义上讲,产品的服务比产品的生产和销售更为重要。营销服务策略可以从以下三个方面进行决策。

1. 服务领域的开拓

在现代营销中,企业要通过市场调研,了解顾客的服务需求,开拓服务领域,制定相应的服务策略。① 服务项目的开拓。根据产品自身特性和顾客要求,开拓相应的服务项目。例如,免费送货和上门维修这两个服务项目,对家具、家用电器等选购品来说,显得十分重要;购买日用品,方便、省时、便捷、热情周到的服务,则受到消费者欢迎。② 服务形式的开拓。企业应根据顾客要求和竞争者的策略,决定现代服务的两个重要问题:一是服务费用的支付,可选择有偿或免费;二是服务提供的形式,可由企业直接负责,也可委托他人提供或由经销商提供。但是,不管采取什么样的服务方式,都应该以顾客满意为原则。

2. 服务水平的提高

服务水平越高,顾客满意度也越高,从而可赢得较高的顾客忠诚,就有可能实现较高的重复购买。服务水平的提高,要求企业作出一定的人力、物力、财力的投入,因而会增加销售费用。因此,企业要根据实际情况,在服务水平、销售量和销售费用之间找到一个最佳结合点。

服务水平提高表现在以下几方面:① 时间上的迅速性。为顾客和客户节约时间成本,对顾客反映的问题能迅速、及时给予解决,顾客和客户就会满意。② 技术标准化和全面性。提供服务的质量标准,如服务网络的设置、服务技能和设备、服务程序、服务方法等都能适应和方便顾客和客户的需要,切实帮助顾客和客户排忧解难。③ 服务过程亲和性。服务人员的仪态、仪表要端庄,精神要热情饱满,态度要和蔼可亲,使被服务者感受到亲切安全。④ 语言和行为的规范性。服务语言要文明礼貌,行为举止要规范,让顾客和客户感受到服务人员的高素质,加深对企业的良好印象,从而提高企业的美誉度。

3. 服务方式的创新

在现代营销活动中,服务方式在不断创新。目前,企业营销中关注实施的服务形式有:

(1) 服务承诺。即在商品售出前或售出时,对将来必须给目标顾客提供的服务用书面的形式加以确定。企业承诺的服务,一定要兑现。同时,企业承诺服务一定要实事求是,暂时无条件达到的标准,不要轻易允诺。

(2) 电话服务。通过向广大用户开通 24 小时热线电话,收集客户投诉信息并转交有关部门,对客户所需服务进行分类。然后根据不同情况,采取上门服务或请专家电话指导用户排除相关故障。

(3) 网上服务。随着 Internet 技术的深入发展,网上服务以其快捷、方便、及时而得到了广泛应用。例如,企业通过开设电子信箱,收集顾客投诉;设立专门的服务网站,向用户提供各种支持和咨询。

(4) 注册服务品牌。随着服务竞争的不断加剧,为了进一步规范服务,对顾客提供统一标准的服务,出现了服务品牌。主要形式表现为企业服务品牌和个人服务品牌。企业服务品牌是指以企业的名义注册的一种规范化的服务,如 IBM 的蓝色快车、江苏熊猫集团的"金手指"服务品牌,都属于企业服务品牌;另一种是个别服务人员注册的个人服务品牌,如上海华联商厦推出的"买相机找王震"、"布置温馨家居,帼玲为你服务"、"张佩华服务到家"等三大个人服务品牌。

第二节　产品组合策略

现代企业为了满足目标市场的需求,扩大销售、分散风险,往往生产或经营多种产品。那么,究竟生产经营多少种产品才算合理,这些产品应当如何搭配,才能做到既满足不同消费者的需求,又使企业获得稳定的经济效益。企业营销需要对产品结构进行研究和选择,根据企业自身能力条件,确定最佳的产品组合。

一、产品组合的概念

产品是一个复合的、多维的、整体的概念。企业营销要设计一个优化的产品组合方案,首先要明确产品组合及其有关几个概念。

(一) 产品组合、产品线和产品项目

1. 产品组合

是指一个企业生产经营所有产品线和产品品种的组合方式,即全部产品的结构。产品组合通常由若干条产品线组成。

2. 产品线

也称产品系列或产品大类,是指在功能上、结构上密切相关,能满足同类需求的一组产品。每条产品线内包含若干个产品项目。

3. 产品项目

是指产品线中各种不同品种、规格、型号、质量和价格的特定产品。产品项目是构成产品线的基本元素。例如,某企业生产电视机、电冰箱、空调器和洗衣机4个产品系列,即有4条产品线。其中,电视机系列中的29英寸彩色电视机就是一个产品项目。

(二) 产品组合的广度、深度和关联性

1. 产品组合的广度

是指一个企业生产经营的产品系列的多少,即拥有产品线的多少。产品线多,则产品组合广度宽;少则窄。

2. 产品组合的深度

是指企业的每条生产线中产品项目的多少。产品项目多,则产品组合深度长;少则短。

3. 产品组合的关联性

是指企业各条产品线在最终使用、生产条件、分销渠道或其他方面的相关程度。例如,一个企业生产牙膏、肥皂、洗涤剂、除臭剂,则产品组合的关联性较大;若这个企业同时又生产服装和儿童玩具,那么,这种产品组合的关联性就很小。

不同的产品组合的广度、深度和关联性,构成不同的产品组合方式。因此,企业的产品组合就是由这三个因素来描述的。表10-1是某企业的产品组合关系。

表 10-1 某企业产品组合关系

		产 品 组 合 深 度
产品组合广度	A	a_1、a_2、a_3、a_4、a_5、a_6
	B	b_1、b_2、b_3
	C	c_1、c_2、c_3、c_4、c_5
	D	d_1、d_2、d_3、d_4
	E	e_1、e_2
	F	f_1、f_2、f_3、f_4、f_5、f_6、f_7

在表10-1中,该企业产品组合的广度是6条产品线,27个产品项目,产品组合平均深度为4.5(产品项目数÷产品线数)。可见,产品组合广度,表示企业生产经营的产品种类的多少和范围大小;产品组合平均深度,表示企业生产经营的产品品种多少和复杂程度高低;产品组合关联性,表示企业生产经营的产品之间相关性大小,以及对企业经营管理要求的高低。

二、优化产品组合的分析

优化产品组合的过程,通常就是分析、评价和调整现行产品组合的过程。由于产品组合状况直接关系到企业销售额和利润水平,企业必须对现行产品组合的未来销售额和利润水平的发展和影响作出系统的分析和评价,并对是否加强和剔除某些产品线或产品项目作出决策。

优化产品组合包括两个重要步骤。

第一,分析、评估现行产品线上不同产品项目所提供的销售额和销售利润水平,即产品线销售额和利润分析。图10-2所示是一条拥有5个产品项目的产品线。

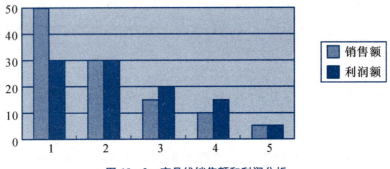

图10-2 产品线销售额和利润分析

在图10-2中,第一个产品项目的销售额和利润,分别占整个产品线销售额和利润的50%、30%;第二个产品项目的销售额和利润,均占整个产品线销售额和利润的30%。如果这两个项目突然受到竞争者的打击或市场前景疲软,产品线的销售额和利润就会迅速下降。因此,在一条产品线上,如果销售额和盈利高度集中在少数产品项目上,则意味着产品线比较薄弱。为此,公司必须仔细地加以保护,并努力发展有良好前景的产品项目。最后一个产品项目的销售额和利润只占整个产品线销售与利润的5%,如无发展前景,可以剔除。

第二,分析产品线上的各产品项目与竞争者同类产品的对比状况,即产品线市场轮廓分析。目的是全面衡量各产品项目与竞争产品的市场地位。

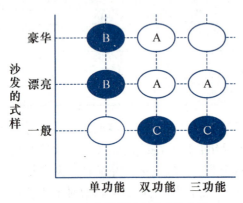

图10-3 产品项目市场定位分析

譬如,A家具公司的一条产品线是沙发。顾客对沙发最重视的两个属性是沙发的款式和功能。款式分为豪华、漂亮、一般3个档次,功能分为单功能(只能坐)、双功能(能坐也能睡)、多功能(坐、睡和储藏)。A公司有两个竞争者,B公司生产两种沙发:豪华和漂亮的单功能沙发,C公司也生产两种沙发:一般的双功能沙发和一般的多功能沙发。A公司根据市场竞争状况,权衡利弊,决定生产3种沙发:豪华双功能沙发、漂亮双功能沙发和漂亮多功能沙发。因为这3个市场位置没有竞争者,如图10-3所示。

从图10-3可以看出,仍有两个市场空白点。各公司没有生产的原因,可能是目前生产这种沙发的费用太高,或者消费需求不足,经济上暂无可行性等。可见,进行产品项目生产位置的分析,对于企业了解整个产品线不同产品的竞争状况,以及发展产品线的市场机会具有重要意义。

三、产品组合策略

产品组合策略是指企业根据市场需求和自身能力条件,确定生产经营项目和范围的决策。产品组合策略也就是企业对产品组合的广度、深度和关联性方面,进行选择、调整的决策。企业在制定产品组合策略时,应根据市场需求、企业资源、技术条件、竞争状况等因素,经过科学分析和综合权衡,确定合理的产品结构。同时,随着市场因素的变化,适时地调整产品组合,尽可能使其达到最佳化,为企业带来更多的利润。可供选择的产品组合策略一般有以下几种。

(一) 扩大产品组合策略

扩大产品组合策略包括拓展产品组合的广度和加强产品组合的深度。

1. 拓展产品组合的广度

这是指在原产品组合中增加产品线,扩大经营范围。当企业预测现有产品线的销售额和利润率在未来一两年内可能下降时,就应考虑在现有产品组合中增加新的产品线。即增加具有发展潜力的产品线,弥补原有产品线的不足。扩大产品组合的广度,有利于扩展企业的经营范围,实行多角化经营,可以更好地发挥企业潜在的技术和资源优势,提高经济效益,并可以分散企业的投资风险。在实施扩大产品组合广度策略时,要注重产品组合关联度研究,尽量选择关联度强的产品组合,这样可以增强企业在某一特定的市场领域内的竞争力和知名度。

2. 加强产品组合的深度

这是指在原有的产品线内增加新的产品项目,增加企业经营的品种。增加产品组合的深度,可以占领同类产品更多的细分市场,满足更广泛的市场需求,可以增强产品的竞争力。根据消费需求的变化,企业应该及时发展新的产品项目,增加产品项目可以通过发掘尚未被满足的那部分需求来确定。

(二) 缩减产品组合策略

缩减产品组合是指在原产品组合中缩短产品线和减少产品项目,减少经营范围。市场繁荣时期,较长、较宽的产品组合会为企业带来更多的盈利机会。但当市场不景气或原料、能源供应紧张时,缩减产品组合反而会使总利润上升。这是因为从产品组合中剔除了那些获利很少,甚至亏损的产品线或产品项目,使企业可以集中力量发展那些获利多、竞争力强的产品线和产品项目。

(三) 产品线延伸策略

产品线延伸是指部分或全部地改变企业原有产品线的市场定位。每一个企业生产经营的产品都有其特定的市场定位。例如,生产经营高级豪华的产品定位在高档市场,生产经营大众化的产品定位在低档市场,介于两者中间的产品定位在中档市场。产品线延伸策略可以分为以下三种。

1. 向下延伸

是指把企业原来定位于高档市场的产品线向下延伸,在高档产品线中增加中低档产品项目。这种策略通常适用于下列几种情况:① 利用高档名牌产品的声誉,吸引购买力水平较低的顾客,慕名购买这种产品线中的中低档产品;② 高档产品的销售增长速度下降,市场范围有限,且企业的资源设备利用不足;③ 企业最初进入高档产品市场的目的是建立品牌信誉,树立企业形象,然后再进入中低档产品市场,以扩大销售增长率和市场占有率;④ 补充企业产品线上的空白,以填补市场空缺或防止新的竞争者进入。实行这种策略会给企业带来一定的风险,如果处理不慎,很可能影响企业原有产品的市场形象及名牌产品的声誉。

2. 向上延伸

是指原来定位于低档产品市场的企业,在原有的产品线内增加中高档产品项目。这种策略通常适用于下列几种情况:① 中高档产品市场具有较高的销售增长率和毛利率;② 企业的技术设备和营销能力已具备进入高档市场的条件;③ 为了追求高中低档完备的产品线;④ 以较先进的产品项目来提高原有产品线的地位。采用这种策略的企业也要承担一定的风险,因为要改变产品在消费者心目中的地位是相当困难的,如果决策不当,不仅难以收回开发新产品项目的成本,还会影响老产品的市场声誉。

3. 双向延伸

是指原定位于中档产品市场的企业,在掌握了市场优势以后,将产品项目逐渐向高档和低档两个方向延伸。这种策略在一定条件下有助于扩大市场占有率,加强企业的市场地位。但双向延伸策略在具体的实施中有相当的难度,需要企业具有足够的实力。

第三节　产品市场生命周期策略

企业产品在市场上的销售情况及获利能力,是随着时间的推移而发生变化的。这种变化的规律就像人和其他生物的生命一样,产品在市场上也经历了从诞生、成长到成熟,最终走向衰亡的过程。在产品市场生命的每一个阶段,有它不同的特点。因此,企业要根据产品生命的不同阶段制定相应的营销策略。

一、产品市场生命周期的概念

所谓产品市场生命周期,是指产品从投入市场开始,到退出市场为止所经历的全部时间。产品退出市场,并非是其本身质量或其他方面的原因,而是由于市场上出现了同种类型、同种用途的新产品,使老产品逐渐失去魅力,最终被市场淘汰。

产品的市场生命与产品的自然生命是两个不同的概念。产品的自然生命,即产品的使用寿命,是一种产品从开始使用到其使用价值完全丧失的过程。产品自然生命的长短,取决于消费过程的方式(如使用频率、使用强度、维修保养状况等)和时间,以及自然力的作用等因素。产品的市场生命是指产品在市场上的延续时间。产品市场生命的长短,取决于产品的性质和用途、消费习惯和民族特点、科技进步速度、市场竞争情况、国民收入水平等。产品的市场生命与自然生命之间没有必然的、直接的联系。有的产品自然生命很短,但市场生命却很长;有的产品自然生命很长,但市场生命却很短。由于产品的具体情况不同,其生命周期的长短也不一致,有的跨越世纪,有的昙花一现。从总的趋势看,随着科学技术的加快发展,产品生命周期日益缩短。

产品市场生命周期既可指某一种类的产品生命周期,也可指某一品种或某一品牌的产品生命周期,其中产品种类的市场生命周期最长。由于受人口、经济因素的影响,其周期变化较难预测。有些产品种类几乎可以无限期地延续下去,研究其生命周期意义不大;而产品品种的市场生命周期往往与企业的决策因素及品牌知名度有关,通常不太规则;只有产品的具体品种的市场生命周期比较典型,发展变化也有一定规律。因此,我们主要研究产品品种的市场生命周期。

二、产品市场生命周期各阶段的特征和营销策略

产品市场生命周期具有多种多样的形态。人们在长期的实践中,总结了各种不同产品在市场上的活动规律后,根据产品在市场中的变化趋势,以时间为横坐标、以销售为纵坐标,把产品生命周期的变化过程绘制成一条曲线,并将其划分为引入期、成长期、成熟期、衰退期四个阶段,如图 10-4 所示。

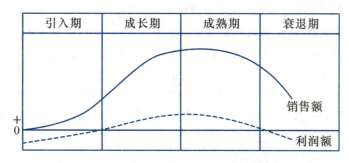

图 10-4 产品市场生命周期的四个阶段

企业营销要求在产品市场生命周期的不同阶段,了解其阶段特征,采取相应的营销策略,有利于企业适应市场的变化,增强企业的市场竞争能力。

(一)引入期的特征和营销策略

(1)引入期的特征。引入期是指新产品试制成功,进入市场试销阶段。这一阶段的主要特征是:① 只有少数企业生产,市场上竞争者较少;② 消费者对新产品尚未接受,销售量增长缓慢;③ 需做大量广告宣传,推销费用大;④ 企业生产批量小,试制费用大,产品成本高;⑤ 产品获利较少或无利可图,甚至亏损。

(2)引入期营销策略的重点。根据上述特征,企业营销策略的重点,主要突出一个"快"字,应使产品尽快地为消费者所接受,缩短产品的市场投放时间,扩大产品销售,迅速占领市场,促使其向成长期过渡。

企业营销的主要手段是广告和促销:① 千方百计使人们熟悉了解新产品,扩大对产品的宣传,建立产品信誉。这一阶段企业要承担较多的广告费用。② 运用现有产品辅助

发展方法,用名牌产品提携新产品。例如,荣事达公司利用荣事达洗衣机已形成的品牌效应,推出荣事达冰箱。③ 采取试用的方法,如试用、试听、试穿、试尝,这些方法在国外比较普遍。最近,在我国生产资料市场上开始采用这种方法,有些设备可先试用,再结算,不满意可以退货,不少企业由此而取得营销的成功。④ 刺激中间商积极推销新产品,给经营产品的批发商、零售商加大折扣。

企业营销在具体运用广告和促销手段中,可以考虑以下营销策略。

1. 快速取脂策略(高价高促销)

是指企业以高价格配合大规模的促销活动,将新产品投放市场。其目的是为了使消费者尽快了解产品,先声夺人,迅速打开销路,占领市场,在竞争者尚未作出反应前,就收回投资,并获取较高利润。这种策略适用的市场环境是产品品质优势明显,性能功效特殊,具有较大的潜在需求量;大多数消费者对该产品还缺乏了解,一旦了解后愿意出高价购买;市场上很少有其他替代产品,但企业面临着潜在的竞争对手,希望尽快在消费者中提高产品的知名度。

2. 缓慢取脂策略(高价低促销)

是指企业为早日收回投资,仍以高价格推出新产品,但是为了降低销售成本,只进行适度的促销活动。目的是以较少的支出,获取较多的利润。这种策略适用的市场环境是产品的销售面较窄,市场容量有限;大多数消费者已对该产品有所了解,对价格的反应不太敏感;产品工艺和技术复杂,潜在竞争对手较少。

3. 快速渗透策略(低价高促销)

是指企业以低价格推出新产品,使尽可能多的消费者认可和接受,同时,通过大规模的促销活动,刺激更多人的购买欲望。目的是为了获得最高的市场份额。这是新产品进入市场最快、效果最好的一种策略,适用的市场环境是市场容量大,企业有望通过大批量生产和销售,实现规模经济,降低成本、提高效益;消费者对该产品不甚了解,对价格反应比较敏感;潜在竞争对手多,且竞争激烈。

4. 缓慢渗透策略(低价低促销)

是指企业以低价格和有限的促销活动方式,推出新产品。低价是为了促使消费者迅速地接受该产品,低促销则可以节省费用、降低成本,弥补低价格造成的低利润或亏损。这种策略适用的市场环境是产品销售面广,市场容量大;消费者对该产品易于了解或已经了解,并且对其价格十分敏感;存在着相当多的潜在竞争者。

(二) 成长期的特征和营销策略

成长期是指产品经过试销取得成功后,转入批量生产和扩大销售阶段。这一阶段的特征是:① 消费者对产品已经熟悉并接受,销售量迅速上升,一般来说销售增长率超过10%;② 产品已基本定型,生产规模扩大,产品成本下降,企业利润不断增加;③ 同行业竞争者纷纷介入,竞争趋向激烈。

产品进入成长期后,企业营销策略的重点,主要突出一个"好"字,强化产品的市场地位,尽可能提高销售增长率和扩大市场占有率。具体可采取以下几种营销策略。

1. 提高产品质量,扩充目标市场

在产品成长期,企业应把保持和提高产品质量放在首要位置,因为这是影响产品生

命周期长短的关键所在。有些企业的产品刚上市时质量不错,一旦大批量销售后质量明显下降。这种自断产品前程的做法,已被无数实践证明,遭受损害的最终是企业自身的利益。随着产品销售量的上升,企业还应及时提供各种有效的服务,尽可能全面地满足消费者的要求,以巩固和扩大市场。

企业还应增加花色品种,扩充目标市场。要研究市场,进行市场细分,推出多种包装、不同性能和款式的产品适应目标市场的需求,增强市场吸引力。

2. 适当降价,吸引更多顾客购买

在批量生产、成本下降的基础上,根据市场竞争情况,选择适当时机降低产品价格,既能吸引更多顾客购买,又可防止大批竞争者介入。

3. 加强分销渠道建设

加强与中间商的合作,巩固原有的分销渠道。根据市场扩展需要,增加新的分销渠道,进入有利的新市场,扩大产品销售网络,做到保证供应、方便购买。

4. 突出产品宣传重点

广告宣传的重点应从产品的知晓度转入产品知名度、美誉度的宣传。重点介绍产品的独特性能和相对优点,树立企业和产品的良好形象,争取创立名牌,培养消费者对产品的信任感和偏爱性。

(三) 成熟期的特征和营销策略

成熟期是指产品经过成长期,销售量增长速度明显减缓,到达峰点后转入缓慢下降的阶段。这一阶段的主要特征是:① 产品的工艺、性能较为完善,质量相对稳定,产品被大多数消费者所接受;② 市场需求趋于饱和,销售量增幅缓慢,并呈下降趋势,一般来说销售增长率在1%—10%;③ 企业利润达到最高点,随着销售量的下降,利润也开始逐渐减少;④ 市场上同类产品企业之间的竞争加剧。

在产品成熟期,企业营销策略的重点,主要突出一个"改"字,要采取各种措施,千方百计延长产品生命周期。具体可采取以下营销策略。

1. 开发新的目标市场

企业要为老产品积极寻找尚未满足的需求,开发国内外新的目标市场。针对新的目标市场,转移产品新的发展方向;增加产品新的用途,创造产品新的消费方式,从而延长产品的成熟期。

2. 改革产品,扩大产品销量

企业通过对产品的性能、品质、花色、造型等方面的改革,满足老顾客的新需求,并能吸引新顾客购买,从而扩大销售量,延长成熟期。甚至打开销售停滞的局面,使销售量重新上升,出现再循环的局面。

3. 加强产品促销的力度

企业要加强促销活动,刺激消费者购买。主要通过降低价格、扩大销售渠道、增加服务项目和采取新的促销形式等方法,赢得更多的顾客购买,延长产品的生命周期。

(四) 衰退期的特征和营销策略

衰退期是指产品经过成熟期,逐渐被同类新产品所替代,销售量出现急剧下降趋势的阶段。这一阶段的主要特征是:① 产品销售量由缓慢下降变为迅速下降,销售增长率出现了负增长；② 消费者对该产品的兴趣已完全转移到新产品上；③ 产品价格已降到最低点，多数企业无利可图，竞争者纷纷退出市场。

产品一旦进入衰退期，从战略上看已经没有留恋的余地。营销策略的重点，主要突出一个"转"字，应积极开发新产品取代老产品。同时，还要根据市场的需求情况，保持适当的生产量以维持一部分市场占有率，并作好撤退的准备。具体可采取以下策略。

1. 维持策略

是指继续沿用过去的营销策略，仍保持原有的细分市场，使用相同的分销渠道、定价及促销方式，将销售量维持在一定水平上，待到时机合适，再退出市场。这种策略适用于市场上对比产品还有一定需求量，生产成本较低和竞争力较强的企业。

2. 收缩策略

是指大幅度缩减促销费用，把企业产品销售集中在最有利的细分市场和最易销售的品种、款式上，以求获取尽可能有的利润。

3. 放弃策略

对于大多数企业来说，当产品进入衰退期已无利可图时，应当果断地停止生产，致力于新产品的开发。但企业在淘汰疲软产品时，到底采取立即放弃、完全放弃还是转让放弃，应慎重抉择、妥善处理，力争将企业损失减小到最低限度。

第四节　新产品开发策略

随着科学技术和社会经济的迅速发展，产品更新换代越来越快，产品生命周期越来越短，市场竞争也越来越激烈。这种现实迫使企业不断开发新产品，以创新求发展。从短期看，新产品的开发和研制是一项耗资巨大且风险极大的活动。但从长远看，新产品的推出能使企业开拓新的市场、扩大产品销量、带来丰厚利润和增强市场竞争力。因此，有远见的企业经营者，把新产品开发看作企业营销的一项具有战略性的重要策略。

一、新产品概述

市场营销学中的新产品含义与科技开发中的新产品含义并不完全相同，其内容要广泛得多。市场营销理论是从"产品整体概念"角度出发，强调消费者的观点，对新产品的定义是：凡是消费者认为是新的，能从中获得新的满足、可以接受的产品都属于新产品。根据这一理解，新产品可以分为以下几种。

1. 全新产品

是指科技型新发明的产品，是指采用新原理、新技术及新材料研制成功的前所未有的产品。这种产品往往代表了科学技术发展史上的一个新突破，甚至将改变人们的生活习惯和生活方式。例如，打字机、电话、汽车、飞机、尼龙、电视机、复印机、电子计算机等，就是19世纪60年代到20世纪60年代之间世界公认的最重要的新产品。每个新产品的诞生，都是科学技术的一项重大发明创造，因而极为难得，这不是一般企业能够胜任的。因为一个完全创新产品的出现，从理论到应用，从实验试制到组织大批量生产，不仅时间过程长,而且投资代价大。

2. 换代产品

是指在原有产品的基础上,利用现代科学技术制成的具有新的结构和性能的产品。例如,黑白电视机革新为彩色电视机;电子计算机从最初的电子管,经历了晶体管、集成电器、大规模集成电路几个阶段,发展到现在的人工智能电脑。开发换代新产品较开发全新产品,技术上难度降低,效果好且风险小。

3. 改进产品

是指对原有产品在品质、性能、结构、材料、花色、造型或包装等方面作出改进,而形成的产品。这种新产品与原有产品差别不大,往往是在原有产品的基础上派生出来的变型产品。例如,自行车由单速改进为多速,牙膏由普通改为药物。这是企业较容易开发的新产品,因此其发挥余地大,竞争也相对激烈。

4. 仿制产品

是指对市场上已有产品进行模仿或稍作改变,而使用一种新牌号的产品。这种产品对较大范围的市场而言,已不是新产品,但对本地区或本企业来说,则可能是新产品。我国企业引进先进技术和设备,生产国外市场已经存在,而国内市场还没有出现的产品,或者模仿生产从国外进口的产品和国内其他企业生产的产品,就属于仿制新产品。由于市场上有现成的样品和技术可供借鉴,为仿制产品提供了有利的客观条件。企业根据市场需求和自身条件,模仿生产某些有竞争力的新产品,能缩短开发时间、节省研制费用、提高产品质量。但应注意,仿制产品不能完全照搬、照抄,应对原有产品尽可能有所改进,突出某些方面的特点,以提高产品的竞争力。另外,要妥善处理好产品的专利权和技术转让问题,防止发生违法行为。

以上四种新产品尽管"新"的角度和程度不同,科技含量相差悬殊,但都有一个共同特点,就是消费者在使用时,认为它与同类产品相比具有特色,能带来新的利益和获得更多的满足。

二、新产品开发的意义

开发新产品是企业优化产品结构和增强竞争能力的重要途径。新产品的开发体现了一个企业的创新能力,是企业核心竞争力的展示,也是贯彻现代营销观念的核心思想——满足消费者不断变化需求的具体体现。在科学技术迅猛发展,市场竞争日益激烈的今天,新产品开发对于社会进步、企业发展和满足消费者需求,都有着重要意义。

(一) 新产品开发是推动社会进步,促进生产力发展的重要条件

新产品开发,尤其是全新型新产品的出现,是科学技术进步和社会生产力发展的结果。新产品的出现又可以进一步促进科学技术和社会生产力的发展,推动社会不断前进。因为有些新产品本身就是先进生产力的要素,人们利用这些要素可以取得科学技术的更大进步,生产效率的更快提高。

(二) 新产品开发是满足消费需求,提高企业效益的根本途径

市场消费需求是变化的,不断产生新的消费需求,这为企业提供了新的市场、新的获利机会。随着社会经济的发展,消费者的购买力水平不断提高,生活质量日益改善,消费

需求的个性越来越突出，消费需求的变化周期也越来越短。这些市场变化，都要求企业不断地开发新产品，来适应消费需求新的变化，从而来扩大企业市场销售，提高企业盈利水平。

（三）新产品开发是巩固市场，保证市场占有率的主要手段

新产品的开发和研制，虽然是一项耗资巨大的支出，但从长远来看，这种支出可以使企业取得较为巩固的市场地位。当一种产品在市场上滞销时，可以立即转产另一种新产品，就不会因老产品的淘汰停产，而导致企业发生经营困难。因此，有战略眼光的企业经营者都不惜代价，不断研制开发新产品，使企业同时拥有多种产品，做到生产一代、掌握一代、研制一代、设计一代、构思一代，由新产品不断补充老产品退出市场的位置。新产品开发的持续进行，能使企业的市场销售量和利润始终保持上升的势头，或至少保持平稳，避免生产经营上的大起大落。

（四）新产品开发是应对竞争，减少风险的有力武器

企业产品的竞争能力，在很大程度上取决于企业能否及时向市场提供适销对路的新产品。在现代营销中，产品的更新换代往往是企业竞争的需要，更是应对竞争、减少风险的有力武器。一个企业如果不能经常不断地向市场推出技术先进的新产品，就无法与竞争对手较量，就会败下阵来。为此，要使企业在激烈的市场竞争中立于不败之地，就必须把新产品开发作为最基本、最重要的竞争策略。一个有竞争能力的企业，必须能够持续地开发新产品，使企业在某些产品面临衰退之前，第二代产品已进入快速成长期；当第二代产品处在成熟期时，第三代产品已进入引入期；而第四、第五代产品又在构思酝酿之中。这样，新产品一代接一代，源源不断地推向市场，就会使企业充满活力、长盛不衰。

三、新产品开发的方式

由于新产品形式比较广泛，企业的能力和条件存在差异，因此新产品开发的方式也有所不同。较常用的有以下几种。

（一）独立研制

所谓独立研制，就是企业依靠自己的科研技术力量研究开发新产品。这种方式能够结合企业的特点，形成自己的产品系列，使企业在某一方面具有领先地位。但因独立研制要求企业有较强的技术力量和较多的资金投入，所以一般适用于拥有较强科研力量的大中型企业或企业集团。

（二）协作开发

协作开发是指企业与科研机构、高等院校、社会上有关专家，或者其他单位联合进行新产品开发。这种方式可使科研人员迅速将其科技成果运用到实际中来，企业也可从产品设计和技术等方面得到指导和帮助，既充分发挥各自特长，又使双方都能受益。技术力量来自各个不同单位，各方有效协调是至关重要的，但在实践操作中往往很有难度。

（三）技术引进

技术引进是指企业引进国外或地区外的成熟技术进行新产品开发，或直接引进设备生产新产品。采用这种方式，企业可以节省研究费用、缩短开发时间，能够较快地掌握产品制造技术，及时生产出新产品并投放市场，成功率较高。但也应注意，企业引进的技术或设备,通常是别人正在使用或已经使用过的,引进前必须认真进行市场容量和产品发展前景分析,充分重视技术或设备的先进性和适用性,避免盲目引进而造成不良后果。

(四)研制与引进相结合

这是指企业在引进别人先进技术的基础上,结合自身专长研制新产品。这种方式可以使独立研制和技术引进相互补充、有机结合,加快消化吸收别人的先进技术,又能不断创新,不仅时间省、投资少、风险小,而且可使产品更具特色和吸引力,有利于促进企业的技术水平和提高经济效益。

四、新产品开发的程序

新产品开发是一项艰巨而又复杂的工作,它不仅需要投入大量的资金,而且其最终是否能被消费者所接受,存在很大的不确定性。因此,新产品开发具有一定的风险性。为了把风险降到最低程度,新产品开发应按科学的程序进行。一般需要经过以下几个阶段。

(一)新产品构思

新产品构思是指提出新产品的设想方案。一个成功的新产品,首先来自于一个有创见性的构思。企业应该集思广益,从多方面寻找和收集好的产品构思。新产品构思的来源有:消费者和用户、科研机构、竞争对手、商业部门、企业职工和管理人员、大专院校、营销咨询公司、工业顾问、专利机构、国内外情报资料等。其中,调查和收集消费者和用户对新产品的要求,是新产品构思的主要来源。实践证明,在此基础上发展起来的新产品,成功率最高。据有关调查显示,除军用品外,美国成功的技术革新和新产品有60%—80%来自用户的建议,或用户在使用中提出的改进意见。

(二)新产品构思方案筛选

新产品构思方案筛选是指对所有新产品构思方案,按一定评价标准进行审核分析、去粗取精的过程。企业收集的新产品构思不可能全部付诸实施,因而需通过筛选,淘汰那些不可行或可行性较低的构思,使企业有限的力量能集中用于少数几个成功机会较大的新产品开发。

新产品构思方案选优的具体标准是因企业而异的。企业一般都要考虑两个因素:一是构思方案是否符合企业目标,包括利润目标、销售目标、销售增长目标以及企业形象目标等;二是构思方案是否适应企业的能力,包括开发新产品所需的资金、技术和设备等。在筛选过程中,还要特别注意避免"误舍"和"误取"。误舍是指企业由于未能充分认识某一构思方案的潜力和作用,而将其舍弃,使企业痛失良机;误取是指企业错误估计一个没有前途的产品构思方案,而付诸实施,使企业蒙受损失。因此,企业要对评审的构思方案作全面、正确的分析,选择市场有需求、资源有保证、投资有效益的新产品开发最优方案。

(三)新产品概念的形成

新产品构思经过筛选,还需进一步形成比较具体、明确的产品概念。产品概念是指已经成型的产品构思。在将产品构思以文字、图案或模型描绘出明确的设计方案之后,再经由设计鉴定工作对各方面条件作综合分析,并听取顾客对有关方案的意见,最后选定一种最佳的设计方案,使企业获得一个较为清晰的产品概念。

（四）新产品设计试制

新产品设计试制是指把选定的产品构思付诸实施，使之转变为物质性产品的过程。经过筛选和可行性分析，具有开发价值的新产品构思方案则进入产品形体的设计试制阶段，包括产品设计、样品试制、产品鉴定等步骤。

1. 产品设计

在对新产品的原理、结构进行分析研究的基础上，具体规定产品的基本特征、主要用途、使用范围、技术规格、结构形式、主要参数、费用预算、目标成本以及产品牌名和包装，确定制造产品的材料、工艺等，并制定各种相应的技术文件。新产品的设计，应符合国情民意，贯彻国家有关的政策法令，适应消费要求，做到技术先进、结构合理、使用方便、经济安全。

2. 样品试制

由研制部门按设计方案制作出新产品的实体样品，并对其功能、结构、型号、尺度、颜色、包装、价格等内涵和外观进行多种组合，制成不同的样品模型，再提供给科研部门或消费者作实地试验和使用，全面考核了解产品的质量、性能、结构、工艺和消费者的偏好，广泛征询意见，及时发现问题，以便优化设计方案，提高工艺水平。新产品试制是一个多次反复的过程，要根据多种渠道所反馈的信息，使之不断完善、合理，然后挑选技术上、经济上都切实可行的样品作为定型产品。

3. 产品鉴定

检验新产品是否达到设计要求，各项技术经济指标是否符合规定标准，通常由专业机构或企业自身对产品作出总体评价，以确定是否正式投产。对于医疗卫生、食品饮料和电工电气等类产品，还须经有关部门检验，批准许可后才能生产销售。

（五）拟定新产品营销规划

拟定新产品营销规划是指企业在选定新产品开发方案后，拟定该产品进入市场的基本营销计划。它一般包括三部分内容：① 确定将来新产品目标市场的规模、特点，消费者购买行为、新产品的市场定位、可能的销售量、市场占有率和利润率等；② 确定新产品的市场价格、分销渠道和市场营销费用；③ 新产品中长期的销售额和目标利润，以及产品不同生命周期的市场营销组合策略。

（六）商业分析

商业分析是指新产品的经济效益分析，也就是根据企业的利润目标，对新产品进行财务上的评价。主要包括以下内容：① 预测新产品的市场销售额和可能的生命周期；② 预测新产品可能的市场价格和开发新产品总的投资费用及其风险程度；③ 对新产品预期的经济效益，作出综合性的分析和评价。

（七）新产品试销

新产品试销是指新产品基本定型后，投放到经过挑选的有代表性的一定市场范围内进行销售试验。其目的是检验在正式销售条件下，市场对新产品的反应，以便具体了解消费者的喜爱程度、购买力状况和不同的意见要求，为日后批量生产提供参考依据。通过试销，一方面可以进一步改进产品的品质，另一方面能帮助企业制定出有效的营销组合方案。

根据新产品试销的不同结果，企业可以作出不同的决策。试销结果良好，可全面上市;试销结果一般,则应根据顾客意见修改后再上市;试销结果不佳,应修改后再试销,或停止上市。

当然,并非所有的新产品都要经过试销,成功把握较大的新产品就不必试销,以免失去市场机会。还有价格昂贵的特殊品、高档消费品和少量销售的工业品,通常也不经过试销,而直接推向市场。

(八) 新产品正式上市

新产品正式上市是指经过试销获得成功的新产品,进行大批量生产和销售,这是新产品开发的最后一个程序。至此,新产品也就进入了商业化阶段。

为了使新产品顺利上市,企业应对其入市时机和地点进行慎重选择。在入市时机上,如果新产品是替代本企业老产品的,应在原有产品库存较少时上市,以避免对原有产品销路产生影响;如果新产品的需求具有较强的季节性,应在需求旺季上市,以争取最大销量;如果新产品需要改进,则应等到其进一步完善后再上市,切忌仓促上市。在入市地点上,一般采用"由点到面、由小到大"的原则。先在某一地区市场上集中搞好新产品的促销活动,逐步扩大市场份额,取得消费者的信任,然后再向更广的市场扩展。但实力雄厚,并拥有庞大销售网络的大企业,也可将新产品直接推向国内外市场。

第五节　产品策略的实践运用

通过产品策略的学习,深刻认识到产品策略在企业营销中的重要地位和作用。一个企业的成败兴衰,营销效益的高低,首先取决于它能够提供什么样的产品来满足目标市场需求?它所提供的产品是否具有竞争力?对此问题,产品策略要求企业必须从产品的整体概念出发,推广产品;必须提高产品效用,满足消费者的利益;必须保证产品质量、提升品牌知名度、注重产品包装、完善产品服务。需要优化企业产品结构,使其更适应市场消费需求的结构;需要关注产品周期的变化,采取相应的营销策略;需要不断地开发新产品,增强企业的竞争力。

学习的目的在于实践的运用。通过本章学习,要求学生能够把学到的"整体产品策略"、"产品组合策略"、"产品生命周期策略"、"新产品开发策略"理论和方法,运用到营销实践中去。就某一项产品项目,对该产品市场、消费者需求、竞争者状况进行分析,在分析基础上运用有关产品策略,开发适销对路、竞争力强的产品,设计整体产品营销方案,撰写一份《产品营销计划(方案)》。在实践运用中,使学生能够掌握产品策略运用的基本技能,这对学生将来胜任营销工作来说是很重要的,这一技能的掌握也能为学生将来自己创业奠定基础、准备条件。

一、《产品营销计划书》撰写的步骤

(一) 市场资料的搜集

1. 市场需求调查

产品设计目的是使产品能够很好地满足消费者的需要,为此要求进行大量的市场调

研，从现实消费生活中提取素材、引发创意。尤其要重视对零售点、购买对象进行实地访问，了解消费者需求、产品的不足、产品的改进、消费者的建议等。

  2. 产品资料搜集

  产品营销计划的制定需要了解产品相关性能、工艺、技术资料，熟悉该行业的最新研究情况、产品的发展方向，还需了解产品有关的政策法规、产品的行业标准。

  3. 企业情况调查

  产品营销计划的制定还需要了解企业自身生产、技术现有条件，了解这些条件能否满足产品开发的数量、品种和质量。

（二）市场资料整理与分析

  市场资料分析数据是产品营销方案设计的依据。在大量调查、获取资料的基础上，进行资料的整理与分析。对市场需求、消费者、竞争者状况进行分析，对企业状况进行客观的、认真的分析，对产品的核心层、有形层、附加层的有关资料进行归纳分析，为产品营销方案的设计做好准备。

（三）集体讨论，寻求创意

  这是产品营销方案设计的初行阶段，应该积极发挥个人主观能动性，开拓思路，进行创意。在创意讨论中，可以按照整体产品概念的三个层次进行。

  1. 核心产品的创意

  所设计的产品应该提供给消费者的基本效用是什么，如何确定一个明确的概念。

  2. 有形产品的创意

  寻找产品效用或利益得以实现的有效形式，对产品品质、特色、式样、品牌和包装提出具体的构思、创意。在集体讨论的基础上，形成共识。

  3. 附加产品的创意

  在了解企业可能提供的产品服务种类基础上，讨论、构思产品服务的领域、形式和水平，制定具有创意、独特的服务方案来。

（四）方案具体设计

  在前一阶段的讨论基础上，提出产品设计的具体方案。一般来说，产品营销计划方案设计的内容有：① 产品效用定位；② 产品质量保证；③ 产品组合确定；④ 产品品牌推广；⑤ 产品包装改进；⑥ 产品服务完善。

  产品方案设计要求可行、具体，方案越具体，越具有可操作性。方案的描述要简练、通俗易懂。当然，学生由于缺乏企业与市场的实践经验，产品方案的设计往往欠完善，这是很正常的。而获得这种产品设计的锻炼，体验设计的过程才是最重要的。

  方案设计不可能一次成功。产品设计方案提出后，还要反复地进行交流与沟通，找出方案中不合理的地方，进行多次修改调整。

（五）产品营销计划书撰写

  产品营销计划最终形成一份书面计划书，它是产品设计构思与具体方案的书面表现形式。要完成这项最后的工作需要明确以下要求：

  （1）计划报告的结构。计划报告的撰写要注意规范格式，报告的结构一般分为四个部分：① 任务概述；② 市场环境分析；③ 企业状况分析；④ 产品营销方案等。

(2) 计划报告的要求。计划报告的撰写要求：① 方案设计要有创意性，要具体、具有可行性；② 方案分析要紧扣主题、准确、条理清楚。

二、《产品营销计划书》撰写的主要内容

（一）任务概述

任务概述是产品营销计划书的开始部分，一般以"前言"或"导言"的形式出现。这部分内容撰写要求：① 交代计划撰写背景；② 说明计划撰写的必要性；③ 交代计划撰写的组织情况。这部分内容要求"客观"、"简洁扼要"。

（二）市场环境分析

产品营销计划书撰写离不开企业营销环境，要求对市场环境进行分析。通过市场分析可以清楚企业的市场机会、竞争者的状况、消费者对产品的需求情况，这是制定计划的依据。市场环境分析要求从以下三方面着手：① 市场需求分析；② 竞争对手分析；③ 市场机会的分析。

（三）企业营销机会分析

计划报告必须对企业状况进行分析，目的在于要充分发挥、挖掘企业现有的资源优势，如人力资源、技术资源、物质资源、资金资源等方面的优势，用于开发产品和市场，获得营销机会。为此，对于企业的经营、管理的情况要作全面、客观的分析。

（四）产品营销方案设计

这是产品营销计划书的重点部分。产品营销方案要求根据整体产品策略原理进行设计，不同的企业、不同的产品、不同生命周期的核心产品、形式产品、延伸产品的营销要求都会有所不同，应该根据不同情况进行具体设计。

1. 核心产品正确定位

根据核心产品原理，首先要确定产品提供给消费者的基本效用是什么，形成一个明确的概念。比如，可以以"健康"、"营养"概念，来确定豆奶的效用或利益。核心产品定位设计时，要注意掌握从消费者需求的角度出发，对产品的效用进行正确描述，用简练的、概括性的语句来描述核心产品的效用定位。

2. 保证产品质量

质量是实现产品效用的根本，关系到一个企业的生命。产品是靠自身的质量特性和用途来满足消费者的需要，反映质量特性的技术参数构成了产品的质量标准。在保证产品质量的方案设计中，一般要强调的措施有：① 建立质量保证体系；② 产品质量的全过程控制；③ 产品质量的全员行动。

3. 新产品开发系列

消费者需求的多样性、个性化，要求以产品的多样性和个性化来满足，因此企业需要不断开发市场需要的系列新产品。在新产品计划书中，要求根据整体产品策略、产品组合策略和新产品开发策略的原理进行方案设计。在设计中，要考虑新产品"质"的设计和新产品"量"的设计。

4. 提升品牌知名度

提升品牌知名度是产品方案设计的重要内容。即通过什么途径和方式来宣传品牌，

如何才能给消费者留下深刻、美好的印象。方案内容要把握：① 产品品牌现状的评估；② 寻找品牌宣传推广的薄弱之处；③ 提出提升品牌知名度的措施。品牌推广可以从广告宣传、促销活动、公关活动等方式考虑。

5. 注重产品包装改进

包装会直接影响人们的视觉效果，包装是强有力的营销手段，又能成为品牌的载体。为此，包装设计是产品计划方案的重要内容。作为老产品，方案应注重包装的改进。要求在深入了解市场上同类产品的包装设计基础上，大胆创意设计新颖、具有特色的包装改进方案。可以考虑：① 包装容量改进；② 包装款式改进；③ 包装材料改进；④ 包装标签改进；⑤ 改善包装策略。

6. 完善产品服务

产品服务设计要注意了解消费者的服务需求，借鉴同类型企业服务经验，以服务策略理论为指导，进行构思创意。产品服务方案设计内容为：① 开拓服务领域；② 提高服务质量；③ 服务方式创新。

前 沿 研 究

硝烟弥漫的"客厅争夺战"

回首 2013 年的电视市场，4K 电视并不是唯一的亮点。互联网巨头纷纷"触电"，推出多款智能电视新品，传统电视厂商不断跟进，打响了一场激烈的"客厅争夺战"。

2013 年 5 月，乐视网推出乐视 TV，成为中国互联网界第一个"吃螃蟹"的公司；9 月 2 日，康佳与京东合作，推出彩电线上品牌 KKTV；9 月 3 日，爱奇艺联合 TCL 推出智能电视"TV+"，用户无须额外付费，即可观看高清晰视频内容；9 月 5 日，小米公司发布"小米电视"，包含小米盒子所有功能。

随着乐视、小米等互联网巨头杀入"客厅争夺战"，索尼、LG、长虹、海信等传统电视厂商也纷纷进军智能电视领域，智能电视正以星火燎原之势席卷整个电视圈。如果说 4K 电视在显示技术上是一个飞跃的话，智能电视则在功能上对电视形态进行着革命性创新。

小米电视是电视＋小米盒子＋安卓游戏机的组合，能满足家庭用户对电视直播节目、网络视频、游戏互动的需要。智能电视将使电视迎来新生，未来的电视将首先是家庭娱乐中心、应用消费中心，其次才是收视和内容中心，"看"的功能只占 1/3，用户将把更多时间放到"玩"和"用"上。

智能电视能否引领一场"客厅革命"，并不是所有人都持乐观态度。有业内人士认为，现阶段我国网络环境并未达到理想状态，智能电视播放网络视频的清晰度、流畅度受终端带宽限制，收看效果并不理想，其他依赖互联网的应用更是难以施展手脚，中国电子商会消费电子产品调查办公室发布的报告也证实了这一担忧。报告认为，现阶段 80％的智能电视用户仅限于使用"收看电视节目"等传统电视功能，智能功能激活率不到 30％。

国家新闻出版广电总局发展研究中心 2013 年 7 月发布的《中国视听新媒体发展报告(2013)》显示，受平板电脑、智能手机的冲击，北京地区电视机开机率从 2009 年的 70％下降至 2012 年的 30％。中怡康发布的数据显示，2013 年 6—10 月彩电零售量为 1 900 万台，同比下降 3％；2014 年彩电销售量预计将下滑至 4 620 万台，相比 2013 年将会下降 1.9％。

一方面,4K电视、智能电视等新电视形态不断涌现,互联网公司与传统电视厂商竞争激烈;另一方面,电视开机率下降,彩电销售量持续走低。这"冰火两重天"的市场表现,折射出电视行业发展的尴尬境地,电视的高清化、智能化能否拉回被电脑和手机抢走的用户?

案 例

80岁"老字号",活力犹如"80后"

在国内众多"老字号"已不见踪影的当下,已有80多年历史的培罗蒙依然笑傲市场、生机勃勃,有何"秘方"?

这是一组值得玩味的数字:2009年,上海培罗蒙的定制西服做了5万套;2010年减为3万套,利润却增加了30%;2012年定制西服的数量仍在3万套左右,利润又增加了30%。如今,一套培罗蒙高级定制西服的售价,已基本与国际一线品牌持平。

价格是价值的货币表现。在一个均衡市场中,一种商品的市场价格反映的是这种商品需求量与供给量的均衡。培罗蒙定制西服价格攀升,产量与利润形成反比,凸显的是品牌价值,其成功"秘方"在以下三方面。

1. 珍惜"做精"的先天"基因"

培罗蒙有80多年历史了。现任董事长金建华接手经营这家"老字号"西服公司,是在20年前。那时,市场经济大潮汹涌而来,在国内曾经"鹤立鸡群"的培罗蒙西服,因为款式老旧、面料过时,在前所未有的激烈竞争中也立脚不住,价值500多万元的服装成了库存。20年前的500万,是个天文数字!记者当年曾采写报道《培罗蒙向何处去?》,对它和像它这样的"老字号"企业如何生存下去表示忧虑。金建华更是深感不安,深感责任沉重。

20年后,记者再次坐在了金建华的办公室里。他一指墙边一面穿衣镜说,这是为国际质量科学研究院院长格雷戈尔·沃森准备的。这位全球质量界的重量级人物,本身也有"分量",体重近400斤。在美国,他找不到能为他定制西服的地方,趁着来上海公干,见缝插针赶到培罗蒙。几天后,穿着合体的培罗蒙手工定制西服,沃森高高兴兴打道回府。

最终,培罗蒙没有被市场大潮冲垮;20年来,坚守培育品牌的理念,它学着"冲浪",渐成高手。手工定制西服,成了培罗蒙品牌的代表,顾客盈门。两个月前来过一个英国人,他说,我花6万多人民币坐头等舱来回,就为了做这套西服。

培罗蒙的品牌越来越有吸引力,库存烦恼早已是昨天的事。为一些国家元首定制手工高级西服,为上海APEC峰会、上海合作组织会议、上海世博会参会者定制西服……北京奥运会期间,外交部委托培罗蒙做了3套西服,作为国礼赠送3位外国元首。为此,培罗蒙还专门建立了国宾小组。

"中国服装产量大、消费量大,出口量也大,但少有品牌,更无大品牌,结果利润微薄。我们就是要坚守培育品牌的理念,不断提升品牌价值。"积20年商海"冲浪"经验,金建华对品牌价值有着扎实而深刻的认知。

这些年,诸多服装企业拼成本、拼产量,追求薄利多销。金建华认为,像培罗蒙这样有悠久历史的"老字号",压缩成本不是生存发展之道;国际上的一线品牌也不是靠产量"撑大"的,"我们有着'做精'的先天'基因';做别人做不了的、不愿做的精细活,才会有自己独特的市场空间。"几番比较、思量,培罗蒙找准了市场定位。

2. 博采众长做"基因重组"

走高级定制为主的品牌路线,不是回到过去的裁缝铺。培罗蒙抓紧时机革新优化工艺,既保留传统精华，又吸收现代元素，从德国、意大利、法国引进先进设备，相继成立了高级手工定制项目组、CAD工作室，把"定制-设计"融为一个整体。定制西服的面料从意大利等进口，与国际流行保持同步；还与国内顶尖服装面料企业展开战略合作，根据设计要求定制专用面料。现在最轻薄的一套定制西服，分量只有400多克。

培罗蒙的西服定制单上，除了衣长、胸围、横肩、袖长、中腰、领围等尺寸，每一栏目又根据顾客具体情况分若干小项。和登喜路、杰尼亚等国际大牌的定制单相比，细致程度一点不逊色。而先进的CAD系统，大大提高了打样裁剪效率。利用CAD系统，顾客人体尺寸被输入电脑后，可以直接在人体数字模型上试衣、更换面料和款式。过去做成一件衣服需要72小时以上，现在可以缩减至22小时。

为培育品牌，培罗蒙舍得在拜师学艺上花大钱。从2003年开始，它们分别从德国、法国、英国请来一流的服装工业专家、设计制作大师、营销服务专家，担当"客座教授"，短的数周、长的3个月到半年；2012年10月，又从瑞士请来全球顶级的服装设计制作师传授技艺。

2012年8月，培罗蒙西服制作技艺被认定为国家级非物质文化遗产。而此时，在传承传统技艺的基础上，这个为国人熟知的中华"老字号"已经多次"基因重组"。

3. 借品牌影响力延伸产品线

和国际一线品牌的经营路线一样，培罗蒙在做精定制西服的同时，以品牌为核心、依靠品牌影响力不断延伸着产品线。

在它的产品目录上，有燕尾服、司摩根礼服、大餐服、弯刀婚礼服、佐罗式披肩、大餐服，有各式单排扣、双排扣西装，还有青果领晨衣、腰结长袄、骑士马裤、猎装、高尔夫灯笼裤、猞猁葡萄嵌入大衣；等等。高级手工定制项目组，不仅专注于西服的设计、制作和销售，还开发系列定制产品。

随着消费需求多元化，培罗蒙的产品线逐步延伸到了T恤、西裤、风衣、领带、内衣、衬衫、皮件、袜品、羽绒服等男性服饰。公司把发展的策略定为"金、银、铜"：高级定制——金标培罗蒙，成衣产品——银标培罗蒙，休闲系列——铜标培罗蒙。伴随产品线延伸，培罗蒙的经营渠道不断拓宽，销售网点在全国各大中城市稳步增加，品牌效应和规模效益相得益彰。展示销售培罗蒙品牌系列产品的旗舰店，不久将在南京东路"启航"。

在国家纺织主管部门和上海有关部门推动下，培罗蒙正在筹建中国高级定制服装设计制作基地，筹建中外合资高级女装设计中心。计划中，还将与高校联合开设"培罗蒙服装教育学院"，培养品牌服装人才。

"品牌是一种文化，一种市场力量。只有品牌才能让企业保持青春和活力。"身为全国政协委员、国家标准化委员会委员、上海西服专业委员会主任金建华再三感慨："培罗蒙能坚持到今天，离不开政府的全力支持，没有政府呵护，培罗蒙难以圆梦！"

案例思考题

1. 根据案例介绍，分析培罗蒙成功取胜的"秘方"。
2. 你认为，我国企业在"产品观"上存在哪些主要问题？该如何解决？

练习与思考

（一）名词解释

产品　　　　　商标　　　　　包装　　　　　服务
产品组合　　　产品市场生命周期　　　新产品

(二) 填充

1. 整体产品包含三层次,其中最基本的层次是_____。
2. 若企业的目标是要在某个行业中占据主导地位,并要求较高的市场占有率和市场增长率,其产品线就应_____。
3. 产品市场生命周期包括的四个阶段是_____。
4. 市场营销学定义的新产品包括的四种类型是_____。

(三) 单项选择

1. 企业所拥有的不同产品线的数目是产品组合的(　　)。
   A. 深度　　　　B. 长度　　　　C. 广度　　　　D. 关联度
2. 在产品营销中,设计和开发精美的酒瓶,当瓶内的酒使用完之后,酒瓶可以用作花瓶或凉水瓶,以此方法吸引消费者购买。这种包装策略是(　　)。
   A. 配套包装　　　　　　　　B. 附赠品包装
   C. 分档包装　　　　　　　　D. 再使用包装
3. 在产品市场生命周期中,丰厚的利润一般是在(　　)阶段开始出现的。
   A. 引入期　　　B. 成长期　　　C. 成熟期　　　D. 衰退期
4. 现代营销中,企业提高市场竞争力的最重要的手段是(　　)。
   A. 质量　　　　B. 价格　　　　C. 促销　　　　D. 新产品开发

(四) 多项选择

1. 从广义角度来研究,服务可以划分为(　　)基本类型。
   A. 服务产品　　　　B. 服务质量　　　　C. 服务项目
   D. 服务功能　　　　E. 服务方式
2. 对商标设计的基本要求是(　　)。
   A. 标记性　　　　B. 服务性　　　　C. 适应性
   D. 有效性　　　　E. 艺术性

(五) 简答题

1. 什么是商标?商标策略包括哪些主要内容?
2. 什么是包装?包装策略包括哪些主要内容?
3. 什么是服务?企业服务策略有哪些主要内容?
4. 什么是产品组合?分析产品组合一般应考虑哪些因素?
5. 什么是新产品?分析新产品开发的意义和方式。

(六) 论述题

1. 联系企业实际,试论整体产品的含义及其对企业营销工作的指导作用。
2. 根据产品生命周期各个阶段的特征,试论企业相应的市场营销策略。

第十一章 价格策略

 **学习目标**

学完本章,你应该能够:
1. 了解企业定价的意义
2. 理解企业定价的依据和影响因素
3. 识别企业定价的目标
4. 理解企业定价策略
5. 掌握企业定价实践操作的步骤和内容

 基本概念

价格	需求价格弹性	取脂定价策略	渗透定价策略
满意定价策略	折扣定价策略	心理定价策略	
成本导向定价法	竞争导向定价法	需求导向定价法	

任何企业都面临着价格的决策,企业定价不仅直接影响消费者的购买行为,也直接影响企业的销售和利润。因此,价格决策和产品决策一样,是构成营销组合策略的重要内容,是企业营销管理一项重要的工作。

第一节 价格概述

一、企业定价的意义

定价在企业营销活动中居于十分重要的地位,掌握企业定价的基本原理和方法,对提高企业营销管理水平具有重要意义,其重要意义主要表现在以下方面。

(一) 价格直接影响企业盈利的实现

在市场经济条件下,企业作为独立的商品生产者和经营者,具有独立的经济利益。企业生产的直接目的是追求利润的最大化,而利润又受到价格变动的直接影响,在销售量和生产经营成本一定的条件下,价格高低直接决定企业盈利的多少。

（二）价格是消费者最敏感的因素

价格水平的高低，同样直接关系到消费者的切身利益。购买作为一种经济行为，购买者首先必须考虑自己对价格的承受能力，购买价廉物美的商品是消费者普遍的选择。价格是促使消费者发生购买行为的最具影响力的一个因素。价格提高，会使需求量减少；价格降低，会使需求量增加。因而，价格在市场上最富有弹性，既可促进消费，又可抑制消费，价格是消费者最为重视、最为敏感的因素。

（三）价格是市场竞争的重要手段

市场竞争有多种方法，运用价格进行竞争是其中的重要手段之一。当市场竞争激烈时，企业可根据情况，适当降低价格，以价廉取胜，即采取薄利多销的方针来扩大销售，提高市场占有率，它是建立在降低成本基础上的竞争策略。而单纯的价格竞争，是为了扩大销售而将价格降到正常水平以下，甚至低于成本，将竞争对手挤出市场后再提高价格，以获取超额利润。这种价格竞争是最原始、最简单，也最容易被竞争对手所仿效的一种手段，其结果往往会造成两败俱伤。

二、企业定价的依据

（一）产品价值是企业定价的基础

经济学原理指出，价值是价格的基础，价格是价值的货币表现。为此，产品的价值是价格制定的基础，是企业定价的依据。所谓价值，就是凝结于产品中，一般的人类劳动或物化劳动。只有生产这种产品的劳动量才能进行比较，这个劳动量是由生产它的社会必要劳动时间决定的。所以，生产产品所消耗的社会必要劳动时间，就代表着产品的价值。如果某一种产品在生产上耗费的劳动时间低于社会必要劳动时间，企业就能得到更多的利润；反之，如果某一种产品的个别劳动时间超过社会必要劳动时间，企业盈利就会减少，甚至亏损。

（二）价格是围绕价值波动的

在现实经济活动中，由于市场供求关系、竞争状况和国家经济政策等多种因素的影响，不可避免地会出现产品价格偏离价值的现象。但从较长时期和总的趋势来看，这种偏离不会长久，价格总是围绕价值上下波动，产品的总价格仍与总价值相等。因此，价格以价值为中心发生波动的现象，并不是对价值规律的否定；相反，它正是价值规律起作用的表现形式。

（三）产品价格的构成

价格是产品价值的货币表现，是商品交换的价值尺度。企业要制定合理的价格，首先要了解价格构成，即价格由哪些因素构成。通常，价格由生产成本、流通费用、税金和利润构成。

1. 生产成本

生产成本是商品价值中，生产资料转移价值和支付工人报酬的货币表现，在商品价值构成中占主要部分。因此，生产成本一般占价格的主要部分。

生产成本是制定价格的最低界限，企业只有把生产过程中发生的物质消耗支出和劳动报酬支出补偿回来，才能使生产持续进行，保证企业的简单再生产。如果产品价格低于其生产成本,就会导致企业亏损,甚至倒闭。因此,生产成本是制定价格的最低界限。

2. 流通费用

流通费用是指商品从生产领域向消费领域转移过程中,所发生的劳动耗费的货币表现。在这个转移过程中,一般要经过运输、储存、销售等各种环节,相应地需要支付一定的费用,这些费用构成了商品价格中的流通费用。

3. 利润

劳动者在生产和流通过程中为社会所创造的价值,在补偿商品的生产成本及流通费用后的余额,称为利润。

利润包括工业利润和商业利润。产品价格中的生产环节利润,称为工业利润。商品销售价格减去商业进货价格和商品流通费用后的余额,称为商业利润。

利润水平是反映企业经济活动的效果好坏的重要指标,直接关系到国家、企业、消费者、职工的利益。因此,利润高低必须合理,而且工商之间要合理分配。

4. 税金

税金是企业向国家依照税法应交纳的一部分企业纯收入,是价格的重要因素。国家通过合理规定不同行业和产品的税率,能起到调节生产、企业利润和价格的作用。

价格构成的四要素是互相联系和互相制约的,其中任何一个要素变化,都会引起价格的变化。

三、企业定价的影响因素

(一) 供求关系

供求关系对价格的影响是极大的。在商品经济条件下,供求关系影响价格,价格调节供求运行的方式,是价值规律和供求规律的必然要求。

1. 价格与需求

假定在其他因素不变的情况下,价格与需求量呈反方向变化:当产品价格下降时,会刺激需求量的增加;相反,当产品价格上升时,就会减少需求量。

2. 价格与供给

价格与需求量关系的法则也适用于供给,只是价格与供给量呈正方向变化:当价格上升时,会刺激供给量的增加;当产品价格下降,会使供给量减少。

3. 供求关系与均衡价格

由于价格影响需求与供给的变化方向是相反的,在市场竞争的条件下,供给与需求都要求对方与之相适应,即供需平衡。然而,供求的平衡只是相对的、有条件的,不平衡是绝对的、经常的。当市场价格偏高时,购买者会减少购买量,使需求量下降;此时,生产者则会增加供给量,市场出现供过于求的状况,使竞争加剧,必然迫使价格下降。当市场价格偏低时,会导致购买量的增加,供给量的减少,市场出现供不应求的状况,购买者之间竞争加剧,又会使价格上涨。供给与需求变化的结果,使价格趋向供求平衡点的价格,称为均衡价格。均衡价格是在供求处于平衡状态时,相对稳定的价格。由于市场情况的复杂性和多变性,供求之间的关系总是从平衡到不平衡,再由不平衡到平衡地循环往复,因而价格也会起伏不定。

4. 价格与需求弹性

企业定价还需研究产品的需求弹性。需求弹性又称需求价格弹性,是指价格变动而引起的需求量相应变化的程度。它反映需求对价格变动反映的灵敏度。需求弹性用弹性系数 E 表示,该系数是需求量变化的百分比与价格变化的百分比的比值。其公式为

$$E = \frac{\Delta Q}{Q} \div \frac{\Delta P}{P}$$

式中,E 为需求弹性系数;Q 为原需求量;ΔQ 为需求的变动量;P 为原价格;ΔP 为价格的变动量。

需求量与价格的变化是反方向的,因此 E 会出现负数。为比较需求弹性的大小,这里仅取绝对值。定价时考虑需求弹性的意义在于,从其弹性的强弱来决定企业的价格决策。不同的产品具有不同的需求弹性系数,主要分为以下三种类型。

(1) $E=1$。反映需求量与价格等比例变化。这类产品价格的上升或下降,会引起需求量同幅度的减少或增加。因此,价格变化对销售收入影响不大。定价时,可选择实现预期盈利率为价格或选择通行的市场价格,同时将其他市场营销措施作为提高盈利率的主要手段。

(2) $E>1$。反映需求量的相应变化大于价格自身变化,称为需求弹性大或富于弹性。这类产品价格上升或下降,会引起需求量较大幅度的减少或增加。定价时,应通过降低价格、薄利多销达到增加盈利的目的;反之,提价时务求谨慎,以防需求量发生锐减,影响企业收入。

(3) $E<1$。反映需求量的相应变化小于价格自身变化,称为需求弹性小或缺乏弹性。这类产品价格的上升或下降,仅会引起需求量较小程度的减少或增加。定价时,较高水平的价格往往会增加盈利,低价对需求量刺激效果不明显,薄利并不能多销,反而会减少企业收入。

5. 价格与消费需求

消费者需求对企业产品定价的影响可以从以下三方面反映出来:

第一,需求能力(即实际支付能力)。企业的产品定价应充分考虑消费者愿意,并且能够支付的价格水平,它决定企业产品在市场中的价格上限。

第二,需求强度。指消费者想获取某种商品的欲望程度。消费者对某一产品的需求强度大,则其价格的敏感差;反之亦然。

第三,需求层次。不同需求层次的消费者对同产品的需求强度不一样,因而对其价格的敏感性亦有所不同。一般来讲,高需求层次的消费者对价格的敏感性差;反之亦然。而对于高需求层次的市场定位,则应采取高价格政策与之相适应。

(二) 竞争者力量

企业的定价无疑要考虑竞争者的产品价格。在市场经济中,企业间的竞争日趋激烈,竞争方式多种多样。其中,最原始、最残酷的就是价格竞争,即价格大战。竞争的结果,可能是整个行业平均利润率的降低。尽管如此,处于竞争优势的企业往往拥有较大的定价自由,而处于竞争劣势的企业则更多地采用追随性价格政策。所以,企业产品的定价无时无刻不受到其竞争者定价行为的影响和约束。

(三) 企业定价目标

企业的定价目标规定了其定价的水平和目的,某一个产品的定价目标最终取决于企业的经营目标。一般来说,企业定价目标越清晰,价格越容易确定。而价格的设定,又都影响到利润、销售收入,以及市场占有率的实现。因此,确定定价目标是制定价格的前提,是影响企业定价的重要因素(见本章第二节)。

(四) 产品差异性

所谓产品差异性,是指产品具有独特的个性,拥有竞争者不具备的特殊优点,从而与竞争者形成的差异。产品差异性不仅指实体本身,而且包括产品设计、商标品牌、款式和销售服务方式的特点。拥有差异性的产品,其定价灵活性较大,可以使企业在行业中获得较高的利润。这是因为:一方面,产品差异性容易培养忠诚的顾客(客户),使顾客(客户)产生对品牌的偏爱,而接受企业定价;另一方面,产品差异性可抗衡替代品的冲击,从而保持企业有利地位,使价格敏感性相对减弱。

(五) 企业的销售能力

可以从两方面来衡量企业的销售力量对定价的影响。一方面,企业销售能力差,对中间商依赖程度大,那么企业最终价格决定权所受的约束就大;另一方面,企业独立开展促销活动的能力强,对中间商依赖程度小,那么企业对最终价格的决定所受约束就小。

(六) 政府力量

在当今市场经济舞台上,政府扮演着越来越重要的角色。作为国家是消费者利益的维护者和代表者,政府力量渗透到企业市场行为的每一个角落。在企业定价方面的政府干预,表现为一系列的经济法规,如西方国家的《反托拉斯法》《反倾销法》等,在不同方面和不同程度上制约着企业的定价行为。这种制约具体地表现在企业的定价种类、价格水平等几个方面。因此,企业的价格制定必须遵循政府的经济法规。

第二节 企业定价的目标

定价目标是指企业在对其生产或经营的产品制定价格时,有意识地要求达到的目的和标准。

企业定价的目标是指导企业进行价格决策的主要因素,取决于企业经营的总体目标。不同行业的企业、同一行业的不同企业,以及同一企业在不同的时期、不同的市场条件下,都可能有不同的定价目标。企业应根据自身的性质和特点,权衡各种定价目标的利弊而进行决策。

一、以获取利润为目标

获取利润是企业从事生产经营活动的最终目标,具体可通过产品定价来实现。获取利润目标一般分为以下三种。

(一) 以获取投资收益为定价目标

投资收益定价目标是指使企业实现在一定时期内能够收回投资,并能获取预期的投资报酬的一种定价目标。采用这种定价目标的企业，一般是根据投资额规定的收益率，计算出单位产品的利润额，加上产品成本作为销售价格。但必须注意两个问题：第一，要确定适度的投资收益率。一般来说，投资收益率应该高于同期的银行存款利息率，但不可过高，否则消费者难以接受。第二，企业生产经营的必须是畅销产品。与竞争对手相比，产品具有明显的优势。不然，产品卖不出去，预期的投资收益也就不能实现。

（二）以获取合理利润为定价目标

合理利润定价目标是指企业为避免不必要的价格竞争，以适中、稳定的价格获得长期利润的一种定价目标。采用这种定价目标的企业，往往是为了减少风险、保护自己，或限于力量不足，只能在补偿正常情况下的平均成本的基础上，加上适度利润作为产品价格。条件是企业必须拥有充分的后备资源，并打算长期经营。临时性的企业，一般不宜采用这种定价目标。

（三）以获取最大利润为定价目标

最大利润定价目标是指企业追求在一定时期内，获得最高利润额的一种定价目标。利润额最大化取决于合理价格所推动的销售规模，因而追求最大利润的定价目标并不意味着企业要制定最高单价。最大利润既有长期和短期之分，又有企业全部产品和单个产品之别。有远见的企业经营者，都着眼于追求长期利润的最大化。当然，并不排除在某种特定时期及情况下，对其产品制定高价以获取短期最大利润。还有一些多品种经营的企业，经常使用组合定价策略。即有些产品的价格定得比较低，有时甚至低于成本以招徕顾客，借以带动其他产品的销售，从而使企业利润最大化。

二、以提高市场占有率为目标

也称市场份额目标，是指把保持和提高企业的市场占有率（或市场份额），作为一定时期的定价目标。市场占有率是一个企业经营状况和企业产品在市场上竞争能力的直接反映，关系到企业的兴衰存亡。较高的市场占有率，可以保证企业产品的销路，巩固企业的市场地位，从而使企业的利润稳步增长。

在许多情形下，市场占有率的高低，比投资收益率更能说明企业的营销状况。有时，由于市场的不断扩大，一个企业可能获得可观的利润，但相对于整个市场来看，所占比例可能很小，或本企业占有率正在下降。因此，无论大中小企业，都希望用较长时间的低价策略来扩充目标市场，尽量提高企业的市场占有率。

以提高市场占有率为定价目标，企业通常有两种做法：即定价由低到高和由高到低。

（一）定价由低到高

定价由低到高，就是在保证产品质量和降低成本的前提下，企业入市产品的定价低于市场上主要竞争者的价格，以低价争取消费者，打开产品销路，挤占市场，从而提高企业产品的市场占有率。待占领市场后，企业再通过增加产品的某些功能，或提高产品的质量等措施来逐步提高产品的价格，旨在维持一定市场占有率的同时获取更多的利润。

(二)定价由高到低

定价由高到低,就是企业对一些竞争尚未激烈的产品,入市时定价可高于竞争者的价格,利用消费者的求新心理,在短期内获取较高利润。待竞争激烈时,企业可适当调低价格,赢得主动、扩大销量,提高市场占有率。

三、以应付和防止竞争为目标

企业对竞争者的行为都十分敏感,尤其是价格的变动状况更甚。在市场竞争日趋激烈的形势下,企业在产品定价前,都要广泛搜集资料,仔细研究竞争对手的产品和价格情况,通过自己的定价目标去对付竞争对手。根据企业的不同条件,一般有以下决策目标可供选择。

(一)稳定价格目标

以保持价格相对稳定,避免正面价格竞争(即指企业间的以竞相削价为压倒对方的手段)为目标的定价。当企业准备在一个行业中长期经营时,或某行业经常发生市场供求变化与价格波动需要有一个稳定的价格来稳定市场时,往往该行业中的大企业或占主导地位的企业会率先制定一个较长期的稳定价格,其他企业的价格与之保持一定的比例。这样,对大企业是稳妥的,中小企业也避免遭受由于大企业的随时、随意提价而带来的打击。

(二)追随定价目标

企业有意识地通过给产品定价,主动应付和避免市场竞争。企业价格的制定,主要以对市场价格有影响的竞争者的价格为依据,根据具体产品的情况稍高或稍低于竞争者。竞争者的价格不变,实行此目标的企业也维持原价,竞争者的价格或涨或落,此类企业也相应地参照调整价格。一般情况下,中小企业的产品价格定得略低于行业中占主导地位的企业的价格。

(三)挑战定价目标

如果企业具备强大的实力和特殊优越的条件,可以主动出击,挑战竞争对手,获取更大的市场份额。一般常用的策略目标有:① 打击定价。实力较强的企业主动挑战竞争对手,扩大市场占有率,可采用低于竞争者的价格出售产品。② 特色定价。实力雄厚并拥有特殊技术或产品品质优良或能为消费者提供更多服务的企业,可采用高于竞争者的价格出售产品。③ 阻截定价。为了防止其他竞争者加入同类产品的竞争行列,在一定条件下,往往采用低价入市,迫使弱小企业无利可图而退出市场,或阻止竞争对手进入市场。

第三节 企业定价的策略

定价策略是指企业在特定的情况下,依据确定的定价目标所采取的定价方针和价格对策。它是指导企业正确定价的一个行动准则,也是直接为实现定价目标服务的。由于企业生产经营的产品和销售渠道,以及所处的市场状况等条件各不相同,所以应采取不同的定价策略。

一、新产品定价策略

新产品定价合理与否,关系到其能否及时打开销路、占领市场和获得预期利润的问题,对于新产品以后的发展具有十分重要的意义。新产品定价策略有以下三种。

(一)取脂定价策略

取脂定价又称"撇油"定价,意为提取精华、快速取得利润,这是一种高价策略。即在新产品投放市场的初期,利用消费者求新、求奇的心理动机和竞争对手较少的有利条件,以高价销售,在短期内获得尽可能多的利润。以后,随着产量的扩大、成本的下降、竞争对手的增多,再逐步降低价格。

采用取脂定价策略,必须具备两个基本条件:一是产品必须新颖,具有较明显的质量、性能优势,并且有较大的市场需求量;二是产品必须具有特色,在短期内竞争者无法仿制或推出类似产品。这种策略的优点是:能够在短期内获得高额利润,尽快收回投资,并掌握降低价格的主动权。缺点是风险大,容易吸引竞争者加入,若产品不为消费者所接受,会导致产品积压,造成亏损。因此,采用此策略时,要求企业对市场需求有较准确的预测。

(二)渗透定价策略

渗透定价也称"别进来"定价,是一种低价策略。即在新产品上市初期,将产品价格定得低于人们的预期价格,给消费者以物美价廉的感觉,借此打开销路,占领市场。

渗透定价适用于资金实力雄厚、生产能力强、在扩大生产以后有降低成本潜力的企业,或者新技术已经公开,竞争者纷纷仿效生产和需求弹性较大,市场上已有代用品的中、高档消费品。这种策略的优点是:有利于吸引顾客,增强产品的竞争能力,使竞争者不敢贸然进入;有利于迅速打开产品销路,开拓市场。缺点是:价低利微,收回投资的时间较长,在产品生命周期和需求弹性预测不准的条件下,具有一定的风险性。

(三)均匀定价策略

均匀定价又称"满意"定价,这是一种中价策略。即在新产品刚进入市场的阶段,将价格定在介于高价和低价之间,力求使买卖双方均感满意。

均匀定价策略适用于需求价格弹性较小的日用生活必需品和主要的生产资料。这种策略既可避免取脂定价因价高而带来的市场风险,又可消除渗透定价因价低而引起的企业生产经营困难,因而既能使企业获取适当的平均利润,又能兼顾消费者利益。

二、产品组合定价策略

企业为了满足不同细分市场的需求,往往同时生产经营一系列或多系列的产品。在对多项产品定价时,更需注重产品组合的整体利润最大化,而不是孤立地考虑单个产品利润的高低。只要从整体上能获利,有些产品价格甚至可以低于其成本。

(一)产品线定价

对产品线内的不同产品,要根据不同的质量和档次,顾客的不同需求及竞争者产品的情况,确定不同的价格。例如,企业对所经营的 18 英寸、21 英寸、25 英寸、29 英寸和 34 英寸等不同屏幕的彩电,分别定价 1 000 元、1 500 元、2 200 元、3 500 元和 5 800 元,由于大屏幕彩电需求量较大,所以定价高、获利多,而小屏幕彩电已不受欢迎,所以定价低,甚至低于它的成本,但从总体上看,企业仍然有较大的收益。又如,男西装分别定价1 200元、650元、380元3个水平,顾客自然会把这3种价格的西装分为高中低3个档次进行选购。企业进行产品线定价应注意的是,产品线中不同产品的差价要适应顾客的心理要求。差价过大,会诱导顾客趋向于某一种低价产品上;差价过小,会使顾客无法确定选购目标。

(二) 相关产品定价

相关产品是指有连带互补关系,必须配套使用的产品。例如,照相机与胶卷、手机与电池、录像机与录像带、计算机硬件与软件等。两种相关产品同时生产的企业,一般将主体产品价格定得较低,以吸引顾客购买,而将附带产品的价格定得较高。顾客一旦购买了主体产品以后,还须购买附带产品,企业可以通过提高附带产品的价格来弥补主体产品低价造成的损失,并获取长期的利益。

(三) 产品群定价

为了促进销售,企业往往把一组产品连在一起出售。例如,影剧院和体育场馆出售联票、月票,图书经销商将整套书籍销售,其价格比单独购买要低得多。采用这种策略,必须使价格优惠到有足够的吸引力,否则就不会有人乐于购买。同时,还必须防止出现引起顾客反感的硬性搭配。

三、折扣定价策略

折扣定价策略也称差别价格策略,是指企业根据产品的销售对象、成交数量、交货时间、付款条件、取货地点,以及买卖双方负担的经济责任等方面不同,给予不同价格折扣的一种策略。常用的折扣定价策略有以下几种。

(一) 现金折扣

现金折扣也称付款期限折扣,是指对现金交易或按约定日期提前付款的顾客给予的价格折扣。它是为鼓励买方提前付清货款而采用的一种减价策略,目的是为了加速资金周转,降低销售费用和经营风险。折扣率的高低,一般由买方提前付款期间利息率的多少、提前付款期限的长短和经营风险的大小来决定。

(二) 批量折扣

批量折扣是指根据购买数量多少,而给予不同程度的价格折扣。它是为鼓励买方大批量购买或集中购买一家企业的产品,而采用的一种减价策略。一般来说,购买的数量或金额越大,给予的折扣也就越大。批量折扣有一次折扣和累计折扣两种形式。

1. 一次折扣

一次折扣是指按照单项产品一次成交数量或金额的多少,规定不同的价格折扣率。一般适用于能够大量交易的单项产品,用于鼓励买方大批量批买。

2. 累计折扣

累计折扣是指在一定时期内,购买一种或多种产品的数量或金额超过规定数额时,给予买方的价格折扣。折扣的大小与成交数量或金额的多少成正比。一般适用于单位价值较小、花色品牌复杂、不宜一次大量进货的产品,以及大型机器设备和耐用消费品。

（三）交易折扣

交易折扣也称功能性折扣，是指企业根据交易对象在产品流通中的不同地位和功能，以及承担的职责给予不同的价格优惠。对买方企业实行何种价格折扣，是以其在产品流通中发挥何种作用为依据的。为鼓励各类经营企业的积极性，各种折扣和差价应补偿其必要的流通费用，并提供合理利润。

（四）季节折扣

季节折扣是指企业对于购买非应季产品或劳务的用户的一种价格优惠。一些产品常年生产、季节消费，宜采用此策略。目的在于鼓励买方在淡季提前订购和储存产品，使企业生产保持相对稳定，也减少因存货所造成的资金占用负担和仓储费用。

四、心理定价策略

心理定价策略是指销售企业根据消费者的心理特点，迎合消费者的某些心理需要而采取的一种定价策略。这种策略主要适用于零售环节，常用的主要有以下几种。

（一）尾数定价

尾数定价也称零头定价或缺额定价，是指给产品定一个零头数结尾的非整数价格。大多数消费者在购买产品时，尤其是购买一般的日用消费品时，乐于接受尾数价格，如0.99元、9.98元等。消费者会认为，这种价格经过精确计算，购买不会吃亏，从而产生信任感。同时，价格虽离整数仅相差几分或几角钱，但给人一种低一位数的感觉，符合消费者求廉的心理愿望。这种策略通常适用于基本生活用品。

（二）整数定价

整数定价与尾数定价正好相反，企业有意将产品价格定为整数，以显示产品具有一定质量。整数定价多用于价格较贵的耐用品或礼品，以及消费者不太了解的产品。对于价格较贵的高档产品，顾客对质量较为重视，往往把价格高低作为衡量产品质量的标准之一，容易产生"一分价钱一分货"的感觉，从而有利于销售。

（三）声望定价

声望定价是指针对消费者"便宜无好货、价高质必优"的心理，对在消费者心目中享有一定声望、具有较高信誉的产品制定高价。不少高级名牌产品和稀缺产品，如豪华轿车、高档手表、名牌时装、名人字画、珠宝古董等，在消费者心目中享有极高的声望价值。购买这些产品的人，往往不在乎产品价格，而最关心的是产品能否显示其身份和地位，价格越高，心理满足的程度也就越大。

（四）习惯定价

有些产品在长期的市场交换过程中，已经形成了为消费者所适应的价格，成为习惯价格。企业对这类产品定价时，要充分考虑消费者的习惯倾向，采用"习惯成自然"的定价策略。对消费者已经习惯了的价格，不宜轻易变动。降低价格会使消费者怀疑产品质量是否有问题，提高价格会使消费者产生不满情绪，导致购买的转移。在不得不提价时，应采取改换包装或品牌等措施，减少抵触心理，并引导消费者逐步形成新的习惯价格。

（五）招徕定价

这是适应消费者"求廉"的心理，将产品价格定得低于一般市价，个别的甚至低于成本,以吸引顾客、扩大销售的一种定价策略。采用这种策略,虽然几种低价产品不赚钱,甚至亏本,但从总的经济效益看,由于低价产品带动了其他产品的销售,企业还是有利可图的。

五、地理定价策略

地理定价策略是根据买卖双方地理位置的差异,考虑双方分担运输、装卸、仓储、保险等费用,而分别制定不同价格的策略。主要有以下几种形式。

(一)产地交货价格

产地交货价格是卖方按出厂价格交货,或将货物送到买方指定的某种运输工具上交货的价格。在国际贸易术语中,这种价格称为离岸价格或船上交货价格。交货后的产品所有权归买方所有,运输过程中的一切费用和保险费均由买方承担。产地交货价格对卖方来说较为便利,费用最省、风险最小,但对扩大销售有一定影响。

(二)目的地交货价格

目的地交货价格是指由卖方承担从产地到目的地的运费及保险费的价格。在国际贸易术语中,这种价格称为到岸价格或成本加运费和保险费价格。还可分为目的地船上交货价格、目的地码头交货价格,以及买方指定地点交货价格。目的地交货价格由出厂价格加上产地至目的地的手续费、运费和保险费等构成,虽然手续较繁琐,卖方承担的费用和风险较大,但有利于扩大产品销售,提高市场占有率。

(三)统一交货价格

统一交货价格也称送货制价格,是指卖方将产品送到买方所在地,不分路途远近,统一制定同样的价格。这种价格类似于到岸价格,其运费按平均运输成本核算,这样,可减轻较远地区顾客的价格负担,使买方认为运送产品是一项免费的附加服务,从而乐意购买,有利于扩大市场占有率。同时,能使企业维持一个全国性的广告价格,易于管理。该策略适用于体积小、重量轻、运费低或运费占成本比例较小的产品。

(四)分区运送价格

分区运送价格也称区域价格,是指卖方根据顾客所在地区距离的远近,将产品覆盖的整个市场分成若干个区域,在每个区域内实行统一价格。这种价格介于产地交货价格和统一交货价格之间。实行这种办法,处于同一价格区域内的顾客,就得不到来自卖方的价格优惠;而处于两个价格区域交界地的顾客之间,就得承受不同的价格负担。

(五)运费津贴价格

运费津贴价格是指为弥补产地交货价格策略的不足,减轻买方的运杂费、保险费等负担,由卖方补贴其部分或全部运费。该策略有利于减轻边远地区顾客的运费负担,使企业保持市场占有率,并不断开拓新市场。

六、价格调整策略

一种产品价格确定后,并非是固定不变的。随着市场环境的变化,企业常需根据生产成本、市场供求和竞争状况对产品价格作出调整,通过降低价格或提高价格,使本企业的产品在市场上保持较理想的销售状态。

(一) 价格调整的方式

价格调整的方式主要有降低价格和提高价格两种。

1. 降低价格

对企业来说,降低价格往往出于无奈。但在以下一些情况,必须考虑降价:① 产品供过于求,生产能力过剩。虽千方百计改进产品,努力推销,仍效果不大。② 市场竞争激烈,产品市场占有率下降。竞争者实力强大,占有明显优势,消费者偏好发生转移,本企业产品销量不断减少。③ 生产成本下降,为挤占竞争对手市场。这是一种主动降价行为,可能导致同行业内竞争加剧,条件是必须比竞争对手有更强的实力。④ 企业转产,老产品清仓处理。在新产品上市之前,及时清理积压存货。

2. 提高价格

价格具有刚性,从长期看,价格具有不断上升的趋势;但在短期内,提高价格常会引起消费者和中间商的不满,而拒绝或减少购买和进货。一般只有在某些特殊情况下采用此策略:① 通货膨胀或原材料等价格上涨,引起企业成本增加。企业无法自我消化增加的成本,只能通过提高售价才能维持正常的生产经营活动。② 产品供不应求,暂时无法满足市场需求。通过提高价格,可将产品卖给需求强度最大的顾客。③ 政策、法规限制消费或淘汰产品的税率提高。出于保护环境和合理使用稀缺资源的需要,政府对某些产品采用经济手段调控,致使价格上升。

无论是降价还是提价,都应注意调整的幅度和频率,还要把握调整的时机,以取得预期的效果。同时,调整价格要符合政府的有关政策和法律,避免违反《价格法》、《反不正当竞争法》和《消费者权益保护法》等法规而受制裁。

(二) 价格调整的策略

衡量价格调整成功与否的重要标志,就是企业所确定的新价格能否被消费者所接受。而各类产品与人们生活的关系不尽相同,买方对不同产品价格的变动反应也是不同的。因此,企业对于不同产品的价格调整应有不同的策略。

1. 保持相对稳定

是指在一定时期内,企业对产品价格不作大的变动,保持稳定。对于与人们生活关系密切的日常生活必需品,价格应保持相对稳定,不宜多变、大变。由于生产经营成本上升使企业难以自行消化而确实需要提价的,首先要宣传解释,与消费者进行沟通,使其理解和接受。尤其是垄断性较强的行业,如水、电、煤气,以及通讯、交通等行业的产品价格调整,应召开听证会,充分听取各种意见,权衡多方利益后,实行较为合理的调整方案。

2. 小幅度调整

是指随着企业内外部环境的变化,对产品价格作小幅度的变动。大多数产品由于生产成本、供求状况的变化,价格也常需调整。这是市场经济的客观要求和必然反应,无可厚非。企业应善于收集信息、随机应变,适时地对价格进行微调,不仅可以起到平衡供求的作用,还可以提高企业的经济效益,也不会引起价格竞争和价格波动。一般来讲,需求弹性大的产品,降价对企业有利;需求弹性小的产品,提价对企业有利。

3. 大幅度调整

是指出于某种需要或目的,企业对产品价格采取大幅度提高或降低的措施。当今市场上竞争激烈,需求变化迅速,任何一个企业都不可能保持自己的产品在市场上永远处于领先地位,价格也就成为市场永恒的主题,常被用作竞争的武器和手段。为了战胜或应付竞争对手,在特殊情况下,有时需要大幅度调整价格。但企业在应用这种策略时,必须特别慎重。尤其是大幅度降价,往往会成为价格战的导火索,要尽量避免由此造成的于己于人都不利的两败俱伤的后果。大幅度提价也会使企业失去一部分顾客,而导致销售量下降。故需权衡利弊,慎重决策。

第四节 企业定价的方法

所谓定价方法,是指企业在特定的定价目标指导下,依据对影响价格形成各因素的具体研究,运用价格决策理论,对产品价格进行测算的具体方法。定价方法的选择和确定是否合理,关系到企业定价目标能否实现和定价决策的最终成效。

制定价格应综合考虑成本、供求和竞争3个基本因素。但在实际定价时,往往又侧重于某一因素,于是便形成了成本导向定价法、需求导向定价法和竞争导向定价法三种类型的基本定价方法。

一、成本导向定价法

成本导向定价法是以企业的生产经营成本作为制定价格依据的一种基本定价方法。按照成本定价的性质不同,又可分为以下几种。

(一) 完全成本定价法

完全成本定价法是指以产品的全部生产成本为基础,加上一定数额或比率的利润和税金制定价格的方法。生产企业的完全成本,是单位产品生产成本与销售费用之和;经销企业的完全成本,则是进价与流通费用之和。

价格中的利润一般以利润率计算。利润率有以成本和销价为基数计算的两种方法,因而销售价格也有外加法和内扣法两种计算方法。

(1) 外加法。其计算公式为

$$产品价格 = \frac{完全成本 \times (1 + 成本利润率)}{1 - 税率}$$

(2) 内扣法。其计算公式为

$$产品价格 = \frac{完全成本}{1 - 销价利润率 - 税率}$$

完全成本定价法具有计算简便,能保证企业生产经营的产品成本得到补偿,并取得合理利润的优点。主要适用于正常生产、合理经营的企业,以及供求大体平衡、成本相对稳定的产品。但这种定价方法缺乏对市场竞争和供求变化的适应能力,同时还有成本和利税重复计算、定价的主观随意性较大的缺点。

(二) 目标成本定价法

目标成本定价法是指以期望达到的目标成本为依据，加上一定的目标利润和应缴税金来制定价格的方法。

目标成本是企业在充分考虑到未来生产经营主客观条件变化的基础上，为实现企业定价目标，谋求长远和总体利益而拟定的一种"预期成本"，一般都低于定价时的实际成本。目标成本定价法适用于经济实力雄厚，生产经营有发展前途的企业，尤其适用于新产品的定价。其计算公式为

$$产品价格 = \frac{目标成本 \times (1 + 目标成本利润率)}{1 - 税率}$$

其中

$$目标成本 = \frac{固定成本}{目标产量} + 单位产品变动成本$$

$$目标成本利润率 = \frac{要求提供的总利润}{目标成本 \times 目标产量} \times 100\%$$

目标成本作为一种"预期成本"，虽然不是定价时的实际成本，但也不是人们主观臆想出来的，它是建立在对"量、本、利"关系的科学测算基础上，利用盈亏平衡分析的原理加以确定的。企业通过市场预测，在确定一种产品的可销价格以后，根据固定成本总额和单位产品平均变动成本，可以先测定保本量。即在销售量动态曲线上，价格减去单位产品平均变动成本和税金后的销售收入与产量的乘积余额，正好补偿固定成本总额时的某一点。这个点称为盈亏平衡点，如图11-1所示。

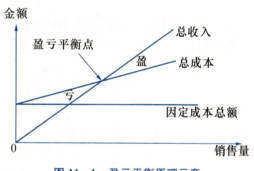

图 11-1 盈亏平衡原理示意

盈亏平衡点上的产量可以通过下列公式求得，即

$$Q(P - AVC - At) = TFC$$

$$Q = \frac{TFC}{P - AVC - At} = \frac{TFC}{P\left(1 - \frac{At}{P}\right) - AVC}$$

式中，Q 为盈亏平衡点上的产量(销售量)；P 为单位产品价格；AVC 为单位产品平均变动成本；At 为单位产品税金；TFC 为固定成本总额；$\frac{At}{P}$ 为单位产品税率。

据此，目标成本所依据的目标产量的取值区域为

盈亏平衡点上的产量 < 目标产量 ≤ 产量极限

[例题] 某企业一种产品的月生产能力为6 000件，分摊的固定成本为100 000元，

单位产品变动成本为 34 元,产品税率为 10%。问:

(1) 若销量为 2 500 件时,价格应为多少,企业才不亏损?

(2) 若价格为每件 60 元时,应达到多大的销售量,企业才能保本?

(3) 当价格为每件 60 元时,企业若要每月达到 20 000 元的利润,其销量应为多少?

解:(1) 目标产量为 2 500 件时的保本价格。由

$$目标成本 = \frac{固定成本}{目标产量} + 单位产品变动成本$$

$$= \frac{100\,000}{2\,500} + 34 = 74(元)$$

$$产品价格 = \frac{目标成本}{1-产品税率} = \frac{74}{1-10\%} = 82.22(元)$$

计算得销售量为 2 500 件时,保本价格为 82.22 元。

(2) 价格为每件 60 元时的保本量。由

$$Q = \frac{TFC}{P\left(1-\frac{At}{P}\right)-AVC} = \frac{100\,000}{60 \times (1-10\%)-34} = 5\,000(件)$$

计算得价格为每件 60 元时,企业销量应达到 5 000 件才能保本。

(3) 价格为每件 60 元,目标利润为每月 20 000 元时的销量。由

$$Q = \frac{TFC+L}{P\left(1-\frac{At}{P}\right)-AVC}(L 为目标利润)$$

$$= \frac{100\,000+20\,000}{60 \times (1-10\%)-34} = 6\,000(件)$$

计算得价格为每件 60 元时,若要获得每月目标利润 20 000 元,销量应为 6 000 件。由于每月 6 000 件的产量没有超过企业的产量极限,因此是可行的。只要销量也同步实现,则企业每月能获得 20 000 元的利润。

采用目标成本定价法能保证企业按期收回投资,并能获得预期利润,计算也较方便。但产品价格根据预计产量推算,并非一定能保证销量也同步达到预期目标。因此,企业必须结合自身实力、产品特点和市场供求等方面的因素加以调整。

(三) 变动成本定价法

变动成本定价法又称边际贡献定价法,是指在单位变动成本的基础上,加上预期的单位边际贡献计算价格的定价方法。其计算公式为

$$价格 = 单位变动成本 + 单位边际贡献$$

所谓边际贡献,就是销售收入减去变动成本后的余额。产品的销售收入在补偿其变动成本之后,首先用于补偿固定成本费用。在盈亏平衡点之前,所有产品的累积贡献均体现为对固定成本费用的补偿,企业无盈利可言。在到达盈亏平衡点之后,产品销售收

入中的累积贡献才是现实的盈利。所有产品销售收入中扣除其变动成本后的余额,不论能否真正成为企业盈利,都可视为是对企业的贡献。它既可以反映为企业盈利的增加,也可以反映为企业亏损的减少。从短期决策来看,企业增加生产只要能获得边际贡献,就是有经济效益的。即所增加的那部分边际产量,对提高企业经济效益是有贡献的,产量可一直增加到边际贡献等于零为止。

变动成本定价法通常适用于以下两种情况:一种情况是当市场上产品供过于求,企业产品滞销积压时,如果坚持以总成本为基础定价出售,就难以为市场所接受,其结果不仅不能补偿固定成本,连变动成本也无法收回;如果用变动成本为基础定价,可大大降低售价,对付短期价格竞争。另一种情况是当订货不足,企业生产能力过剩时,与其让厂房和机器设备闲置,不如利用低于总成本,但高于变动成本的低价来扩大销售、维持生存,同时也能减少固定成本的亏损。

二、需求导向定价法

需求导向定价法是以消费者对产品价格的接受能力和需求程度为依据制定价格的方法。它不以企业的生产成本为定价的依据,而是在预计市场能够容纳目标产销量的需求价格限度内,确定消费者价格、经营者价格和生产者价格。具体可分为以下几种方法。

(一) 可销价格倒推法

可销价格倒推法又称反向定价法,是指企业根据产品的市场需求状况,通过价格预测和试销、评估,先确定消费者可以接受和理解的零售价格,然后倒推批发价格和出厂价格的定价方法。其计算公式为

出厂价格=市场可销零售价格×(1-批零差价率)×(1-销进差率)

(1) 可销零售价格的测定标准。采用可销价格倒推法的关键,在于如何正确测定市场可销零售价格水平。测定的标准主要有:① 产品的市场供求情况及其变动趋势;② 产品的需求函数和需求价格弹性;③ 消费者愿意接受的价格水平;④ 与同类产品的比价关系。

(2) 可销零售价格的测定方法。有:① 主观评估法。由企业内部有关人员参考市场上的同类产品,比质比价,结合考虑市场供求趋势,对产品的市场销售价格进行评估确定。② 客观评估法。由企业外部的有关部门和消费者代表,对产品的性能、效用、寿命等方面进行评议、鉴定和估价。③ 实销评估法。以一种或几种不同价格,在不同消费对象或区域进行实地销售,并采用上门征询、问卷调查、举行座谈会等形式,全面征求消费者的意见,然后判明试销价格的可行性。

按可销价格倒推法定价,具有促进技术进步、节约原料消耗、强化市场导向意识、提高竞争能力等优点,符合按市场需求组织生产的客观要求。

(二) 理解价值定价法

所谓理解价值,是指消费者对某种产品价值的主观评判,它与产品的实际价值往往会发生一定的偏离。理解价值定价法是指企业以消费者对产品价值的理解为定价依据,

运用各种营销策略和手段,影响消费者对产品价值的认知,形成对企业有利的价值观念,再根据产品在消费者心目中的价值地位,来制定价格的一种方法。

有些营销学家认为,把买方的价值判断与卖方的成本费用相比较,定价时应侧重考虑前者。因为消费者购买产品时,总会在同类产品之间进行比较,选购那些既能满足其消费需要,又符合其支付标准的产品。消费者对产品价值的理解不同,会形成不同的价格限度。如果价格刚好定在这一限度内,就会促进消费者购买。

为此,企业定价时应对产品进行市场定位,研究该产品在不同消费者心目中的价格标准,以及在不同价格水平上的销售量,并作出恰当的判断,进而有针对性地运用市场营销组合中的非价格因素影响消费者,使之形成一定的价值观念,提高他们接受价格的限度。然后,企业拟定一个可销价格,并估算在此价格水平下产品的销量、成本和盈利状况,从而确定可行的实际价格。

(三) 需求差异定价法

需求差异定价法是指根据消费者对同种产品或劳务的不同需求强度,制定不同的价格和收费的方法。

(1) 需求差异定价的主要形式。价格之间的差异以消费者需求差异为基础,其主要形式有:① 以不同消费者群体为基础的差别定价;② 以不同产品式样为基础的差别定价;③ 以不同地域位置为基础的差别定价;④ 以不同时间为基础的差别定价。

(2) 需求差异定价应具备的条件。按需求差异定价法制定的价格,并不与产品成本和质量的差异程度相应成比例,而是以消费者需求的差异为标准。一般应具备以下条件:① 市场能够根据需求强度的不同加以细分,而且需求差异较为明显;② 细分后的市场之间无法相互流通,即低价市场的消费者不可能向高价市场的消费者转手倒卖产品或劳务;③ 在高价市场中,用低价竞争的可能性不大,企业能够垄断所生产经营的产品和劳务;④ 市场细分后所增加的管理费用,应小于实行需求差异定价所得到的额外收入;⑤ 不会因价格差异而引起消费者的反感。

三、竞争导向定价法

竞争导向定价法是以市场上竞争对手的价格作为制定企业同类产品价格主要依据的方法。这种方法适用于市场竞争激烈,供求变化不大的产品。它具有在价格上排斥对手,扩大市场占有率,迫使企业在竞争中努力推广新技术的优点。一般可分为以下几种具体方法。

(一) 随行就市定价法

随行就市定价法是指与本行业同类产品价格水平保持一致的定价方法。这种"随大流"的定价方法,主要适用于需求弹性较小或供求基本平衡的产品。在这种情况下,单个企业提高价格,就会失去顾客;而降低价格,需求和利润也不会增加。所以,随行就市成为一种较稳妥的定价方法。它既可避免挑起价格竞争,与同行业和平共处,减少市场风险,又可补偿平均成本,从而获得适度利润,而且易为消费者接受。如果企业能降低成本,还可以获得更多的利润。因此,这是一种较为流行的定价方法,尤其为中小企业所普遍采用。

(二) 竞争价格定价法

竞争价格定价法是指根据本企业产品的实际情况及与竞争对手的产品差异状况来确定价格。这是一种主动竞争的定价方法，一般为实力雄厚或产品独具特色的企业所采用。定价的步骤为：① 将市场上竞争产品价格与企业估算价格进行比较，分为高于、等于、低于三种价格层次；② 将本企业产品的性能、质量、成本等与竞争企业进行比较，分析造成价格差异的原因；③ 根据以上综合指标确定本企业产品的特色、优势及市场地位，在此基础上，按定价所要达到的目标确定产品价格；④ 跟踪竞争产品的价格变化，及时分析原因，相应调整本企业的产品价格。

(三) 投标定价法

投标定价法是指在投标交易中，投标方根据招标方的规定和要求进行报价的方法。投标定价法主要适用于提供成套设备、承包建筑工程、设计工程项目、开发矿产资源或大宗商品订货等。

企业的投标价格，必须是招标单位所愿意接受的价格水平。在竞争投标的条件下，投标价格的确定，首先要根据企业的主客观条件，正确地估算完成指标任务所需要的成本；其次要对竞争对手的可能报价水平进行分析预测，判断本企业中标的机会，即中标概率。企业中标的可能性或概率大小取决于参与投标竞争企业的报价状况。报价高，中标概率小；报价低，则中标概率大；报价过低，虽然中标概率极大，但利润可能很少甚至亏损，对企业并非有利。因此，如要使报价容易中标且有利可图，企业就要以投标最高期望利润为标准确定报价水平。所谓投标期望利润，就是企业投标报价预期可获得利润与该报价水平中标概率的乘积。

例如，某企业准备参加某项工程的招标，在确定投标报价时，企业须根据同行业竞争对手的数量、实力及其可能采取的投标策略，预测分析本企业的报价、成本水平、预期利润、中标概率和期望利润等状况，从而选择最佳报价，见表 11-1。

表 11-1 投标报价分析表 单位：元

报价成本	成 本	预期利润	中标概率	期望利润
(1)	(2)	(3)=(1)-(2)	(4)	(5)=(3)×(4)
88 000	85 000	3 000	0.80	2 400
90 000	85 000	5 000	0.70	3 500
95 000	85 000	10 000	0.40	4 000
100 000	85 000	15 000	0.10	1 500
105 000	85 000	20 000	0.50	1 000

从表 11-1 可知，该企业最佳报价应为 95 000 元，其期望利润为 4 000 元，高于其他 4 个报价，但其中标概率为 0.40。若企业急需中标，其报价应为 88 000 元，其中标概率最大，为 0.80。因此，企业的具体报价，应视实际情况而定。

第五节 企业定价的实践操作

企业产品价格的制定是科学的、有序的过程,需全面考虑。一般企业的定价程序可以分为六个步骤,即确定企业定价目标、测定市场需求、估算产品成本、分析竞争状况、选择定价方法、确定最后价格。

一、确定定价目标

企业价格的制定是一种有计划、有步骤的活动,是实现企业营销目标和总体战略的具体工作。因此,必须首先明确企业的定价目标。在现代市场营销理论应用实践中,总结若干种定价目标,在此列举其中的八种。

1. 投资收益率目标

也称投资回报目标,是指企业定价要以达到其预期的投资收益率为目标。企业在投入一定的资金后,希望得到一定比例的利润。

2. 市场占有率目标

也称市场份额目标,是指把保持和提高企业的市场占有率(或市场份额)作为一定时期的定价目标。

3. 稳定价格目标

以保持价格相对稳定的方式,避免正面价格竞争(即指企业间的以竞相削价为压倒对方的手段)为目标的定价。

4. 防止竞争目标

企业有意识地通过给产品定价,主动应付和避免市场竞争。企业价格的制定,主要以对市场价格有影响的竞争者的价格为基础,根据具体产品的情况稍高或稍低于竞争者。

5. 利润最大化目标

指以追求企业长期目标的总利润最大化为定价目标。最大利润并不意味着最高价格。利润最大化包含两层含义:① 追求企业长期总利润的最大化。有时为达到这一目标,在短期内企业还可能承受一定的亏损。② 企业整体经营效益最大化。企业生产和经营多种产品时,其中有些品种的价格可能定得很低,亏本出售,以招徕顾客。

6. 渠道关系目标

以保持企业与渠道成员之间的良好关系为定价的主要目标。对于那些需要各种中间商推销商品的企业,在定价时要充分考虑维护中间商的利益,以保证对中间商有吸引力的利润。

7. 度过困难目标

也称生存目标,是指企业在面临严峻的局面时,以维持企业的生存为一定时期的定价目标。一般来说,产品价格定得较低,以促进销售、减少库存,使企业能够度过困难继续经营。

8. 塑造形象目标

也叫社会形象目标,是新企业为塑造一定的市场形象或老企业欲改善自身的市场形象而确定的定价目标。企业的定价或为维护企业的重信誉、高质量的形象,而定高;或为树立企业的产品物美价廉,而定低。

二、测定市场需求

(一) 测定需求的价格弹性

测定市场需求是企业定价的重要工作。在对需求的测定中,首先是了解市场需求对价格的反应,即需求的价格弹性。在本章第一节我们已经介绍了需求价格弹性。

不同商品的不同需求弹性,主要是由三个因素引起的。

1. 替代品的数目和相近程度会影响商品的弹性

如果一种商品有许多相近的代用品,它的需求几乎一定是有弹性的。如果价格上涨,消费者就少买这种商品而多买其他的替代品;如果价格下跌,消费者就会舍弃替代品而买这种商品。把商品限定得越狭窄、越具体,相近的替代品就越多。如果一种商品完全可以被替代品替代,那么这种商品就富有需求弹性。

2. 商品在消费者生活中的重要位置也会影响它的弹性

例如,肥皂、盐、火柴、墨水、急救药品等商品价格便宜,是人们生活的必需品,因而比较缺乏弹性。

3. 商品的用途多少直接关系着需求弹性的大小

一种商品可派的用场越多,需求弹性越大。如果价格很高,消费者只购买少量用在最重要的用途上;价格连续下降,则买较多的商品用在不太重要的用途上。

(二) 注意需求的"反常"现象

在用需求规律分析消费者需求及变化时,发现有这样的例外:即在一定条件下,商品的价格上涨,消费者的需求量反而增加;价格下跌,消费者的需求量反而减少。将这种现象用直角坐标系表示,所得到需求曲线的斜率大于 0,变得朝右上方倾斜,如图 11-2 所示。

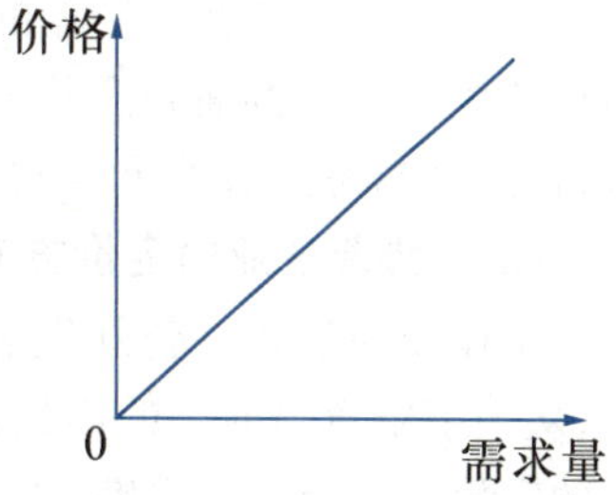

这种与需求规律相悖的"反常"现象,主要可以归结为两大类:

一类是所谓的吉芬商品。19 世纪英国经济学家罗伯特·吉芬爵士最先发现,人们对某些商品的需求表现为例外的、上升的需求曲线。在需求曲线的某一部分,商品价格的上升导致一个较大的而不是较小的商品需求量,这种类型的商品被称之为低档商品或吉芬商品。

图 11-2 "反常"的需求曲线

另一类是所谓的高档商品。研究发现,消费者的购买行为与消费者心理密切相关。消费者根据自己以往的购买经验认为,质量好的商品的价格总是要比质量差的商品价格高。因此,在消费者的心目中,价格高的商品就是质量好的商品。而且人们通常认为,消费者享用的商品档次的高低反映着消费者经济地位和社会地位的高低。高档商品在一定程度上,成了一个人经济地位和社会声望的象征。正是由于这种心理因素的作用,使消费者在某些情况下,趋向于选购价格较高的商品。这样,有些商品的价格定得较高,对这些商品的需求量就越大;如果定得较低,对这些商品的需求量反而会下降。

三、估算产品成本

企业在制定商品价格时,要进行成本估算,这对任何企业都不能例外。企业商品价格的最高限度取决于市场需求及有关限制因素,而最低价格不能低于商品的经营成本费用,这是企业价格的下限(这里不包括短期的、由于某种原因个别品种的价格低于成本费用的例外情况)。低于这个限度,企业无法维持再生产和继续经营。例如,生产某种糖果每斤成本为 2 元,此糖果的售价必须高于 2 元。因此,制定价格要在企业目标已定、市场需求已摸清的情况下,作产品的成本估算。

企业的成本包括两种:一种是固定成本,指在一定时期不随企业产量变化而变化的成本费用,如固定资产(主要指厂房、机器设备等)的折旧费、产品设计费、租金、利息、管理费用等。它不能计入某阶段的某项产品之中,而是以多种费用的方式分别计入各种产品之中。另一种是变动成本,或称可变成本、直接成本,指随着企业的产品产量和销售收入变化的成本,如原材料、辅助材料、生产用燃料、动力、销售费用、工资等。这部分成本随产品产量的变动成正比例变化,它可直接计入各种具体产品之中。

固定成本与变动成本之和,即为某产品的总成本。当企业不开工生产,产量为零时,可变成本就等于零,总成本等于固定成本。

四、分析竞争状况

企业价格的制定除取决于需求状况、成本状况之外,还受着市场竞争状况的强烈影响。对竞争状况的分析,包括三个方面的内容。

(一)分析企业竞争地位

企业及其产品在市场上的竞争地位对最后制定价格有重要的意义,要在企业的主要市场和竞争能力方面做出基本的估计。分析出企业目前处于市场竞争的何种状况,并在分析过程中,考虑有关重要的非商品竞争能力,如服务质量、渠道状况、定价方式等。

(二)协调企业的定价方向

企业要通过各种公开发表的财务资料或其他材料,也可以购买者身份索要的价目表,从中了解竞争对手的产品价格,使本企业价格制定更主动。这方面工作要考虑到企业的定价目标及主要策略,如企业为了避免风险,可采用"随行就市"的方法,跟着行业中主导企业的价格或主要竞争对手的价格走;也可以在与竞争企业的产品作全面比较后,决定高于或低于竞争企业的价格。但要注意,当企业在一个行业中单独率先制定较高或较低的价格、提价或降价,都应意识到风险的存在,应做全面的分析,并配合以各项有力措施。

(三)估计竞争企业的反应

企业要把即将可能采用的价格及策略排列出来,进行试分析,估计和预测采用某些具体价格和策略可能引起的主要竞争企业及同行业的反应。企业的营销情报信息系统要提供有关竞争企业的材料,如财务、技术、管理方面的优势和劣势,非价格因素的长处与缺点,现行的营销策略以及对竞争的反应的历史资料,使企业的有关决策人员知己知彼,以制定相应的策略和采用适当的方法。

五、选择定价方法

企业定价方法的选定是前四个步骤工作的具体体现。常用的定价方法有成本导向、需求导向和竞争导向三种(参阅本章第四节)。

六、确定最后价格

确定最后价格是企业制定价格的最后一个步骤。在最后确定价格时,必须考虑是否遵循以下四项原则:

(1) 商品价格的制定与企业预期的定价目标的一致性,有利于企业总的战略目标的实现。
(2) 商品价格的制定符合国家政策、法令的有关规定。
(3) 商品价格的制定符合消费者整体及长远利益。
(4) 商品价格的制定与企业市场营销组合中的非价格因素是否协调一致、互相配合,为达到企业营销目标服务。

前 沿 研 究

"理解价值"定价法

在营销策略的组合当中,价格策略属于最敏感的策略,原因在于价格对制造商、经销商以及消费者来说,都具有重要的意义。对制造商和经销商而言,价格不仅是达到实现产品价值、补偿耗费目的的货币符号,还是企业按照市场供求关系加以调整的对象。在市场经济条件下,价格成为企业参与市场竞争的工具,特别是在普遍呈现供过于求、市场竞争日趋激烈的行业和市场当中,价格竞争往往成为市场竞争的主要表现。对消费者来说,商品或服务的价格构成其购买成本的主要组成部分,价格往往成为影响其购买行为的主要因素之一。

在市场经济条件下,绝大部分商品和服务的定价权掌握在商家手中。但是定价并不是一项随意的工作,它必须考虑产品成本、竞争环境、供求关系和企业目标等因素的影响,事实上价格最终又是由消费者决定的。不管采用哪种定价的方法,定价都是一门科学,需要一定的策略和技巧,要从定价目标出发,运用价格手段实现营销目标。

在垂直营销当中,制造商和零售商之间在价格策略上进行协调的重要性,正日益得到体现。零售商的价格行为不能仅仅作为一种短期的促销措施,它需要用长远的、战略的眼光来看待和制造商在价格策略上的合作。竞争理论分析表明,零售商降低商品的进价,会降低上游供应商(制造商)的利润率;反之,则有利于增加本行业的平均利润。无节制的、毁灭性的价格竞争会导致行业投入减少、技术创新动力衰减,从而威胁到行业的生存,这不仅最终会影响到零售商自身的利益,也是消费者所不愿意看到的。为此,零售商必须转变观念,抛弃那种把价格竞争作为唯一和主要竞争武器的经营模式,把营销的重点转移到改善经营品种、提高商品品质和服务、为消费者创造价值增值上来。在激烈的市场竞争中,漠视或者回避竞争的态度,都可能降低商品在消费者心目中的吸引力。价格促销不仅仅是参与市场激烈竞争的需要,也是实现产品有效渗透的办法。但是积极参与市场竞争,并不意味着制造商和零售商去发动或者领导价格竞争,更多的是如何迅速地对竞争对手的价格策略作出合适的反应。就这一点来说,需要通过制造商和零售商之间有效的品类管理来实现。

由于价格最终是由消费者来决定的,以消费需求为基本依据的定价方法日益得到应用。其中,理解价值定价法是近年来企业越来越多地采用的一种方法。所谓理解价值定价法,就是企业按照购买者对产品价值的感觉、理解以及需求的强度来定价,而不是依据企业的成本费用水平来定价。该方法的理论依据在于,购买者对商品价值的感受和理解,是他们根据自己对产品的性能、质量、服务等各方面的印象,对价格作出的判断,即人们买东西时常说的"值"或"不值"。消费者对价值的理解,说到底是商品性能价格比的问题。消费者对商品性能、质量及服务等方面的要求是相对的,对应不同的价格水平,消费者对商品会作出迥然不同的评价和反应。消费者的购买行为,只有在他的期望值得到满足的程度高于或等于其愿意支付货币的标准时,才会发生。因而消费者对价值的理解,是在对商品的价格与性能及其他方面相比较的基础上形成的。

企业在运用理解价值定价法时,如果对购买者所承认的价值估计得过高就会导致定价过高,从而使销量减少;如果对购买者承认的价值估计得过低就会导致定价偏低,这样虽然可以多销但收入会受到影响。因此,企业有效运用这一方法的关键在于,正确估计购买者所承认的价值。企业在运用这一方法时,要注意利用市场营销组合中的非价格变数,如产品质量、服务特色、广告宣传、购物环境等来影响购买者,以便提高购买者对产品价值的主观认定水平和需求强度,使他们感觉到买这种商品能够获得相对更多的利益。在此基础上,企业制定出一个可行的价格范围,进而估算不同价格水平下的销量、成本和利润,最后选定一种企业和消费者双方最容易接受的价格作为实际销售价格。这一方法的操作过程是:

第一步,估计和测定购买者对产品价值的主观认定水平和需求强度;

第二步,确定能够被购买者接受的价格限度,并拟定初始价格;

第三步,推测产品的销售量,并估算产品的成本费用与盈利水平;

第四步,确定实际价格。

案　　例

上海大众"帕萨特"的定价策略

上海大众是德国大众在我国与上海汽车工业集团总公司成立的合资企业,在品牌营销方向基本上继承发扬了德国大众的策略。而德国大众是世界知名的跨国公司,其制定出的定价策略,是保证公司目标实现的重要条件。通常,这类公司产品价格会受到3个制约因素——生产成本、竞争性产品的价格和消费者的购买能力,其中产品的生产成本决定了产品的最低定价,而可比产品的竞争性定价和消费者的购买能力则制约着产品的最高定价。

以上海大众刚上市销售的帕萨特最高档车帕萨特2.8V6为例。2003年1月21日,上海大众正式向媒体展示该厂刚刚推出的帕萨特2.8V6,其打出的品牌定义为"一个真正有内涵的人"。

并非娇柔造作。营销目标是"成为中高档轿车的领导品牌"、"成为高档轿车的选择之一"。无疑上海大众希望传播这样一个目标:帕萨特是中高档轿车的首选品牌;在品牌形象方面是典范;要凌驾于竞争对手别克、雅阁和风神蓝鸟之上;缩小与高档品牌(如奥迪、宝马、奔驰)之间的差距。上海大众为了达到以上目标,在分析了自己的优劣势后进行了定价决策,并围绕着营销目标和所制定的价格进行了一系列行之有效的广告宣传。

上海大众为了制定出有竞争优势的市场价格,首先从以下几个方面分析了自己的优劣势。

第十一章 价格策略

1. 就生产成本而言，由于该车系上海大众已在 2000 年就开始生产了，而且产销量每年递增，所以生产成本自然会随着规模的增加而降低。

2. 竞争品牌技术差异。

① 在与市场同档次产品（如奥迪 A6、本田雅阁、通用别克等）相比，虽然帕萨特的长度排名最后一位，但是帕萨特轿车身材最高，达 1.47 米；整车轴距为 2.803 米，远远高于雅阁、别克。帕萨特的乘坐空间和乘坐舒适性在同类轿车中处于最好水平，尤其对后排乘员来说，腿部和头部空间尤显宽敞。

② 帕萨特和奥迪 A6 所用的 2.8V6 发动机技术水平均处于领先地位。

③ 空气阻力影响汽车的最高车速和燃油油耗。帕萨特的风阻系数仅为 0.28，在同类轿车中处于最好水平。

④ 和帕萨特及奥迪 A6 的周密防盗系统相比，雅阁没有发动机电子防盗系统和防盗报警系统，别克轿车没有防盗报警系统。

⑤ 帕萨特轿车的长度在四种车型中名列之末，但由于其卓越的设计，帕萨特的行李箱容积却超过了广州本田雅阁和上海通用别克的水准。

3. 售后服务是汽车厂商们重点宣传的部分，而维修站的数量则是个硬指标。上海大众建厂最早，售后服务维修站的数量自然也会居于首位。在市场营销方案中，上海大众依然用图表的方式充分展示了自己在这方面的优势。

在对经销商的培训及消费者的宣传中，上海大众用了这样的语言：上海大众便捷的售后服务、价平质优的纯正配件，使帕萨特的维护费用在国产的高级轿车中最低，用户耽搁时间最短，真正实现"高兴而来，满意而归"。很明显，上海大众抓住了消费者的需求心理：高质量、低价位、短时间。

在对全员培训中，上海大众非常明确地描绘出了帕萨特的品牌定位：感性表述——帕萨特宣告了你人生的成就；理性描述——帕萨特是轿车工业的典范。最后一句"帕萨特 2.8V6 是上述品牌定位的最好例证"，推出了新产品的卖点与竞争力。

整个营销方案的最后，打出了帕萨特 2.8V6 的定价：35.9 万元人民币。

案例思考题

1. 根据案例介绍，分析"帕萨特"是如何制定出具有竞争优势的市场价格的？
2. 上海大众的定价策略对我国企业产品定价有何启示？

练习与思考

（一）名词解释

价格　　　　需求价格弹性　　　取脂定价策略　　　渗透定价策略
成本导向定价法　竞争导向定价法　　理解价值定价法

（二）填充

1. 价格由_____、流通费用、税金和利润构成。

2. 某种洗衣粉，顾客一次购买 10 袋以下每袋价格为 4 元，若一次购买 10 袋以上，则每袋价格为 3.6 元。这就是_____折扣，目的是鼓励顾客购买。

3. 美国杜邦公司在推出新产品时，往往把价格尽可能定高，以后，随着销量和产量的扩大，再逐步降价。这家公司采用的是_____价格策略。

(三) 单项选择

1. 当需求弹性 $E < 1$ 时，说明需求弹性小或缺乏弹性。这类产品价格的上升或下降，会引起需求量较小程度的减少或增加。企业定价时应该采取（　　）。
   A. 提价　　　　B. 降价　　　　C. 不变价　　　　D. 都不是

2. Intel 公司是美国占支配地位的计算机芯片制造商。当它们推出一种新产品时，定价总是比同类产品的定价低，在销售的第一年它们可能获利很小，但它们很快就把产品打入了市场，第二、三年便会大量销售产品而获利。它们采用的是（　　）定价策略。
   A. 取脂定价　　B. 渗透定价　　C. 弹性定价　　D. 理解价值定价

(四) 多项选择

1. 以下商品的价格中，属于差别定价的是（　　）。
   A. 公园门票对某些社会成员给予优惠
   B. 在节假日或换季时机举行"酬宾大减价"等活动
   C. 对不同花色、不同款式的商品所定不同的价格
   D. 对大量购买的顾客给予优惠
   E. 剧院里不同位置的座位的票价不同

2. 影响产品需求价格弹性的因素很多，在以下情况中，产品的需求价格弹性最小的是（　　）。
   A. 与生活关系密切的必需品
   B. 缺少替代品且竞争产品也少的产品
   C. 知名度高的品牌
   D. 竞争产品多的非必需品
   E. 消费者认为价格变动是产品质量变化的必然结果的产品

(五) 简答题

1. 何为需求价格弹性，主要有哪几种类型？
2. 影响价格的因素主要有哪些？
3. 企业的定价目标有哪些？
4. 新产品定价有哪几种策略，分别在何种条件下适用？
5. 折扣定价有哪几种策略，分别适用于哪些情况？
6. 成本导向定价法主要有哪些，各有什么优缺点？
7. 需求导向定价法主要有哪些，按需求导向定价有何现实意义？
8. 竞争导向定价法主要有哪些，分别适用于哪些情况？

(六) 论述题

从理论与实践的结合上，试论产品价格的影响因素与企业定价的关系。

第十二章

分销渠道策略

学习目标

学完本章,你应该能够:
1. 理解分销渠道的特征、功能与作用
2. 识别分销渠道的各种类型
3. 把握不同类型中间商的作用与类型
4. 理解分销渠道的"长度"、"宽度"策略
5. 明确渠道成员的选择及其管理
6. 掌握分销策略运用的实践技能

基本概念

分销渠道	直接渠道	间接渠道	垂直分销系统	水平分销系统
批发商	零售商	渠道长度	渠道宽度	广泛性分销
选择性分销	独家分销			

在现实社会经济活动中,绝大多数生产者不是将生产的产品直接出售给最终用户的,而是通过分销渠道把产品转移到最终消费者手中。对企业来说,研究分销渠道中的各类成员,科学地选择分销渠道,不仅能加快产品流转、提高流通效率、降低流通费用、方便消费者购买,而且有利于企业在整体市场上获取分销的成功。

第一节 分销渠道概述

一、分销渠道的概念

分销渠道又称销售渠道,是指产品从生产者那里转移到消费者手中所经的通道。这种"转移"需要中间环节(如批发商、零售商、代理商)的介入。因此,分销渠道又可理解为产品从生产领域向消费领域运行过程中,经由中间环节的市场营销活动。作为现代分销渠道应具有以下特点。

1. 分销渠道是产品流通从起点到终点的通道

产品分销渠道不管是否经过中间环节,也不管经过几个中间环节,其起点是生产者,而终点是能最终实现产品价值的消费者或用户。完整的分销渠道,是指产品的这种自始至终的流通过程,而非产品流通过程中的某一阶段。

2. 分销渠道是一个由不同企业或人员构成的整体

分销渠道的组织是由产品流通过程中的渠道成员组成的,这些渠道成员是产品流转所经过通道中的各类中介机构,其中包括生产者自身的销售机构,以及中间代理商、批发商、零售商和承担实体分配的储运商,正是通过这些中介机构网络,产品才能上市行销。处于分销渠道的各种职能的中介组织,被统称为渠道成员。渠道成员可以是企业,也可以是个人,它们共同的职责是帮助制造商转移产品的所有权。

3. 分销渠道的途径是由产品流转环节衔接的

分销渠道是产品从生产者转移到消费者的途径,而这一途径是由各流转环节所衔接的。例如,某一生产商的产品,厂商销售机构卖给批发商,批发商又卖给零售商,消费者又从零售商购得产品,这就是某一产品的分销途径。由此看来,当渠道成员间发生购销活动时,产品流转的环节就彼此连接成一体,推动产品由生产者到消费者的流动,从而形成了产品分销的通道。

4. 分销渠道的分布呈现网络形态

分销渠道是由承担不同职能的渠道成员所构成的,这些成员分布于各个区域范围内,形成星罗棋布的网络状态。所以,到 20 世纪 90 年代中期,人们就把这种网状的分销渠道称作为分销网络。著名的未来学家斯托夫认为,未来的市场只不过是一个张开的网,谁掌握了网络,谁就掌握了市场。现代企业都十分重视分销网络建设,已经不是简单的从产品转移的通道去思考分销问题,而是从企业整个营销体系运作系统来构思渠道建设,从物流、现金流、信息流、所有权流来构建厂商与消费者(客户)之间的通道,从而提高企业整体运营能力,达到提高企业竞争力的目的。

二、分销渠道的功能与作用

分销渠道在企业实现产品销售和社会商品流通中具有重要作用,分销渠道的作用是由其功能决定的。

(一) 分销渠道的功能

分销渠道的主要功能在于完成从生产者到消费者的产品转移,调节现代市场经济下生产与消费之间的矛盾,即调节生产和消费在数量、品种、时间和地点等方面的矛盾。具体来讲,分销渠道成员执行的功能有以下几项。

1. 所有权转移

分销渠道承担的最本质功能,就是完成产品从生产者到消费者的所有权转移。在这个过程中,生产者出售了产品,获得了销售收入,消费者付出了货币,取得了所需要的产品。

2. 沟通信息

收集并发布关于市场营销环境中,现有的和潜在的消费者、竞争者及其他影响者和影响力量的信息。

3. 促进销售
通过人员推销、广告、公关活动及其他促销方式，吸引和说服顾客和潜在顾客购买。

4. 洽谈生意
渠道成员之间达成有关产品的价格、采购条件、进货条件以及售后服务的协议，并提出订单。

5. 资金融通
中间商购进产品并保持存货需要投入资金，这部分投入在产品实际抵达消费者之前就已经垫支，保证了厂商的再生产活动。所以，中间商购进产品行为实际是融资。

6. 实体分配
分销渠道除了完成产品交易过程外，同时，还要完成产品实体从生产者到消费者的空间移动，消费才能成为现实的消费。

7. 风险承担
产品从生产领域到消费领域转移过程中，会面临许多不确定因素和物质实体的损耗，如市场需求变动、不可抗拒的天灾人祸、运输和存储及装卸过程中的商品破损等。这些风险均要由分销渠道成员承担。

产品在转移过程中，上述七项功能都必须完成，承担这些功能的组织或个人就是分销渠道成员。分销渠道决策，其实质就是选择什么渠道成员来完成这些功能更有效的问题。随着市场经济的深入发展，各种新型渠道成员在不断地涌现，企业选择渠道成员所追求的，就是寻找能高效率完成以上功能的中介组织或个人。

（二）分销渠道的作用

分销渠道选择是否得当，将直接影响企业的营销目标能否实现。企业都很认真地选择分销渠道成员，与市场营销中介组织构筑产品流向市场的通道，即分销渠道。分销渠道对企业来说太重要了，分销渠道的作用有以下几点。

1. 可以及时、有效地实现产品销售
企业营销目的是为了满足消费者的需求，实现利润目标。要实现这一目标不仅取决于企业能否生产出适销对路的产品，更重要取决于这些产品能否及时地销售出去。只有选择合理、适当的分销渠道，才能及时、有效地把产品传送到消费者手中。

2. 可以节省产品销售所需的投资和费用
许多生产企业实际上缺乏直接将产品卖给最终消费者的人力、物力和财力，特别是一些小规模的企业。即使是大企业，通常也会因为其顾客分布太广、购买太分散，而不得不选择中间商作渠道成员，帮助分销。例如，无锡小天鹅集团，市场遍布全国，零售网点几万家，小天鹅公司不可能完全靠自己投资建这么多零售点，使用中间商分销就可以利用它们现有的销售网络，节省市场网络建设费用。

3. 可以使生产商获得产品销售的优势
许多渠道成员执行着销售专业技能，拥有生产商所不具备的优势。例如中间商渠道成员，无论是批发商还是零售商，它们都有广泛的顾客和客户关系，都有丰富的市场知识和接近客户的地理位置，还拥有交易场地和仓储空间，生产企业与中间商结成亲密的渠

道伙伴关系，可以综合利用中间商的优势为己服务，使企业产品更贴近市场。

4. 可以获取大规模分销的经济利益

作为生产商，总希望其产品更快、更多地通过销售渠道到达最终消费者（客户）手中，而能够帮助生产商实现这个目标的只有中间商。通过中间商的营销网络，可以使生产商的产品在广泛的市场上铺开，得到大规模分销的经济利益。所以，企业市场的开拓，其实质就是渠道成员之间的网络构筑。为此，许多厂商都把渠道成员之间的销售网络视为企业的重要无形资产。

5. 可以提高产品的市场竞争力

分销渠道的选择直接影响到商品的销售成本，从而影响到产品的价格、产品的竞争力。只有选择合理的分销渠道，配置好中间商，保证产品及时销售出去，才能加快资金的周转，提高资金的使用效益。同时，也能节约销售费用、降低产品成本，从而来降低产品的销售价格，必然能提高产品的市场竞争能力。

6. 可以促进产品销售活动

在商品流通中，促销是一项重要的营销活动，是影响和吸引消费者购买的策略手段。就一般促销活动而言，它需要场地、氛围的渲染、人力的投入。相比之下，零售商在产品促销方面更有场地条件，又具有丰富经验。为此，选择熟悉市场需求、熟悉产品性能、具有丰富促销经验的中间商，有利于企业的促销活动的开展，有利于产品的销售。

三、分销渠道的类型

（一）直接渠道与间接渠道

按产品在流通过程中是否有中间环节，可以把分销渠道分为直接渠道与间接渠道。

1. 直接渠道

是指产品从生产者流向最终消费者的过程中，不经过任何中间商转手，直接把产品销售给消费者。直接渠道是工业用品分销渠道的主要类型。大型机器设备、专用工具，以及技术复杂、需要提供专门服务的产品，几乎都采用直接渠道销售。在消费品市场，直接渠道也有扩大优势。直接渠道的具体形式有以下几种：生产者直接销售产品、派员上门推销、邮寄、电话销售、电视销售和网上销售。直接渠道优点有：商品销售及时；直接了解市场，便于产销沟通；提供售后服务；有利于控制商品价格。不足之处有：生产者在产品销售上需要花费一定的物力、人力、财力，使销售范围受到较大限制，从而影响销售量。

2. 间接渠道

是指产品从生产领域转移到消费者或用户手中，需经过若干中间商的分销渠道。这是一种多层次的分销。间接渠道是消费品分销渠道的主要类型，有些工业品也采用间接渠道。间接渠道的优点是：可以使交易次数减少，节约流通领域的人力、物力、财力和流通时间，降低销售费用；可以使生产者集中精力搞好生产，而且可以扩大流通范围和产品销售。不足之处有：由于中间商的介入，生产者和消费者不能直接沟通信息，生产者不易准确地掌握消费者的需求，消费者也不易了解生产者供应情况和产品性能特点。

（二）长渠道与短渠道

长渠道与短渠道是根据产品从生产者向消费者转移的过程中，所经过的中间环节的多少来划分的。

1. 长渠道

是指生产者利用两个或两个以上的中间商,把产品销售给消费者或用户。一般销售量较大、销售范围广的产品宜采用长渠道,通过批发商或代理商,再由零售商销售给消费者。长渠道可以使生产者在产品销售中,充分利用各类中间商的职能,发挥它们各自的优势扩大销售,生产企业本身可以更好地集中精力搞好生产。但其缺点是流通费用增加,不利于减轻消费者的价格负担。

2. 短渠道

是指生产者利用一个中间环节或自己销售产品。一般,销售批量大、市场比较集中或产品本身技术复杂、价格较高的适用短渠道。短渠道可以使商品迅速到达消费者手中;能减少商品使用价值的损失,有利于开展售后服务;有利于节省费用开支,降低产品价格。但不足之处是生产者承担商业职能多,不利于集中精力搞好生产。

(三) 宽渠道和窄渠道

宽渠道与窄渠道是根据生产商在某一区域目标市场中,选择中间商数目的多少来划分的。

1. 宽渠道

是指生产商在某一区域目标市场上,尽可能多地选择中间商来销售自己的产品。宽渠道的优点是:通过多家中间商分销广泛,可以迅速地把产品推入流通领域,使消费者随时随地买到需要的产品;还可促使中间商展开竞争,使生产者有一定的选择余地,提高产品的销售效率。不足之处在于由于,每个层次的同类中间商较多,使得各个中间商推销某一商品不专一,不愿意花费更多的促销精力;生产者与中间商之间是一种松散关系,在遇到某些情况时关系容易僵化,不利于合作。

2. 窄渠道

是指生产商在某一区域目标市场上,只选择少数几个中间商来销售自己的产品。被选择的中间商在当地市场有一定的地位和声誉。这种渠道生产商与中间商容易合作,有利于制造商借助中间商的信誉和形象提高产品的销售能力。不足之处在于,中间商要求折扣较大,生产商开拓市场费用比一般要高。

3. 最窄渠道

又称独家分销,是指厂商在某一区域目标市场上,只选择一家中间商销售其产品。所选择中间商一般在当地极有声望,居于市场领先地位。选择这样的分销渠道,一般厂商对自己产品极有信心,企图通过中间商的良好形象,迅速提高产品知名度。采取独家分销一般通过双方协商签订独家经销合同,规定中间商不得经营竞争者的同类产品,明确双方的权利、义务和利益。独家分销是工商双方紧密型的关系,厂商对中间商信赖,一般会给中间商促销支持,中间商因能获得独家分销的利益也会通力合作,在销售过程中,运货、结算手续大为简化,便于产品上市,也便于信息反馈。其不足之处在于,产品销售的市场面狭窄,市场占有率低,不便消费者购买。

(四) 现代分销渠道系统

现代分销渠道系统有垂直分销系统、水平分销系统和集团分销系统,是按照分销的组织形式来划分的。传统分销渠道系统中,渠道成员之间是独立的经营者,它们各自为政、各行其是,追求自身利益以获取最大利润。这种分销系统以市场竞争的盲目力量来调节产品分销渠道的矛盾,增加分销过程的不确定性,不利于生产商控制其产品的分销过程。随着市场经济的发展和企业在竞争中逐渐成熟,新的分销组织形式的不断出现,逐步形成了现代分销渠道系统。

1. 垂直分销系统

垂直分销系统是指由生产企业、批发商、零售商,根据纵向一体化的原理组成的渠道销售系统。这种渠道类型也可称纵向联合,分为契约型产销结合和紧密型产销一体化。在垂直分销系统中,其中某一环节的渠道成员占主导地位,称为渠道领袖。渠道领袖可凭借自己的优势地位,联合或支配渠道其他成员共同开拓某种产品的产销通道。垂直渠道的出现,对于渠道领袖来讲,可以控制分销渠道中其他成员的行为,减少分销渠道成员追求各自利益引起的冲突,更好地协调产品在分销渠道各环节的流通。垂直渠道的领袖可以是拥有巨大生产能力和著名品牌的生产商,也可以是批发商或大型零售商。在美国的消费品销售中,垂直渠道已经成为一种占主导地位的分销形式,占全部市场的70%到80%之间。例如,以零售品牌著称的西尔斯公司,其50%的货源来自该公司具有股权的制造商生产的产品。

2. 水平分销系统

水平分销系统是指分销渠道的横向联合,通常是由两个以上的生产商联合开发共同的分销渠道所建立的分销系统。这种横向联合可分为松散型联合和固定型联合两种形式。例如,美国的百万市场报纸公司就是一家为5家报纸实施分销业务,并为它们所共有的销售公司。水平分销系统可以较好地集中各有关企业在分销方面的相对优势,更有利开展分销活动,扩大各企业的市场覆盖面,减少各企业在分销渠道方面的投资,提高分销活动的整体效益。

3. 集团分销系统

集团分销系统是指以企业集团的形式,结合企业组织形式的总体改造来促使分销渠道的发展和改革,也是企业当今分销渠道策略的巨大变化。企业集团作为多个企业的联合体,是具有生产、销售、信息、服务以及科研等综合功能的经济联合体。在这样的经济联合体中,同时含有生产企业、销售机构、物流机构、科研机构,甚至金融机构的功能。集团中的销售机构和物流机构,同时可以为集团内的各生产企业承担产品分销业务。例如,日本的综合商社就是企业集团中的主要销售机构,担负整个企业集团产品的对外分销业务。

集团分销系统可以有多种形式,有以生产企业为主体的,有以商业企业为主体的,甚至有以金融或科研为主体的。从其分销功能来看,有只包含批发功能的,也有延伸到零售功能的;有只具备商流功能的,也有同时具备物流功能的;有只经营同类产品的,也有各种产品都经营的。

集团分销系统是一种比较高级的联合形式,从分销的角度看,它往往是能集商流、物流、信息流于一体,分销功能比较齐全,系统控制能力和综合协调能力都比较强,对分销活动能进行比较周密的系统策划,并能建立起高效的运行机制,从而促使分销活动的整体效益有更大的提高。

第二节 中间商分析

中间商是生产商的客户和合作伙伴,通常与生产商的营销力量构成企业的分销网络。中间商是指处于生产者和消费者之间参与产品交换,促进买卖行为发生和实现,具有法人资格的经济组织或个人,主要有批发商、零售商和代理商。生产商要想通过中间商建立分销网络,就必须对批发商、零售商和代理商的组织形式及其特点进行分析研究。

一、批发商

批发商是指将向生产企业所购的产品出售给,以再售或加工为目的而购买产品的组织和个人。批发商是分销渠道的中间环节,是现代商业流通不可缺少的部门。

(一) 批发商的特点

批发商区别于零售商的最主要标志是,一端联结生产商,另一端联结零售商。与零售商相比,批发商有以下特点。

1. 吞吐量大

批发业务主要是大批量采购、大批量销出。批发商业务一般较零售商大,业务覆盖的市场区域也较零售商广。

2. 地区分布不同

不同购买量的批发商的地区分布是不同的。大型批发商通常集中在中心城市,中小型批发商通常集中于中小城市。批发商需要大批量购销,所处地理位置是否接近商业中心并不十分重要,但是位置的交通便利,包括通讯的良好条件至关重要。

3. 专业性强

批发商大多专营一定范围的产品,并对这类产品市场具有专门知识,可为零售商提供花色品种编配好的商品和有关咨询服务。

(二) 批发商的作用

批发商是分销渠道的重要环节。在分销渠道中,批发商的作用优势对提高整体分销效益是十分重要的。具体作用体现如下。

1. 销售更具效果

批发商提供的销售力量,使生产商能够以较小的成本接触更多的中小客户。由于批发商接触面比较广,常常比生产商更多得到买方的信任。

2. 有效集散产品

批发商通过广泛地接触不同的生产商,可以高效率地采购、配置多种产品;迅速把产品供应给零售商和生产企业,提高顾客的采购效率。

3. 产品储存保证

批发商备有相当数量的库存,减少了生产商和零售商的仓储成本与风险。

4. 提供运输保证

批发商为顾客提供货物的编配,由于批发商备有充分的库存,可以迅速发货,并提供相关的运输服务保证。

5. 帮助资金融通

批发商还可以为顾客提供便利的财务条件。譬如准许赊账,还可以为供应商提供供货等方面的资金保证。

6. 承担市场风险

批发商从生产商购进产品后,就拥有产品所有权,同时也承担了经济风险,如市场供求和价格变动带来的风险、产品运输和保管中可能发生的风险、预购和赊账中的呆账风险。

7. 沟通产销信息

批发商向供应商和顾客提供有关市场的产品、服务及价格变化等方面的信息。

8. 为零售商服务

批发商经常帮助零售商改进经营管理。譬如,培训销售人员,帮助零售商建立会计和存货控制系统。

(三) 批发商的分类

批发商按经营商品的范围来分类,可分为以下几类。

1. 普通商品批发商

这类批发商经营的商品范围较广、种类繁多,包括纺织品、文化用品、小五金、小电器、洗涤化妆品等,它的批发对象主要是中小零售商店。在产业用户市场上,它们通常称为工厂供应商,经营规格品种繁多的标准化工具、用具、零配件及易耗品,直接面对产品用户。

2. 大类商品批发商

这类批发商专营某大类商品,经营的这类商品花色、品种、品牌、规格齐全。它们通常是以行业划分商品种类,如酒类批发公司、专营汽车零配件的公司、仪器批发公司等。

3. 专业批发商

这类批发商比大类商品批发商的专业化程度要高,专营某类商品中的各个品牌,如在食品行业中专营罐头食品。这种批发商通常最接近制造商,是第一道大宗货物单一品种的批发商。他们将不同生产企业制造的同类产品集中起来,再按不同地区客户的需要批发出去。这种批发商经营商品范围虽然窄而单一,但业务活动范围和市场覆盖面却十分大,一般是全国性的,如商品粮批发商、石油批发商、木材批发商、纸张批发商、金属材料批发商、化工原料批发商、矿产品批发商等。

4. 批发交易市场

批发交易市场是介于零售业和批发业之间的一种经营业态,而且交易行为也不十分规范。批发交易市场是指,它以批发价格对商品进行批量交易。批发市场按其交易特点,在我国习惯上分为三种类型:① 产地批发市场。这种类型的批发市场设在产品生产地区,多是农村专业化生产和乡镇工业发达地区,参加交易人员主要是生产者和贩运者,如蔬菜、水产、水果、禽蛋等批发市场。② 销地批发市场。这类批发市场是为了适应消费者生产和生活需要而兴起的,参与交易的人主要是贩运者,也有消费者。③ 集散地批发市场。这类批发市场主要靠吸引外来产品,然后分流到其他地方去,参加交易活动的主要是生产者、贩运者和生产地区厂家的推销人员等,如南京的金盛装饰城、金桥市场、银桥市场等交易批发市场。

(四) 批发商的选择

批发商是重要的渠道成员,也是生产商的合作伙伴。选择一个通力合作的批发商对于厂商产品的市场开拓关系重大。为此,对批发商的选择,厂商要考虑下列条件。

1. 区域市场情况

批发商业务范围的地理分布区域与企业目标销售区域是否一致。

2. 渠道网络情况

批发商自身的渠道网络成员是否多而广泛,这关系到批发商的市场营销能力。批发商网络广泛,其市场张力强,产品容易扩散出去。

3. 营销实力情况

批发商掌握和反馈市场信息的能力;批发商的合作精神和能力;批发商的竞争优势,其中包括规模优势、信用优势、服务优势等。

二、零售商

零售商是分销渠道的最终环节。零售商业务与批发业务的本质区别在于,零售面对个人消费者市场,是分销渠道系统的终端,直接连接消费者,完成着产品最终实现价值的任务。

零售商在分销渠道中的重要地位,决定了零售商业对整个国民经济的发展起着重大的作用。具体表现为:① 沟通生产、批发、消费,实现产品价值和推动社会再生产的进行,促进社会劳动力的再生产;② 满足消费者多样性需求,拓展消费市场,提升消费结构;③ 引导消费,促进新产品的开发,促进现代化建设。为此,零售企业要以满足消费者需求为中心,积极做好商品供应工作,拓展产品营销,做好服务工作,在商品流通中发挥更重要的作用。

零售商业种类繁多、经营方式变化快,构成了多样的、动态的零售分销系统。对零售业态的分析,是生产商选择分销渠道的研究重点。

(一) 零售商店

1. 百货商店

百货商店是指综合各类商品品种的零售商店,其特点是:① 拥有各式各样的货品供顾客选购,顾客可以在同一店内采购不同的商品,以节省顾客的时间和精力;② 百货商店客流量大,全日保持人来客往,气氛热烈,可以刺激顾客购买;③ 大型百货商店资金雄厚,并能使大量人才分工合作,研究推销方法,不断创新,增强管理能力;④ 重视商誉和企业形象,对所出售商品的品质在采购时就慎重选择;⑤ 有整洁、典雅的购物环境和商品陈列展示,能吸引大批顾客购买。

2. 专业商店

专业商店是指专门经营某一类商品或某一类商品中的某一品牌的商店。专业商店的基本特征在于一个"专"字,具体特点有:① 品种齐全,商品绝对符合顾客的专门需要;② 经营商品和服务标准富有个性;③ 售货人员具有丰富的专业商品知识,对顾客能起到参谋或顾问的作用。

3. 超级市场

超级市场最初是以主、副食及家庭日用商品为主要经营范围，实行敞开式售货，是顾客自我服务的零售商店，又称"自助商店"或"自选商店"。现在的超市经营品种更加丰富，除了食品之外，家居生活日用品均经营，品种多达7 000—10 000余种。超级市场的特点是：① 实行自我服务和一次性集中结算的售货方式；② 薄利多销，商品周转快，利润较其他商店低，如在美国，售后净利只占零售额的1%—2%；③ 商品包装规格化、条码化、明码标价，并且注有商品的质量和重量。

4. 便利商店

便利商店是接近居民生活区的小型商店。营业时间长，以经营方便品、应急品等周转快的商品为主，并提供便捷服务，如饮料、食品、日用杂品、报纸杂志、快递服务等。商品品种有限，价格较高，但因方便，仍受消费者欢迎。

5. 折扣商店

这是一种以低价、薄利多销的方式销售商品的商店。其特点：① 一般设在租金便宜但交通繁忙的地段；② 经营商品品种齐全，多为知名度高的品牌，顾客容易比较其价格比竞争者低了多少；③ 设施投入少，尽量降低费用；④ 实行自助式售货，提供服务很少，如一般不负责送货。

6. 仓储商店

仓储商店是20世纪90年代后期才在我国出现的一种折扣商店，它的基本特点是：① 位于郊区低租金地区；② 建筑物装修简单，货物堆放就像仓库，货仓面积很大，一般不低于1万平方米；③ 以零售的方式运作批发，以一种大批量购买而获取折扣，又称量贩商店；④ 通常采取会员制销售来锁定顾客。

（二）无店铺零售

无店铺零售的特点是无固定门店完成产品销售，可以降低经营费用。主要形式有以下几种。

1. 上门推销

这是一种古老的零售形式，也是现代市场经济条件下的一种销售方式。具体做法是：企业销售人员直接上门，挨门挨户逐个推销。著名的雅芳公司就是这种销售方式的典范，美容顾问"雅芳"女士挨门挨户推销，而不在商店出售其产品。据称，该公司在全世界有100万个直销代表，年销售额超过20亿美元，成为世界上头号门对门销售商。

2. 电话电视销售

这是一种比较新颖的无店铺零售形式。其特点是：利用电话、电视作为沟通工具，向顾客传递所出售商品的有关信息，顾客根据需要选好所要购买的商品，通过电话直接向卖方订货，卖方按顾客的要求送货上门，整个交易过程简单、迅速、方便顾客，节约时间。

3. 自动售货

利用自动售货机经营销售商品。第二次世界大战以来，自动售货已被大量运用在多种商品上，如香烟、糖果、报纸、饮料、化妆品等。

4. 购货服务

这种无店铺的零售形式主要服务于学校、医院、政府机构等大单位特定用户。这种单位派采购人员参加一个购货服务组织,该组织与一些零售商订有契约,零售商凭购物证给该组织成员一定的价格折扣。

(三) 联合零售

为了适应市场竞争的需要,规模小的零售业主,通过联合零售的方式,来提高其市场开拓能力。

1. 批发联号

批发联号是中小零售商自愿参加批发商的联号,成为其外围组织,希望得到批发商赞助,得到统一订货的送货。联号成员以契约作联结,明确双方的权利和义务。批发商获得了围绕自己的忠实客户,零售商按比例在批发联号内进货,保证了供货渠道。

2. 零售商合作社

这种联合主要是由一群独立的零售商按照自愿、互利互惠原则成立的,以统一采购和联合促销为目的的联合组织。

3. 消费合作社

这是由社区居民自愿出资成立的零售组织,由居民投票选举代表实行民主管理。这种商店按低价供应社区居民商品,或制定一定价格,社区居民按购物额分红。

4. 商店集团

这是零售业的组织规模化形式,没有固定的模式。它是在一个控股公司控制下,包括各行业的若干商店,通常采用多角化经营。

(四) 零售新业态

随着现代市场经济的深入发展,零售业态也在不断变化,出现了许多新型商业组织形式。生产商认识这些新型渠道成员,理解它们的经营新特点,有助于进行渠道决策选择。

1. 连锁商业

连锁商业是指众多的、分散的、经营同类商品或服务的零售企业,在核心企业(连锁总部)的领导下,以经济利益为连接纽带,统一领导,实行集中采购和分散销售,通过规范化经营管理,实现规模经济效益的现代流通组织形式。连锁商业的特点在于:

(1) 集中与分散。集中化的经营管理,各连锁分店都不同程度地接受总部的领导和控制。实行统一进货、统一配送、统一价格、统一核算、统一商号、统一形象、统一服务规范,而销售则是分散的,由各零售分店专业化执行。各零售分店构筑的连锁网络,大大增加了辐射商品的功能,从而提高了流通效率。

(2) 标准化经营。连锁商业实行规范化、标准化经营,商店的策划、设计、设备、商品陈列、操作程序、技术管理都由总部决策,并进行监督和指导,从而保证各分店在商店结构、服务规范、店风店貌各方面都统一标准。

(3) 规模经济。连锁商业实行集中采购和统一配送,能大量吸纳供应商的产品,扩大销售额,达到规模经济。例如,沃尔玛公司1996年以来,年销售额都在1 000亿美元以上,从而得到规模效益。另一方面,还可以达到规模节省。例如,麦当劳公司每年广告费达2亿多美元,而分摊到每个店仅600多美元。

2. 连锁超市

连锁超市是连锁商业组织形式和超级市场业态两者的有机结合,既充分发挥了超级市场业态的特点,又发挥了连锁零售业的优势。连锁超市是我国现代零售业主流,这是因为:① 分店网络更广泛,将促使零售走上更大规模;② 以经营大众化实用商品为主,贴近老百姓"菜篮子"、"米袋子",符合消费者日常生活必需;③ 一般选址贴近市民居住区,适应消费者讲究购物省时、便利的心理;④ 标准化、规范化、统一化的经营管理促进了正常的流通秩序建立,保证了顾客购物的安全感。

连锁超市在发展中进一步细分和完善。例如,大型综合连锁超市(GMS),主要经营大众商品,其中70%是百货,30%是食品。目前,我国的连锁超市基本上是以国外大型连锁集团公司为主,如沃尔玛、家乐福、易初莲花等。又如,仓储式会员店连锁超市,其定位与我国目前发展的连锁超市也不同,它是以零售方式运作批发,采用会员制,目标客户是中小零售业和夫妻老婆店。当然也发展一部分个人会员,选址一般在城郊,买者要有交通工具才能购物。

3. 特许经营

特许经营是一种根据合同进行的商业活动,是一种互利的合作关系。一般是由特许授予人(简称特许人)按照合同要求,约束条件给予被授予人(简称受许人,亦称加盟者)的一种权利,允许受许人使用特许人已开发出的企业象征(如商标、商号)和经营技术、诀窍及其他工业产权。特许经营是实现商业资本扩张的一种比较好的形式。特许人和受许人在保持其独立性的同时,经过特许合作达到双方获利,特许人可以按其经营模式顺利扩大业务,受许人则可以减少在一个新领域投资,从而规避了市场风险。特许经营分为下列几种类型。

(1) 商品商标型特许经营。主要指特许经营的特许人和受许人的关系,有如制造商和经销商。特许人是产品制造商,受许人的主要任务是全力以赴地销售特许人生产的产品。属于这种特许经营的有汽车、饮料等行业,如通用汽车公司、福特汽车公司、克莱斯勒公司的经销商,还有艾克森公司、壳牌汽油站等专卖商,以及可口可乐公司、百事可乐公司的品牌饮料的经销商。

(2) 经营模式特许经营。主要指在限定时间和区域内,特许人不仅提供给受许人商品和商标,而且还给予一整套进行营销的"系统"。受许人在特许人"系统"指导下,进行业务经营,严格遵守特许人的操作守则。受许人经营的业务和提供的服务,必须与特许人保持统一质量标准。

(3) 转换特许经营。它是将现有独立业务转换成特许经营单位。运用这种方式的目的是,使以前的独立商人享有全国知名度和广告力量,也使特许人能进入以前未涉足的商业地段。

4. 商业街

商业街是由经营同类的或异类的商品的多家独立零售商店集合在一个地区,形成的零售商店集中区,也有集购物、休闲、娱乐综合功能的商业街。商业街有如下特点:① 多集中在交通便利的城市区域,辐射力强,且疏散较快;② 由各自独立的零售商构成,每个商店不管经营同类商品还是异类商品,各具特色,有的还是有名的"老字号"商店;③ 特色商业街商品品种齐全,且档次拉开,给消费者很大挑选余地;④ 不少商业街的形成有一定的历史,不仅是店铺集中地区,而且是人文社会景观场所,是游客必到之地。

5. 购物中心

购物中心是现代零售业的一种类型。它是一个由零售商店及其相应设施组成的商店群体,作为一个整体进行开发和管理,通常包括一个或多个大的核心商店,并有许多小的商店环绕其中,有庞大的停车场设施,顾客购物来去方便。

购物中心占地面积大,建筑面积一般在十几万平方米,而且是单体建筑,给人气派宏大的感觉。它大多是由房地产商或房地产商与大型零售商店合资开发的一整套商业设施,然后租赁给其他零售商经营。其主要特征是在一个屋檐下,容纳了众多各种类型的商店,餐饮、美容、娱乐、健身、休闲等功能齐全,是一种超巨型的商业零售模式。

三、代理商和经纪人

代理商和经纪人在两个方面不同于批发商:它们不拥有产品所有权,而且仅执行有限的几个功能。它们主要的功能是促进销售,为此要将销售价的一定比例作为佣金。和批发商一样,它们一般也是专门经营某条产品线,或者专门为某类顾客服务。

(一)代理商

1. 代理商概念

代理商与商品批发商的本质区别在于,它们对商品没有所有权,只是代表卖方寻找买方,代理卖方签订购销合同。代理商必须具备三点:① 代理商须经委托方授权后,才有代理权;② 代理商必须在一定场所或一定区域内,以委托方名义出卖商品或办理与交易有关的其他事宜;③ 委托方须向代理商支付佣金。可见,代理商与委托方之间不发生商品所有权的转移,双方共同关心的是提高流通效率,让产品又多又快地流向市场,产品流通效率高,生产商可以得到销售收入,代理商的佣金也相应增加。

2. 代理商类型

(1)生产商代理商。也称生产商代表,这种代理制在代理商中所占比例最大。其主要任务是为签约的生产商推销产品,在生产商分配的销售区域内,按与生产商约定的产品价格、订单处理程序,进行送货服务。这种代理商可以同时为几家厂商作代理,但是产品是互补的。生产商代理主要适用于以下几种情况:① 小企业自己没有力量雇佣推销人员,或产品品种有限,雇佣专职推销人员不合算;② 生产商开发新的地区市场时,因不确定因素较多,可先通过这类代理商,待销路打开、市场销量上升后,再派自己的推销力量介入该地区市场;③ 生产商在市场潜力较大、发展较成熟的地区派自己的推销人员,而在潜在购买数量有限、市场分散的地区委托代理商去推销,可相对降低成本。

(2)销售代理商。也称总代理商,与生产商代理有很大不同。销售代理商通常被授权销售生产商的全部产品,并对交易条件、销售价格有较大影响。销售代理商在区域上一般也不受限制,而且每一个生产商只能使用一个销售代理商,不得再委托其他代理商,或设置自己的推销机构。从销售代理商来说,也不得经营与被委托人相竞争的产品。选择销售代理商的企业,一般是需要集中全部精力解决生产和技术等问题的企业,或是自感分销工作力不从心的企业。销售代理商通常规模较大,不仅负责推销,还负责广告促销,参与国内外展销,调查市场需求变化,向生产企业提出改变产品设计、款式、定价等方面的建议。

(二) 经纪人

经纪人也俗称捎客。经纪人的主要作用是为买卖双方牵线搭桥、协助谈判,促使交易成交。最后由委托方付给他们佣金。他们不存货、不卷入财务、不承担风险,最常见业务在食品、房地产、保险和证券经营中。具体有两种形式。

1. 经纪人

经纪人联系面广,认识许多卖主与买主,了解谁要买什么、谁要卖什么。许多小企业因规模有限不值得建立自己的销售力量,也不值得与代理商签订长期契约,经纪人就是较合适的选择。有些企业要推销新产品,或要开辟路途较远的新市场,在最初阶段也会选择经纪人帮助推销产品。

2. 信托商

信托商又称佣金商。信托人接受他人委托,以自己的名义代他人购销或寄售产品,并取得相应的报酬。信托商一般具有法人地位,在交易活动中,一般均为远期合约交易。即委托人与信托商对交易不能及时结清,一般要签订信托合同,明确委托事宜及相应的权利。信托公司、寄售商店、贸易货栈、拍卖行等是实施信托行为的主体,是信托商的具体形式。

第三节 分销渠道策略

分销渠道的决策,对企业来说都是最复杂,也是最具策略性的问题。在对分销渠道特征、功能认识的基础上,再对代理商、批发商、零售商等渠道成员进行分析,企业便可以针对自己的营销目标和现有条件,采用正确的分销策略,选择适当的分销渠道,对分销渠道实施有效管理,以达到企业的营销目标。

一、分销渠道"长度"策略

在分销渠道中,中间环节的多少表示了渠道的长度。环节越多,渠道越长;环节越少,渠道越短。企业在营销中要依靠中间商的力量销售产品,就必须采用分销策略来选择分销渠道模式,即运用长渠道策略与短渠道策略来选择企业分销渠道。长渠道策略是指生产商利用两个或两个以上的中间商,把产品迅速地销售给消费者或用户。短渠道策略则是生产商利用一个中间商,把产品迅速销售出去。最短渠道策略,即直接渠道策略,就是依靠企业自己的力量迅速把产品销售出去。

分销渠道的"长度"选择,从生产商角度看,渠道环节越多,商品流通的周期越长,控制就越困难,所以要尽量减少不必要的分销环节,选择短渠道为好。但渠道的选择不是绝对的,要视具体的情况来定,对有些企业、有些产品来说必须选择长渠道。在分销渠道"长度"的选择中,还要注意一个企业对渠道的选择可以是一种模式,也可以多种模式,但在多种渠道模式中要进一步确定何为主渠道模式。

分销渠道的"长度"如何选择?是采用长渠道策略,还是短渠道策略,或是最短渠道策略?这些问题的决策必须系统地、综合地考虑多种因素,才能作出决断。渠道策略的具体运用主要考虑的因素有以下几方面。

(一) 根据产品因素选择渠道长度

1. 产品的属性

产品具有物理、化学性质,有些产品容易损坏、腐烂,应尽量避免转手过多、反复运输和搬运,应该选择短渠道或直销渠道,保证产品使用价值,减少商品损耗。对体积大的笨重产品,应努力减少中间环节,尽可能采用最短渠道策略。

2. 产品的价格

一般来说,产品的价格高低与渠道的长短成反比关系。价格昂贵的工业品、耐用消费品、享受品,一般需要较多的售后服务,不宜经过太多的中间商转手,应尽量减少中间环节,采用短渠道。而对价格较低的日用品、一般选购品,则可以选择长渠道。

3. 产品的时尚性

对时尚性较强的产品(如时装),消费者需求受市场变化影响很大,要尽量选择短渠道策略,以免错过市场时机。

4. 产品的技术性

一般来说,技术性能比较高的产品,需要经常的或特殊的技术服务,生产者常常直接出售给最终用户,或者选择有能力提供较好服务的中间商经营,分销渠道通常采用短渠道。

5. 产品的寿命周期

新产品试销时,许多中间商不愿经销或者不能提供相应的服务,生产商应选择最短渠道策略,以探索市场需求,尽快打开新产品的销路。当产品进入成长期和成熟期后,随着产品销量的增加,市场范围的扩大,竞争的加剧,企业可采用长渠道策略。产品在衰退期时,通常采用缩减分销渠道的短渠道策略,以减少经营损失。

(二) 根据市场因素选择渠道长度

1. 潜在顾客数量

潜在顾客的多少,决定市场的大小。潜在顾客数量越多,市场范围越大,越需要较多的中间商转售,生产商应采用长渠道策略;反之,可以采用短渠道或直接销售策略。

2. 目标市场范围

如果某种产品的销售市场相对集中,只是分布在某一或少数几个地区,生产者可以直接销售,采用最短渠道策略;反之,如果目标市场分布广泛,分散在全国乃至国外广大地区,产品的销售则可以选择长渠道策略,需要经过一系列中间商方能转售给消费者。

3. 市场需求性质

消费者市场与生产者市场是两类不同需求性质的市场,其分销渠道模式有着明显的差异。一般来说,消费者市场人数众多,分布广泛,购买消费品次数多、批量少,宜选择长渠道策略方能满足其需求。而生产者市场的产业用户相对较少、分布集中,且购买生产资料次数少、批量较大,产品销售可采用直接销售渠道。

4. 消费者购买习惯

消费者购买日常生活用品的购买频率较高,又希望就近随时购买,宜采用长渠道广泛分销;而对于选购品和特殊品,消费者愿花时间和精力去大型商场购买,次数也较少,

第四篇　营销组合策略

则可选择短渠道策略。

5. 零售商规模、数量

如果某一市场小零售商居多而进货批量小,生产商就不得不通过批发环节转卖给众多小零售商,就必须采用长渠道策略;如果某一市场上大零售商居多,这些大零售商进货批量大,生产商就可以不经过批发商,直接把产品卖给零售商,则可以采用短渠道策略。

(三) 根据生产商条件选择渠道长度

1. 企业规模、声誉和财力

生产商如果规模大、声誉高、财力雄厚,则往往选择较固定的零售商经销产品,甚至建立自己的销售机构,其渠道较短。而一些经济实力有限的中小企业,则只能依赖其他中间商销售产品,其选择的渠道就较长。

2. 企业的销售能力

通常,如果企业具有较丰富的市场销售知识与经验,有足够的销售力量和储运与销售设施,采用短渠道策略,可以自己组织产品销售,减少或不用中间商;反之,只能通过中间商推销产品,选择较长渠道策略。

3. 企业的服务能力

如果生产商有能力为最终消费者提供很多服务项目,如维修、安装、调试、广告宣传等,则可以取消一些中间环节,直销到顾客手中,可以采用短渠道或最短渠道。如果企业服务能力难以满足顾客需求,则应发挥中间商的作用,选择较长渠道策略。

4. 企业的产品组合

一般说,众多零售商进货需要多产品、多品种、多规格、小批量。如果生产商产品组合深度与广度较大,众多零售商可直接进货,不必经过批发环节,则可采取短渠道策略;否则,只好采取长渠道,经过批发环节向零售商供货。

5. 企业控制渠道的愿望

有些企业为了有效地控制分销渠道,宁愿花费较高的直接销售费用,自设销售机构,宣传本企业产品,有效控制产品零售价格和服务质量。而有些企业并不希望控制分销渠道,就会采用较长的渠道策略。

(四) 根据环境因素选择渠道长度

营销环境涉及的因素极其广泛,如一个国家的政治、法律、经济、人口、技术、社会文化等环境因素及其变化,都会不同程度地影响分销渠道长度的选择。

1. 国家经济政策

例如,国家实行计划控制或专卖的产品,其分销渠道往往是长而单一。又如,随着市场经济的发展和经济管理体制的改革,原先实行统购统销或计划收购的商品放开经营后,生产商可以选择直接销售或少环节销售。

2. 经济形势变化

经济形势变化会直接影响分销渠道的选择,如通货紧缩、市场疲软,企业通常会尽量缩减不必要的环节,采用短渠道降低流通费用,以便降低售价。

3. 国家法令法规

国家有关法令法规的制定,对分销渠道的选择也会造成影响,如反垄断法的制定与实施,会限制垄断性分销渠道的发展。

另外,科学技术引起售货方式的革新,使某些日用品能够采用短渠道分销。自然资源的分布与变化、交通条件的改善、环境保护的需要,也会引起某种产品的生产与销售规模的改变,从而引起分销渠道长度的选择。

二、分销渠道"宽度"策略

通过分销渠道长度的选择,企业可以确定渠道模式,即中间商的类型。企业根据不同分销渠道模式,来选择代理商、批发商和零售商。但分销渠道的选择,还需要对渠道的"宽度"进行决策。

分销渠道的宽度,即市场覆盖面大小。在分销渠道中,是以企业在分销同一层次上使用中间商的多少表示渠道的宽度。中间商数目越多,渠道越宽,市场覆盖面越大;中间商数目越少,渠道越窄,市场覆盖面越小。分销渠道的最窄面可以选择一个中间商,即在一个地区市场只选择一家中间商统包。

分销渠道的宽度如何确定?这是一项策略性很强的决策。对渠道的中间商数目选择,应该根据产品、市场、中间商、企业的具体情况,可以采用广泛性分销、选择性分销、独家分销这三种策略。

(一) 广泛性分销策略

广泛性分销又称普遍性分销、密集性分销,是指生产商通过尽可能多的中间商或分销点来经销其产品。对消费品中的日常生活用品和工业品中的原材料和标准件,通常采用这种分销策略。因为,这类产品市场需求面广泛,顾客要求购买方便,一般较少重视品牌。采用广泛性分销策略的企业,扩大销售的关键是尽可能把产品分销到消费者可能到达的所有商店,对经销商选择的要求不高,经销网点越多越好,力求使产品能广泛地和消费者接触,方便消费者购买。

广泛性分销策略除了具有能使产品与广大购买者见面的优点外,还可以通过全国范围的广告,使选择中间商更为方便。但是这种渠道策略也有其缺陷,即中间商的数目众多,企业要花费较多的精力进行联系,且不易取得中间商的紧密合作。同时,中间商一般都不愿做专题的产品广告,生产商的广告费用负担较重。

(二) 选择性分销策略

选择性分销是指生产商在某地区市场中,有选择地使用几家中间商来经销其产品,如采取特约经销或代销的形式把经销关系固定下来。这种分销策略大都适用于一些选择性较强的耐用消费品、高档消费品和专用性较强的零配件,以及技术服务要求较高的工业品的经营。很多企业一般都是借助这一分销策略,吸引一批中间商,同它们建立良好的业务关系。

选择性分销策略的优点在于:① 有利于合作双方互相配合和监督,共同对顾客负责。对于中间商来说,如果经营不力、效果不佳,就有可能被生产商淘汰。对生产商来说,每一家中间商的产品购入量都是很大的,如果产品和服务质量下降,中间商可能停止进货,这对生产商也是一种制约。② 由于中间商数目较少,可以减少它们之间的盲目竞争,有利于提高中间商经营的积极性。③ 由于生产商和中间商相对稳定,合作可以配合得更加默契,建立更密切的业务关系,增强市场的竞争力。

（三）独家分销策略

独家分销是指生产商在某地区市场中，只选择一家中间商来经销其产品。这种策略一般适用于新产品、名牌产品，以及需要提供特殊服务的产品销售。采用这种策略，通常都要求生产者和经营者之间签订书面契约来保证彼此的权利和义务，如规定生产者不得把同类产品委托本区域内其他中间商经销，经销商则不得经营其他生产者的同类产品。同时在协议中，对广告宣传费用的负担、价格的优惠以及其他经销条件等都应作出规定，以便共同遵守。

独家销售对生产商和中间商双方都有利有弊。对生产商的好处是易于控制市场的销售价格和数量，能够获得中间商的有效协作与支持，有利于带动其他新产品上市。同时，在一个较大市场中的独家经销商还愿意花一定投资和精力来开拓市场。其缺点是经销面窄，可能会失去更多顾客，引起销售额下降；该地区过分地依赖单一的中间商，市场风险增大，万一该中间商经营失败，就会失去这个地区的市场。对中间商来说，独家销售的好处是能取得经营该产品的垄断地位，并可获得生产商所给予的各种优惠条件。其缺点是中间商的命运与经销产品的命运联系在一起，如果生产商和市场发生变化或一旦失去经销特权，中间商就会遭到较大的损失。

三、分销渠道"成员"选择策略

分销渠道的选择，在确定渠道类型和数目的基础上，最终要落实在具体的中间商对象上，确定由哪几家中间商充当渠道成员，执行产品的销售任务。为此，分销渠道策略还需考虑渠道成员的选择，即对具体构成企业分销渠道的中间商进行评估与择定。主要评估的内容有以下几方面。

（一）中间商的合法经营资格

生产商必须对中间商的各种合法证件认真审核，检查其是否具有国家（或该地区）准许的经营范围和项目，特别是食品、药品、烟酒等限制条件较多的中间商更要谨慎，将中间商持有的经销证件予登记、复印以作备案。

（二）中间商的目标市场

不同生产商有不同的目标市场，不同的中间商也有不同的销售渠道和相应消费群体。在选择中间商时，一定要选择其目标市场与自己的目标市场相似的中间商。具体考虑拟选定的中间商：① 地理位置，即商业企业的店铺位置是否接近生产企业目标顾客的所在地；② 店客关系，即经常光顾此商店的顾客是否接近生产企业目标顾客的类型；③ 经营特色，即商业企业本身是否具有对生产企业的目标市场的吸引力和经营特色。

（三）中间商的产品组合

生产商在选择渠道成员时，就中间商现有的产品组合状况应作以下考虑：① 生产商拟交付中间商的产品与该商业企业现有产品线相匹配，产品的质量、规格、型号是否相近；② 生产商拟选定的中间商是否有完整的产品组合，这对生产商的专业化生产、多元化生产及其品牌营销是极其重要的。

（四）中间商的销售能力

中间商的市场覆盖率（或占有率）也是选择的重要条件，中间商的市场占有率或覆盖程度要与生产商的既定营销目标相符合。在选择性分销中,这一因素显得很重要。若中间商的市场覆盖能力小于生产商的要求,则达不到预期目标;反之,如覆盖面太大,可能对其他经销商是威胁,容易在分销网络中出现矛盾。

生产商还需要考虑中间商是否具有稳定的、高品质的销售队伍,健全的销售机构,完善的销售网络,足够的推销费用和良好的广告媒体环境。

(五)中间商的销售服务水平

现代市场营销要求一体化服务,包括运输、安装、调试、保养、维修和技术培训等各项售后服务相结合,中间商是否具有懂专业技术的人员,为消费者提供良好服务,更是一个重要条件。

(六)中间商的储运能力

储运能力的大小,直接关系到中间商的业务量大小,是否对生产商的产品起到稳定、发展和延伸的作用,并调节产品生产销售的淡旺季。生产商希望中间商具有能更多地担负产品实体的储藏、运输任务的能力,这也是选择中间商的重要条件。

(七)中间商的财务状况

中间商的财务状况是重要的选择条件,这对于经销那些需要有相当资金支持的产品尤为重要。中间商财务状况需要考虑的是固定资产量、流动资产量、银行贷存款、企业间的收欠资金等情况,这关系到中间商能否可以按期付款,甚至预付款等问题。

除以上七个方面外,还应考虑中间商的声望和信誉、中间商的经营历史及经销绩效、对生产商的合作态度及其经营的积极性、中间商的未来发展状况估计等。

四、分销渠道"管理"策略

生产商与中间商之间的关系,在一定程度上它们是"命运共同体"。即所有成员的利益,只有在谋取共同利益目标下才能更好地实现。但是,中间商是独立的经营单位,有着各自的利益目标,因而渠道成员之间容易产生各种矛盾和冲突。这就需要生产商对分销渠道管理实施有效策略,及时化解矛盾、协调关系,调动中间商的经营积极性,以"双赢"为目标,从而实施企业的营销目标。生产商在渠道管理中常用的策略有以下几种。

(一)明确渠道成员的权利和义务

明确渠道成员的权利和义务,这是妥善处理生产商与中间商业务关系,建立高效渠道的基本策略。为了保证企业产品顺畅通过各分销环节,生产企业有必要明确渠道结构中各成员的权利和义务。主要有以下几方面。

1. 产品的价格

价格直接涉及各个成员企业的经济利益,是个敏感的问题,生产商必须慎重从事。通常采取的做法是企业制定价格表,规定对不同的中间商的不同折扣(也有采用批量折扣的)。价格表的制定涉及企业的总体策略,应持审慎态度。

2. 支付条件及保证

生产商应对支付条件及销货保证作出明确的规定,并严格履行。为鼓励渠道成员提早付款不拖欠,要给予一定的付款折扣。对某些原因造成的产品降价,生产企业应该设"降价保证",明确规定哪些原因造成的产品降价损失由生产企业承担。这样,可以解除中间商进货时的后顾之忧。

3. 给予地域权利

中间商最关心的问题之一,是生产商准备在哪些区域给其他经销、代销企业以经营特许权。一般的渠道成员,总希望自己销售地区的所有销售实绩都得到生产商的承认。因此,生产商必须给予渠道成员一定的地区(域)权利。

4. 产品的供货

生产商应在产品的数量、质量、品种、交货时间等方面尽可能满足中间商的要求。作为中间商也应体谅生产企业的实际困难,不提不切合实际的要求。

5. 情报互通

生产商与中间商之间应及时传递本企业的产品生产或销售的信息以及所获得的其他市场情报,不能相互搞假情报或封锁消息,以便各方能按需组织生产和经营销售。

除以上方面,渠道成员之间在资金方面、经营收益方面、销售服务方面,以及办理经销、代销手续的过程中,都应考虑到对方的利益和方便。

(二) 督促与鼓励中间商

鼓励分销渠道成员,使其最大限度地发挥销售积极性,是管理分销渠道的重要一环。生产商仅仅依靠与中间商签订合同来约束和要求中间商是不够的,还必须采用有效的策略对渠道成员进行鼓励和督促。具体措施有以下三条。

1. 建立良好的客情关系

客情关系就是指生产商与中间商在诚信合作、沟通交流的过程中,所形成的人与人之间情感关系。例如,可口可乐公司将能否与中间商建立良好的客情关系,定为企业考核指标之一。人情是交往的纽带,是维系分销渠道成员紧密合作的润滑剂。自古以来,生意的成败就是和人情关系密不可分的。企业应加强客情关系的培养,从而来提高分销渠道运作的效率和效益。

2. 建立相互培训机制

相互培训机制是密切渠道成员关系、提高分销效率的重要举措,也是跨国公司构筑分销渠道时惯用的策略。一方面,生产商培训中间商的终端销售人员,使一线人员懂得商品知识、使用方法和相关的技术,提高他们顾问式销售的能力,更好地引导消费、扩大销售;另一方面,中间商也可以给生产商的营销人员、技术人员提供培训,传递市场知识、竞争者信息和消费需求特点,使制造商的产品、促销、售后服务得到改进,提高生产商适应市场的能力。

3. 对渠道成员的激励

为了更好地与中间商合作,生产商必须采取各种措施对中间商给予激励,以此来调动其销售企业产品的积极性。激励中间商的方式主要有:① 提供促销费用。特别在新产品刚刚上市之初,为了激励中间商多进货、多销售,生产商在促销上应大力扶植中间商,包括提供广告费用、公关礼品、营销推广费用。② 价格扣率运用。在制定价格时,充分考虑中间商的利益,满足中间商所提出的要求,并根据市场竞争的需要,将产品价格制定在一个合理的浮动范围,主动让利于中间商。③ 年终返利。对中间商完成销售指标后的超额部分,按照一定的比例返还利益。④ 实施奖励。对于销售业绩好、真诚合作的中间商给予奖励;奖励可以是现金,也可以是实物,还可以是价格折扣率的加大。⑤ 陈列津贴。企业产品在商场展示和陈列期间,给予中间商经济补偿,可以用货铺底,也可给予适当的现金津贴,其目的是降低中间商经销产品的风险。

(三) 正确评价渠道成员的销售绩效

生产商选择渠道成员之后,还必须定期考核渠道成员的绩效,以此为依据实行分销渠道的有效控制。如果某一渠道成员的绩效过分低于既定标准,则要找出主要原因并考虑可能的补救方法。对于懈怠、懒惰或不合作的渠道成员,生产商应要求其在一定时期内有所改进;否则,就要取消其成员资格。

一定时期内,各中间商达到的销售额是一项重要的评价指标。把销售额(或订货量)的大小作为综合标准,在一定程度上是正确的。但有时也会例外,因为中间商所面对的环境有很大的差别,各自的营销条件各不相同,为此对中间商的销售业绩应采用科学方法进行客观评价。一般采用的评价方法有以下两种。

1. 纵向比较法

将每一中间商的销售额与上期的绩效进行比较,并以整个群体在某一地区市场的升降百分比作为评价标准。对于低于该群体的平均水平以下的中间商,找出其主要原因,帮助整改。

2. 横向比较法

将各个中间商的销售绩效与某一地区市场销售潜量分析所设立的配额相比较。即在一年的销售期过后,根据中间商实际销售额与其潜在销售额的比率进行对比分析,将各中间商按先后名次进行排列,对于那些排列极后的中间商,分析其绩效不佳的原因,必要时要予以取消。

(四) 分销渠道的及时调整

市场营销环境是在不断变化的,为了适应这种变化,企业应该对原有的分销渠道及时作出相应的调整。渠道调整策略一般有以下几种。

1. 增减渠道成员

是指决定增减分销渠道中的个别中间商。在调整时,既要考虑有增或减对某个中间商企业的盈利方面的直接影响,也要考虑可能引起的间接反应,即渠道其他成员的反应。如果生产商决定在某地区市场增加一家批发商,不仅要考虑这样做将为自己增加多少销售额,还要考虑对其他批发商的销售量、成本和情绪会带来什么影响。

2. 增减一条渠道

在某种情况下,各方面变化常常使企业感到只变动现有渠道中的成员是不够的,必须变动一条渠道才能解决问题,否则就会有失去这一目标市场的威胁。譬如,某化妆品公司发现其经销商只热衷成人市场的销售而忽视儿童市场,引起儿童护肤产品销路不畅,为了促进儿童化妆品市场开发,就需要增加一条新的分销渠道。

3. 调整分销渠道模式

是指对以往的分销渠道作通盘调整。这种调整策略的实施难度较大,因为要改变生产商的整个分销渠道,而不是在原有基础上修修补补。例如,汽车生产商决定放弃原来的直销模式,采用通过代理商推销模式。分销渠道的通盘调整,不仅涉及渠道的改变,还会影响其他营销策略的改变,所以是一种重大的营销决策。

(五)渠道窜货管理

所谓窜货,是指渠道成员为了牟取非正常利润或者获取制造商的返利,超越经销权限向非辖区或者下级分销渠道低价倾销货物。分销渠道发生窜货会扰乱正常的渠道关系,引发渠道成员之间的冲突和市场区域内的价格混乱,破坏了分销网络销售政策,分销成员因为窜货而受利益损害,被窜货的销售区域会出现销售下降。

窜货现象的发生主要是由内因和外因共同导致的。内因主要表现为企业分销渠道设计的缺陷,销售任务的压力导致销售人员窜货,不规范的销售管理导致区域之间窜货。而外因主要表现为渠道成员的利益驱使,分销任务的压力,分销系统的紊乱,以及终端缺乏控制等方面。为此,企业必须对分销渠道出现的窜货现象采取有效措施。窜货预防和处理的主要措施有以下三条。

1. 明确渠道销售政策

事先制定分销渠道的销售政策,明确分销成员的销售区域和销售权限,明确产品价格政策,明确界定每个销售区域的商品外包装的条码,便于检查。

2. 制定窜货处理政策

为防患于未然,事先必须制定窜货处理政策,因窜货对其他分销成员和制造商造成的损失由窜货方全权负责,按比例扣除窜货方的年终返利,减少给其的促销费用,降低客户等级和经销权限。

3. 成立销售管理小组

生产商需要成立销售管理小组,派专人负责管理,建立畅通的信息反馈渠道,经常抽查,听取中间商的意见反馈,发现有窜货现象及时处理解决。根据政策规定进行处理,并在考核指标时考虑对被窜货地区的损失,合理增加返利。

第四节 分销渠道策略的实践运用

通过本章学习,使学生认识分销渠道合理选择是企业营销活动的重要决策。企业一旦选错了渠道,不仅要遭受经济上的巨大损失,而且要纠正这一过失是非常费时费力的。为此,企业营销十分注重分销渠道选择的研究。通过学习,要求学生把分销策略理论运用于营销实践,联系某一项产品项目,对该产品分销渠道的"长度"、"宽度"、"成员"方案进行设计,选择最佳的分销渠道,为实现有效销售准备条件。通过分销策略的实践运用,使学生更好地理解分销策略的重要作用,掌握分销渠道设计的基本技能。

一、分销渠道设计的准备

(一)营销环境的分析

科学地分析营销环境是分销渠道选择的依据与基础。分销渠道选择是根据搜集到的市场营销环境信息资料,进行分析后,来选择合理的分销渠道,提出具体的方案设想。

营销环境分析包括的内容很广泛,对分销渠道选择而言,一般内容主要有:①市场现状分析；② 消费者需求分析；③ 市场竞争状况分析。重点应放在市场竞争状况分析，对竞争对手的市场占有率、销售渠道、市场上柜、产品价格等情况要作重点分析。

(二) 企业营销机会与问题分析

从营销环境分析中，归纳出市场的机会与威胁、企业的优势与劣势，然后找出企业的潜力和存在问题，为分销渠道选择方案设计做好准备。因为分销渠道的选择需要充分利用市场条件、企业优势，同时要注意其劣势对渠道选择的影响，以便采取有效的措施，保证渠道选择的可行性、合理性。

二、分销渠道设计的要求

(一) 分销渠道"长度"设计要求

在现代营销中，商品分销渠道的模式很多，通常按照渠道的环节来划分，可以把分销渠道大致分为长短渠道四种模式。企业营销是选择"短渠道"方案，还是选择"长渠道"方案？这要根据具体的情况而定，即根据产品因素、市场状况、中间商情况、企业本身条件、宏观环境因素进行选择。具体方案可以考虑以下几种。

1. "最短渠道"设计

这是采用直接渠道策略，公司直接把产品销售给消费者的。直接渠道有利于商品及时销售；直接了解市场，便于产销沟通；提供售后服务；节省流通费用；有利于控制商品价格。不足之处是企业在产品销售上需要花费一定的物力、人力、财力；销售范围受到较大限制，从而影响销售量。直接渠道是工业用品分销渠道的主要模式，在消费品市场这种模式有扩大优势。其形式有：生产者直销产品、派员上门推销、邮寄、电话销售、电视销售及网上销售。

2. "短渠道"设计

这是采用"短渠道"策略。一般来说，销售批量大、市场比较集中或技术复杂、价格较高的产品适用短渠道。短渠道可以使商品迅速到达消费者手中；减少商品损耗，做好售后服务；节省流通费用，降低产品价格。但不足之处是企业面对众多的零售商，购销业务繁忙。采用此策略，方案需要对零售业态进行分析评估，然后再作选择。

3. "长渠道"设计

这是采用"长渠道"策略。一般来说，销售量较大、市场范围广、技术不是很复杂、价格较低的产品宜采用长渠道。长渠道可以使生产者充分利用各类中间商的优势扩大销售。但其缺点是流通费用增加，不利于减轻消费者的价格负担。采用"长渠道"策略，方案设计需要对批发商或代理商状况进行分析，选择合理的分销渠道。

4. "多种渠道"设计

一般来说，企业都会选择多种分销渠道。在多种分销渠道模式中，无论制造商，还是零售商、批发商和代理商，在产品销售中都有各自的优势和劣势，这就要求进行比较，要充分利用其中最有优势的一方，作为主要的分销渠道，以其他渠道作为辅助。使两者相辅相成，相互补充互相促进。

(二) 分销渠道"宽度"设计要求

分销渠道的选择不仅要设计具体的分销渠道模式，还要确定分销面的大小，即宽渠道和窄渠道的选择,就是渠道同一层次上中间商数目的选择。在进行中间商数目选择中,可以考虑运用广泛性分销策略、选择性分销策略、独家分销策略,根据产品、市场、企业的具体情况,可以设计三种基本方案。

1. "宽渠道"设计

这是运用广泛性分销策略,实施宽渠道分销。此方案要求,企业尽可能多地选择中间商来销售自己的产品。通过多家中间商,以广泛的分销面迅速地把产品推入流通领域,使消费者随时随地买到需要的产品,提高产品的销售效率。但此方案的不足之处是每个层次的同类中间商较多,生产者与中间商的关系松散,不利于合作。

2. "窄渠道"设计

这是采用选择性分销策略,实施窄渠道分销。此方案要求,企业在某一区域目标市场上,只选择少数几个中间商来销售自己的产品,且被选择的中间商在当地市场有一定的地位和声誉。这种渠道有利于生产商借助中间商的信誉和形象提高产品的销售能力。但方案的不足之处在于这样的中间商要求往往较高,销售折扣较大,生产商开拓市场费用比一般要高。

3. "最窄渠道"设计

这是采用独家分销策略,实施最窄渠道分销。此方案要求,企业在某一区域目标市场上,只选择一家中间商销售其产品,且所选择的中间商一般在当地极有声望,居于市场领先地位。这样的方案设计目的是企图通过中间商的良好形象和优势,迅速提高产品知名度。采用独家分销方案,生产商一般要给中间商较大的促销支持,中间商因能获得独家分销的利益也会通力合作,在销售过程中,运货、结算手续大为简化,便于产品上市,也便于信息反馈。方案的不足在于产品销售的市场面狭窄,市场占有率低,不便消费者购买。

(三)分销渠道"成员"设计需求

1. 渠道成员选择的评估因素

分销渠道的选择是具体的,在选择渠道成员时,需要对有关商家进行评估。具体评估的因素有:① 合法经营资格;② 目标市场定位;③ 地理位置;④ 营销策略;⑤ 销售能力;⑥ 服务水平;⑦ 储运能力;⑧ 财务状况;⑨ 企业形象;⑩ 管理水平。

2. 渠道成员选择的要求

在渠道成员评估的基础上,应该根据最优化原则对商家进行选择,选择最有实力、最善于销售、最守信誉的中间商,作为自己企业的合作伙伴,本着双赢的原则,把分销渠道网络落在实处。当然,最优化原则是相对的,要相对于自己的产品、自身企业的条件而言。

前 沿 研 究

上海百货业"协同营销"对策

在经济全球化的今天,资源的有效性和合作的频繁性使得没有企业可以在所有领域都占据先机和优势,孤军奋战显然不是一种明智的选择。携手共进、相互合作,则会优势互补、降低风险、实现双赢。在企业界和商界,这种"推崇双赢"的合作模式称为"协同营销"。上海百货业经历百年巨变,使我国百货业发生了翻天覆地的变化,完成了传统百货业向现代百货业的转型。尤其经过20多年的改革调整,百货业终于摆脱了低迷徘徊的局面,进入新的黄金起点。如何抓住这难得的发展契机而重振雄风?我们认为,上海百货业应该从流通渠道优化上解决发展的根本性问题,实施"协同营销"战略。

一、做大做强百货业,以"强势"获得营销协同的主动权

在现实的商品流通过程中,各种流通主体的控制或影响力是不同的。只有渠道的控制者才能在价格决定、商品组合、商品开发及流通服务方面具有较大的影响力和决定权。为此,上海百货业在发展中要做大做强,要凭借自身雄厚的采购力量、销售力量、信息力量,在分销渠道上占据着主导地位,扮演渠道领袖的角色,以"强势"获得营销协同的主动权。一般来说,强势商家可以要求生产商提供较低的进货价格,或是以订购的方式要求生产商生产自有品牌商品,或是直接以提供资金、技术、人才的方式参与厂商的生产经营活动,以协同合作来获得更多利润。零售百货企业也可以向批发领域渗透,如利用自身的渠道影响力,组建物流配送中心或是与生产商共同投资成立配送中心,以协同合作来降低流通成本。

然而,上海百货业由于产业集中度较低、企业经营规模偏小、行政分割体制还未从根本消除、国营商业机制缺乏内在动力等原因,至今还未做大做强,很难从更大范围发挥规模经济效益,无法与国外大型流通企业展开竞争。为此,做强做大百货业,以强势在现代流通渠道中获得营销协同的主动权,对当前上海百货业发展来说是十分重要、迫切的。

二、改革现有营销模式,以"双赢"建立坚实的产销联盟

当今,我国的百货业基本上都采用自营、租赁场地和厂商联营三种营销模式。其中,厂商联营模式近年来被越来越多的百货店采用,渐成主流。所谓厂商联营模式,是指以招商的方式,引知名品牌进店,由各品牌生产商或代理商分别负责具体品牌的日常经营,店方负责商店整体的全面营运管理,除收取与面积有关的场地使用费、物业管理费等固定费用外,同时推行保底抽成的结算办法。从对本市30家大型百货商场进行的调查可知,采取"厂商联营"的约占85%,这说明"厂商联营"已经成为我国百货业的主流营销模式。百货商场采用"厂商联营"的理由在于:(1)可以规避商场自营的风险。商场通过与供应商签订"保底倒扣"协议,获得营业收益,保证商场的基本运行费用和利润。(2)可以实现低成本经营运作。商场为品牌供应商进店开设专卖店、专卖柜,能节省大量的采购资金;统一推出强力度的宣传促销活动,而这些高额的宣传促销费用都分摊到供应商身上,不必商场承担。

采用"厂商联营"对于当前仍陷于严峻挑战的百货业来说,不乏为最有效的、最精明的举措,能使百货商场在市场博弈中处于较强势的地位。然而,厂商联营不利于渠道控制权的掌握。百货商场把经营风险和费用推卸给供应商,使其利润空间太狭小了,一旦有更适合的场所,它们就会撤柜,解除合作协议,这对建立稳定的流通渠道来讲威胁很大。在具体经营中,百货商场只负责遴选品牌,而品牌进店后,供应商是根据自己的销售情况、库存积压情况和销售回款情况,来考虑商品上架的款式和数量的,对商场经营缺乏掌控力。百货商场对价格决定、商品组合、商品开发及流通服务方面都是缺乏影响力的,不可能做到真正的渠道控制者。

为此,上海百货业必须改革现有营销模式,建立以"双赢"为目的的产销联盟。产销联盟关系不同于厂商联营关系。前者指供应链管理中的合作关系,可以实现企业资源的互补,提升联盟企业的竞争力;后者指一般交易行为中的松散、脆弱的供需关系,强调单个企业资源优势的发挥,形成短期的交易行为。通过产销联盟的构筑、供应链的整合与信息共享,使得生产和流通的成本下降,消费者的最终满意度才会提高,才能给联盟企业带来更多的利益回报。这正是沃尔玛与宝洁建立产销联盟的真正原动力。

产销联盟的营销协同要求:(1)联盟企业的经营理念高度认同,市场战略目标一致,有强烈的抱团打天下的合作意识,谋求整体协同的效益最大化;(2)联盟企业建立互惠互利、责任利益对等的协商机

制,无论产销双方的力量对比是均等还是悬殊,产销双方就共同关注的问题进行协商,求大同、存小异,力图达成最后的共识,实现"双赢";(3) 联盟企业分工合理,能实现功能互补,营销资源共享,达到营运效率最大化;(4) 联盟企业的协作规则明确,日常业务和信息高度对接,能进行一体化运作;(5) 联盟企业能及时协调矛盾冲突,提高整体运作效率。

三、从供应商选择入手,有效整合供应链资源

百货业拥有三种优良的市场资源:客源(顾客)、货源(商品)和空间(货架)。虽然空间资源(即通道资源)和客源在买方市场中是稀缺资源,但在日趋激烈的商业竞争中,优秀供应商的丰富货品及其品牌号召力也是重要的稀缺资源。如果百货商场一味追求通道利润,而非营销协同合作,即谁进场费交得高,谁进场,那么万一供应链断裂,百货商场的空间资源则成为无源之水、无本之木,这样的百货企业最终也将被淘汰。

为此,选择优秀的供应商、有效整合供应链资源是协同营销的核心,流通企业都很注重这一对策。比如,沃尔玛对众多的供应商实行的是"零进场费"政策,但对商品要求非常苛刻,即低价高质。尽管如此,由于沃尔玛为供应商们提供了一个良性发展的平台,仍旧吸引了众多供应商前来加盟。百货企业应与供应商一起追求双赢模式,依靠双方资源的有效整合,通过组织低成本、高效率供应链保障系统,将采购优势有效传递给顾客,提升百货商场的核心竞争力。同时,供应商可通过百货商场的零售终端监视产品的销售及存货情况,据此调整生产及运销计划,从而大幅度提高经营效率。

四、提供差异化服务,增强渠道终端的吸引力

上海百货业应该根据合作供应商的不同等级、不同合作关系和其提出的不同需求,为其提供差异化服务,从而在合理配置企业的有限服务资源的基础上,为供应商提供尽可能好的服务,既提高供应商的满意水平,又有一定的激励和竞争效应,加强渠道的吸引力,有利于缔造长期、稳定的良好合作关系。百货业为供应商提供的服务项目有:

1. 渠道支持服务。建设并利用百货企业的营销配送网络和营销队伍,为供应商在本地市场销售产品提供最大的支持。在确保企业品牌集中度合理、经营风险合理的情况下,不随意地、过多地引入其他供应商和同档竞争品牌,为供应商做大做强品牌提供支持,保证供应商的权益。

2. 营销策划服务。充分发挥百货企业贴近市场、灵敏反映市场的优势,为供应商进行营销策划提供不同程度的协作。百货企业将与供应商共同分析市场需求状况和本地消费习惯,确定营销目标和品牌定位;并积极为其进行营销策划提供相关的、详细的协作和支持,帮助供应商提高品牌研发和市场推广的针对性。

3. 品牌推广服务。为供应商培育和推广品牌提供不同程度的支持,努力做大有潜力的品牌。重点关注其品牌的成长情况,努力挖掘薄弱市场和品牌潜力,主动开展品牌培育和推广工作,包括目标客户的选择、产品投放方式的确定、售点环境的布置、消费引导、广告品投放等;定期跟踪其品牌产品的投放情况和市场供需平衡情况,跟踪市场价格情况,必要时制定或调整销售策略以确保品牌产品的有序、均衡投放。

4. 宣传配合服务。为供应商在辖区市场内,开展形象宣传和产品宣传促销活动提供不同程度的支持。可根据合作供应商提出的宣传促销计划和宣传促销物料,结合消费者需求的具体情况,对宣传对象、地点、宣传品陈列方式、宣传活动时间等作出安排,协助供应商开展宣传促销活动。在兼顾各供应商宣传促销需求的前提下,优先为其宣传促销计划作出安排,优先为其提供人力支持和行业内媒体资源,对其产品和厂家形象进行重点宣传,提高其在本地市场的知名度。

5. 信息共享服务。与供应商建立不同程度的信息交流反馈机制,进行工商产销沟通,不同程度地为供应商提供市场信息、相关品牌的销售信息和库存信息等,为供应商对市场进行远程调控、作出品牌营销决策提供依据。

6. 优质售后服务。为购买供应商产品的零售客户和消费者提供优质的售后服务。当客户反映其

产品质量发生问题时,百货业将利用库存产品在第一时间内解决,提高客户的满意度和对品牌的忠诚度,维护供应商的形象。

总之,上海百货业实施"协同营销"战略的四大对策,能够使百货企业通过供应链的上、下游企业各自资源的互补,达到推动整个产业发展;能够使百货企业的营销效率与上游的供应链效率协同起来,形成整体的效率;能够通过理念、机制、职能和运作等方面的整合,形成共赢互利、高度协同合作关系,实现工商价值一体化,取得真正意义上的营销优势。

案 例

生鲜电商——众品

当前很多网民在网购时,会增加一个购买类别——生鲜食品。

生鲜电商,对于普通大众来说,是一个既熟悉又陌生的名词。如果把这个概念拆分为生鲜和电商,对老百姓来说并不陌生。生鲜无非是菜市场里的瓜果蔬菜、肉蛋鱼虾,而电商狭义的理解,就是电子商务网站,京东、苏宁易购早已走入老百姓的日常生活。但是要把生鲜和电商糅合成一个概念,可能大部分人都如坠云雾。

尽管生鲜电商是一个新兴的产业,但仍受制于一定的条件。由于生鲜类商品保存时间短、保鲜要求各不相同的特点,决定了想做成优秀专业的生鲜电商,必须要专业化。

众品温控供应链是众品集团旗下专业的温控供应链公司,据悉从 2012 年开始,众品集团开始发力电子商务,为此专门成立了众品温控供应链;而今,众品温控供应链旗下"鲜易网"站已全面上线。鲜易网主要通过线上商家的交易,辅助众品温控供应链的线下物流及实体体验店,打造本地的 O2O 生鲜电商模式。

据悉,众品温控供应链除了整合了众多生鲜企业产品,另外该公司在物流方面的强大实力也是众品进军电商的关键点。在物流服务和终端建设环节,众品温控供应链以标准化和信息化建设为手段,打造链、群、网结合的发展模式。特别是冷链物流服务,更是稳居全国冷链物流前列,物流服务和市场网络覆盖面积达到全国 24 个省区。

该公司通过大力推进"两化"融合,以信息化带动农产品加工业现代化、助推农业产业化,信息化已经成为企业核心竞争力。积极开展电子商务应用,除了开设天猫官方旗舰店和创建众品商城,加上这次的"鲜易网"可谓是多管齐下。并围绕肉类产业链的上、中、下游建立了协同商务平台,形成了 B2B 采购与分销、农产品公共电子商务交易平台服务和第三方冷链物流电子商务服务三种应用模式,集成了公司内部、供应商、零售商、物流、客户等子平台,形成了以"电子商务+冷链物流配送体系"为核心的现代商业模式。

案例思考题

1. 目前国内生鲜食品的分销渠道有哪几种?相对传统分销渠道,"生鲜电商"渠道有哪些优点和缺点?

2. "生鲜电商"渠道会对我国的生鲜食品销售产生重大影响吗?

练习与思考

(一) 名词解释

分销渠道　　直接渠道　　间接渠道　　垂直分销系统　　水平分销系统
批发商　　　零售商　　　渠道长度　　渠道宽度　　　　广泛性分销
选择性分销　独家分销

(二) 填充

1. 一般来说,生产者市场多采用_____渠道,消费者市场多采用_____渠道。
2. 长短渠道的划分是根据产品从生产者向消费者转移的过程中,所经过的_____多少来确定的。
3. 在确定分销渠道的中间商数目时,可以采用_____策略。

(三) 单项选择

1. 由生产企业、批发商、零售商根据纵向一体化的原理组成的销售渠道称为(　　)。
   A. 垂直分销系统　　　　　　　　B. 水平分销系统
   C. 多渠道系统　　　　　　　　　D. 集团分销系统
2. 当生产量大且超过企业自销能力的许可时,其渠道策略应为(　　)。
   A. 直接渠道　　B. 间接渠道　　C. 专营渠道　　D. 都不是

(四) 多项选择

1. 根据生产商在某一区域目标市场选择中间商数目的多少来划分渠道,可以分为(　　)。
   A. 长渠道　　　　B. 短渠道　　　　C. 宽渠道
   D. 窄渠道　　　　E. 最短渠道
2. 短渠道的好处是(　　)。
   A. 产品上市速度快　　　　　　　B. 节省流通费用
   C. 市场信息反馈快　　　　　　　D. 产品渗透力强
   E. 有利于杜绝假冒伪劣
3. 下列情况中,适宜采取广泛性分销策略的是(　　)
   A. 产品潜在消费者分布面广　　　B. 企业生产量大、营销能力强
   C. 产品技术性强　　　　　　　　D. 产品体积大
   E. 产品易腐易损,需求时效性强

(五) 简答题

1. 什么是分销渠道?简述分销渠道的特点和作用。
2. 分销渠道的类型有哪些?
3. 零售商渠道成员有哪些特点和形式?
4. 简述选择中间商数目的三种策略。
5. 如何选择和激励渠道成员?

(六)论述题
1. 分析指甲钳、纽扣、手绢等小百货与钢材分销渠道选择所采取的策略。
2. 请为下列生产商选择分销渠道提出建议:
(1) 名贵手表生产企业;
(2) 新型手扶拖拉机生产企业;
(3) 以灯芯绒布料为主的纺织企业。

第十三章 促销策略

 学习目标

学完本章,你应该能够:
1. 了解促销的实质与作用
2. 明确促销组合方式及其决策内容
3. 理解人员推销策略
4. 理解广告促销策略
5. 理解营业推广策略
6. 理解公关促销策略
7. 掌握促销策略实践运用的技能

 基本概念

促销	促销组合	人员推销	广告
营业推广	公共关系		

在现代商品社会里,商店星罗棋布,货架上的商品琳琅满目,消费者可能根本就没有注意到企业产品的存在。因此,企业还需要采用各种有效的方法和手段,使企业的产品为消费者所了解和认知,引起目标顾客的购买欲望,促成其购买行为的产生。促销的方法和手段主要有人员推销、广告、公共关系和营业推广,它们构成了促销组合策略的重要内容。

第一节 促销和促销组合

一、促销的概念

(一) 促销的定义

促销是指企业利用各种有效的方法和手段,使消费者注意和了解企业的产品,激发消费者的购买欲望,并促使其实现最终的购买行为。

促销是企业市场营销的一个重要策略,企业主要通过人员推销、广告、营业推广等活动把有关产品的信息传递给消费者,激发消费者的需求,甚至创造消费者对产品的新需求。通过这样的策略,向企业外部传递信息,与中间商、消费者及各种不同的社会公众进行沟通,树立良好的产品形象和企业形象,使消费者最终认可企业的产品,实现企业的营销目标。

(二) 促销的实质

促销的实质是信息沟通,产品促销的过程就是企业与消费者的信息沟通过程。企业为了促进销售,把信息传递的一般原理运用于企业的促销活动中,在企业与中间商和消费者之间建立起稳定有效的信息联系,实现有效的信息沟通。如何进行有效的信息沟通? 企业营销人员在促销活动中,必须做到下面几点。

1. 确立信息沟通的目标

一般来说,最理想的信息沟通,应对消费者产生四方面的影响,即引起注意(attention)、产生兴趣(interest)、激发欲望(desire)、促成行动(action),这就是"AIDA"模式。企业之所以要开展促销活动,就是为了引起消费者的注意和兴趣,并激发他们的购买欲望,从而达到扩大销售的目的。要做到这一点,在沟通中,信息的传播必须选择消费者公认的和有权威的传播者来发布消息,应根据消费者的爱好、特点、需要和商品的性能来确定沟通内容,否则就达不到沟通的这一目标。

2. 沟通方式的综合运用

信息沟通的方式不是单一的。为了提高沟通的效果,企业必须利用企业内部的各种沟通方式,有目的、有计划地配合起来综合运用,才能收到预期的效果。

3. 信息沟通障碍的排除

在企业的现实信息沟通中,存在着沟通对象不明、沟通目标不清、信息设计利用有误、沟通渠道选择不当和忽视沟通效果分析等障碍,对此应引起企业的高度重视。无数成功的企业促销实践证明,分析研究沟通障碍、及时排除沟通障碍对于企业有效开展促销活动具有十分重要的意义。

(三) 促销的作用

1. 传递产品销售信息

在产品正式进入市场以前,产品销售的信息沟通活动就应开始了。企业必须及时向中间商和消费者传递有关产品的销售情报。通过信息的传递,使社会各方了解产品销售情况,建立起企业的良好声誉,引起他们的注意和好感,从而为企业产品销售的成功创造前提条件。

2. 创造需求,扩大销售

企业不论采用什么促销方式,都应力求激发潜在顾客的购买欲望,引发他们的购买行为。消费者消费需求、购买动机具有多样性和复杂性的特点,因此,企业只有针对消费者的心理动机,通过采取灵活、有效的促销活动,诱导或激发消费者某一方面的需求,才能扩大产品的销售。并且,通过企业的促销活动来创造需求,发现新的销售市场,从而使市场需求朝着有利于企业销售的方向发展。

3. 突出产品特色,增强市场竞争力

随着社会经济的发展,市场竞争日趋激烈,不同的厂商生产经营许多同类产品,消费

者对这些产品的微细差别往往不易察觉。这时,企业通过促销活动,宣传本企业的产品较竞争对手产品的不同特点,以及给消费者带来的特殊利益,使消费者充分了解本企业产品的特色,引起他们的注意和欲望,进而扩大产品的销售,提高企业的市场竞争能力。

4. 反馈信息,提高经济效益

企业只有把产品尽快地转移到消费者手中,才能实现产品的价值。如果产品卖不出去,产品的价值无法实现,消耗在产品上的劳动得不到社会的承认,那么,企业的生产经营活动就会出现负效益。一般来说,产品价值的实现程度与经济效益是成正比例发展的。对于企业来说,在成本和价格既定的情况下,产品销量越大,销售额越高,效益越好;反之,情况则相反。而要做到扩大销售、提高效益,就必须重视产品销售工作。通过有效的促销活动,使更多的消费者或用户了解、熟悉和信任本企业的产品,并通过消费者对促销活动的反馈,及时调整促销决策,使企业生产经营的产品适销对路,扩大企业的市场份额,巩固企业的市场地位,从而提高企业营销的经济效益。

二、促销组合

(一) 促销组合的定义

所谓促销组合,是一种组织促销活动的策略思路,主张企业运用广告、人员推销、公关宣传、营业推广等四种基本促销方式组合成一个策略系统,使企业的全部促销活动互相配合、协调一致,最大限度地发挥整体效果,从而顺利实现企业目标。

促销组合体现了现代市场营销理论的核心思想——整体营销。促销组合是一种系统化的整体策略,四种基本促销方式则构成了这一整体策略的四个子系统。每个子系统都包括了一些可变因素,即具体的促销手段或工具,某一因素的改变意味着组合关系的变化,也就意味着一个新的促销策略。

(二) 促销组合的方式

企业的促销活动种类繁多,但主要有人员推销、广告促销、营业推广和公关促销四种形式,它们构成了促销组合的方式。这四种形式各有其特点,既可单独使用,也可以组合在一起使用,以达到更好的效果。

1. 人员推销

是指企业派出推销人员或委托推销人员,直接与消费者接触,向目标顾客进行产品介绍、推广、促进销售的沟通活动。

2. 广告促销

是指企业按照一定的预算方式,支付一定数额的费用,通过不同的媒体对产品进行广泛宣传、促进产品销售的传播活动。

3. 营业推广

是指企业为刺激消费者购买,由一系列具有短期诱导性的营业方法组成的沟通活动。

4. 公关促销

是指企业通过开展公共关系活动或通过第三方在各种传播媒体上宣传企业形象,促进与内部员工、外部公众良好关系的沟通活动。

当然,随着营销理论和实践的不断进步,促销的方式也在不断地更新和变化。例如,

"企业赞助",这是企业广告和公共关系相结合的一种新的促销方式,企业赞助的范围也很广泛,它在产品促销中起着越来越重要的作用。

(三) 促销组合的决策因素

促销组合决策,就是决定如何选择和组合应用以上这几种沟通方式,达到企业有效进行促销的目的。同 4Ps 一样,营销沟通组合应体现整体决策思想,形成一个完整的促销组合策略。促销组合决策考虑的因素有以下几种。

1. 产品的属性

产品从其基本属性角度来看,可分为生产资料和生活资料。生产资料采用以人员推销为主的促销组合,因为生产资料产品技术性较强,购买者数量较少,但购买数量大且金额较高;生活资料采用以广告为主的促销组合,因为生活资料市场购买者人数众多,产品技术性较简单,标准化程度较高。在生产者市场和消费者市场上,公关促销和营业促销都处于次要地位。当然,也不能把问题绝对化。

2. 产品的价格

一般来说,产品技术性能复杂、价格较高的产品销售,应以人员推销为主,辅以其他沟通方式的促销组合;而普通的、价格较低的产品,应以广告沟通为主,辅以其他沟通方式的促销组合。

3. 产品的寿命周期

在产品寿命周期的不同阶段,有不同的促销目标,因而应采取不同的促销组合策略。在产品投入期阶段,新产品首次打入市场,应以广告沟通为主的促销策略,重点宣传产品的性质、牌号、功能、服务等,以引起消费者对新产品的注意。在产品成长期阶段,市场已经发生了变化,消费者已对产品有所了解,仍以广告为主的促销组合,但广告宣传应从一般介绍产品转而着重宣传企业产品特色,树立品牌,使消费者对企业产品形成偏好。这时应增加促销费用,并配合人员推销,以扩大销售渠道。在产品成熟期阶段,产品已全部打入市场,销售从鼎盛转而呈下降趋势。这时,广告促销仍不失为一种重要方式。但其他促销方式应配套使用,尤其应重视营业推广方式。在产品衰退期阶段,同行竞争已到了白热化程度,替代产品已出现,消费者的兴趣已转移,这时企业应该削减原有产品的促销费用,少量采用提示性广告,对于一些老用户,营业推广方式仍要保持。

4. 目标市场特点

目标市场的特点是影响促销组合决策的重要因素之一。目标市场在销售范围大、涉及面多的情况下,应以广告促销为主,辅以其他沟通方式;目标市场相对集中、销售范围较小、需求量较大时,应以人员推销为主,辅以其他沟通方式。如果目标市场消费者文化水准较高、经济收入宽裕,应较多运用广告和公关沟通为主的组合;反之,应多用人员推销和营业推广为主的促销组合。

5. "推"或"拉"策略

在促销中,企业一般采用"推"策略或"拉"策略。"推"策略是把中间商作为主要的促销对象,把产品推进分销渠道,推上最终市场。"拉"策略是把消费者作为促销对象,引导消费者购买,从而拉动中间商进货。两者是不同的促销策略,采用的是不同的促销组合,"推"策略采用的是以人员推销为主的促销组合,而"拉"策略采用以广告为主的促销组合。企业对两种策略有不同的偏好,有些偏重"推"策略,有些则偏重"拉"策略。

第二节　人员推销策略

人员推销是指企业推销人员直接向消费者推销产品和服务的一种促销活动。推销人员是企业一线营销者,利用他们的活动,直接面对面地劝说或引导顾客购买产品或服务,扩大企业销售,是促销组合的重要方式。人员推销虽是一种传统的促销方式,但在现代市场营销中,这种促销方式仍然十分有效,特别是在洽谈交易和成交手续磋商中,是其他促销方式所不能代替的。企业促销必须研究人员推销及其策略。

一、人员推销的特点

人员推销与促销组合中其他三种方式相比,其最大的不同点是:推销人员与潜在顾客直接接触。人员推销在促销组合中起着重要的作用,这些作用可以通过人员推销的特点和销售人员的角色表现出来的。

(一) 人员推销的特点

1. 销售的针对性

与顾客的直接沟通是人员推销的主要特征。由于是双方直接接触,相互间在态度、气氛、情感等方面都能捕捉和把握,有利于销售人员有针对性地做好沟通工作,解除各种疑虑,引导购买欲望。

2. 销售的有效性

人员推销的又一特点是提供产品实证,销售人员通过展示产品、解答质疑、指导产品使用方法,使目标顾客能当面接触产品,从而确信产品的性能和特点,易于消费者引发购买行为。

3. 密切买卖双方关系

销售人员与顾客直接打交道,交往中会逐渐产生信任和理解,加深双方感情,建立起良好的关系,容易培育出忠诚顾客,稳定企业销售业务。

4. 信息传递的双向性

在推销过程中,销售人员一方面把企业信息及时、准确地传递给目标顾客,另一方面把市场信息,顾客(客户)的要求、意见、建议反馈给企业,为企业调整营销方针和政策提供依据。

当然,人员推销也存在不足,主要表现在:① 费用支出较大。由于人员推销直接接触的顾客有限,销售面窄,人员推销的开支较多,增大了产品销售成本。② 对推销人员的要求较高。人员推销的成效直接决定于推销人员素质的高低,尤其随着科技的发展,新产品层出不穷,对推销人员的要求越来越高。

(二) 销售人员在推销中的角色

销售人员在市场前沿从事销售活动中,扮演着重要角色。人员推销的作用,正是通过销售人员的具体角色来体现的。

1. 企业形象代表

销售人员是企业派往目标市场的形象代表,他们主动热情的工作、积极的态度,乃至一言一行都代表了企业形象,是企业文化和经营理念的传播者。

2. 热心服务者

销售人员是目标顾客的服务人员,帮助顾客排忧解难、解答咨询、提供产品使用指导,其服务质量和热情赢得顾客的信任和偏爱。

3. 信息情报员

销售人员是企业信息情报的重要反馈渠道。基于销售人员的工作特点,广泛接触社会各个方面,因此,他们不仅收集目标顾客的需求信息,而且还能收集竞争者信息、宏观经济方面信息和科技发展状况信息,使营销决策者能迅速把握外部环境的动态,及时作出反应。

4. "客户经理"

当销售人员面对一群顾客作营销沟通工作时,他们所担任的就是"客户经理"角色。在企业营销战略和政策指导下,行使一定的决策权,如交易条款的磋商、交货时间的确认等。

二、人员推销的基本形式

一般来说,人员推销有三种基本形式。

1. 上门推销

上门推销是最常见的人员推销形式。它是由推销人员携带产品样品、说明书和订单等走访顾客,推销产品。这种推销形式可以针对顾客的需要提供有效的服务,方便顾客,故为顾客广泛认可和接受。

2. 柜台推销

又称门市,是指企业在适当地点设置固定门市,由营业员接待进入门市的顾客,推销产品。门市的营业员是广义的推销员。柜台推销与上门推销正好相反,它是等客上门式的推销方式。由于门市里的产品种类齐全,能满足顾客多方面的购买要求,为顾客提供较多的购买方便,并且可以保证产品完好无损,故顾客比较乐于接受这种方式。

3. 会议推销

会议推销是指利用各种会议向与会人员宣传和介绍产品,开展推销活动。譬如,在订货会、交易会、展览会、物资交流会等会议上推销产品。这种推销形式接触面广、推销集中,可以同时向多个推销对象推销产品,成交额较大,推销效果较好。

三、人员推销设计

人员推销是一种重要的促销方式,对于实现企业营销目标、完成产品的销售任务起着十分重要的作用。因此,企业要重视推销队伍的建设,运用人员推销策略,对推销的具体方案进行设计。

(一) 确定推销队伍任务

企业推销队伍的基本任务是销售产品。企业应该根据自己的促销目标,来确定推销

第四篇 营销组合策略

队伍的具体任务。一般来说,企业推销队伍的任务设计,应该考虑以下一些内容。

1. 挖掘和培养新顾客

销售人员首要的任务是不间断地寻找企业的新顾客,包括寻找潜在顾客和吸引竞争者的顾客,积聚更多的顾客资源,这是企业市场开拓的基础。

2. 培育企业忠实顾客

销售人员应该通过努力与老顾客建立莫逆之交的关系,使企业始终保持一批忠实顾客,这是企业市场稳定的基石。

3. 提供服务

销售人员应该为顾客提供咨询、技术指导、迅速安全交货、售后回访、售后系列服务等任务,以这些服务来赢得顾客的信任。

4. 沟通信息

销售人员应该熟练地传递企业各种信息,说服、劝导顾客购买本企业产品。在信息传递的过程中,关注顾客对企业产品的信息反馈,主动听取顾客对产品、企业的意见和建议。

5. 产品销售

销售人员努力的最终成果,应该是源源不断地给企业带来订货单,把企业产品销售出去,实现企业的销售目标。

(二) 构建推销队伍结构

人员推销活动并非是个体销售活动,而是由群体构成的团队活动。因此,企业必须从组织上构建推销队伍的合理结构。企业推销队伍结构的设计可以参考以下几种模式。

1. 按地区划分的结构

是指按地理区域配备推销人员,设置销售机构,推销人员在规定的区域负责销售企业的各种产品。这种结构具有若干优点:① 责任明确,能鼓励推销人员工作;② 推销人员相对较长期在某一地区工作,有助于与顾客建立牢固的关系;③ 可以节省推销费用(主要是差旅费)。但这种结构比较适应产品品种简单的企业。

2. 按产品划分的结构

是指按产品线配备推销人员,设置销售机构,每组推销人员负责一条产品线在所有地区市场的销售。使用这种结构的条件是:① 产品的技术性强,需要拥有专业知识的推销人员向顾客推销产品或提供服务;② 产品品种多,且其相关性不强。否则,会出现同一企业要在一天中接待来自同一销售单位的几位销售人员。

3. 按顾客类别划分的结构

是指按某种标准(如行业、客户规模)把顾客分类,再据此配备推销人员,设置销售结构,如制造计算机企业把客户分为工业用户、金融业用户、机关团体用户等。推销员按用户的类别分组,不同的小组分别负责特定的顾客。此方式的优点在于推销员有条件深入了解不同用户的需求,以便更好地满足需求,提高推销的成功率。缺点是在于推销费用的增加和难以覆盖更广阔的市场区域。

4. 复合式的结构

是指将上述三种结构结合起来,或按区域—产品,或按区域—顾客,或按区域—产品—顾客来组建销售机构或分配推销人员。通常,当大企业拥有多种产品且销售区域相当广阔时,适宜采取这种结构。

(三) 激励销售人员

为了提高销售人员的积极性,如期完成企业的销售任务,必须设计企业销售人员的激励措施,制定合理的报酬。销售人员工作远离企业,在一线工作责任重大,具有挑战性和创造性。同时,在外独立完成销售工作精神压力大,所以,他们的报酬一般高于企业其他人员。销售人员的激励措施可以考虑我国企业目前用得较多的几种形式。

1. 固定工资加奖金

这种报酬形式强调的是固定工资。一般适应于不直接推销的一线销售人员,适用于需要集体协作完成的销售工作或主要从事技术服务的销售工程师。但是,这种报酬形式刺激性不强,不利于调动销售人员的积极性。

2. 提成制工资

提成制是以销售人员完成的销售量为基础,依据货款回笼量按一定比例提成支付报酬。这种方式突出变动报酬,强调业绩与报酬紧密挂钩,方法简单、容易计算,对销售人员的激励作用大,有利于调动销售人员的积极性。但是,销售人员所承担任务压力大,盈亏自负风险也大,易造成销售人员急功近利追求销量,而忽视了对市场的培育工作。

3. 固定工资加提成

固定工资加提成是上述固定工资加奖金和提成制两种形式的结合。一般的做法是:销售人员有一个基本的固定工资,这部分可以满足销售人员收入稳定,保证无后顾之忧;提成部分用于激励销售人员为企业销售工作作出更大贡献,也体现了多劳多得的分配原则。这种形式较好地综合了固定工资加奖金和提成制的优点,同时也克服了它们的缺陷,实行这种报酬形式,固定工资和提成比例是灵活的,一般根据企业目标市场特点、产品寿命周期状况来自行制定和调整。

企业支付给销售人员的报酬无论采取哪种形式,都应考虑销售人员的福利待遇,包括休假工资、医疗保险、养老保险等,特别应该根据销售人员工作特点,必要时还可以给予意外保险,这样可以让销售人员有安全感和对企业的依附感,从而愿意为企业奉献自己的干劲、热情和才智。

(四) 销售人员的考核

企业必须加强对销售人员的管理,通过监督考核,促进销售任务的完成,提升销售人员的工作业绩。对销售人员考核的途径和标准如下。

1. 销售人员的考核途径

考核销售人员要有客观的依据,这些依据来自于对销售人员进行监督管理的四条途径的有关资料,包括:

(1) 销售人员的记事卡。记事卡是销售部门管理销售人员的永久性卡片,要求销售人员每天填写的日志,记载着销售有关的情况,包括送货、拜访客户、货款回笼、上门服务等资料。

(2) 销售人员销售工作报告。销售工作报告分年报、季报和月报,报告展示了销售人员负责的区域市场和产品销售的绩效,根据报告可以了解区域市场的产品销售、费用开支、货款回收、新客户拓展的情况,反映了销售人员的工作实绩。

（3）顾客的评价。企业销售监督人员通过走访顾客了解他们对销售人员的评议，还可以根据顾客的投诉状况来考核销售人员的服务态度和服务水平。

（4）企业内部员工的评价。企业内部员工对销售人员的评价，主要是销售主管部门和企业其他职能部门对销售人员的评价意见。这里主要是从质的方面进行考核，如个人能力的评价，思想品德的评价，工作态度、服务热情等方面的评价。

2. 销售人员的考核标准

制定合理公平的考核标准，不仅是销售人员考核的依据，而且具有一定的激励作用。考核标准的确立要有一致性、客观性，同时，又要根据销售人员的工作环境、区域市场的实际情况和所经营产品寿命周期阶段状况灵活掌握，科学地考评。对销售人员考核的指标通常有：① 销售计划完成率，衡量销售人员或销售区域的销售业绩的指标；② 销售毛利率，衡量销售人员或销售利润完成的指标；③ 销售费用率，衡量销售人员或销售区域完成销售额所花的费用状况；④ 货款回收率，衡量销售人员或销售区域回笼货款的状况指标；⑤ 客户访问率，衡量销售人员工作努力程度；⑥ 访问成功率，衡量销售人员的工作效率；⑦ 顾客投诉次数，衡量销售人员服务水平、服务质量状况；⑧ 培育新客户数量，衡量销售人员开拓市场能力的指标。

第三节　广告促销策略

广告在现代市场营销中占有重要的地位，已经成为企业促销活动的先导。广告一词源于拉丁文，原意是"我大喊大叫"。随着社会经济的发展，广告的内容与外延不断地丰富和延伸。广义的广告是指与外界接触的一种手段，它包括政治广告、商业广告、文艺广告、社会广告、影讯广告、剧情广告、新书广告、征婚广告等一切公告、声明、通知和启示。

促销组合中研究的广告是狭义的广告，它是指以盈利为目的，通过支付一定费用，以各种说服的方式，公开地向目标市场和社会公众传递产品或劳务信息的传播行为。营销角度的广告概念强调了这些含义：① 广告要支付费用；② "说服"与"公开"是广告的重要特征；③ "传递信息"、"追求盈利"是广告的重要目的；④ "产品或劳务"是广告宣传的具体内容；⑤ "目标市场"和"社会公众"是广告的受众对象；⑥ "电视、广播、报刊、杂志"等是广告的传播媒体。产品促销应注重对广告及其策略的研究。

一、广告的作用

1. 传递信息，沟通产需

传递信息，沟通产需，这是广告在促进销售中最基本的作用。在市场经济中，谁掌握了市场信息谁就掌握了市场的主动权，这既适用于企业，也适用于消费者。如果消费者掌握到了必要的产品信息，就可以根据产品信息进行购买决策，选择物美价廉的商品，使购买效用达到最大化。对于企业来说，要想使自己的产品尽快地让顾客知道，必须借助于广告向消费者传递自己产品的性能、特点、质量、使用方法、购买地点、购买手续以及售后服务等信息，使消费者对企业产品留下深刻的印象，为顾客购买选择提供信息需要。

2. 激发需求，促进销售

激发需求，促进销售，这是广告的最终目的。消费者的需求开始一般处于潜在状态，这种需求并不能形成直接的购买行为，必须进行宣传说服。在促销组合中，广告较人员推销具有更广泛的宣传说服作用，人员推销只能进行个别说服，而广告则可以在较大市场范围，针对众多的潜在顾客进行说服。通过广告宣传，可以引起人们的注意，进行购买说服，促使人们产生兴趣，使人们处于潜在状态的需求被激发起来，促成其购买行为产生。无数实践证明，一则生动活泼、具有说服力的广告，能够激发消费者的购买欲望，明确选择目标，促使其产生购买行为，从而有利于扩大企业的产品销售。

3. 介绍商品，指导消费

在浩瀚的商品世界中，商品的数量、种类之多，一个消费者是很难说清楚的。因此，他们购买商品往往带有盲目性。据有关资料介绍，我国牙膏的种类就有七百余种。消费者都有过这样的经历，面对琳琅满目的商品，不知买什么好。企业可以运用广告来介绍产品，指导消费。广告是无声的推销员，它比人员推销所接触的市场范围要大得多，具有广泛的传播范围。可以运用多种广告媒体向消费者介绍产品的种类、功能、款式、使用方法等，帮助消费者来选择商品，就有可能来扩大企业的产品销售，扩展自己的目标市场。

4. 树立形象，赢得市场

广告是企业开展市场竞争的重要手段。企业的产品进入市场，通过广告宣传产品的特色、企业的质量保证和服务措施，树立良好的企业形象，提高产品的知名度，从而赢得市场。广告不仅对消费者具有激发购买作用，对中间商还能起到鼓励作用，争取更多的中间商分销本企业产品。在同类产品竞争激烈的市场条件下，中间商的进货具有很大的选择性，它们对那些市场知名度低的产品一般不愿意经营。只有那些经过有效广告攻势，建立一定市场知名度的产品，它们才愿意进货。譬如，前几年，由美国宇航局给出配方，在中国生产的 TANG（果珍），在同类产品中虽然价格偏高，但成功的广告宣传在消费者心目中树立了"TANG"的良好形象，促使中间商大批进货大量销售，从而提高了企业的市场竞争力。

二、广告的分类

（一）按广告的内容分类：产品广告、企业广告和服务广告

1. 产品广告

这是企业为了推销产品而做的广告。它的内容主要是介绍产品，属于告知性的宣传方式。它并不是直接宣传企业的形象，而是通过产品的宣传介绍，间接地使人感知生产该产品的企业。从这个意义上说，做好产品广告，不但可以推销产品，而且还可以帮助企业树立良好的形象。

2. 企业广告

企业形象就是企业的招牌，它构成了企业生存的基石。企业形象树立起来了，企业的产品自然也就不愁销路。企业广告是直接为树立企业形象服务的，有关公共关系和公共利益的广告都属于这类广告。

3. 服务广告

服务广告是以各种服务为内容的广告,如产品维修、人员培训以及其他各种服务活动等。

(二) 按广告的目标分类:开拓性广告、劝导性广告和提醒性广告

1. 开拓性广告

这是一种以介绍、说服为目标的广告,其目的在于诱导消费者产生初次需求。开拓性广告向消费者宣传新产品的质量、性能、花色品种、用途、价格以及服务等情况,以解除消费者对企业生产和销售的产品的顾虑,加深消费者对这些商品的认识,促使消费者建立起购买这些产品的信心,使产品迅速占领目标市场。

2. 劝导性广告

这是一种竞争性广告,其目的是促使消费者建立起特定的需求,对本企业的产品产生偏好。劝导性广告应着重宣传产品的用途,说明产品的特色,突出比其他牌号的同类产品的优越之处,努力介绍产品的厂牌与商标,使消费者对某种牌号的产品产生偏好,以稳定产品的销售。

3. 提醒性广告

这是一种加强消费者对商品的认识和理解的强化性广告。提醒性广告着重宣传商品的市场定位,以引导消费者产生"回忆性"需求,使企业某一品牌产品在市场衰退期退出市场之前,仍能满足一部分老顾客(客户)的需求。

(三) 按广告的媒体分类:印刷广告、视听广告、邮寄广告和户外广告

1. 印刷广告

报纸杂志是有效、普遍的印刷广告传播媒体。报纸广告是现代传播广告信息的重要手段,具有新闻性、可读性、指导性、知识性和记录性等显著特点,最大的优点是:读者比较稳定,宣传覆盖率高;传播迅速,反映及时;可自由选择刊登日期;能对产品进行较详细的介绍;制作简单,费用较低。但也有一定的局限性:它的保存性较差,报纸内容庞杂,易分散注意力。由于各类报纸的读者对象不同,发行数量和范围不同,其广告效果也不同。因此,企业必须有选择地登载广告。杂志广告的优点是:促销对象明确,收效率高;保存率和阅读率也较报纸高;广告画面鲜明,易引人注意。最大的缺点是传递信息延迟期较长,读者面具有较大的局限性。不同杂志有不同的读者和不同的发行范围。因此,企业在选择杂志做广告时,必须研究目标读者。

2. 视听广告

电台电视是视听广告媒体。电台主要是用语言表达来吸引听众,由于它不受文化水平的限制,传播对象较为广泛。电台广告的主要优点是传播及时、灵活性强、不受场所的限制,听众可以选择,成本较低。它的局限性是:速度快,不便记忆,且无处查阅;广播节目较多,很难使人听清楚。电视广告是当前最有效的传播媒体。它的优点是:宣传作用较大,涉及范围广泛;生动、灵活、形式多样;可以在几天内连续重复播出一个广告,观众记忆深刻。缺点是费用高、竞争者多,且对象缺乏可选性。

3. 邮寄广告

广告主将印刷的广告物,如产品样本、产品目录、产品说明书、产品通告函等直接寄

给顾客、中间商或代理人。邮寄广告最大的优点是广告对象明确、选择性强、传递较好、较为灵活,提供信息全面、准确、说服力强,效果显著。局限性是生动性较差,传播面也较少。

4. 户外广告

户外广告通常有招贴、广告牌、交通广告以及霓虹灯广告等。户外广告经常作为辅助性推广媒体,也有助于开拓营销渠道,地点多选择在闹市、交通要道或公共场所,一般比较醒目。它的主要优点是:利用灯光色彩、美术造型等艺术手段,显得鲜明、醒目、美观;内容简明易记,使人印象深刻,既宣传产品,又美化环境。局限性是受空间的限制,不易表达复杂内容,不能动态化。

三、广告促销设计

在市场竞争日益激烈的情况下,企业应该注重广告对促销组合的重要作用。在企业促销活动中,能够运用有效的广告策略,来策划设计广告促销方案。

在了解和分析市场、消费者、竞争者及宏观环境因素的基础上,广告促销方案的设计一般包括以下五个主要步骤。

(一) 确定广告目标

广告促销方案设计的第一步是确定广告目标。广告目标是指企业通过广告宣传要达到的目的,其实质是要在特定的时间对特定的受众完成特定的信息沟通任务。企业做广告的最终目标是增加销售量和企业利润。

企业可以为了不同的具体目标进行广告设计。对于某一企业来说,在不同时间、不同情况下,可以确定不同的广告目标。企业广告都是根据市场需求状况,提出广告自身的具体目标。例如,单纯提高销售量或销售额;为新产品开拓市场;提高产品知名度,建立消费偏好,培养忠诚顾客;提高市场占有率,对付竞争对手;提升品牌地位,树立企业形象;等等。到底选择哪个目标,应以设计广告时的企业具体情势而定。

在广告目标设计中,要注意广告目标的确定必须与企业的市场地位相适应。例如,生产彩电的甲企业把产品定位于高档市场,乙企业把产品定位于大众市场上。这两家彩电企业不同的产品定位决策,其广告的目标是有区别的。前者广告的宣传应更多地注重产品的消费与消费者财富、地位和名誉相联系;后者广告宣传应更多地注重产品的价格合理,消费该产品能够得到的附加利益。

(二) 确定广告预算

确定广告预算是广告促销方案设计的第二步。为了实现企业的销售目标,企业必须花费必要的广告费用,广告费用的开支是一个关键问题。如果开支过少,达不到广告效果;反之,会造成浪费降低效益。

为此,在广告预算设计中,要充分认识广告支出与广告收益的关系。广告宣传的目的就是为了吸引消费者,扩大产品的销售,提高企业的经济效益。因此,企业在选择广告形式时,必须注意广告宣传所取得的经济效益要大于广告费用的支出。电视是很好的广告媒体,它形象生动,信息传递范围大、速度快,但广告费用很高。因此,对形象性不强,市场消费有限的产品就没有必要去选用电视广告。

通常，可供企业选择的确定广告预算的方法有以下几种。

1. 承受能力法

是指根据企业的资金实力，来决定广告预算。生产企业广告预算的计算方法是：先从企业产品的市场售价，减去批发商与零售商所得的价差及本企业的生产成本，再确定企业可用于广告的费用比例。

2. 销售额百分比法

是指根据销售额的一定百分比，制定广告预算。这种方法使广告费用与销售收入挂起钩来，简便易行。但它忽视了广告促销作用，颠倒了两者的关系，忽视了未来市场的环境变化，并且两者比例系数很难确定。

3. 竞争平衡法

是指参考竞争对手的广告费用定出自己的广告费用，广告预算与竞争者大体相同。这种方法有助于避免广告战的白热化，但它忽视了竞争者的广告费用不一定合理。此外，竞争者与本企业情况是存在差异的。

4. 目标任务法

是指根据企业营销的目标和任务，确定广告预算。这是一种较科学的方法，但它也会有主观性。因此，也需要采用上述某些方法对其加以修正。

5. 投资收益法

是指预测广告投资与所能产生的收益决定广告预算，但关键的是难以确定广告的收益。因此，广告预算必须综合考虑各种因素，综合运用各种方法以校正某种方法的缺陷。

广告预算总额确定以后，必须在不同广告媒体之间、广告管理的各个程序之间、不同目标市场和不同地区之间，并依据不同媒体的传播时间和传播次数进行合理分配，才能收到预期的效果。

（三）确定广告信息

广告信息设计是广告促销方案设计的第三步。即根据促销活动所确定的广告目标，来设计广告的具体内容。产品设计要注重广告效果，只有高质量的广告，才能对促销起到宣传、激励的作用。高质量广告应该体现在以下几方面。

1. 真实性

广告的生命在于真实。只有广告内容是真实的，才能获得消费者的信任，达到扩大企业产品销售的目的。如果广告内容失真，欺骗了消费者，这不仅损害了消费者的利益，同时也会使企业名誉扫地，甚至会使企业受到法律的制裁。

2. 社会性

广告不仅是促进商品销售的手段，而且也是传播社会意识形态的一种重要的工具，内容健康的广告会引导人们奋发向上。因此，要求广告制作必须符合社会文化、思想道德的客观要求，要有利于社会主义精神文明，要有利于培养人们的高尚情操。

3. 针对性

是指对不同产品、不同目标市场要有不同的广告内容，采取不同的表现方式。由于各个消费群体都有自己的喜好、风俗习惯，要适应目标顾客的不同要求来制作广告内容，采用与之相适应的形式。

4. 艺术性

广告的艺术性要求做到：① 广告的语言必须忠于事实，不能夸大其词，更不应弄虚作假，不使用"最大"、"最佳"、"最好"之类的形容词。广告语言应刻意求精、言简意赅，切忌长繁杂。广告应鲜明、生动，富于个性。使人看后或听后能抓住中心，诱发需求，促进购买。② 广告画面的主题鲜明，而且简洁明快、色彩柔和、新颖奇特、和谐统一、健康脱俗。能使读者一目了然，促其产生购买欲望。③ 广告音响优美动人，协调和谐，使人感到亲切舒服、百听不厌。

（四）选择广告媒体

广告促销方案设计的第四步是对广告媒体的选择。不同的广告媒体有不同的特征，这决定了企业广告必须对广告媒体进行正确的选择，否则将影响广告效果。正确地选择广告媒体，一般要考虑下列影响因素。

1. 产品的特征

掌握产品特征是选择广告媒体的重要条件。产品的特征主要是指产品的需求特征和需求范围，以及产品形象化程度。工业品和消费品、技术性能高的复杂产品和较普及性产品，应采取不同的广告媒体。例如，妇女服装宜选择妇女杂志做广告媒体；需求广泛的产品应选用全国性广播、电视及报刊做广告媒体；形象化强的产品宜选用电视作广告，形象化弱的产品可选用报纸等做广告。

2. 消费者接触媒体的习惯

一般来说，能使广告信息传递到目标市场的媒体是最有效的媒体。消费者接触媒体的习惯是不同的，掌握这种区别才能有针对性地进行广告宣传，提高广告宣传的效果。例如，农民有听广播的习惯，销往农村的产品应选择广播媒体；成年人，尤其是城市的成年人普遍习惯阅读报纸，针对成年人需要的产品就应该选择报纸做广告；对妇女用品进行广告宣传，应选用妇女喜欢阅读的妇女杂志或电视，也可以在妇女商品的橱窗展示。

3. 广告的内容

不同的广告内容应选择不同的广告媒体。例如，广告内容是"明天大降价"，那么，选择日报、晚报、电视、广播最及时。如果是一项技术性很强、较为复杂的产品，广告则宜登在专业杂志上或采用印刷邮寄做广告媒体。

（五）评估广告效果

广告效果评价是广告促销方案设计的最后阶段。促销广告是一项投资，对于这种费用较高的投资活动，企业必须要进行评估，目的在于提高广告的经济效益。要准确地评估广告效果绝非易事，但并不意味着不能评估。可以采用"预审法"，检查广告是否将信息正确、有效地传递给目标受众。此方法是在广告公布于众之前对其效果进行评估，具体方法如下。

1. 消费者评估法

是指请目标市场的消费者对准备好的广告稿采用记分方式，对广告的注意力、易读易记力、感染力等进行评估。

2. 邮寄广告评估法

是指将不同广告缩印后邮寄给目标顾客，对广告内容、编排、效果等进行评估。

3. 机械评估法

是指运用各种机械设备，如视力记录仪、印象测量器、心理测量器等对广告效果进行评估。

第四节　营业推广策略

营业推广又称销售促进,是指企业在短期内,为了刺激需求而进行的各种促销活动。这些活动可以诱发消费者和中间商大量的购买,从而促进企业产品销售的迅速增长。营业推广对促进销售的效果显著,为此,它是促销组合的重要方式,是促销策略研究的重点。

一、营业推广的作用

1. 可以吸引消费者购买

这是营业推广的首要目的。尤其是在推出新产品或吸引新顾客方面,由于营业推广的刺激性比较强,较易吸引顾客的注意力,使顾客在了解产品的基础上采取购买行为,也可能使顾客追求某些方面的优惠而使用产品。

2. 可以奖励品牌忠实者

因为营业推广的很多手段,如销售奖励、赠券等通常都附带价格上的让步,其直接受惠者大多是经常使用本品牌产品的顾客,从而使他们更乐于购买和使用本企业产品,以巩固企业的市场占有率。

3. 可以更好地实现企业有效目标

这是企业的最终目的。营业推广实际上是企业让利于购买者,可以使广告宣传的效果得到有力的增强,破坏消费者对其他企业产品的品牌忠实度,从而达到本企业产品销售的目的。

但是,营业推广也存在下列不足:① 影响面较小,它只是广告和人员销售的一种辅助的促销方式;② 刺激强烈,但时效较短,它是企业为创造声势获取快速反应的一种短暂促销方式;③ 过分渲染或长期频繁使用,容易使顾客对卖者产生疑虑,反而对产品或价格的真实性产生怀疑。为此,企业要合理使用营业推广促销工具,既要有效地发挥它的作用,又要避免它的负面影响。

二、营业推广方式

根据目标市场的不同,企业推广可分为面向消费者、面向中间商、面向企业内部员工的推广,三种推广方式有着不同的促销方式。

(一) 面向消费者的营业推广方式

面向消费者的营业推广主要作用有:鼓励老顾客继续使用,促进新顾客使用,培养竞争对手顾客对本企业的偏爱等。其方式可以采用以下几种。

1. 赠送促销

向消费者赠送样品或试用品。赠送样品是介绍新产品最有效的方法,缺点是费用高。样品可以选择在商店或闹市区散发,或在其他产品中附送,也可以公开广告赠送,或入户派送。

2. 折价券

在购买某种商品时,持券可以免付一定的金额。折价券可以通过广告或直邮的方式发送。

3. 包装促销

以较优惠的价格提供组合包装和搭配包装的产品。

4. 抽奖促销

顾客购买一定的产品之后可获得抽奖券,凭券进行抽奖获得奖品或奖金,抽奖可以有各种形式。

5. 现场演示

企业派促销员在销售现场演示本企业的产品,向消费者介绍产品的特点、用途和使用方法等。

6. 联合推广

企业与零售商联合促销,将一些能显示企业优势和特征的产品在商场集中陈列,边展销、边销售。

7. 参与促销

通过消费者参与各种促销活动,如技能竞赛、知识比赛等活动,能获取企业的奖励。

8. 会议促销

各类展销会、博览会、业务洽谈会期间,在各种现场的产品介绍、推广和销售活动。

(二) 面向中间商的营业推广方式

主要作用是鼓励中间商积极进货和推销,引导零售商扩大经营。常用的方式如下。

1. 批发回扣

企业为争取批发商或零售商多购进自己的产品,在某一时期内给经销本企业产品的批发商或零售商加大回扣比例。

2. 推广津贴

企业为促使中间商购进企业产品,并帮助企业推销产品,可以支付给中间商一定的推广津贴。

3. 销售竞赛

根据各个中间商销售本企业产品的实绩,分别给优胜者以不同的奖励,如现金奖、实物奖、免费旅游、度假奖等,以起到激励的作用。

4. 扶持零售商

生产商对零售商专柜的装潢予以资助,提供 POP 广告,以强化零售网络,促使销售额增加;可派遣厂方信息员或代培销售人员。生产商这样做的目的是提高中间商推销本企业产品的积极性和能力。

(三) 面对内部员工的营业推广方式

主要是针对企业内部的销售人员,鼓励他们热情推销产品或处理某些老产品,或促使他们积极开拓新市场。一般可采用方法有:销售竞赛、免费提供人员培训、技术指导等形式。

三、营业推广设计

在企业促销活动中,一个有效的营业推广方案一般要考虑以下五个因素。

1. 确定推广目标

营业推广目标的确定,就是要明确推广的对象是谁,要达到的目的是什么。只有知道推广的对象是谁,才能有针对性地制定具体的推广方案。例如,推广是为达到培育忠诚度的目的,还是鼓励大批量购买?

2. 选择推广工具

营业推广的方式方法很多,但如果使用不当,则适得其反。因此,选择合适的推广工具是取得营业推广效果的关键因素。企业一般要根据目标对象的接受习惯和产品特点、目标市场等状况,来综合分析选择推广工具。

3. 推广的配合安排

营业推广要与营销沟通的其他方式,如广告、人员销售等整合起来、相互配合、共同使用,从而形成营销推广期间的更大声势,取得单项推广活动达不到的效果。

4. 确定推广时机

营业推广的市场时机选择很重要,如季节性产品、节日礼仪产品,必须在季前、节前做营业推广,否则就会错过时机。

5. 确定推广期限

是指营业推广活动持续时间的长短。推广期限要恰当,过长,消费者新鲜感丧失,产生不信任感;过短,一些消费者还来不及接受营业推广的实惠。

第五节 公关促销策略

公共关系是企业通过公关传播和对特殊事件的处理,使自己与公众保持良好关系的活动。企业的公共关系分为内部公共关系和外部公共关系。

运用公共关系促进销售也是企业促销的主要策略之一,但公关促销并不是要推销某个具体的产品,而是企业利用公共关系,可以把企业的经营目标、经营理念、政策措施等传递给社会公众,使公众对企业有充分的了解;对内协调各部门的关系,对外建立广泛的社会联系,密切企业与公众的关系,树立企业的良好形象,扩大企业的知名度、信誉度与美誉度。目的是为企业的营销活动创造一个和谐、亲善、友好的营销环境,从而间接地促进产品的销售。为此,企业促销必须研究公共关系。

一、公共关系的作用

公共关系已成为企业的"喉舌"与"耳目",企业很关注促销活动中公共关系的重要作用。其原因在于利用新闻媒体传递给公众的信息,往往被认为是客观、真实、可信度高,人们比较容易接受。再者,用于公共关系的费用要比广告费用少得多,可以节约不少促销费用。公共关系在促销中的作用具体表现如下。

1. 收集社会信息

收集影响企业营销的各类信息,如产品信息、企业形象信息、宏观经济方面信息、竞争者信息等。通过收集信息,提出对企业营销环境的预警分析和企业形象的评估,供决策者参考。

2. 树立企业形象

通过设计相关的公益活动，制造气氛，引起社会公众的关注和好感，迅速提升企业美誉度。

3. 协调媒体关系

现代社会，大众传媒对人们的生活有很重要的影响。企业公关部门应与各种传播媒体协调好关系，引导社会舆论朝着有利于企业的方向发展，以获取广大公众的赞誉和支持。

4. 协调内外关系

公共关系是内求团结、外结良缘的艺术。因此，公关的职能首先要重视内部关系，做好内部管理信息交流和情感交流，做到政通人和、上下一致；对外要协调好相关公众关系，包括消费者、政府、社区等相关利益团体，通过公关一系列活动，能运用利益、形象、示范、信息、特色等吸引广大公众，促使他们理解、信任、偏爱企业，使企业得到和谐发展的外部环境。

5. 处理突发事件

当企业一旦遇到突发的、危及企业形象的事件时，公共关系要及时收集事件发生的各种信息，妥善处理，使不利影响降到最低点。

二、公关促销的内容

公共关系不仅是企业决策部门或职能管理部门处理各种问题和难题的重要手段，而且也可以是一种促销手段，其主要的活动内容有以下几方面。

1. 办好内部刊物

这是企业内部公关的主要内容。企业各种信息载体，是管理者和员工的舆论阵地，是沟通信息、凝聚人心的重要工具，如海尔集团的《海尔人》就起到了这样的作用。

2. 发布新闻

由公关人员将企业的重大活动、重要的政策，以及各种新奇、创新的思路编写成新闻稿，借助媒体或其他宣传手段传播出去，帮助企业树立形象。

3. 举办记者招待会

邀请新闻记者，发布企业信息。通过记者的笔传播企业重要的政策和产品信息，传播广、信誉好，可引起公众的注意。

4. 设计公众活动

通过各类捐助、赞助活动，努力展示企业关爱社会的责任感，树立企业美好的形象。

5. 企业庆典活动

营造热烈、祥和的气氛，显现企业蒸蒸日上的风貌，以树立公众对企业的信心和偏爱。

6. 制造新闻事件

制造新闻事件能起到轰动的效应，常常引起社会公众的强烈反响，如海尔张瑞敏刚入主海尔时的"砸冰箱"事件，至今人们谈及还记忆犹新。

7. 散发宣传材料

公关部门要为企业设计精美的宣传册或画片、资料等,这些资料在适当的时机,向相关公众发放,可以增进公众对企业的认知和了解,从而扩大企业的影响。

三、公关促销设计

在企业促销活动中,一个有效的公关促销方案一般要考虑以下因素。

1. 公关活动目标

制定公关促销方案,首先要明确公共关系活动的目标。公关活动的目标应与企业的整体目标相一致,并尽可能具体,同时要分清主次、轻重。

2. 公关活动对象

在每次促销活动中,均需确定公共关系的对象。也就是说,在每次公关活动中所针对的目标公众。

3. 公关活动项目

是指采用什么样的方式来进行公关活动,如举行记者招待会、组织企业纪念活动和庆祝活动、参加社会公益活动等。

4. 公关活动预算

在制定活动方案时,还要考虑公共关系活动的费用预算,使其活动效果能够取得最大化。

第六节　促销策略的实践运用

促销计划是企业营销管理的一项重要的技能,无论在企业市场部、销售部,还是广告部工作都需要掌握这一技能。企业营销人员在营销实践中,能够运用促销策略,制定具体的促销计划。

在促销活动开展之前,必须开展市场调查,收集有关信息资料,进行资料的整理和分析。依据市场、消费者和竞争者的分析资料,对某项促销活动过程及操作细节进行规划与方案设计。促销方案设计能够使企业强化促销目的,更好地定位于市场,使促销活动更有计划性、系统性、有效性,促进产品销售,并能在一定程度上降低促销费用,节省开支。

具体的促销计划详略程度是不同,但一般的促销计划应包括以下内容。

(一) 促销目标设计

1. 根据企业布置,确定促销时间

促销时间的安排一般10天为宜,跨两个双休日。从星期五周末开始至下周日为止。如果是大的节庆活动,促销时间可以安排长些,但一般不要超过一个月。

2. 根据企业要求及市场分析资料,确定促销目标

一般来说,针对消费者的促销目标有:① 增加销售量,扩大销售;② 吸引新客户,巩固老客户;③ 树立企业形象,提升知名度;④ 应对竞争,争取客户。

促销目标要根据企业要求及市场状况来确定,可以确立单个目标,也可以确立多个目标。

促销目标的确定要交代背景、说明原因,即对与此促销目标有关的情况作恰当的描述,如当前市场、消费者和竞争者状况、企业目前情况及本次促销动机等。这部分内容,要求"客观"、"简练"。

(二) 促销主题设计

1. 确立促销主题

促销主题是方案设计的核心、中心思想,是贯穿整个营销策划的一根红线。任何一项策划总有一个主题,主题明确,方案设计才会有清晰而明确的定位,使组成促销的各种因素能有机地组合在一个完整的计划方案之中。因此,确定一个主题是很重要的。促销主题是通过"主题语"来表现的,如 2002 年家乐福"三八"促销活动的主题为"世界因你而精彩"。

2. 主题确立要求

促销主题确立需要考虑的:① 主题必须服从和服务于企业的营销目标;② 主题必须针对特定的促销及其目标;③ 主题要迎合消费者心理需求,能引起消费者的强烈共鸣。

3. 主题语表现

促销主题语表现:① 明确的利益、情感诉求点;② 突出鲜明的个性;③ 具有生动的活力;④ 简明易懂。

4. 主题确立要有创意

促销主题确立是一项创意性很强的活动,又是有一定难度的操作。

(三) 促销活动方案设计

这部分也是方案设计的核心内容。在这里,设计者的聪明才智与创新点子要充分地表现出来。促销活动方案设计的要求如下。

1. 紧扣促销目标,体现促销主题

促销方案的设计要求围绕着促销主题而展开,方案要尽可能具体,要把行动方案按不同的时段进行分解,当然还要突出重点。设计这一部分内容的要点是:以市场分析为依据,充分发挥设计者的创新精神,力争创出与众不同的新方案。

2. 选择促销商品,确定促销范围

以节日商场促销来说,一切促销活动最终目的是为了扩大销售。在设计具体方案前,首先要确定选择哪些商品、多少数量作为这次促销的主力商品,一般来讲作为节日商品的有休闲食品、大件商品、礼品、保健品及日用百货等。当然,作为促销商品还必须具备如下条件:① 有一定品牌知名度;② 有明显的价格优势;③ 节日消费需求量较大。一般在课业训练中,可以设定 50 种商品左右,但不能过少,太简单的操作达不到训练的要求。

3. 选择促销方式,进行合理组合

根据确定的促销商品范围,来设计具体的促销活动方案。例如在商场促销中,促销组合的几种方式都要考虑运用,但当前运用较多的、最受消费者欢迎的有"特价促销"、"赠送促销"、"公关促销"、"有奖促销"、"服务促销"等。在方案策划中,可以采用多种形式,但要注意促销方式的"有效性"。

4. 促销活动设计要求"具体"、"可操作"

促销计划强调,设计的促销方式(促销活动)不仅要明确有几种、是什么,更要明确实

际的操作。具体到每一种商品特价的确定,从现有市场价按一定的特价原则来——制定,还要具体确定每一种特价商品如何陈列。有些方案更强调活动程序的安排,有些操作性较强的具体促销方案都应独立做附件。

5. 促销活动设计追求"创意"

方案设计成功与否主要看有多大"创意",只有具有新意、具有较强个性、具有生动活力的促销活动,才能引起消费者的强烈共鸣,才是设计的价值所在。当然,这些"创意"要考虑现行的客观性,更要考虑消费者的认可和接受程度,否则再好的"创意"也是束之高阁的东西。

(四) 促销宣传方案设计

促销活动的宣传是全方位的,要把促销的信息告知消费者,在销售场所要营造促销气氛,在促销中要展示企业形象,必须运用好广告、商品展示和商场广播的宣传。

1. 广告宣传

当前用得较多的促销广告有"媒体广告"、"DM 广告"、"POP 广告"。

(1) 媒体广告。在激烈的市场竞争中,媒体广告所起的促销作用无疑是巨大的,通过媒体广告能将产品促销信息传递出去。在运用媒体广告时,要注意:① 确定广告目标。企业应该根据自己的促销目标,确定广告内容,两者应该保持统一。② 选好广告媒体。广告媒体的种类很多,有报纸、杂志、电视、户外广告、车体广告等,选择哪一种最适当,这就需要设计。应该根据产品特点、企业条件来选择最适当的媒体,一般来说,首推的是电视广告。当然,其他广告媒体的作用也很显著。广告媒体的选择还必须考虑费用支付,只有选择适合企业经济承受能力的广告媒体才是理性的。③ 注意广告语的设计。一条具有鲜明个性、深受欢迎的广告语能开辟一个大市场,这是广告促销设计的重点和难点。

(2) POP 广告。在商场促销中,DM 广告、POP 广告形式用得更多,促销的实际效果更好。在课业训练中,要注重 POP 广告的运用。

POP 广告是指售货点和购物场所广告,又称售点广告。这种广告的运用范围很广泛,主要有宣传标语、商品海报、招贴画、商场吊旗、特价赠送指示卡、门面横幅招旗、气球花束装饰等。

POP 广告不仅在向消费者传递商品信息,充当无声的售货员;它们还能极力展示商场特色和个性,来营造浓烈的购物气氛,树立良好的企业形象,从而吸引消费者进入商店,诱发他们的购物欲望。这正是 POP 广告的魅力所在。

在促销广告策划中,要根据具体促销主题、要求及其费用预算,来确定促销采用的广告形式,最大限度地发挥其作用。可参考范例的有关内容。

2. 商品展示宣传

把促销商品用最佳的形式来进行展示,这是一种有效的促销宣传,使顾客一进门就能看到吸引人的商品展示,从而激发他们的购买欲望。

商品展示可以采用"特别展示区"、"展台"、"端头展示"、"堆头展示"的方式,并运用照明、色彩、形状及装置或一些装饰品、小道具,制造出一个能够吸引顾客视线集中的商品展示,营造出促销气氛,顾客的需求及购买欲自然会增大。

3. 商场广播宣传

促销广播可以传递促销信息,还可以使店内的气氛更加活跃,让顾客对店内的促销活动有深刻的印象,进而带动销售业绩的成长。

促销广播可以考虑每隔一段固定时间就广播一次。广播词力求通畅,广播音量要适中,音质要柔美,语速不急不缓,切不可夹带笑声播放出来。

注重背景音乐播放,可以播放一些慢节奏的、轻松柔和的乐曲来鼓励消费者静下心来仔细选购商品,或使消费者自觉降低谈话的嗓门,逐渐投入到边欣赏乐曲、边安心购物的过程中。当然,商店还必须根据其主要销售对象来控制背景音乐的播放音量,使顾客始终精神焕发;同时,还能提高营业员的工作效率,工作时轻松、舒展,最终也树立了良好的企业形象,有利于促销活动开展。

(五) 促销费用预算

预算费用是促销方案设计必不可少的部分,对方案设计的促销活动必须进行费用预算。

1. 费用预算设计列在两处

费用估算设计部分不能只有一个笼统的总金额,它应该列在两个地方:一是在促销方案中,凡涉及费用的都要估算列出;二是以各方案预算为基础,再设计独立的"促销总费用预算",这样能使人看了一目了然。

2. 费用预算内容

促销费用预算一般要考虑的费用有:"广告费用"、"营业推广费用"、"公关活动费用"、"人员推销费用"等。

3. 费用预算与促销方案须平衡

促销活动需要费用支持,因此促销费用估算与各促销方案设计是密不可分的,任何促销方案都要考虑到它的费用支出。不顾成本费用,无限制地拔高促销方案或加强方案力度实际上是纸上谈兵,根本无操作性可谈。促销方案和费用预算匹配,费用要能够支持促销活动开展。促销方案和费用预算的平衡,也是衡量方案设计水平的一个标准。

4. 费用预算要求

在方案设计中,费用预算要注意:① 了解促销费用;② 尽可能细化;③ 尽可能准确;④ 求得最优效果。

(六) 促销实施进度安排

为了保证促销计划得以顺利实施,必须对整个计划实施过程予以控制。在促销方案的最后部分,要求设计促销实施进度安排。

1. 促销实施的两个阶段

促销实施是一个过程,一般包括两个阶段,前期促销准备阶段和后期促销进行阶段。整个促销实施过程需要有效控制,从组织上、制度上、人员上和时间上给予充分保障,使促销活动如期、有效地开展。

2. 促销实施的主要事项

商场促销准备一般需要两个月左右时间,准备的事项有:① 促销商品进货;② DM广告的制作和发放;③ POP广告的制作和布置;④ 促销商品的陈列和环境布置;⑤ 促销活动准备。商场促销进行期间也有大量的工作要做,许多活动都要认真地组织好。

3. 制定"促销进度安排表"

在方案设计中,必须拟定一张"促销实施进度安排表",明确安排这些工作、活动何时做,由谁做,有什么要求。这样,使计划方案由单纯的构思创意转为具体的实施计划,它也可作为计划实施活动进行控制的检查标准。可见,促销实施安排进程表是促销计划得以实施的必要保证。

前 沿 研 究

公 关 促 销

促销策略是企业营销组合策略的重要内容。传统的促销手段有人员推销、广告、营业推广等。其中,广告的威力在市场营销中几乎影响了整个20世纪。无论是新产品上市、市场拓展、企业招商、渠道构建,还是打击竞争对手,广告凭借其猛烈的攻势横扫了营销的各个领域。但是,随着资讯的大爆炸、消费者消费观念的更新、市场竞争形势的变化,广告的可信度与接受率在日趋减弱。在这样的背景下,公共关系开始出现与盛行,它通过新闻报道、座谈会、论坛、公益活动等多种多样的方式,拉近消费者与企业和产品的距离,使市场营销在产品推广、品牌塑造和危机管理中,发挥了其他促销手段无法替代的作用。

公共关系是一个组织与公众之间,为了取得一定的相互理解、相互支持而发生的各种信息交流,以树立组织的信誉,塑造组织的形象。公共关系处理的是一个组织的各种社会关系,它追求的是组织与社会公众的利益。市场营销离不开人,公共关系正是基于对人性的正确了解,着眼于改善组织的人际环境的一种学说。它告诉经营者如何巧妙地利用人性的特点,有效地开展市场营销。公共关系不仅仅是市场营销的策略和技巧,它已经从一种工具性的营销方式,逐渐沉淀成为许多企业管理者的思维习惯和市场营销的理念。

市场营销的每个环节,从产品政策、产品销售、产品定价到售后服务,都贯穿着公共关系,公共关系是一条主线。因为客户是企业财富之源,无论企业的哪一种行为,都要得到社会公众的认可和参与,企业的利润目标才可能实现。可见,公共关系是企业市场营销的通行证。

公共关系正在不知不觉中,改变着许多企业的商业运营:新产品上市,以往一直常用的高强度广告投放正在被新闻宣传、论坛报道、消费者座谈会所代替;如果说广告侧重表达,那么公共关系则侧重沟通。广告是单向的言说,而公共关系是双向的交流。企业发生危机,从以往的闭门自守、三缄其口的做法转变为主动联络新闻媒体,同时向社会公众随时报告事件的最新进展。越来越多的企业学会以公关的眼光去审视企业运作中的各种问题,用公关的手段去改善企业与利益团体之间的关系。而公共关系强大的沟通功能更是为企业所重视——在一个信息流通迅速的时代,企业与外部关系团体的沟通畅通程度往往对企业的发展有决定性的意义。

需要指出的是,公关和广告都有着对方不能代替的优势,也有着各自的缺点。公关的本质在于控制社会舆论,使社会舆论朝着有利于企业(品牌)形象的方向制造宣传效应;缺点就是到达率有所局限。广告的本质在于,通过简单、明了的方式宣扬企业及产品的信息;缺点就在于可信度日趋下降。

营销的成功推进在于公关与包括广告在内的其他促销手段的有机整合,即通过互相之间密切的配合,发挥各自优势与长处,利用多种手段、宣传方式,立体地对目标客户进行追踪,使信息与目标客户之间达到无缝接合,目标客户对信息传播有效且充分地加以吸收。

案　例

品牌捆绑促销

2000年,"可口可乐——联想数码精英巨奖总动员"的海报在街头、地铁等广告牌随处可见。据悉,这是可口可乐与国内品牌又一次捆绑促销。在此之前,可口可乐与北京大家宝薯片共同演绎的"绝妙搭配好滋味"促销活动,可谓风靡整个夏季,无独有偶。6月1日到8月30日期间,摩托罗拉与桑塔纳联手,购买汽车的用户都可获得摩托罗拉DSP车载免提通话系统及手机一部。早在这年的上半年,上海汽车工业销售总公司华北分销中心与方正集团方正科技电脑系统有限公司联手推出"121行动"。据了解,这种跨品牌的捆绑促销在国外也风起云涌。美国在线公司(AOL)与Tar·get百货公司启动联合促销,《今日美国》和AT&T联合推出新的服务项目,美国电报电话公司和时代华纳也在尝试捆绑销售。

市场营销人士认为,这种捆绑式销售开创了一种新的营销模式。但事实也并非都如愿以偿,捆绑销售并非"一绑就灵",看来其中的奥妙与规律尚有待于商家探讨。

1. 提供附加值,捆绑式"恋爱"才会开花结果

降价、打折、抽奖、赠送礼品等均是人们熟知的传统促销方式,然而,这些促销方式正日益衰落。当前,任何毫无新意的促销活动都将不会吸引多少顾客的注意。

生产大家宝薯片的北京兴运实业有限公司董事长程久实认为,市场的内涵不只是商品交易的场所,而是商品所有者交易关系的总和。这种捆绑式服务不仅为消费者带来便捷,也使产品在市场交换中发现自己新的附加值。大家宝与可口可乐的捆绑不是简单的1+1的关系,而是一种服务与另一种服务的融合。同时,这一活动为突破跨行业联手的防线创出了一条新路,使企业双方都能在对对方行业产品和品牌渗透的同时,充分了解各自细分市场在其他行业消费群体中的地位和特性。

上海汽车工业销售总公司华北公销中心总经理丁吉庆坦言,"上汽"与摩托罗拉公司的这种捆绑合作目的,在于试行一种跨行业联合销售的方式。通过不同产业间名牌产品的组合,期望能以品牌的震撼力激活各自的市场。

2. 本土化倾向是"跨国恋爱"的红娘

可口可乐总裁兼首席运营官戴士杰访华时说,可口可乐公司把经营战略调整为"想本地人所想,做本地人所做",即尽可能贴近本地人的生活。不难发现,与大家宝、联想的促销活动无疑也是基于这一点考虑的。同时,本土化需要有较为理想的载体,这从可口可乐公司与大家宝、联想的联袂营销可窥见一斑。

可口可乐消费市场经理徐伟军与对外事务经理翟嵋认为,尽管可口可乐是国际知名品牌,大家宝是本地品牌,但我们之间没有障碍,因为这两者都是大众化产品,大家宝能够被本地消费者所接受、信赖,这无疑有利于实现可口可乐产品的本土化。

北京兴运实业有限公司董事长助理焦可小姐认为,我们的口号是"绝妙搭配好滋味",可口可乐是微甜的软饮料,大家宝是微咸的休闲食品,这种搭配可以在口感上相互调剂,甜咸适宜,这就是合作的基础。

3. 共同创建"亲和"消费文化

继与大家宝联袂推出"绝妙搭配好滋味"活动之后,可口可乐又与联想共同推出主题为"可口可乐——联想数码精英巨奖总动员"营销活动。

联想电脑公司有关负责人表示，联想电脑有幸被可口可乐公司选中作为此次促销奖品承担方，这对联想创建"亲和"消费文化是极为有利的。与可口可乐这样一个纯消费的品牌合作，不仅可以提升联想所希望的作为一个消费品牌的形象，也可以让其借鉴很多这些有多年发展的消费品牌成功的市场推广经验。

北京兴运实业有限公司董事长助理焦可小姐认为，面对目前休闲食品市场竞争态势，厂商不能采取单一的市场推广模式，尤其要区别不同产品的生命周期采取不同的营业推广措施。譬如，对于有些生命周期较长的休闲食品，如复合味薯片，占领市场的最好方法应是稳步进入市场，即采取长线市场营销策略，尤其要注重开创更多的"卖场"。与可口可乐公司的这种合作从一定程度上讲，就是这种策略的生动体现，其总体精神就是要贴近消费者，加强产品及产品营销的"亲和力"。

4. 捆绑营销并非"一绑就灵"

捆绑营销在国内的确方兴未艾，但在诸多厂商效仿之际，人们不得不备加关注的是，多捆绑销售并未如愿以偿，"一绑就灵"的想法恐怕绝不现实。

在刚刚闭幕的"国贸 2000 年北京秋季房地产展示交易会"上，一汽——大众捷达推出"给新家安个车轮——'车＋房'分期消费新生活活动"。捷达"都市阳光"与"前卫"尽管在展台上熠熠生辉，但据了解，依然是看者多，而买者少，也并没有真正推动商品房的销售。

另据了解，6 月至 8 月份摩托罗拉与上海大众合作促销中，虽然购买桑塔纳免费赠送摩托罗拉 DSP 车载免提通话系统还颇受消费者欢迎，但免费赠送摩托罗拉 T2288 掌中网系列手机却没有带动桑塔纳销售的过多增长。

案例思考题

1. 结合案例谈谈何为品牌捆绑促销？在生活中，关注实施捆绑促销的品牌，并归纳其特征和表现。
2. 可口可乐是怎样进行捆绑促销的？对我国企业销售有什么启发？

练习与思考

（一）名词解释

促销　　　　　促销组合　　　　　人员推销　　　　　广告
营业推广　　　公共关系

（二）填充

1. 促销的实质是_____。产品促销的过程就是企业与_____的信息沟通过程。
2. 一般来说，最理想的信息沟通，应对消费者产生四方面的影响，即_____、_____、_____、_____，这就是"AIDA"模式。
3. 按广告的媒体划分，广告可以分为印刷广告、视听广告、邮寄广告和_____。

（三）单项选择

1. 构成了促销组合的方式有人员推销、广告促销、营业推广和（　　）。
   A. 分销渠道　　B. 公共关系　　C. 产品价格　　D. 产品组合
2. 营业推广又称（　　），它是促销组合的重要方式，是促销策略研究的重点。
   A. 销售渠道　　B. 产品推销　　C. 销售组合　　D. 销售促进

(四) 多项选择
1. 一般来说,人员推销的基本形式有( )。
   A. 上门推销　　　　　B. 柜台推销　　　　　C. 广告推销
   D. 会议推销　　　　　E. 公关推销
2. 在促销活动中,广告的作用主要体现在( )。
   A. 传递信息,沟通产需　　　　　B. 节省费用,提高效益
   C. 激发需求,促进销售　　　　　D. 介绍商品,指导消费
   E. 树立形象,赢得市场
3. 企业非常关注公共关系在促销活动中的作用,其作用体现在( )。
   A. 树立企业形象　　　　　B. 收集社会信息
   C. 协调媒体关系　　　　　D. 协调内外关系
   E. 处理突发事件

(五) 简答题
1. 什么是促销组合,它包括哪些方式?
2. 广告在企业促销组合中有何作用?
3. 广告媒体选择应考虑哪些因素?
4. 销售人员在促销活动中的特点是什么,其基本任务是什么?
5. 试述公关促销的原则及主要内容。
6. 对消费者的营业推广有哪些具体方式?

(六) 论述题
从理论和实践的结合上,论述促销组合决策的步骤和内容。

第十四章 市场营销的新策略

 学习目标

学完本章,你应该能够:
1. 理解网络营销的特点和条件,掌握网络营销采用的具体策略
2. 了解数据库营销的作用和优缺点,把握数据库营销采用的具体策略
3. 识别定制营销的特征,掌握定制营销采用的具体策略

 基本概念

网络营销　　　数据库营销　　　RFM法
定制营销　　　适应性定制

第一节　网络营销策略

一、网络营销的概述

(一) 网络营销的概念

网络和电子商务系统的出现,彻底改变了原有市场营销理论和实务存在的基础。基础变了,环境变了,市场变了,随之而来的营销和管理模式也将发生根本的改变,于是就产生了网络营销。

网络营销是指借助国际互联网络、计算机通信和数字交互式媒体的功能,来实现企业营销目标的一种方式。它贯穿于企业营销活动的全过程,涉及到网络调研、网络新产品开发、网络促销、网络分销、网络服务、网络沟通等电子商务服务活动的各个环节。

(二) 网络营销的特点

网络营销与传统营销相比,既有相同之处,又有显著不同的特点。网络营销与传统营销都是企业的一种经营活动,且都需要通过组合运用来发挥功能,而不是单靠某一种手段就能达到目的的。两者都把满足消费者的需要作为一切活动的出发点,但网络营销则具备一些传统营销所不具有的特点。

1. 跨时空

营销的最终目的是占有市场份额,互联网络具有的超越时间约束和空间限制进行信息交换的特点,使得脱离时空限制达成交易成为可能,企业能有更多的时间和更大的空间进行营销,可每周 7 天,每天 24 小时随时随地提供全球性营销服务。

2. 多媒体

互联网络被设计成可以传输多种媒体的信息,如文字、声音、图像等信息,使得为达成交易进行的信息交换可以多种形式进行,可以充分发挥营销人员的创造性和能动性。

3. 超前性

互联网络是一种功能最强大的营销工具,同时兼具渠道、促销、电子交易、互动顾客服务以及市场信息分析与提供等多种功能。它所具备的一对一营销能力,生产出富有个性的产品以满足顾客的个性化需求,从而使消费者个性的回归成为可能。

4. 高效性

电脑可储存大量的信息供消费者查询,可传送的信息数量与精确度,远远超过其他媒体,并能顺应市场需求,及时更新产品或调整价格。因此,能及时、有效地了解并满足顾客的需求。

5. 经济性

通过互联网络进行信息交换,代替以前的实物交换,一方面可以减少印刷与邮递成本,可以无店铺销售,免交租金,节约水电与人工成本;另一方面可以减少由于迂回多次交换带来的损耗。

6. 技术性

网络营销是建立在高技术作为支撑的互联网络的基础上的,企业实施网络营销必须有一定的技术投入和技术支持,改变传统的组织形态,提升信息管理部门的功能,引进懂营销与电脑技术的复合型人才,在未来才能具备市场竞争优势。

(三) 网络营销对传统营销的冲击

Internet 上电子商务对传统的市场营销观念造成了极大的冲击,具体表现如下。

1. 对营销渠道的冲击

因特网大大提高了商品和劳务供应方与需求方直接接触的能力,通过 Internet 生产厂商可以更好地直接与最终用户联系,由传统中间人(零售商、批发商、分销商或经纪人)沟通生产与消费联系的必要性大大降低,流通中种种中介渠道的重要性也因此而大打折扣。

2. 对定价策略的冲击

在网上对商品促销时,如果某种产品的价格标准不统一或经常改变,客户将会通过 Internet 认识到这种价格差异,并可能因此导致客户的不满。所以相对于目前的各种媒体来说,Internet 先进的网络浏览和服务器会使变化不定的,且存在差异的价格水平趋于一致。例如,如果一个公司对某地的顾客提供 20% 的价格折扣,世界各地的 Internet 用户都会从网络上了解到这个交易。

3. 对广告策略的冲击

首先,相对于传统媒体来说,由于网络空间具有无限扩展性,因此在网络上做广告可以较少地受到空间篇幅的局限,尽可能地将必要的信息一一罗列。其次,迅速提高的广告效率也为网上企业创造了便利条件。譬如,有些公司可以根据其注册用户的购买行为,很快地改变向访问者发送的广告;有些公司可根据访问者特性,如硬件平台、域名或访问时搜索主题等方面有选择地显示其广告。

4. 对标准化产品的冲击

作为一种新型媒体,Internet 可以在全球范围内进行市场调研。通过 Internet,厂商可以迅速获得关于产品概念和广告效果测试的反馈信息,也可以测试顾客的不同认同水平,从而更加容易地对消费者行为方式和偏好进行跟踪。因而,在 Internet 大量使用的情况下,对不同的消费者提供不同的商品将不再是天方夜谭。

5. 对顾客关系的冲击

因特网有力量大大改组公司同顾客的关系。简单地说,这是因为因特网使顾客能够控制他们自己作为产品和服务潜在购买者的价值。现在,在信息的获取与利用方面,顾客与卖主相比,总是处于相对不利的地位。例如,邮寄公司花费大笔资金建立它们能够推销产品的顾客名单;杂志和信用卡公司把它们的订户和持卡人名单"出租"给试图那些有兴趣向这些顾客销售的公司。但是顾客却几乎没有认识到他们的个人信息和个人的交易历史的价值,顾客几乎没有取得因他们自己的信息所创造的经济价值。因特网将在两方面使这种情况发生变化。

首先,因特网提供内容广泛的产品或者服务信息,并把这种内容同便捷的沟通和通信环境结合起来,创造一个能大面积产生并传播信息的环境,这是虚拟社会产生强大力量的关键因素。在这个环境中,对同类产品或服务感兴趣的任何个人可以在公告牌上"公布"谁都可以得到的信息,在交谈区进行实时书面"交谈"。它使成员能够在相互之间的信息交流、学习中产生新的信息,同时,在这种不间断的信息交流与学习中,通过比较和判断积累起自己的经验,创造更加丰富的信息,最终使消费者可以在重要信息资源的获取上形成不依赖卖主和广告宣传的意识。

其次,当因特网这个虚拟的社会在组织信息和进行信息交易时,网络信息中介商应运而生,它使顾客在与卖主讨价还价时处于主动的地位,帮助消费者向卖主索取更多的价值。网络信息中介商实质上是顾客(买主)的代理人,它帮助买主从卖主那里获取更多的产品和服务信息,帮助潜在的买主很容易地理解他们可能在哪里找到自己所需要的信息资源,从而帮助消费者摆脱受供应商摆布的境地。

二、网络营销的条件

只要具备上网的基本条件,就可以开展初步的网络营销活动——基于无站点的网络营销。但是,企业在作出是否上网的决策时,一般不会将目标局限于仅仅在网上发布一些供求信息的"游击战",往往要经过一系列的分析和比较,根据企业内部的条件,最后才能制定出网络营销计划。一般来说,需要对下列四个方面进行调研,即产品特性、行业竞争状况、财务状况和人力资源。在网上开展营销活动,在很大程度上取决于行业的特点和产品的特性,网络营销是为顺应营销手段的发展,而不是为了赶时髦。对于中小企业尤其是效益不佳的企业,如果网络营销不能在短期内带来切实的收益,还是应该量力而行,根据本企业的特点慎重决定。

互联网的发展,为行业竞争状况分析提供了方便。同行业的企业由于生产类似的产品或服务,往往被收录在搜索引擎或分类目录的相同类别里,要了解竞争者或其他同行是否上网,只需到一些相关网站查询一下,并对竞争者的网站进行一番分析,对行业的竞争状况就会有大致的了解。如果竞争者,尤其实力比较接近的竞争者已经开始了网络营销,甚至已经取得明显收益,这时,你的企业就需要认真考虑自己的网络营销战略了。企业开展网络营销必须具备一定的条件,它们是从事网络营销的基础。

1. 产品或服务是否适合在网上进行营销

如何判断企业的产品或服务是否适合在网上进行营销?一般说来,标准化、数字化、品质容易识别的产品或服务适合在网上进行营销。

所谓标准化的商品或服务,是指这样一种商品或服务,它们很少发生变化,以致于消费者很容易识别其性能,如书这样的标准商品,就适合网上营销。

所谓品质容易识别,是指企业的产品或服务有不同于其他同类产品或服务的地方,以致于消费者很容易识别其品质。例如一个商品的品牌,中国银行是一个世界级品牌,在它的站点上,消费者自然很容易信赖其网上金融服务。

2. 分析网上竞争对手

网上的竞争对手往往与现实中的竞争对手一致,网络只是市场营销的一个新的战场。对竞争对手的分析不可拘泥于网上,必须确定其在各个领域的策略、营销手法等。在网上,要访问竞争对手的网页,往往对手的最新动作包括市场活动,会及时反映在其网页上;而且要注意本企业站点的建设,以吸引更多的消费者光顾,更多的竞争对手分析可在现实中实现。

3. 目标市场客户应用互联网的比率

网上营销并非万能,它的本质是一种新的高效的营销方式。目标市场客户应用互联网的比率,无疑是一个非常重要的参数,假若目标市场的客户基本不使用 Internet,那在 Internet 上营销显然是不值得的,如面对这样的情形,则可以通过 Internet 完成原传统营销方式的一部分功能,如广告宣传等。

4. 确定具体的营销目标

与传统营销一样,网上营销也应有相应的营销目标,须避免盲目。有了目标,还需进行相应的控制。网上营销的目标总体上应与现实中的营销目标一致,但由于网络面对的市场客户相对特殊,且网络不同于一般营销所采用的各种手段与媒体,因此具体的网上市场目标的确定应稍有不同。当前,网上营销刚刚起步,目标就不应定得过高,重点应在于如何使客户接受这种新颖的营销手段。

5. 准确的市场定位决定着营销方式

定位是整个网上营销的基础,由此决定网页的内容和营销形式。进行营销的产品、服务通过网页实现,而网页建设的质量则直接影响营销方式的成功与否。

三、网络营销的策略

(一) 网页策略

在互联网上设立网站是企业进行网络营销的基础。在网络市场空间,企业的网站即代表着企业自身的形象。企业要想成功地开展网络营销,应着重以下几点:① 注册一个优良的网址,并加强网址宣传。在网络空间上,网址是企业最重要的标志,它已成为一种企业资源。网址的名称应简单、鲜明、易记,通常为企业的品牌或名称,如中国物流网(www. cn56. net)。② 精心策划网站结构。网站结构设计应做到结构简单,通过建立较为便捷的路径索引,方便用户访问。结构模式应做到内容全面,尽量涵盖用户普遍需求的信息。③ 网站维护。企业建立网站是一项长期的工作,它不仅包括网站创意和网站的开通,更包括网站的维护,如网上及时更新产品服务目录、价格等试销性较强的信息,以便更好地把握市场行情。而且,较之传统印刷资料,其更为方便、快捷、成本低廉。网站的维护也能集中反映企业的营销个性和策略,最终都表现为向顾客提供更满意的服务。

(二) 网络产品策略

传统市场营销讲究的是根据顾客的需求来开发产品或服务,网上营销却不一样。网上营销的关键在于找出适合的产品或服务。产品策略主要包括以下几方面。

1. 确定合适的产品与服务

企业可以通过分析网上顾客的总体特征,来确定最适合在网上销售的产品和提供的服务。统计资料表明,在作购买决策前无需观察或尝试的产品或服务,就适合于网上营销,如飞机票、电影票、各类书籍以及进行货物运输的电子提舱、网上提单的查询与下载等;知识产权通常比有形产品更适合在网络上营销;无形服务(能通过 Internet 提供服务)也比有形服务(公司必须派员可现场提使服务)更易于在网上营销;高技术的产品或服务更易于在网上进行营销,如网上是移动电话等产品的理想销售渠道。

2. 产品的市场涵盖面要广

目前,世界上绝大多数国家和地区开通了互联网,市场涵盖面较为宽广,可以大大提高交易机会,为企业赢得更多的利润。

3. 提供个性化的产品与服务

企业应利用网络上与顾客直接交流的机会,为顾客提供定制化产品与服务。同时,企业应及时了解顾客对企业产品的评价,以便改进和加快新产品的研究与开发。另外,企业在开展网上营销的同时,可以降低创新风险,减少开发费用。

(三) 网络价格策略

价格是网络营销中,最为复杂和困难的问题之一。因为价格对于企业、顾客乃至中间商来说,都是最为敏感的话题。网上销售可以使得单个顾客可以同时得到某种产品的多个,甚至全部厂家的价格,必然会经此较后才作出购买决策,这就决定了网上销售的价格弹性较大。因此,企业在制定网上服务价格时,应充分考虑检查各个环节的价格构成,以期定出最合理的价格。

由于网上价格随时会受到同行业竞争的冲击,所以企业可以开发一个自动调价系统,根据季节变动、市场供需情况、竞争产品价格变动、促销活动等因素,在计算最大赢利的基础上,对实际价格进行调整。同时,还可以开展市场调查,以及时获得有关信息来对价格进行调整。

开发智慧型议价系统,与顾客直接在网上协商价格。即两种立场(成本和价格)的价格策略直接对话,充分体现网络营销的整体特点。

考虑到网上价格具有公开化的特点,顾客很容易全面掌握同类产品的不同价格,为了避免盲目价格竞争,企业可开诚布公地在价格目录上向顾客介绍本企业价格制定的程序,并可将本产品性能价格指数与其他同类产品性能价格指数在网上进行比较,促使顾客作出购买决策。

(四) 网络渠道策略

网络将企业和顾客连在一起,曾给企业提供了一种全新的销售渠道。这种新渠道不仅简化了传统营销中的多种渠道的构成,而且集销售、售前、售后服务,商品与顾客资料查寻于一体,因此具有很大的优势。企业在应用过程中,应不断完善这种渠道,以吸引更多的顾客。

结合相关产业的公司,共同在网络上设点销售系列产品或提供系列服务。采用这种可以增加顾客的上网意愿和消费动机,同时也为顾客提供了较大的便利,增加了渠道吸引力。例如,计算机生产商同软件商、网络服务商等联合进行促销和销售。

在企业网站上设立虚拟橱窗,通过三维多媒体设计,形成网上优良的营销环境。虚拟橱窗可 24 h 营业,服务全球顾客,并可设虚拟网上导购员回答专业性问题,这一优势是一般商场、店所不能比拟的。

顾客在决定购买后,可直接利用电子邮件进行线上购物,也可通过划拨电汇付款,由企业通过邮局邮寄或送货上门进行货物交割。

与顾客建立伙伴关系。例如,邮政速递公司可利用互联网技术使顾客能跟踪其邮件,只要顾客在公司的网站上输入邮件送货单编号,就能跟踪到他的邮件运送情况,并能显示出邮件是否运抵目的地、运抵时间及签收人姓名。

(五) 网络促销策略

网络促销的出发点是利用网络特征实现与顾客沟通。这种沟通方式不是传统营销中"推"的方式,而是"拉"的方式,这一特点是发掘潜在顾客的最佳途径。

网络广告是目前较为普遍的促销方式,网络的强大功能几乎囊括了所有媒体广告的优势。企业在做广告策划时,应充分发挥网络的多媒体声光功能、三维动画等特性,诱导顾客作出购买决策,并达到尽可能多的开发潜在市场的目标。

利用网络聊天的功能,开展顾客联谊活动或在线产品展销活动和推广活动。这是一种调动顾客情感因素,促进情感消费的方式。在这方面成功的典型是在线书店 AMAZON,在网站下开设聊天区以吸引读者,使其年销售额达到 34% 的递增,其中有 44% 是回头客,早在 1996 年其销售额就突破了 1 700 万美元,充分展示了网上促销的魅力。有关产品或服务方面的问题,顾客可直接向厂商咨询;厂商可以在网上用文字、图片、录像进行解释,使顾客一目了然,省去许多不必要的麻烦。为了赢得顾客的信任,不妨附上公司办公地点的照片;为了更贴近顾客,还可以加上公司管理人员的照片。

与非竞争性的厂商进行线上促销联盟,通过相互线上资料库联网,增加与潜在顾客接触的机会,这样一方面不会使本企业产品受到冲击,另一方面又拓宽了产品的服务层面。例如,汽车租赁公司、金融机构和保险机构可以通过 Internet 联系,顾客可以在 Internet 挑选想租的汽车,由金融机构为其提供信用担保,同时保险公司提供保险服务,顾客完成整个过程只需要几分钟。

将网络文化与产品广告相融合,借助网络文化的特点来吸引顾客。例如,将产品广告融于网络游戏中,使网络使用者在潜移默化中接受了促销活动;通过组建用户俱乐部可吸引大批的网友来交流意见,也可以实现网络文化传播的作用。

第二节 数据库营销策略

一、数据库营销概述

(一)数据库营销概念

所谓数据库营销,是指企业通过搜集和积累消费者的大量信息,经过处理后预测消费者有多大可能去购买某种产品,以及利用这些信息给产品以精确定位,有针对性地制作营销信息,以达到说服消费者去购买产品的目的。通过数据库的建立和分析,可以帮助企业准确了解用户信息,确定企业目标消费群,使企业促销工作具有针对性,从而提高企业营销效率。

(二)数据库营销的基础——顾客数据库

顾客数据库是数据库营销的基础。在顾客数据库中,收集和管理了包括商品、顾客和潜在顾客等表示顾客"基本状态"的信息,具有帮助企业完成消费者分析、确定目标市场、跟踪市场领导者、进行销售管理等功能,它是协助规划整体营销计划和管理、控制、衡量营销活动的有力工具。顾客数据库可以把有关的资源通过邮件、电话、销售、第三方,以及其他渠道整合在一起进行统一协调调度,也可有针对性地进行直接调度。另外,一个成功的顾客数据库能有效地获得顾客与企业之间相互影响、相互作用所产生的一切信息。此外,顾客数据库还应当是动态的,能根据外部环境的变化得到进一步修正和扩充。

数据库营销成功的关键,在于利用顾客信息推动企业前进。要让企业所有相关部门都能有效使用数据库,这样顾客数据库的作用才会越来越大,并因为众多不同渠道来源所提供的信息而不断得到扩充和提高。

(三)数据库营销的作用

随着计算机技术、通信技术和网络技术等三大信息技术的发展,顾客数据库的应用范围越来越多,作用也越来越大。

1. 帮助企业准确找到目标消费者群

数据库营销是营销领域一次重要变革,是一个全新的营销概念。在市场细分化理论下的营销,是根据人口统计及消费者共同的心理特点,把不知名的顾客划分为类;而现在,新一代高速计算机和数据库技术可以使企业能够集中精力于更少的人身上,最终目标集中在最小消费单位——个人身上,实现准确定位。

2. 提高企业新产品开发和服务的能力

企业拥有顾客数据库就可以代替市场调研,确定顾客需求的特征、功能、特点和收益。在许多工业品市场中,最成功的新产品开发往往是由那些与公司相联系的潜在顾客提出的。因此,通过顾客数据库更容易直接与顾客进行交互式沟通,更容易产生新产品概念。对于现有产品,通过顾客数据库容易获取顾客的评价和意见,以决定对产品的改进和换代产品的主要特征,从而降低成本,提高效率。曾有媒体这样写道:读书俱乐部永远不会把同一套备选书籍放在所有会员面前了,现在的俱乐部都在进行定制寄送,它们根据会员最后一次选择和购买记录,以及最近一次与会员交流活动中获得的有关个人生活信息,向会员推荐不同的书集。这样做效果很明显,既减少了损耗,又使会员购买的图书量提高了。

3. 提高顾客的忠诚度

数据库营销是以顾客为中心,存储了大量现有消费者和潜在消费者的相关数据资料,企业可以根据顾客需求提供特定的产品和服务,具有很强的针对性和时效性,可极大地满足顾客需求。因此,越来越多的企业投资建立数据库,以便能够记录顾客最新反馈,并对目前销售的产品满意度和购买情况作分析调查,及时发现问题、解决问题,确保顾客满意,提高顾客的忠诚度。

4. 提高竞争能力,巩固竞争地位

虽然信息技术使用成本日渐下降,但设计和建立一个有效和完善的顾客数据库是一项长期的系统性工程,需要投入大量人力、物力和财力,信息的收集和开发使用需要长期的积累和改进。因此,一旦某个企业实行了有效的顾客数据库营销,竞争者很难进入企业的目标市场,因为竞争者要用相当大的成本才能建立一个类似的数据库。因此从某种意义上说,顾客数据库可以成为企业难以模仿的核心竞争能力和可以获取收益的无形资产,它对于企业巩固竞争地位是十分有利的。

二、数据库营销的评价

(一) 数据库的基本特征

尽管不同企业会采用不同的方式使用数据库,但数据库都具备一些共同特征。

1. 顾客记录的个别性

营销数据库中,每个现实或潜在顾客都被作为一个记录,市场或子市场群体是众多可识别的个体顾客的聚集。

2. 顾客记录的全面性

每个顾客记录不仅包括其识别或联系信息,如姓名、地址、电话号码等,而且包括其他广泛的营销信息,如消费者人口统计和心理统计信息、产业顾客的产业类型和决策单位信息。这些信息可以识别某种产品的可能购买者,并决定如何接近该顾客。每个顾客记录,还包括该顾客对该营销活动中各种沟通方式的反应、历史交易记录。

3. 顾客记录的动态性

在与顾客沟通的整个过程中,企业都能够适时获取信息,使其可以据此决定如何对该顾客的需要作出反应。企业还可以根据自己的需要,运用数据库记录顾客反应的情景,如营销沟通或销售活动等。

4. 确保顾客通道的协调一致性

对于那些向个体顾客推销许多产品的大企业来说,数据库可以用来确保接近顾客各

种通道间的协调一致性。例如,一个企业的某项营销活动,可能同时运用电视、印刷媒介和直邮三种媒介,运用数据库管理顾客记录,可以实现各种沟通媒介与顾客间联系的协调一致性。

5. 数据库作为是营销管理自动化的基础

大型数据库开发利用,带来了顾客信息自动化的发展。营销管理自动化也因此得以发展,可以处理数据库产生的大量信息。通过营销管理自动化,营销机会和威胁可以在一定程度上被自动识别出来,并提出关于抓住机会和化解威胁的建议,这使得高层管理者可以获得高质量的营销活动效果方面的信息,能够更有效地配置营销资源。而且,数据库最终可能会取代某些类型的市场研究,如使用情况调查等。

(二) 数据库营销的优缺点

1. 数据库营销优点

(1) 可衡量性。利用数据库能够记录顾客对某项营销活动的反应,这使得企业可以结合最新信息和结果,比较不同营销方法的有效性,从而制定出新的策略,使消费者成为本企业产品长期忠实的用户。

(2) 可测试性。运用数据库,企业可以测试产品、沟通媒介、目标市场等方面的有效性。由于测试可以很迅捷地进行,所以企业也可以根据测试结果采取迅捷的行动。此外,企业还可以利用测试结果,准确预测销售状况,更有效地管理产品库存。

(3) 可选择性。由于能对顾客的情况了解较多,企业可以为某项营销活动选择精确的目标对象,使该活动更加有的放矢。

(4) 个性化。根据数据库中的个人纪录的特有情况,企业容易与顾客进行个性化沟通。例如,针对不同顾客对象传递不同的细节性信息,这样做通常可以增加反应率。

(5) 适应性。通过分析数据库中的实时信息,可以随时根据需要为营销活动选择合适的时机,达到活动的预期目标。

(6) 时空性。由于互联网可以跨越时空限制,利用顾客数据库可以全天候与世界各地顾客进行沟通和为他们提供产品或服务。

2. 数据库营销缺点

(1) 建立和管理数据库需要较大的费用,开支大。为了建立和管理数据库,企业需要采购大量的计算机设备,雇佣受过训练的人员。

(2) 要保持顾客和准顾客记录的不断更新,其工作量大、难度高,而且很费时。

三、数据库营销的策略

(一) 数据库营销的基本法则——RFM 法

对数据记录进行管理的一个重要法则就是"RFM 法",即运用近期性、购买频率和购买币值三个方面的指标将企业的顾客进行分类。我们将最好的顾客定义为那些最有可能购买的顾客,他们一般是那些最近才买过、购买最频繁,且消费金额达到一定数量的个人或企业。

当企业需要为某项直邮或目录营销活动寻求目标受众时,可以运用 RFM 法对所有潜在顾客进行排序,以此来识别该项活动的目标顾客或准顾客。具体做法是:首先,根据企业顾客数据库中的成员在这三个方面的统计信息,分别为他们赋予一个分值;然后,按照该分值进行排序。这种分类法为实现利润最大化提供了基础,因为企业可以运用数据库产生的这种信息,遴选出那些最有可能给企业带来最大收入来源的人。

(二) 数据库的自营或他营

在数据库营销中,选择对数据库进行自营或他营是一个重大决策,因为它关系到有关费用、对数据库的控制、数据库处理的速度和效率等问题。

自营数据库又叫做数据库的内部处理,是指企业利用内部各种资源建立和维护营销数据库。内部处理的好处是:费用较低,对数据库的控制性强,更符合企业的实际情况。

他营数据库又称为数据库的外部处理,是指利用专门的数据库服务机构为企业建立和维护营销数据库。该方式的最大好处是:专业机构能为企业提供许多数据库方面的经验和便利,使企业有关人员能够迅速进入数据库的建立和维护工作状态。

这两种数据库运营方式各有优缺点,企业应根据自身情况作出选择,主要考虑的方面有:企业以前是否有建立营销数据库的经验,企业的主营业务特征,对数据库管理控制性程度的要求,企业经营活动是否有高峰和低谷的周期,营销数据库与企业其他信息系统之间的关系,等等。有时,自营和他营数据库并举也是一种不错的选择。

(三) 数据库信息的自己开发或向外部租用名录

数据库建立的第一步要决定是自己开发数据库信息来源,还是向外租用名录。在作内部或外部资料选择决策时,需要综合考虑成本、购买频率、顾客数量、顾客类型和对产品的忠诚度、销售周期等方面情况。

这两种方式的优缺点比较也是显而易见的。内部开发具有更大的动态性、目标性和控制性;外部租用名录,则正好相反。一般情况下,小企业常常依赖于向外部租用名录,而多数"企对企"营销者采用自己开发的方式。当然,两种数据来源方式也可以兼收并蓄。

(四) 数据库信息来源的一手数据和二手数据

信息来源是数据库的血液。根据数据库信息来源渠道的不同,一般分为一手数据和二手数据两种类型。企业在选取数据信息源时,应从信息的精确性、获取该信息的成本和与本企业业务的相关性等方面综合考虑。

一手数据是企业通过自己调查获得的数据。企业获得一手数据的途径,通常有贸易展示、销售访问、各种会议、直邮、直接反应广告、电话营销、以前的顾客、当前顾客等渠道。电话营销尤其适用于改进数据库信息的质量。当企业有现成的、待确定其可用性的名录时,可以结合电话营销来获取与该名录相关的进一步信息。当然,电话营销获取线索的代价也很高,一般不适合对大众消费品顾客的营销。一手数据按其性质,可以分为人口统计、态度、行为三种类型的数据。人口统计数据是指年龄、性别、教育、职业、收入、婚姻状况等方面的个人数据;态度数据,包括对待某个产品的态度、价值观与生活方式;行为数据反映的是,如购买习惯、品牌偏好、产品用途、购买数量等方面的信息。

二手数据来源是指利用那些现存在某处、为某种目的所用的经过编辑或处理的数据。二手数据的来源通常有:政府部门、行业性协会、相关的企业、外部数据库、各种目录和黄页、报刊订阅者名单、商业性杂志订阅者名单、在线数据库、银行用户名单、通信服务用户名单、等等。在国外,外部数据库是企业获得数据库信息的一个重要来源,通常比较经济和有效。但是在国内,经营数据库的专业性企业尚处于起步阶段,在信息的准确性和服务方面尚待进一步改进,而且这类企业的数量也很有限。据国外一项调查显示,许多企业出售的数据的精确性是令人失望的,其疏漏之处往往表现在地址、电话、联系对象、联系人姓名等方面。二手数据按其性质,可以分为人口统计、态度数据、金融财务数据等类型。在人口统计数据方面,有些二手数据来源渠道可以提供,如家庭成员姓名、地址和特定个人的详细情况资料;金融财务数据是指人们在信用卡购物、分期付款支付等方面的记录。

(五)登录数据库信息的准确性控制

登录数据库信息是指将通过各种信息来源所获得的信息转化为数据库信息。这一步的重点是要控制录入信息的质量,主要表现为录入信息的准确性。由于录入到数据库中的信息是企业以后赖以经营销的重要资源,准确性的重要性是不言自明的。为了做到准确性,企业可以采取教育和组织两个方面的措施。首先,录入人员必须经过必要的训练,包括录入技术训练和思想认识的教育;其次,采取必要的组织措施,如数据录入的复核制度和抽样检查。对于数据录入质量要实行层层把关,从操作员、小组负责人到部门负责人,都应对数据录入的质量负有连带责任,以促进自觉和他人监督相结合。

第三节 定制营销策略

一、定制营销产生的客观必然性

(一)定制营销的定义

定制营销被美国学者菲力普·科特勒等誉为市场营销"20世纪90年代的最新领域"之一。对定制营销的最简单的理解,就是生产者分别为不同的顾客制造他们所要求的产品。在商品生产的早期,由于生产者的资金、运输、储存、通讯等条件的制约,销售区域非常狭小,完全相同的产品所能销售的数量极其有限,生产者只好根据顾客提供的规格、款式、颜色等特定要求进行生产,如一个裁缝为他的顾客量体裁衣,一个鞋匠根据每个顾客的脚形生产不同的鞋子等。随着社会的发展,大批量生产和销售完全相同的产品,以获取规模效益成为可能,这时生产者就不再是根据特定顾客提出的要求来生产和销售了,而是按照标准的规格和尺寸通过生产线生产大量相同产品,这就是众所周知的大规模生产模式。

定制营销吸取了这两者的优势,将现代化大生产的规模经济要求与各个顾客对同一类产品的不同需要结合起来。即在大规模生产的基础上,将市场细分到极限程度——把每一位顾客视为一个潜在的细分市场,并根据每一位顾客的特定要求,单独设计和生产产品并迅捷交货的营销方式。它的核心目标是以客户愿意支付的价格,并以能获得一定利润的成本,高效率地进行产品定制。

(二)定制营销产生的客观必然性

定制营销作为一种新的营销方式,其产生具有客观的必然性。

1. 现代人具有强烈的个性化消费需求

随着人们生活水平的提高,越来越多的人把追求个性化消费看作是购买商品的首要条件。无论是物质方面,还是精神方面,消费需求都呈现出千差万别的特征,而且人们的这种个性需求越来越强烈,自然使"定制营销"具有了广阔的市场前景。这就要求,企业的营销方式能适应消费需求的这一变化。

2. 同行竞争日趋激烈提出的迫切要求

竞争的焦点就是争夺消费者。但是,在当前同类产品的质量、款式、价格、服务都相差无几的情况下,谁能最大限度地满足消费者的需求,谁自然就容易取胜。定制营销,即把产品或服务更细化,直至能满足每个消费者的各种需求,自然也就最能取得市场竞争优势。例如,海尔公司为济南银座商城定制带有湿度显示功能的 892 台冰箱,在签约后的 48 小时内运送到客户手中,受到高度赞誉。

二、定制营销的特征

现代的定制营销与以往的手工定做不同,定制营销是在简单的大规模生产不能满足消费者多样化、个性化需求的情况下提出来的,其最突出的特点是根据顾客的特殊要求进行产品生产。与传统的营销方式相比,定制营销具有以下特征。

1. 独特的产品设计与规模的生产过程的有效组合

定制营销是社会化大生产发展到一定阶段,市场逐渐趋于饱和的情况下产生的。它仍然以大规模生产作为基础,追求企业的规模效益;与此同时,企业借助独特的产品设计与规模的生产过程的有效组合,来更好地适应消费者需要的变化。

2. 把每一个顾客作为单独的细分市场

企业在进行目标市场营销时,通常要按照一定的变量进行细分,针对特定的消费群体组成的子市场展开相应的营销活动。而定制营销是市场细分战略的深度发展,市场细分的最终结果是只有一个顾客的市场,企业根据每个人的需要确定特定的营销组合。

3. 定制产品充分体现消费者的意志

顾客在定制营销中处于核心地位,他们的个人意志与要求是进行定制产品设计和生产的依据。因此,企业的营销部门必须建立和保持与顾客的联系,并鼓励顾客积极参与产品蓝图的设计,从而确保顾客的满意度。

4. 把顾客数据库作为定制营销的重要工具

企业将自己与顾客发生的每一次联系都记录下来,包括顾客购买的数量、价格,采购的条件、特定的需要等。这样,企业知道自己的新产品开发出来之后会有哪些顾客购买,自己的老顾客目前会有哪些新的需求,如何更好地维系老顾客,从而与顾客之间建立紧密的联系。

定制营销能帮助企业确立新的竞争优势,但由于不同企业所处的市场环境以及自身特性的差异,因此在决定采取定制营销之前,必须分析企业以及企业所处的环境,从而确定定制营销是否是企业的必由之路。

三、定制营销的策略

企业实施定制营销策略,需要认真分析顾客的需求,认清自己的顾客究竟需要怎样的定制化,从而选择一种适合企业的定制营销策略。根据企业产品生产特点与顾客参与程度不同,定制营销策略可分为如下四种。

(一) 合作型定制

当产品的结构、可供选择的零部件式样比较繁多时,顾客一般难以权衡,甚至有一种束手无策的感觉。他们不知道何种产品组合适合自己的需要,在这种情况下可采用合作型定制策略。

合作型定制强调企业与顾客进行直接沟通,介绍产品各零部件的特色性能,帮助顾客明确他们的需求,并以最快的速度将定制产品送到顾客手中。例如,以松下电器公司为首的一批企业,开创"自选零件,代客组装"的业务。在自行车商店,销售人员帮助客户挑选各种零部件,然后将各种数据输入计算机把自行车的蓝图描绘出来,根据顾客要求再进行调整,商店将与顾客调整好的图形数据传真到工厂组织生产,两个星期后顾客便可骑上体现自己风格的定制自行车。

(二) 适应型定制

如果企业的产品本身构造比较复杂,顾客的参与程度比较低时,企业可采取适应型定制策略。

适应性定制是企业提供一种标准化的,并符合定制化要求的产品,顾客可以根据不同的场合、不同的需要,对产品进行调整、变换或更新组装来满足自己的特定要求。简而言之,企业提供产品的可塑性和技术上的可行性,由顾客自行完成定制部分,以适应不同的需求。例如,灯饰厂可按顾客喜欢的式样设计,再按顾客对灯光颜色、强度要求进行几种不同组合搭配,满足顾客在不同氛围中的不同需求。

适应性定制策略在顾客为了达到预期的效用,必须在众多选择中作判断时是非常适当的方法。尤为重要的是,当不同的选择可以结合在一个产品中时,适应性定制可以非常有效地把产品的差异性和可选择性传递给未来的顾客。

(三) 选择型定制

实施这种定制营销策略,产品结构比较简单,顾客的参与程度很高,产品对于顾客来说其用途是一致的,但是要求产品具有不同的表现形式。这种定制策略要求企业通过自己的营销能力,证明其理解每一个顾客都希望自己购买的产品具有独特的形式。例如,许多文化衫,印上顾客所喜爱的图案或卡通画或幽默短语,可以使消费者个性得以突出表现。又如"一卡通DIY"业务,制卡公司可以根据消费者自己提供的照片,或从电脑图库中选择经过修改的图案,制作出一张富有个性的交通卡。

如果一个企业的标准产品基本上可以满足顾客的全部需要,只是形式上存在差异,那么,采用选择型定制策略是最佳选择。

(四) 消费型定制

在这种情况下,顾客的参与程度很低,他们会接受企业提供的特别服务或产品。但是,他们很可能不会意识到自己购买的产品或享受的服务是企业为他们特别定制的。

实施消费型定制策略需具备一定的条件,即消费者的特定需求可以预测或他们的消费行为比较容易识别。企业可以通过调查,掌握顾客的个性偏好,再为其设计好更能迎合其口味的系列产品或服务,这样便可以增加消费数量或次数。

前 沿 研 究

虚拟试衣间渐成时尚

消费者也可以自己选择从上到下、从内到外的数件衣服进行立体搭配,还能配上皮包、首饰等,看看综合效果。中国服装网购交易规模约占全部网购交易规模的1/4。京东商城的移动端最近添加了一项新功能:虚拟试衣间。手机识别用户的脸和身体信息后,能自动提供一个私人定制搭配的推荐。消费者也可以自己选择从上到下、从内到外的数件衣服进行立体搭配,还能配上皮包、首饰等物品,看看综合效果。这不能不让人感叹,如果能有效解决试衣服的问题,那么互联网真的算是把整个商场搬到了手机上。

在网购刚刚兴起的时候,服装因为不是标准化物品、需要试穿试戴等因素,而成为销量较低的商品。随着网购的发展,这一因素正在逐渐淡出。一家广告公司的经理接受采访时表示:"刚开始,一般是去商场试好了样式再去网上淘,现在已经能根据网上衣服的细节照片、模特展示以及评论大致判断出是否适合自己,如果最后拿到衣服还是不好看就申请退货。"

公司经理的这段总结大致代表了我国服装电子商务的发展历程。从最初的凡客等服装垂直电子商务的兴起,到后期大批品牌服装企业依托淘宝、京东等第三方电子商务平台开展销售,服装成为了网购交易中发展最快的商品,服装网购的市场规模也超越数码/电器类产品,成为网上交易额最大的商品类别。

数据显示,淘宝天猫销售额排名前10的品牌中,有7家来自服装家纺行业。目前,中国服装网购交易规模约占全部网购交易规模的1/4,预计2016年服装网购交易规模将接近1万亿元。

对2013年"双十一"网购的调查显示,在服装网购中,消费者越来越青睐线下品牌,移动互联网应用在电子商务中的比重明显提升。从服饰各子品类看,除了少淑女装和中老年女装外,其余服饰子行业中销售排名前列的绝大多数为传统线下品牌,充分反映了线下品牌在线上强大的号召力。因此,一方面,越来越多的本土品牌服饰公司开始考虑从B2C到O2O的战略转变;另一方面,第三方电子商务平台也更重视引入知名服装品牌。

据京东开放平台服装事业部总经理刘宏介绍,自2010年推出服装品类以来,京东对服装、服饰极为重视,并与诸多国际、国内品牌达成了深度合作。2014年1月9日,京东还与玖熙、新秀丽、费雷等11个品牌达成了合作,这些品牌年初将全部入驻京东开放平台。

传统服装企业进入电子商务领域后的价格很难权衡,如果线上价格比线下便宜,会对多年建立起来的线下实体店形成较大的冲击,有可能将用户全部吸引到线上;反之,如果线上价格与线下一致,无法"试穿"等局限性又将导致网购很难吸引用户。因此,和京东一样,第三方平台还得在服装网购的搭配设计、网购体验和物流配套等方面下功夫,让消费者足不出户也能享受到和商场一样的体验。

案 例

凯迪红黄蓝网络社区

凯迪红黄蓝公司是一家小型公司,它的主要业务是在零售业,销售居民日常生活必需的柴米油盐。

与其他中小型企业不同的是,该公司通过办"红黄蓝"网络社区服务站,把这些日常消费品从菜市场搬上了互联网。

红黄蓝网络社区是北京凯迪红黄蓝科技公司推出的新型网络化社区服务模式。在政府的指导和关注下,红黄蓝公司借助于互联网络和高科技技术,争取各居民社区的参与。公司针对中国城镇社区的实际地理和人文特征,以会员制的方式,向居民提供高质、实惠、诚信的生活便利商业服务和社区服务。会员可通过互联网(www.hhl.com.cn)或社区服务网站、电话方式等订购商品和服务,当日即可取得商品。这也是中国城市居民的社区生活新方式。

据了解,红黄蓝网络社区自2000年初设立以来已在西城区建立了4个服务站,平均有60%的居民家庭加入了红黄蓝网上社区。社区居民通过红黄蓝网络社区,在互联网上可以订购近200种新鲜食品、蔬菜和日常用品,而且价格比市面零售价便宜10%—25%。该社区居民还可以通过互联网,享受家电维修、免费电脑培训、家庭保姆和小时工等多种服务。通过红黄蓝网络社区自身强大的商品配送体系,当日即可取得商品。

一、社区的构成

红黄蓝网络社区由三个核心职能部门构成。

1. 配送中心

红黄蓝网络社区的产品是由位于西直门的公司总部统一采购,并每天配送到各个社区的,再由会员到各自的社区去取货。个别商品由各个社区为所辖会员进行送货上门。一般来说,从会员订货到收货的时间在24小时之内。公司通过复杂的配送体系组织新鲜蔬菜和水果、日常用品以及许多其他便利商品,保证为会员提供及时、高质的商品和服务。此外,"红黄蓝"与一些著名的商业企业和经过严格考察的家政服务企业进行合作,从而为会员提供了有保证的服务和商品。

2. 红黄蓝网络社区服务站

取得社区的支持和加盟,在社区内设立服务站,是"红黄蓝"扩大规模的主要方式。作为设在各社区的网点,服务站成为红黄蓝网络社区业务流程中的重要环节。居民通过服务站申请入会、缴纳预付款、预定商品、提出社区服务要求,并取得商品和服务。

同时,社区的服务站还成为与居民交流的重要场所,社区居民在服务站组织各种社区活动,普及互联网和电脑知识,无法上网的居民同样可在服务站使用"公用电脑",轻松享受高科技带来的现代生活。

3. 信息管理中心

"红黄蓝"的管理者充分认识到信息的重要性,将信息看作红黄蓝网络社区的核心。他们通过信息技术,合理地管理和匹配供需信息,保证高效的物流体系运行,保持低库存甚至零库存,为用户提供更低成本的服务。同时,也通过信息中心为生产和服务企业提供专业化的市场咨询,减少企业的运营和管理成本。

"红黄蓝"的员工都具有计算机和互联网知识,他们经过一定的培训学会熟练使用各种信息,以提高日常工作的效果和效率。

二、信用制度

"红黄蓝"采取会员制经营。它仅在设立服务站的小区吸收会员,该小区居民以家庭为单位在当地红黄蓝服务站登记免费成为会员,并在会员账户中预先存入一定数量的资金用于结算。会员根据信誉情况可享受临时透支,届时服务站会提醒会员尽快存入新的款项并偿还透支。会员可以通过互联网站或服务站公告牌及发放的宣传资料等,查询最新的商品和服务的目录及价格变化。订货完成时交易即告完成,红黄蓝从会员的账户中自动提取该笔价款,会员自行从服务站验收商品,并办理取货手续。如果有大件商品需送到家中,会员订货时需事先注明。服务站的工作人员一般在会员的带领下送到家中,并收取一定的费用。红黄蓝网络社区通过自身强大的商品配送体系,把所需商品和服务每天及时送到各服务站。

会员可以通过互联网登录红黄蓝网络社区网站,办理查询和订货,并与社区管理员通过电子邮件联系反应客户需求和意见。同时,互联网的使用使得红黄蓝网络社区及时了解各服务站的业务量,并统一购买、统一配送;通过规模效应大大减少了采购成本和运输成本,各服务站也基本保证了零库存。

红黄蓝网络社区为用户提供的是丰富、便利、实惠、安全和健康;为企业提供的是低成本接触更大市场的机会,并直接获得来自市场的信息支持;对于社会和政府,则是节约了社会资源,以更少的资金办更多的事。

三、经营模式

在经营之初,"红黄蓝"在北京只有几个点,而现在随着网点的增多,已渐渐形成了一个面。凯迪红黄蓝虽是一个小型企业,但通过设立网络社区服务站这种低成本的渠道网点,公司建立了具有一定集权性的管理制度;有关采购、财务、人事等都是由公司一手操办。下属网点担负着扩大用户面、广泛撒网的任务,所得的各种信息由总部集中处理和决策。

"红黄蓝"摒弃了单纯建立网站和大做广告吸引"眼球"的惯用方法,而是另辟蹊径,深入居民小区建立服务站,借助网络社区建立虚拟社区,同时为小区居民设立了网上、电话和订阅卡等多种与网站沟通的方式。

案例思考题

1. "红黄蓝"为什么受到居民的欢迎?它迎合了顾客什么样的需求?
2. "红黄蓝"事实上构建了什么样的盈利模式?你认为它能够持久吗?
3. 假设你是"红黄蓝"的决策者,你认为还有哪些互联网资源可以利用?

练习与思考

(一) 名词解释

网络营销　　　　数据库营销　　　　RFM法
定制营销　　　　适应性定制

(二) 填充题

1. 网络营销是指借助_____的功能来实现企业营销目标的一种方式。

2. 定制营销企业要充分考虑_____,采用不同的定制营销方式,赢得时间竞争的优势。

3. 定制营销策略可分为_____四种策略。

4. 数据库营销的基础是_____。

(三) 单项选择

1. 以松下电器公司为首的一批企业,开创"自选零件,代客组装"的业务。在自行车商店,销售人员帮助客户,挑选各种零部件,然后将各种数据输入计算机把自行车的蓝图描绘出来,根据顾客要求再进行调整,商店将与顾客调整好的图形数据传真到工厂组织生产,两个星期后顾客便可骑上体现自己风格的定制自行车。这种定制营销策略称(　　)。

　　A. 合作型定制　　B. 适应型定制　　C. 选择型定制　　D. 消费型定制

2. 网络营销广告效果的最直接评价标准是( )。
   A. 显示次数   B. 浏览时间   C. 点击率   D. A 和 C
3. 网络营销产生的现实基础是( )竞争的日益激烈化。
   A. 商业   B. 人才   C. 国家   D. 实力
4. ( )主要是为了提供有关产品、公司情况，它既能够引发那些随意浏览者的兴趣，也能帮助有目的的顾客迅速找到他们所需要的信息，获得常见问题的现成答案。
   A. 网上服务工具(FAQ)   B. E-mail 直邮广告
   C. 互惠链接   D. 会员网络社区聊天

(四) 多项选择

1. 网络营销贯穿于企业营销活动的全过程，涉及( )。
   A. 网络调研   B. 网络新产品开发
   C. 网络促销   D. 网络分销
   E. 网络服务
2. 一般来说，定制营销的方式包括( )。
   A. 合作型定制   B. 适应型定制   C. 选择型定制
   D. 消费型定制   E. 个性化定制
3. 数据库营销相对于传统营销所具有的独特优势是( )
   A. 可测度   B. 可测试性   C. 降低成本，提高营销效率
   D. 获得更多的长期忠实客户   E. 竞争隐蔽化
4. 网络营销策略包括( )。
   A. 网页策略   B. 产品策略   C. 价格策略
   D. 渠道策略   E. 促销策略

(五) 简答题

1. 什么是网络营销？它有哪些特点？
2. 什么是数据库营销？数据库营销什么优缺点？
3. 什么是定制营销？它有哪些特征？

(六) 论述题

1. 举例说明网络营销对传统营销的冲击表现在哪些方面？
2. 举例论述定制营销策略对企业提升市场竞争力的重大作用。

参 考 文 献

1. 金永生. 营销学的回顾与中国营销学的展望[J]. 商业经济与管理,2003[7]
2. 项润、彭俊. 营销管理的苏醒[J]. 智囊,2000[11]
3. 叶茂中. 如何实施有效的市场调研[J]. 销售与市场,1999[4]
4. 芮新国. 区域市场[M]. 麦肯特丛书,2001
5. 孙延海. 透视企业发展战略[J]. 中国营销传播网
6. 陈启杰. 构建企业的比较优势[J]. 中国营销传播网
7. 刘卫华. 产品,营销的第一步[J]. 中国营销传播网
8. 王保新. 竞争之本——建立利润优势[J]. 中国营销传播网
9. 朱瑞庭. 合作与共生:制造商和零售商的关系分析[J]. 当代财经,2003[10]
10. 朱瑞庭. 消费者求变购买行为及零售商的市场机会[J]. 商业经济与管理,2003[7]
11. 易秀峰. 促销应遵循的五大策略[J]. 中国营销传播网
12. 徐鼎亚. 市场营销学. 复旦大学出版社,2002
13. 王瑜. 现代市场营销学. 高等教育出版社,2003
14. 王妙. 市场营销学实训. 高等教育出版社,2003
15. 兰苓. 市场营销学. 中央广播电视大学出版社,2000
16. 菲利普·科特勒,梅汝和等译. 营销管理(第九版). 上海人民出版社,1999
17. 郭国庆. 市场营销学. 武汉大学出版社,1996
18. 李弘、董大海. 市场营销学. 大连理工出版社,2001
19. 中国商业技师协会市场营销专业委员会. 营销基础与实务. 北京中国商业出版社,2001
20. 中国市场总监业务资格培训考试指定教材编委会. 市场营销学原理. 北京电子工业出版社,2001
21. 菲利普·科特勒等,梅清豪译. 营销管理(第12版). 上海人民出版社,2006
22. 张秋林. 市场营销学——原理、案例、策划. 南京大学出版社,2007
23. 曾晓洋、胡维平. 市场营销学案例集(第二辑). 上海财经大学出版社,2005
24. 吴健安. 市场营销学(第三版). 高等教育出版社,2007
25. 叶生洪、张泳、张计划. 市场营销经典案例与解读. 暨南大学出版社,2006
26. 叶敏. 市场营销原理与实践. 国防工业出版社,2008
27. 杨顺勇、牛淑珍、赵春华. 市场营销案例与实务. 复旦大学出版社,2006
28. 纪宝成. 市场营销学教程(第四版). 中国人民大学出版社,2008
29. 刘传江. 市场营销学(第二版). 中国人民大学出版社,2008

图书在版编目(CIP)数据

市场营销学教程/王妙,梁玉杰主编. —2版. —上海:复旦大学出版社,2014.12 (2023.1 重印)
(复旦卓越·21世纪管理学系列)
ISBN 978-7-309-10591-9

Ⅰ.市… Ⅱ.①王…②梁… Ⅲ.市场营销学-高等学校-教材 Ⅳ.F713.50

中国版本图书馆 CIP 数据核字(2014)第 086957 号

市场营销学教程(第二版)
王　妙　梁玉杰　主编
责任编辑/李　华

复旦大学出版社有限公司出版发行
上海市国权路 579 号　邮编:200433
网址:fupnet@fudanpress.com　http://www.fudanpress.com
门市零售:86-21-65102580　　团体订购:86-21-65104505
出版部电话:86-21-65642845
盐城市大丰区科星印刷有限责任公司

开本 787×1092　1/16　印张 21.5　字数 471 千
2014 年 12 月第 2 版
2023 年 1 月第 2 版第 3 次印刷
印数 7 601—8 700

ISBN 978-7-309-10591-9/F·2037
定价:35.00 元

如有印装质量问题,请向复旦大学出版社有限公司出版部调换。
版权所有　　侵权必究